中华内丹学典籍丛书

陈致虚集

金丹大要
参同契注
悟真篇三注

［元］陈致虚　撰

盛克琦　整理

华龄出版社

HUALING PRESS

图书在版编目（CIP）数据

陈致虚集：金丹大要·参同契分章注·悟真篇三注 /
（元）陈致虚撰；盛克琦整理 . -- 北京：华龄出版社，
2024. 8. -- ISBN 978-7-5169-2806-6

Ⅰ. B958-53

中国国家版本馆 CIP 数据核字第 20246FW522 号

策划编辑	南川一滴		**责任印制**	李未圻
责任编辑	郑 雍		**装帧设计**	何 朗

书 名	陈致虚集：金丹大要·参同契分章注·悟真篇三注			
		作 者	［元］陈致虚 撰	
			盛克琦 整理	
出 版发 行	华龄出版社 HUALING PRESS			
社 址	北京市东城区安定门外大街甲 57 号	邮 编	100011	
发 行	（010）58122255	传 真	（010）84049572	
承 印	文畅阁印刷有限公司			
版 次	2024 年 8 月第 1 版	印 次	2024 年 8 月第 1 次印刷	
规 格	710mm×1000mm	开 本	1/16	
印 张	28.5	字 数	457 千字	
书 号	ISBN 978-7-5169-2806-6			
定 价	108.00 元			

《中华内丹学典籍丛书》
编 委 会

整理说明

一、丹道学至于宋元间，派分南北二宗。入元朝以后，南、北（全真道）二宗，经过长时间的认同，逐渐产生合并的要求。元代中期，二宗合并的条件业已成熟。期间最著名的两位推动者，一位是李道纯，一位就是陈致虚。陈致虚（1290－？），字观吾，号上阳子，江右庐陵（今江西吉安市）人。生于元世祖至元二十七年（1290）庚寅，卒年不详，据传仙去。早年慕玄好道，博通群籍。天历二年（1329），在湖南衡阳遇赵友钦（字缘督），受传金丹正道。后又遇青城老师传，授以"先天一气、坎月离日金丹之旨，抽添运用火候之秘"。赵友钦系北宗正脉，青城老师当为南派嫡传，故陈致虚精通南北丹法，能合流南北二宗，传道甚广，对后世丹家影响至深。在内丹理论的构建上，是承上启下的关键巨擘，堪称《悟真篇》后丹道理论缔造第一人。著有《金丹大要》《元始无量度人上品妙经注》《参同契分章注》《悟真篇注》等行于世，被后世丹家所推崇，成为元代最著名的内丹理论家。

二、《金丹大要》十卷，题名上阳子陈致虚撰，是其最重要的一部代表作。现将《金丹大要》版本情况介绍如下：

1. 明《正统道藏》本，太玄部收录《上阳子金丹大要》十六卷、《上阳子金丹大要图》一卷、《上阳子金丹大要列仙志》一卷、《上阳子金丹大要仙派》一卷。见文物出版社、天津古籍出版社、上海书店影印版《道藏》第二十四册（1~79页）。本书以此为底本点校。

2. 成都二仙庵《重刊道藏辑要》本，昂集收录《金丹大要》三卷。

3. 巴蜀书社《藏外道书》第9册本（1~131页），收《金丹正理大全·金丹大要》十卷。《四库存目丛书》子第259册（221~348页），收录《金丹正理大全·金丹大要》十卷，标注"明嘉靖十七年周藩刻"，"复旦大学图书馆藏"。经对比，两者是同一版本。

4.《道书全集》本,《金丹大要》十卷,收入《海王邨古籍丛刊·道书全集》(4~116 页),中国书店 1990 年影印,谓明崇祯刻本。黄山书社《三洞拾遗》第 19 册收录有《道书全集选刊》,题"阎鹤洲辑",标注版本为"万历十九年金陵阎氏刊本"。核对版本,当与《海王邨古籍丛刊》本系同一刊本,当系翻刻"明嘉靖十七年周藩"《金丹正理大全》而成。

5.巴蜀书社《藏外道书》第 10 册本(125~149 页),《金丹大要》不分卷。该本据中国道教协会图书馆藏本影印,版本信息不详,当系陶素耜《道言五种》之删节精要本。

6.《三洞拾遗》本,《三洞拾遗》2005 年黄山书社出版。《三洞拾遗》第 10 册(413~428 页)收录《道言五种》,根据民国十九年上海翼化堂书局石印本影印,题"陈上阳真人手著、陶通微(陶素耜)道人删订"。

7.《道藏精华》本,萧天石自由出版社《道藏精华》第 8 集之二,该本《金丹大要》标记"碧梧山庄影印""求古斋发行",署"会稽参学弟子陶素耜删订"。1989 年上海古籍出版社《金丹大要》,与此系同一版本。此本有《金丹大要图说》,系依据清柳华阳《慧命经》翻刻补入。

本编《金丹大要》参考了以上版本,因版本不同造成卷次和内容也有差异。此次主要依据陈致虚《金丹大要》序及明素蟾、欧阳天瑞序所叙十卷本之说和指各卷内容,参考《金丹正理大全》和《道书全集》十卷本,确定为十卷本。本篇插图,截取自《道藏辑要》。

三、《周易参同契分章注》三卷,元代陈致虚注。本书以傅金铨道光二十一年新刊星霁堂藏板《顶批上阳子原注参同契》为底本,参考巴蜀书社《藏外道书》第 11 册影印本(简称"藏外本")。参校的版本有:

1. 黄山书社《三洞拾遗》第 8 册影印明姚汝循校刊《参同契分节解》本(简称"分节本")。

2.《藏外道书》第 9 册影印明刊《金丹正理大全》本(简称"正理本")。

3. 中国书店影印明《道书全集》本(简称"全集本")。

4. 清平津馆校刊蒋一彪《古文参同契集解》本(简称"集解本")。

5. 清《四库全书》本(简称"四库本")。

6.《四库全书》之蒋一彪《古文参同契集解》本(简称"四库蒋本")。

7. 中华书局影印《古今图书集成》本(简称"集成"本)。

8. 清《道藏辑要》本（简称"辑要本"）。

9. 清宣统元年扫叶山房刊印《顶批参同契悟真篇三注》（简称扫叶本）。

10. 民国元年（1912）上海江东书局《改良悟真四注篇》本。

四、《悟真篇三注》三卷，旧题名薛道光、陆墅、陈上阳注。以巴蜀书社《藏外道书》第11册影印清刊本傅金铨《顶批悟真篇三注》为底本。校本有四：

1.《道藏》本，题名《紫阳真人悟真篇三注》五卷。

2. 清光绪年间二仙庵刻本《道藏辑要》"奎集二"，题名《紫阳帝君悟真篇三注》三卷（简称"辑要本"）。

3. 我国台湾自由出版社《道藏精华》第6集之一，影印上海扫叶山房校印、题名济一子傅金铨圈点《四注悟真篇》三卷（简称"扫叶本"）。

4. 我国台湾新文丰出版公司影印《珍藏古籍道书十种》之清刊本，题名济一子傅金铨参撰蜀北和溪醒三居士重订《悟真篇三注》三卷。

五、《无量度人经注》三卷，全称《太上洞玄灵宝元始无量度人上品妙经注解》，题名"上阳子陈观吾注"。

1. 依据《正统道藏》洞真部玉诀类所收《太上洞玄灵宝无量度人上品妙经注》为底本。文物出版社、天津古籍出版社、上海书店影印版《道藏》第2册（392~439页）。

2. 参校《道藏辑要》亢集六《太上洞玄灵宝无量度人上品妙经注》。

六、《仙佛同源》，题名"缘督子赵友钦撰"。赵友钦，或名敬，字子恭，号缘督，宋末元初鄱阳人。宋室汉王十二世孙，宋灭亡后，为避免受到元室的迫害，浪迹江湖，隐逸道家。缘督长于历法、数算，尤精天文，是我国古代卓越的科学家，在天文学、数学和光学等方面均有成就。曾筑观星台于鸡鸣山，从事研究著述，所著《革象新书》5卷即其观测实践，参核前人之说深思推究而成。所发现小孔成像的原理比物理天文学家伽利略之研究早200年，《四库全书》提要谓其"覃思推究，颇亦发前人所未发，于今法为疏，于古法则为已密。在元以前谈天诸家，犹为有心得者"。著有《仙佛同源》《金丹难问》等书，另外注《周易》数万言。因陈致虚在《金丹大要》中屡言《仙佛同源》《金丹难问》二书，可知其颇为重视。惜《金丹难问》一书寻之未得，故仅将《仙佛同源》收录本书之中，羽翼《大要》之说。《仙佛同源》所录佛教语，多据宋圭堂居士所撰《佛法大明录》一书。考《大明录》在国内已亡佚，唯今日本藏有此书，故《同源》所引，弥足珍贵。

1.《四库存目丛书》子第 260 册（306~333 页）本，题名《金丹正理大全·仙佛同源》，标"明嘉靖十七年周藩刻"，"中国科学院图书馆藏"。本篇以之为底本。

2. 上海古籍出版社《续修四库全书》1295 子部宗教类（284~308 页），收录题名《金丹正理大全·仙佛同源》，注"据南京图书馆藏万历十九年金陵阁氏刻《道书全集》本影印"。

3. 黄山书社《三洞拾遗》第 19 册收录有《道书全集选刊》，题"阁鹤洲辑"，标版本为"万历十九年金陵阁氏刊本"，该册 547~571 页收录《仙佛同源》。

4.《道书全集》本，收入《海王邨古籍丛刊·道书全集》（460~484 页），1990 年中国书店影印。以上三个版本，经核对实为同一版本，系翻刻"明嘉靖十七年周藩"《金丹正理大全》而成。

5. 书后附录宋濂所撰《革象新书序》，依据《四库全书》本录入。

七、丹道之学，首重师承，次靠实证，三要参悟丹经。丹经之研读，能钩得其玄要，必依师传与实证中得来。因丹经道书中玄要处，难以一一指出，即或勉强略指，也多难得肯綮，故不做过多笔墨奢谈丹法要旨。

由于笔者的学力有限，本书中势必存在诸多的不足和讹误，敬请读者悉心阅读，给予批评指正。

盛克琦

2022 年 10 月 18 日完成于唐山寓所

目　录

第三编

第一编

金丹大要

上阳子陈致虚　撰

明素蟾序

伊川先生云："天下有大难事者三：一曰为国而至于祈天永命，二曰为学而至于圣人，三曰修身而至于神仙。"斯确论也。天琼幼始知学，长而从玄，慨然信长生之道可学而致，乃希高志，参玄访微，刮垢磨光，敛华就实，拟向孤峰绝顶，把茅盖头，侣洪崖，友赤松，抱鸡子之中黄，养蟾光之明素，庶几万一，克偿素愿也。岂谓天不爱道，善启其衷？

乙亥①夏五，际遇我师紫霄绛宫上阳真人于方壶天中，解襟倾盖，欢如平生，瀹茗焚香，共谈丹道，机缄微露，针芥相投。时以去就匆匆，莫究衷蕴。既而瞻候紫气，追随黄鹤，至交泰别馆，叩首上请，恳款再三，然后歃丹盟天，披青誓地，众真监度，尽授所秘②。初则迅雷贯耳，惊骇异常；次则瘴雾中心，昧惑尤甚，乃至竟夕不寐，继日弗宁。既未敢诮其非，亦未肯信其是。反覆紬绎，周悉搜罗，感神明之告人，忽心灵而自悟。于是掀翻迷

---

① 乙亥，1335 年。

② 大道不可私相授受，必按道统仪范行拜师之礼仪，以昭道统尊严。《黄庭经》云："授者曰师受者盟，云锦凤罗金纽缠，以代割发肌肤全。携于登山歃液丹，金书玉景乃可宣。妄传事发告三官，勿令七祖受冥患。"

网，打破疑团，比沈①痾之顿苏，犹大梦之惊觉②，通身是汗，瞽目开明。遂将平生记诵丹经，如《参同契》《悟真篇》等书，参订而印证之，则言言句句，若合符节，千变万化，总归一贯。而今而后，宇宙在乎手，造化备吾身，可以大休歇，可以大自在。睹玄珠之有象，炼金液以成丹。白日登宸③，清都进秩，皆分内事也。回视半生学问，犹管窥天，犹④蠡测海，其大小浅深，固已悬绝；亦犹炊砂⑤作饭，搅水为膏，欲求充饥继明，不可得也。

吁！金丹之学，近代自紫清白真人返佩帝乡，世无真师，传多失实。谈性者，非流于狂荡，则滞于空寂；论命者，非执于有作，则失于无为。根器高而利者，不遇师传，惟只求之方册，自证自是，自满自足，自谓一闻百会，眼空四海，已与钟、吕并驾，宁肯谦抑而师问哉？根器劣而钝者，求之盲⑥师，一知半见，自喜自幸，自执自宁，自谓休⑦心歇妄，枯坐无为，即道在其中矣。奚暇多事而更叩人哉？是非海阔，人我山高，毒药入心，黥墨透骨。世无拔山竭海之力，又无补黥去毒之方，莫之能救，可胜叹哉！

我师上阳真人，驾拯溺之慈航，仗斩邪之慧剑，绍隆丹阳正传之脉，发泄青城至秘之文，明前代所未明，说古人所未说，推赤心于人腹，垂青眼于学徒。所著《金丹大要》十卷，条理敷畅，斗拱星罗，词意昭明，金声玉振。体堂堂说透骨髓，血滴滴吐出肺肝。恨不与法界众生，尽皆作大⑧罗眷属，其慈仁忠厚盛德之至乃如此！

仆惧学徒不察真师之用心，将圣谛玄章，作泛常看过，非徒无益而生惑，或乃兴谤而自弃，因述己所遇而为之序，贵以拯拔沈迷，剖凿聋瞽，庶几摽指见月，发瓴知天，是亦一助也。

金丹之妙，在乎三大要：一曰鼎器，二曰药物，三曰火候。然鼎器有阴阳，药物有内外，火候有时节，三者实为金丹之枢要。知此，则到家有期，

---

① 沈，同"沉"。
② 觉，《道藏》本为"意"，从《金丹正理大全》本。
③ 宸，《道藏》本为"晨"，从《金丹正理大全》本。
④ 犹，《道藏》本缺，从《金丹正理大全》本。
⑤ 砂，《道藏》本为"沙"，从《金丹正理大全》本。
⑥ 盲，《金丹正理大全》本作"育"，误，从《道藏》本。
⑦ 休，《金丹正理大全》本作"灰"，从《道藏》本。
⑧ 大，《金丹正理大全》本作"太"，从《道藏》本。

可罢问程矣。所冀头头会合，口口参同。慨兴进道之心，高中选仙之举。千年铁柱，久缔龙沙之盟；万朵玉莲，嘉庆天元之会。凡我同志，各宜勉旃！

门弟子明素蟾天琼谨①　序

欧阳天瑃序

《老》《易》泄天机，古文《龙虎经》《参同契》作，以无为物祖，以有为丹母②，乾坤炉鼎，坎离升降，辟鸿濛，凿混沌，采药物，明火符，无非法天地阴阳、造化生生之功，有顺逆而炼成金丹也。紫阳《悟真篇》继出，发挥玄理，殆无余蕴矣。唯火候之秘，妙存口诀。世之学者，往往趋于旁蹊，出于臆度，未能闻其大要，况通其微妙乎？紫霄绛宫，上阳先生，继真师之绝响，指后学之迷津，千载一时，百年几见。推明《老》《易》深造之道，绅启先圣未发之言。谓夫③人为万物之灵，具足此理，知而行之，顿超生死。真心化导，矢口成辞，演为《金丹大要》十卷，谆喻反复，覼④缕再三，诚欲与有志者，原始要终，心灵自悟，一得永得，同跻仙阼，其慈悯之心亦溥矣。若漕溪冰⑤田王公，吏隐仙林，凤生丹契。知音有遇，思广其传。山中主席太初提点，道林隆栋⑥，静宇渊深，耽味重玄，唱喝绣梓，当时及门，皆凤逸龙蟠，蝉蜕脱颖，列具序说，想见声光。区区寄迹紫元，留心玄览，种缘已熟，获聆绪余。所谓："月现庚方，西南得朋。"金归性初，杳冥有信，依时采取，三性会融，赤水玄珠，得之罔象，当斯之时，至愿毕矣。夫穷理尽性，以至于命。长生久视，而命在我。《大要》之作，其《老》《易》之津涉乎？噫！将外《老》《易》而求之，奚言道？

至元改元旃蒙大渊献岁除月⑦、门弟子庐山紫元欧阳天瑃拜首序

---

① 谨，《道藏》本无，从《金丹正理大全》本补。
② "以无为物祖，以有为丹母"，《金丹正理大全》本作"以无为为物祖，以有为为丹母"。
③ 夫，《道藏》本缺，从《金丹正理大全》本。
④ 覼，《道藏》本作"罗"，从《金丹正理大全》本。
⑤ 冰，《道藏》本作"水"，从《金丹正理大全》本。
⑥ 栋，《道藏》本作"拣"，从《金丹正理大全》本。
⑦ 旃蒙大渊献岁除月，乙亥年农历十二月。

· 3 ·

虚无卷第一

《金丹大要》序

上阳子曰：金丹之道，黄帝修之而登云天，老君修之是为道祖，巢由高蹈，籛铿长年，尔来迄今，历数何限？求于册者，当以《阴符》《道德》为祖，《金碧》《参同》次之。自河上公五传而至伯阳真人，祖天师而①得伯阳之旨，丹成道备，降魔流教。葛②仙翁济幽，旌阳斩蛟，是皆逢时，匡世救劫，斯乃真仙之余事耳。华阳、玄甫、云房、洞宾授受以来，深山妙窟，代不乏人。其间道成而隐，但为身谋，不肯遗名于世间者，岂胜道哉？复有传世存道，序传诗歌，或隐或显，宁具知乎？至于功高德重，尊居帝境，宰制劫运者，又难备知。燕相海蟾，受③于纯阳④，而得紫阳，以传杏林、紫贤、泥丸、海琼，接踵者多。我重阳翁，受于纯阳，而得丹阳，全真教立，长春、长真、长生、玉阳、广宁、清净诸老仙辈，枝分接济，丹经妙诀，散满人间。唯紫阳《悟真篇》颇详，又得无名子诸公，引而明之。我黄房公得于丹阳，乃授太虚，以传紫琼，我缘督子得于紫琼，详见《太虚真人传》。缘督子闲气聪明，博物精通，挹尽群书，或注或释，总三教为一家，作《仙佛同源》《金丹难问》等书，到此而丹经大备。其意悯怜修道之人，率多旁门，以伪乱真，故于卷中指出先天一气独是。谓若水银、朱砂、黑汞、白金、火候、抽添、安炉、立鼎，名之则是，用之则非。

《阴符经》云："天性人也，人心机也。"又云："天地，万物之盗；万物，人之盗；人，万物之盗。"又云："人知其神之神，不知不神之⑤所以神也。"

---

① 而，《道藏》本无，从《金丹正理大全》本、《道藏辑要》本。
② 葛，《道藏》本无，从《金丹正理大全》本、《道藏辑要》本。
③ 受，《金丹正理大全》本、《道藏辑要》本作"授"，从《道藏》本。
④ 纯阳，即吕洞宾。
⑤ 之，《道藏》本作"而"，从《道藏辑要》本、《金丹正理大全》本。

《道德经》云："有无妙窍""玄牝神器"，至有"上善若水""不敢为天下先"者，皆至言也。又如"列子御风""庄周鹏运"，虽皆寓言，却有深意。《金碧经》《参同契》分明指出，金汞、火候、弦气、爻符，借易为准，其妙在于"欲作服食仙，宜以同类"者，取象于月，以验采铅，后之所述，无以易此。仙圣用心，普接未来，惟只先天真一之气而已。

致虚夙荷祖宗积善，天地衰^①矜，游浪人间，年且四十，伏蒙我师授以正道。厥后复遇青城老师，亲传先天一气、坎月离日金丹之旨，抽添运用火候之秘，悉授无隐。粤从敬受以来，日夕兢惶，恐辜盟誓，且负所望，尽将从前浅闻陋学，烦恼业识，尽皆脱去，长为天地间一个闲人也。而为囊中丹材罔措，两稔于兹，访侣求朋，将集吾事。乃不敢秘，焚香告天，启白圣师、五祖、七真，遂乃引诸列仙丹经，作此《金丹大要》。其中冒禁详述，开显条说，直与后来学仙之士，辟门引路。上士至^②人，或于此中得而解悟，同步逍遥，即满素志。惟世有先后，人有贤愚；文愈出而道愈明，世愈降而人愈昧，乃以神仙之说而为渺茫。或谓仙佛天之所生，非人可学，流而至此，复奈之何？老子曰："吾非圣人，学而得之。"中下之流，口欲修行，而不用心于此，究竟甘分轮回，可深惜哉！所幸迩来抱材负器之士，参问寻广，较之古先，比兹稍众，虽无旌阳拔宅之举，安知地仙八百谶数将期？倘有识者，应期立志，疾早求师，成道必矣。世有千蹊百径，专则所趋必至。好正则君子喜，务诞则邪怪凭。勤织无寒，力耕常饱，学弓能射，习水能游^③，坚固修行，必成仙佛。

今夫百工而不求师，艺岂自精？一经而不求师，科岂必^④中？专心积善而学仙，亦必有真仙至矣。老子曰："谛观此身，从虚无中来，因缘运会，和合受生。"我师数指，"先天一气，自虚无中来"。致虚续曰："既自虚无中来，却非天之所降，地之所出，又非我身所有，亦非精，亦非血，非草木，非金石，是皆非也。谁得而知之乎？"《易》曰："西南得朋，乃与类行。"又云："君子以虚受人。"佛谓"西方莲华世界"，马祖云"西江水"。《悟真篇》云：

---

① 衰，《道藏》本作"界"，《金丹正理大全》本作"界"，从《道藏辑要》本。
② 至，《道藏辑要》本作"圣"，《金丹正理大全》本作"哲"，从《道藏》本。
③ 游，《金丹正理大全》本、《道藏辑要》本作"浮"，从《道藏》本。
④ 必，《金丹正理大全》本、《道藏辑要》本作"能"，从《道藏》本。

"药在西南是本乡。"又云："蟾光终日照西川"。又云："铅遇癸生须急采"。又云："取将坎位心中实，点化离宫腹内阴。"太一真人《破迷歌》云："如何却是道，太乙含真炁。"太一岂非西乎？西南者，金火所在也；坎癸者，水铅所居也。黑铅，是先天一炁，而隐于北方水也。然本无方位，故云"自虚无中来"也。《参同契》云："真人潜深渊，浮游守规中。"领悟于此，何忧不仙？曰阴阳，曰夫妇，曰男女，曰铅汞，曰龙虎，曰鼎炉，许多名色，无非先天一气，状如细雨密雾，亦如明窗尘，亦如黍米珠。其道易知，其事易成，初无难也。故我师云："形神无为，而精气自然有所为，是犹天地无为，而万物自然化育也。"

修道的人，果得真师口诀，则恐光阴迅速，目下收料，汲汲成就我身，又何暇奔功名富贵而共人闲论哉？盖非得真诀者，于丹经内默猜暗想，无一可成，只得旁引曲证，阔论高谈，以度岁月，复何怪哉①？且无知者，妄造丹书，假借先圣为名，如《葛仙翁保生养命丹诀》《达磨胎息经论》《赵州十二时歌》《庞公河车颂》，以至《八段锦》《六字气》之类，其他文目更多，切不可信，要当以《参同契》《悟真篇》为主。然未遇圣师面传，那②有自悟？黄帝师广成子，老子师商容，孔子师老子，释迦师瞿昙。圣人皆拜真师，后世凡流，却要自悟，何其诳妄？唯有俊流，得师一指③，闲处下工，无人知觉，一旦道成，显其神通，以为顿悟，此则有之。

夫金丹之事，其中奥旨，不啻一件，只如药物、鼎器、玄牝、阴阳、太易、子癸④、复震、屯蒙、水火、金木、母隐子胎、情性、龙虎、铅汞、主宾、刀圭、媒娉、白黑、雌雄、颠倒、沉浮、攒簇时候⑤、朔望弦气、火候进退、斤两爻符、抽添、沐浴、烹炼、温养、换鼎、脱胎，似此等名，虽圣师叮咛训诲，犹恐乖错，安得凡夫而自会耶？故纯阳祖师云："当时自饮刀圭酒，谁信无中养就儿？辨水源清浊，木金间隔，不因师指，此事难知。"紫阳翁云："饶君聪慧过颜闵，不遇真师莫强猜。"

① 哉，《道藏》本作"焉"，从《金丹正理大全》本、《道藏辑要》本。
② 那，《金丹正理大全》本、《道藏辑要》本作"非"，从《道藏》本。
③ 指，《金丹正理大全》本、《道藏辑要》本作"传"，从《道藏》本。
④ 癸，《金丹正理大全》本、《道藏辑要》本作"养"，从《道藏》本。
⑤ 候，《道藏》本作"节"，从《金丹正理大全》本、《道藏辑要》本。

今留试金石三寸于此，别其真伪。凡学仙子，先一试之。若得至人传了，首以《参同契》《龙虎经》《悟真篇》，此数书内，问无不知，顺了逆明，横串直贯，指南透北，识西就东，只此便是。何以故？盖圣贤之言，亦有顺求，亦有逆取，双关二意，晓了一般。若邪师俗子，妄谈臆会，问他以上数书，则懧愣其说，直也不了，横也不知，纵能直知，逆又不了。此处有著落，便试了也，且得人最难。纯阳帝君、海蟾、重阳诸祖，特悯世之闻道者少，虽证帝位，立誓度人，故出没变化，往来尘世，必其可者度之。是以[①]，金丹之道，神仙能授与人，而不能必其成，却能知其必成之人，是以度之。必成之人，耳口自别，何哉？大智慧的，口求之而心愈低下，耳听之而思所以行。

上阳子曰：予昔未闻，拟若得之，要与世人尽谙此道，不相瞒隐。及既得闻，审思密视，果无其人堪传此者。纯阳翁云："茫茫宇宙人无数，几个男儿是丈夫？"俗眼看来，丈夫而非男儿乎？蒙师密授，吾乃今而后，知真仙圣师之[②]意，岂不欲人人领悟，个个圆成？争奈世人不及者众，过者大多百般蔽阻，无由见闻是道也。不可以言传，而非言则何以闻？谓不可以言传者，缘以时人习卑识陋，不足以语之也。必固语之，彼岂信受而行之哉？是曰不可以言传也。果若非言，云何口授？今人直以无言是道，宁知于中妙语更多，但非六耳所可共听。否则圣人明示直说，何乃从古隐到而[③]今，转不可说？

后之学者，慧眼未开，宜先审其忠孝、正直、善恶、贤愚。大道非正人君子、非素所好善者，端不可与，切莫嗜利，妄泄轻传！倘非其人，彼此受谴，况欲其敬师成道乎？《黄庭经》曰："授者曰师受者盟，以代割发肌肤全。携手登山歃液丹，金书玉景乃可宣。太上微言致神仙，不死之道此其文。"天地之间，此事最大，非重盟誓，孰敢泄机？比授非人，已彰冥[④]谴。紫阳二传非人，三遭其难，仙经具载，可不戒之？顾惟禁秘不传，则是拒抑[⑤]仙

---

① 以，《道藏》本作"此"，从《金丹正理大全》本、《道藏辑要》本。
② 之，《道藏》本无，从《金丹正理大全》本、《道藏辑要》本。
③ 而，《金丹正理大全》本、《道藏辑要》本作"如"，从《道藏》本。
④ 冥，《道藏》本作"明"，从《金丹正理大全》本、《道藏辑要》本。
⑤ 拒抑，《金丹正理大全》本、《道藏辑要》本作"抑拒"，从《道藏》本。

子，不能接引方来。拒秘非宜，但当审择。仆之念此熟矣，遂作《金丹大要》，直述无文，便于观览。

所谓要者，在于庚方月现，子时癸生，取先天地真一之气。是气即黑铅也。当此之时，药物真正，水源至清。然月之现，存乎口诀；时之子也，亦要心传。广成子谓黄帝曰："慎汝内，闭汝外，多知为败。我为汝遂于大明之上矣，至彼至阳之原也；为汝入于杳冥之门矣，至彼至阴之原也。"老子曰："天地之间，其犹橐籥乎？虚而不屈，动而愈出。多言数穷，不如守中。"孔子翼《易》曰："一阴一阳之谓道，偏阴偏阳之谓疾。"魏伯阳曰："类同者相从，事乖不成宝。"崔公《入药镜》云："是性命，非神气，水乡铅，只一味"是也。天性之道，或有自悟；天命之妙，必待师传。无名子云："偃月炉，阴炉也，中有玉蕊之阳气，即虎之弦气也。朱砂鼎，阳鼎也，中有水银之阴气，即龙之弦气也。金丹，即此二弦①之气，调停和合以成。"然吾所谓，神与气、精、迎、送、动、止，凡百作为，皆主于意也②；色、声、香、味、触，皆关于意。意为即为，意止即止。故求丹取铅，以意迎之；收火入鼎，以意送之；烹炼沐浴，以意守之；温养脱化，以意成之。故崔公云："一日内，十二时，意所到，皆可为。"此之谓大要之要③也。有能猛省如前试金石，则得《金丹大要》之要也。

既得其要，不妨求侣用④财，以成真人。噫！世有以万金而买功名者，其身安能长⑤久乎？世有以万金而济死者，其死能再生乎⑥？运有否终，唯道长久！亦有闻道之士，不肯直下承当，勇锐向前，疾早便做，乃欲待其功名志满，诸事已了，方成此道，又惑之甚！忽忽天不假⑦年，身殒⑧于世，悔能何及？佛果云："只今休去便休去，若觅了时无了时。"祖师⑨云："试问堆金

---

① 弦，《道藏》本作"火"，从《金丹正理大全》本、《道藏辑要》本。
② 也，《道藏》本无，从《金丹正理大全》本、《道藏辑要》本。
③ 之要，《道藏》本无，从《金丹正理大全》本、《道藏辑要》本。
④ 用，《道藏》本、《金丹正理大全》本作"问"，从《道藏辑要》本。
⑤ 长，《道藏》本无，从《金丹正理大全》本、《道藏辑要》本。
⑥ 其死能再生乎，《道藏》本作"其尸能载生乎"，从《金丹正理大全》本、《道藏辑要》本。
⑦ 假，《道藏》本作"与"，从《金丹正理大全》本、《道藏辑要》本。
⑧ 殒，《道藏》本作"捐"，从《金丹正理大全》本、《道藏辑要》本。
⑨ 祖师，《金丹正理大全》本、《道藏辑要》本作"紫阳"，从《道藏》本。

等山岳，无常买得不来无？"弃万户侯而为身者，张子房焉；弃万金赀①而求道者，马宜甫焉。今之视昔，谁能及之？后之视今，早宜参悟。

上阳子曰："大修行人，已得师传，先结丹友。"薛真人云："我今收得长生诀，年年海上觅知音。"又云："几年湖海觅仙俦，不做神仙不肯休。"泥丸翁云："若无同志相规觉，时恐炉中火候非。"陈虎丘云："朝朝惟切寻同志，走遍东吴不见人。"盖得知音道侣，乃相规检，匡其不逮，以共成道。亦有善侣而未闻道，财则有余，是宜质②易两相成事。故庞蕴溺财求药，傅大士唱卖妻子，皆同此道也。

是以释氏修定坐禅，以土制铅，以铅制汞，铅汞归鼎，身心不动，是云"修禅入定"。今之所谓禅者，皆琉璃瓶子禅，行也打碎，坐也趺碎。世惟皮可漏子禅，扯亦不断，咬亦不破。若人参得皮可漏子禅，则铅与汞自相投矣。三教一家，实无二道。其分彼我者，乃是一个盲人鞭骑瞎马而与人较胜负，岂不为明眼底人③所笑！圆悟云："禅非意想，以意想参禅则乖。道绝功勋，以功勋学道则失。直须绝却意想，唤什么作禅？脚跟下廓尔，无禅之禅，谓之真禅，如兔子怀胎；绝却功勋，唤什么作道？顶门上照耀，无道之道，谓之真道，似蚌含明月。"佛祖留下数百公案，见性为先。是此《金丹大要》，禅道俱明，仙佛同证，性命二者，皆要了知。既得了知，宜加精进。

上阳子曰：是此《金丹大要》，访诸仙圣之书，发明先天一气之妙，开引后来之人，于中显露，泄漏尤多。夫此④何故？是予早年素有此志，未遇真师，不明其要，阅诸丹经，杳难捉摸，思考不及，研穷无方，废寝忘餐，每留此憾。神仙之道，因执无为⑤，非遇圣师分明指示，则与凡流同归腐朽。是因师指，尽以其间难形言者，悉皆详述，作为此书，名曰《金丹大要》，以赎⑥往憾，与后来人出只⑦慧眼。不可施于笔者笔之，不可发于语者语⑧之。

---

① 赀，《金丹正理大全》本、《道藏辑要》本作"资"，从《道藏》本。

② 质，《道藏》本作"贸"，从《金丹正理大全》本、《道藏辑要》本。

③ 人，《道藏》本无，从《金丹正理大全》本、《道藏辑要》本。

④ 此，《金丹正理大全》本、《道藏辑要》本无，从《道藏》本。

⑤ 无为，《道藏》本作"为无"，从《金丹正理大全》本、《道藏辑要》本。

⑥ 赎，《道藏》本作"续"，从《金丹正理大全》本、《道藏辑要》本。

⑦ 只（隻），《金丹正理大全》本、《道藏辑要》本作"双（雙）"，从《道藏》本。

⑧ 语，《道藏》本作"发"，从《金丹正理大全》本、《道藏辑要》本。

后道之士，因缘获睹，是此《金丹大要》，如对圣师亲相付授^①，当知火药悉具，运用皆全。

上阳子曰：是此《金丹大要》十卷，首卷《虚无三章》，以象三才；二卷《上药一章》，以体法身；三卷《妙用九章》，以证九还；四卷《须知七章》，以验七返；五卷《积功诗歌》，以分邪正；六卷《累行序说》，使无著象；七卷《发真问答》，接引群生；八卷《修真图像》，示可印证；九卷《越格拟古》，最上一层；十卷《超宗酌古》，见性成佛。卷卷皆备铅汞火候。学道之士，首卷不悟，须寻二卷；三卷不达，四卷须知。次第熟览，无一不备。^②

吾之成此《金丹大要》，多重言者，切之故也；多俗语者，显之故也。宁免泄露，冒渎真诠，然恐方来无直悟底。自非宿昔有仙骨者，不能闻是《金丹大要》之名，况云欲得而诵之乎？非有大因缘者，不能存是《金丹大要》之旨，况云欲得而了之乎？非有大智慧者，不能入是《金丹大要》之路，况云欲得而行之乎？非有大功德者，不能亲是《金丹大要》之道，况云欲得而修之乎？

上阳子曰：大修行人，已证脱胎神化，若复得此《金丹大要》，可以再进向上功夫；其有十月圣胎已完^③，若复得此《金丹大要》，可以参证出入往^④来；若初下手得药入室，是此《金丹大要》，可以保养全功；亦有闻道蒙惑怀疑所未决者，是此《金丹大要》中，有试金之石，即可辨验过得实，疾早下功^⑤，更莫迟疑。《入道诗》云："人身难得今已得，正道难明今已明。此身不向今生度，更向何生度此身？"

上阳子曰：复有得此《金丹大要》，不能明了于中奥旨，便可像绘祖师纯阳、重阳、丹阳三仙真形，晨夕香花，一心对像诵念是此《金丹大要》一遍，乃至十遍、百遍、千遍，日积月深，初心不退，愈加精勤，自感真仙亲临付授，是学仙子，顿尔开悟，理路透彻，心地虚灵，即时脚跟踏得实际。

①　付授，《道藏》本作"授付"，从《金丹正理大全》本、《道藏辑要》本。
②　此段《道藏辑要》本无，从《金丹正理大全》本、《道藏》本。
③　"若复得此《金丹大要》，可以再进向上功夫；其有十月圣胎已完"，此句《金丹正理大全》本、《道藏辑要》本无，从《道藏》本。
④　往，《道藏》本作"去"，从《金丹正理大全》本、《道藏辑要》本。
⑤　功，《道藏》本作"工"，从《金丹正理大全》本、《道藏辑要》本。

夫何以故？玉帝敕^①命，见授丹阳真君，掌领仙籍，巡行天下，察人功勤，注上丹台，分遣已成真人、仙子，下为人师，移文录司，主借财宝，成就学仙之士无上妙道，以成真人。

是学仙子，精专注想，因缘遭逢；是学仙子，不惮苦辛，恳求至道；是学仙子，勿以天高地厚，难以感通；是学仙子，勿以大道窈冥，非凡可学；是学仙子，勿以阴阳分位，非人能成；是学仙子，勿以性命由天，非我所有；是学仙子，不作是见，不作是闻，勇猛智慧，即得性海汪洋，命源流润；是学仙子，列名书丹，冥心究竟。是此《金丹大要》，或触事物，或过经筵，或在舟船，或行道路，或对镜容，或照水影，或观淫房，或睹屠杀，或因童戏，或见僧坐，触着嗑着^②，偶一觉悟，从之而入，倮倮洒洒，圆圆陀陀，得大自在。恰如贫人于房舍中，掘得祖父一窖金宝相似，方知此是自家之物，多年弃藏，一旦得之，受用不尽。上士至人，昔蕴大乘根器，又复得此《金丹大要》一诵，再忆豁然见性，即佛即仙，如嗜宝人道旁拾得无价明珠，喜庆无量。学仙之士，愿以生死为一大件，早收药物，成事丹炉，白日腾身，高奔^③帝境，实我志也。

《道德经》序

上阳子曰：道始无名，德亦非称。自伏羲画卦，苍颉创爻，玄龟龙马，《河图》《洛书》，文王重《易》，箕子《洪范》，皆存而不名。老子垂世，始强名之曰"道"。

夫道之为说，先天地而位天地，始万物而育万物。草木根实，非道不生；胎卵湿化，非道不产。道，果何物也？其可见乎？而功用若是。其可摸捉乎？而造化若是。其可思议乎？而变通若是。自老子一指出、一强名之后，千古之上，此道得老子以明；万世之下，此道以老子为法。天以清，地以宁，三光以明，万物以荣，圣人仙佛以修以成。

---

① 帝敕，《道藏》本缺，从《金丹正理大全》本、《道藏辑要》本。
② 触着嗑着，《道藏》本作"筑着磕着"，从《金丹正理大全》本、《道藏辑要》本。
③ 奔，《道藏辑要》本作"居"，从《金丹正理大全》本、《道藏》本。

噫！道果何物，而若是其大也？孔子与①佛，皆明此道，非别有一道也。后来乃分三教。儒者不明曾子、子思之相授何事，却猜之为日用常行；释者不能明心见性，只得念诵顽坐；道则不究金丹窍妙，以为焚修法术。皆非道也，盖未有所授受耳。

道之为物，通气而生气，复资气而育天地万物，未有非气而自生育者。然吾所谓气，却非天地呼吸、口鼻往来。要知是气之名，须究外内②之道。气之在外者，曰黑铅，即金丹之道也。佛云牟尼③，儒语④仁义，道曰金丹。三教大圣，必用是气而后方能成佛作仙。即此是道，非别有一路耶⑤！气之在内者，曰黑汞，即修定之道也。道名踵息⑥，儒谓中和，释云世音，即自然之道。三教大圣，必用此道，故名虽殊，而道则同也。是以"天下无二道，圣人无两心"。

昔者老子西游，关令尹喜知为圣人，迎之曰："子将隐矣，强为我著书。"老子乃著五千余言而去。其著书处，今京兆盩厔⑦县终南山宗圣宫是也。此书留世，始以《老子》名，分上下二篇。真人郑思远标注八十一章之目，唐赐号曰《道德经》。古今解注，何啻数百人？唯河上公所释以授汉文帝者，语淡义深，今难得其真本。经中大意，第一章显而出之。了具眼者，于此早分利钝。

夫道也者，本无名无为。且名既有，复不可常名，则无为而无不为矣。故三十八章曰："上德无为而无以为，下德为之而有以为；上仁为之而无以为，上义为之而有以为。"熟于道德者，体无为而无不为也。无为者，无以为也；无不为者，有以为也。为是道者，慧饶颜闵，必待师传。建言有之，古之善为士者，微妙玄通，深不可识。

上阳子曰：岂古然哉？于今为然，盖不可识，则不可见。不可见，则不可思议摸捉。我师缘督真人，受钟、吕、王、马之的旨，南岳一面，悉拜其

---

① 与，《道藏》本作"而"，从《金丹正理大全》本、《道藏辑要》本。
② 外内，《金丹正理大全》本、《道藏辑要》本作"内外"，从《道藏》本。
③ 佛云牟尼，《道藏》本作"释云佛法"，从《金丹正理大全》本、《道藏辑要》本。
④ 语，《道藏》本作"谓"，从《金丹正理大全》本、《道藏辑要》本。
⑤ 耶，《金丹正理大全》本、《道藏辑要》本作"也"，从《道藏》本。
⑥ 息，《道藏》诸本作"音"，校改。
⑦ 盩厔，地名，在陕西，今作"周至"。

授。致虚年甫四十，虽居林泉①，癖嗜诗书，尝谓寂灭虚无，其说杳冥奔恍②，蒙师一指，芒刺脱然，眼下便见，方知脚跟元③踏实地。犹如空中浮云忽散，宝月光④明。并得所解《道德经》，焚香启视，至此两者同出而异名。早是性命双题，愈觉浑身是汗。坐对老子坐，行共老子行。佛祖在脚跟底立，似三界中我的最尊。超然有何生死？则三清剑，五岳冠，有与无，物与窍，朱里汞，水中银，日乌月兔⑤，雌雄黑白，以至金刚浮幢，灯笼佛殿，正法眼藏，涅槃妙心，百尺竿，西江水，竹麻筀苇，棒喝照用，恒河沙无⑥量佛法，莫不皆是见了、悟了。日夕照觑，大机大用。有时得到休歇之处，尤为快活。何以故？只为此者双关二意，直要世人明了为期。

且道同出却不同入，同出又不同没，只一己是强名，况复云此两者，其⑦下重云"众妙之门"。圣人无空言，一字是一个铁汉，点检将来，却似大路旁草里，有两颗骊珠，寻常人都直蓦⑧过了，明眼人一见，圆陀陀，光烁烁，收拾随身去，岂不欣然！何哉？盖今世人只是看经，却不观经。圣贤仙佛，留下经书，要引世人皆为圣贤仙佛。一切常人不明其意，朝念暮诵，以为祷祈，更不于中究竟生死一件实事，抑何愚哉？犹诲人医指以诀云"左心、小肠、肝、胆、肾"。明了的，便以此而脉人之脉，不必劳诵千遍万遍。若病而不诊，只诵此语，虽感得叔和立现，复奈之何？经书亦然。若看而不观，亦犹有⑨病之诵而不诊者，但了其字。观者要了其义。了字则讹了舌头，了义则坐断舌头。讹了非了，坐断是了。不了的是人，了底是圣贤仙佛。喻如《金刚经》云："佛说非身，是名大身。"六祖释云："色身虽大，内心量小，不名大身；法身虽小，内心量大，等虚空界，方名大身。色身虽如须弥，终不为大。"此欲世人早明色身、法身二事，若只口诵，不观其义，轮

---

① 泉，《道藏》本作"下"，从《金丹止埋大全》本、《道藏辑要》本。
② 奔恍，《金丹正理大全》本、《道藏辑要》本作"莽卤"，从《道藏》本。
③ 元，《道藏辑要》本作"原"，从《金丹正理大全》本、《道藏》本。
④ 光，《道藏》本作"圆"，从《金丹正理大全》本、《道藏辑要》本。
⑤ 日乌月兔，《道藏》本作"日兔月乌"，从《金丹正理大全》本、《道藏辑要》本。
⑥ 无，《道藏》本缺，从《金丹正理大全》本、《道藏辑要》本。
⑦ 其，《道藏》本无，从《金丹正理大全》本、《道藏辑要》本。
⑧ 直蓦，《道藏》本作"蓦直"，从《金丹正理大全》本、《道藏辑要》本。
⑨ 有，《道藏》本缺，从《金丹正理大全》本、《道藏辑要》本。

回生死，何有了期？三教圣师，立言垂训，皆欲接引方来，非各门异户以相冰炭者。师授是经，俾之续其言外之^①意。

上阳子曰：大哉五千余言，多以天下国家、用兵治民之说，以翼其道。然以之平天下，治国家，用兵使民，无施不可。仁者见之谓之仁，智者见之谓之智，故莹蟾子有治道丹道、兵机禅机之说也。将以无为之道，奏之于吾皇，以仿陶唐无为之治也。其将以有为之道，告之于宰辅，行治平日新之德也。其将以无不为、有以为之道，训诸学道之士，以修金丹也。得此道以无为而治天下者，汉文帝之谓矣；得此道以佐汉而定天下者，张子房之谓矣；得此道而其鬼不神者，张辅汉之谓矣；得此道而善摄生者，许旌阳之谓矣。妙哉！是经其言父则云"教父"，母则云"物母"，此其为《道德经^②》也。其旨意，先有为而后无为，非蠢然无为也。本道德而后仁义，非毁于仁义也；先仁义而后礼，非弃于礼者也。如恍惚中有象、有物，杳冥中有精、有信，不贵难得之货，此皆有^③直指大道，显露玄机者也。经内隐八十余异名，如众甫、神器、玄牝、橐籥之类，盖深注意于道，使后之人从是而悟，因悟而入，因入而有为^④。即有为者，金丹也。^⑤

噫！后之人峨其冠者，不明玄牝窍妙之门；曳其裾者，不修无为有为之道。使彼之有目者，视之为异端之教；彼之有口者，呼之为异端之徒。而世之明敏器识之士，甘与彼之下愚，或伫或躅，奔兢是非，至于老死而不知有神仙之道。惜哉！且三教圣贤之所建立者，始焉莫不各有其道，而继之者特未善也。老子者，圣人也，太上也^⑥。巍巍尊居三清之境，以生育天地，运行日月，宰制劫运，终始万物为心，其视天下民物一不安者若己。

有之中下之人，恣其狂愚，不知源流，妄诞诋排，谓彼之非圣人者，罔谴益彰，惑之甚也。谓此之归太上者罔福，是未得其道也。原其著此书者^⑦，

① 之，《道藏》本缺，从《金丹正理大全》本、《道藏辑要》本。

② 经，《金丹正理大全》本、《道藏辑要》本缺，从《道藏》本。

③ 有，《道藏》本缺，从《金丹正理大全》本、《道藏辑要》本。

④ 为，《道藏》本作"焉"，从《金丹正理大全》本、《道藏辑要》本。

⑤ "有为者，即金丹也"，《道藏》本作"即有为者，金丹也"，从《金丹正理大全》本、《道藏辑要》本。

⑥ 也，《金丹正理大全》本、《道藏辑要》本作"者"，从《道藏》本。

⑦ 者，《道藏辑要》本无，从《道藏》本、《金丹正理大全》本。

甚欲引道修行之士，以成真人；使天下有以匡世救劫者也，如降魔斩蛟、平潮弭灾之事焉。然悟者自悟也，迷者自迷也。悟也者，因缘时节之来也；迷也者，宿昔所未种善①也。君臣也，父子也，夫妇也，兄弟也，朋友也，此大道之纲常也，万世之不可易也。降魔也，斩蛟也，此道成之事也，适时而造②就其功也。

老子之道，即金丹之大道也。夫金丹之道，先明三纲五常，次则因定生慧。纲常既明，则道自纲常而出。非出③纲常之外而别求道也，是谓有为，故云"和其光，同其尘"也。乃至定慧圆明，是谓无为，故云"知其雄，守其雌"也。道至无为，则神仙之事备矣。知此经者，则明其道，故曰太上。下知有之不知者，则辩其语，故曰"夫唯无知，是以不我知"。今遵师训，因并释之，每章就下转语。夫如此者，特为此老垂一双④方便手，为天下人具一只⑤智慧眼。垂手者，接济迷途；具眼者，早自明了。使人人回首，物物知归，长⑥生升仙，必有真实根器尔⑦。

至顺辛未中秋后三日紫霄上阳子观吾陈致虚谨序⑧

《道可道章》解

道可道，非常道。

上阳子曰：夫道也者，位天地，育万物，曰道。揭日月，生五行，曰道。多于恒河沙数，曰道（恒河者，西方⑨界。此河四十里，沙细如面，比数之多者也。）孤则独无一侣，曰道。直入鸿濛而还归溟涬，曰道。善夺⑩造化，而顿正超圣凡，曰道。目下机境未兆，而突尔灵通，曰道。眼前生杀分

---

① 善，《道藏》本缺，从《金丹正理大全》本、《道藏辑要》本。
② 造，《道藏》本缺，从《金丹正理大全》本、《道藏辑要》本。
③ 出，《金丹正理大全》本、《道藏辑要》本无，从《道藏》本。
④ 双，《道藏》本作"只"，从《金丹正理大全》本、《道藏辑要》本。
⑤ 只，《金丹正理大全》本、《道藏辑要》本作"双"，从《道藏》本。
⑥ 长，《金丹正理大全》本、《道藏辑要》本作"畏"，误。从《道藏》本。
⑦ 尔，《道藏》本、《金丹正理大全》本作"的"，从《道藏辑要》本。
⑧ 此《道藏辑要》本无，从《道藏》本、《金丹正理大全》本。
⑨ 方，《道藏》本作"之"，从《金丹正理大全》本、《道藏辑要》本。
⑩ 夺，《金丹正理大全》本、《道藏辑要》本作"集"，从《道藏》本。

明，而无能逃避，曰道。处卑污而大尊贵，曰道。居幽暗而极高明，曰道。是道也，有大识见之眼而无睛，有大智慧之耳而无闻，有吸西江之口而无齿，有诸妙香之鼻而不嗅①，有杀活舌头而味不味，有金刚法身而在自在，有生死剑而武士不敢施用，有一字义而文人不能形容，虽黑漫漫不许一眨，暗然②而日彰，任峭巍巍，壁③立万仞，放身而④无怖。细入刹尘，曰道。大包天地，曰道。将无入有是道，作佛成仙是道。佛经五千四十八卷也，说不到了处；《中庸》三十三章也，说不到穷处；《道德》五千余言也，说不到极处。

道也，果何谓也？一言以定之曰：气也。故郑真人曰："道，乃气之用。"当知体其道者，是气也。可道者，道有号，道有名，道有讳。比如道之号曰"万物宗"，是道号也；名曰"涅槃妙心"，是表德也。道之号与表德⑤，皆可呼可言，故曰"可道"。至如道之讳，即⑥是生万物之道。虽有其名，而不可以常道，故曰"非常道"。何谓非常道？盖可以⑦自见，而不可以人见、众生见；可以⑧自道，而不可以人道、众生道。是云："可道，非常道"也。

何谓非常道？以其致广大而尽精微，故不可以常道也；以其净倮倮，赤洒洒，巍巍尊高，故不可以常道也；以其杳冥恍惚，有物混成，先天地生，故不可常道也。是谓"非常道"者也。

名可名，非常名。

上阳子曰：夫名也者，事物用以称题曰名，人神借以呼唤曰名。"可名，非常名"者，喻如乾，阳物也，曰乾则可，曰阳物则不可；又如坤，阴物也，曰坤则可，曰阴物则不可。故曰"可名，非常名"也。又如今有人名曰"谷神"，小名曰"刍狗"，而字曰"众甫"。讳与小名，上之呼下可也，故曰

---

① 嗅，《金丹正理大全》本、《道藏辑要》本作"臭"，从《道藏》本。
② 然，《道藏》本缺，从《金丹正理大全》本、《道藏辑要》本。
③ 壁，《道藏》本作"辟"，从《金丹正理大全》本、《道藏辑要》本。
④ 而，《道藏》本缺，从《金丹正理大全》本、《道藏辑要》本。
⑤ 德，《道藏》本缺，从《金丹正理大全》本、《道藏辑要》本。
⑥ 即，《道藏》本作"却"，从《金丹正理大全》本、《道藏辑要》本。
⑦ 以，《道藏》本缺，从《金丹正理大全》本、《道藏辑要》本。
⑧ 以，同上。

"可名"；众人之不可呼，若众人呼人之小名，则其人勃然而怒矣。何以故？众人不可呼人之小名。若于僻陋之所，人不闻见之地，而言之则可；若于稠人中呼之，则必自取辱焉。故曰"非常名"也。何谓非常名？盖人人有一个讳名，或可以自题，而不可托人言，是云"非常名"。

我师曰：道以用言，在人未尝不可行，但非泛常所行之道。名以实①言，在人未尝不可称，但非泛常所称之名耳。

无，名天地之始；有，名万物之母。

无者，待之而后动也。有者，已动而将形也。天地始者，雌雄蟠虬，而物所自腪。万物母者，阴阳感兆，而气所自育。以无而偶有者，犹以天而配地；以母而匹始者，犹以气而合神。是知，有与无，二者峙而天地位焉；始与母，二者出而万物育焉。

我师云：人之灵明知觉者，即无也，神也；氤氲活动者，即有也，气也。此论玄远，要具大方眼②，然后可以见不见之处，照不照之所也。

常无欲以观其妙，常有欲以观其窍。

一定之中，而求变化，曰常；未见之前，而将兴发，曰欲。冲虚至圣，曰妙；包元含灵，曰窍。"常无欲以观其妙"者，于一定之中而求变化，待之而后动；动③于未见之前而将兴发，此即观其冲虚至圣之妙也。"常有欲以观其窍"者，于一定之中而求变化，已动而将形，形于未见之前而将兴发，此即观其包元含灵之窍也。

我师曰：观其妙者，见其智慧之精微也④；观其窍者，见其功用之远大也。

此两者，同出而异名，同谓之玄。

两者，道与名也，无与有也，始与母也，妙与窍也。皆云两者，而当以"无"与"有"为先。"同出而异名"者，有、无同出于一，而名乃分矣。玄者，不可见，不可闻，不可说。"同谓之玄"者，"无"与"有"两者皆不可得而见闻名说也。

---

① 实，《道藏》本作"体"，从《金丹正理大全》本、《道藏辑要》本。
② 要具大方眼，《道藏》本作"安其大方眼"，从《金丹正理大全》本、《道藏辑要》本。
③ 动，《道藏》本作"而"，从《金丹正理大全》本、《道藏辑要》本。
④ 也，《道藏》本缺，从《金丹正理大全》本、《道藏辑要》本。

玄之又玄，众妙之门。①

"玄之又玄"者，以其"无"与"有"两者，愈不可见，愈不可闻，愈不可名说②，即佛云"不可说"。不可说，转不可说者，即此道也。"众妙之门"者，言其玄乃万物冲虚，至圣出入之所也。而我师谓有言外意。

上阳子曰：有物先天地，眼下甚分明。道之体者，自然也；道之用者，虚无也。虚无者，先天地也。《契》曰："委志归虚无。"《悟真篇》云："道自虚无生一气。"我师云："先天一气，自虚无中来。"此乃为之而有以为也。自然者，后③天地也。人禀父母阴阳二气而生而长，混沌未判，抱一无离，此乃无为而无以为也。道本无名，强名之曰道，是有名矣。既有名矣，又不可常名；既不可常名，则不可得而闻见也。是道也，是物耶？是有形也，是无形耶？乃不可常道、常名，而不可以④闻见者也。是以从古圣人，以至于今，成仙作佛者何限？虽遗千经万论于世，而终不显题者，唯是道之尊、德之贵也。

夫人本来清静，若脚跟下见得明了，无他障碍，何必更向经句上寻觅？盖为世人翻著见解，讷处不能讷，知处不能知，是故圣人慈悲方便，假名托字，百般迁就而为之讳，亦只⑤先天地一物耳。三教大圣，殊途同归，初无差别，如孟子"集义所生"之道，即孔子"一贯"之道也；释迦拈花以传"涅槃妙心"之旨⑥，即达磨"直指人心，见性成佛"也；老子有无、玄牝、窍妙⑦、物母之道，即"玄关一窍、大道金丹"也。深山妙窟里，代不乏人，所谓透到是处，一明一切明，一了一切了。利根上士，获睹此经，字上求义，义里通神⑧，句中得意，意外悟道，忽若智慧眼开，感得天人相与，宁不庆快！

---

① 底本与校本皆无，校者据《老子》增补。
② 说，《道藏》本作"谓"，从《金丹正理大全》本、《道藏辑要》本。
③ 后，《道藏》本作"复"，从《金丹正理大全》本、《道藏辑要》本。
④ 以，《道藏》本缺，从《金丹正理大全》本、《道藏辑要》本。
⑤ 只，《金丹正理大全》本、《道藏辑要》本作"知"，从《道藏》本。
⑥ 之旨，《道藏》本缺，从《金丹正理大全》本、《道藏辑要》本。
⑦ 窍妙，《道藏》本缺，从《金丹正理大全》本、《道藏辑要》本。
⑧ 神，《道藏》本作"禅"，从《金丹正理大全》本、《道藏辑要》本。

上药卷第二

精气神说

黄帝曰："知之修炼，谓之圣人。"无上元君谓老子曰："长生之功，由于丹；丹之成，由于神。故将合丹，必正身心。"《黄庭外景经》曰："玉池清水灌灵根，审能修之可长存。"《心印经》曰："上药三品，神与气精。"圣人言修炼合丹者，炼精气神而已。唯此三者，千古之上，万世之下，无以易之。而精气神有后天地，有先天地。今将此二说，别而晓之。

夫精者，极好之称。美者言精，恶者言粗，夫物皆然。凡人唯精最贵而甚少，在身中通有一升六合，此男子二八已满，未泄之成数，称得一斤。积而满者至三升，损而丧之者不及一升。精与气相养，气聚则精盈，精盈则气盛。日啖饮食之华美者为精，故从米、从青。人年十六则精泄。凡交一次，则丧半合。所丧者少，即随日生而补之。所补者，阴精而已。唯元精一泄，非先天者，则不能补。若①有丧而无益，则精竭而身毙也。故欲不节则精耗，精耗则气衰，气衰则病至，病至则身危。噫！精之为物，其真宝乎？又奚可纵欲而丧躯乎？丹阳祖师曰："色者，甚于虎狼，败人美行，损人善事。亡精灭神，至于殒躯，为道之大孽也。"下愚之人，谓其寿命数定，恣欲为快其意。古之戒曰："油枯灯尽，髓竭人亡。"是知精实一身之根本，未有木②无根而能久乎？

象川翁曰："精为生气，气能生神。荣卫一身，莫大于此。"养生之士，先宝其精，精满则气壮，气壮则神旺，神旺则身健而少病。内则五脏敷华，外则皮肤润泽，颜容光彩，耳目聪明，老当益壮，神气坚强。尝见高年，欲情未衰，此其早年泄迟之验。至此又能绝欲，则寿更多。精之全者，无如赤

---

① 若，《金丹正理大全》本、《道藏辑要》本缺，从《道藏》本。
② 未、木，《金丹正理大全》本、《道藏辑要》本作"岂"、"本"，不通，从《道藏》本。

子。赤子受父母阴阳二气而生，日以增长。老子曰："骨弱筋柔而握固，未知牝牡之合而峻作，精之至也。"使赤子如有知保固其浑然之精，而无亏泄，待其年壮明敏，乃遇至人，授以爕调之道，必作无为之真仙矣。兹事固少。此以人身中之精而言，乃后天地之精。若论还丹，却非此精。

夫金液还丹之精，姓金，唤九三郎，讳元晶，号金华。商夫君居玉池之西，出入跨虎，乳名婴儿，晚则呼①为金公。凡到邻家，便称②主人。其情嗜交梨。此乃先天地之精，却为人之至宝。老子曰："窈窈冥冥，其中有精。其精甚真，其中有信"者，此也。修炼之士，先明此精。既若明了，即可仙矣。是号为金液还丹，佛号丈六金身者，积精至十六两也。纯阳翁云："吞精食气先从有，悟理归真便入无。"海蟾《金丹歌》曰："为甚神仙却爱身？也须借壳养精神。"陈泥丸云："大药须凭精气神，采来一处结交成。"大药者，即金液还丹也。昔者尧得之于务成子，亟③欲修炼，缘总万机，虑不得就，乃捐天下而授舜曰："惟精惟一，允执厥中。"舜以授禹而增之曰："人心惟危，道心惟微；惟精惟一，允执厥中。"后来，龙牙禅师乃云："人情浓厚道情微，道用人情世岂知。空有人情无道用，人情能得几多时。"④从古到今，修仙作佛者，未有舍此精而别有路耶！

---

① 呼，《金丹正理大全》本、《道藏辑要》本作"唤"，从《道藏》本。
② 称，《金丹正理大全》本、《道藏辑要》本作"秤"，误，从《道藏》本。
③ 亟，《金丹正理大全》本、《道藏辑要》本作"急"，从《道藏》本。
④ 语出《景德传灯录·卷第二十九·龙牙和尚居遁颂一十八首》。全录如后："龙牙山里龙，形非世间色。世上画龙人，巧巧描不得。唯有识龙人，一见便心息。""唯念门前树，能容鸟泊飞。来者无心唤，腾身不慕归。若人心似树，与道不相违。""一得无心便道情，六门休歇不劳形。有缘不是余朋友，无用双眉却弟兄。""悟了还同未悟人，无心胜负自安神。从前古德称贫道，向此门中有几人。""学道先须有悟由，还如曾斗快龙舟。虽然旧阁于空地，一度赢来方始休。""心空不及道空安，道与心空状一般。参玄不是道空士，一乍相逢不易看。""自小从师学祖宗，闲华犹似缠人蜂。僧真不假居云外，得后知无色自空。""学道无端学画龙，元来未得笔头踪。一朝体得真龙后，方觉从前枉用功。""成佛人希念佛多，念来岁久却成魔。君今欲得自成佛，无念之人不较多。""在梦那知梦是虚，觉来方觉梦中无。迷时恰是梦中事，悟后还同睡起夫。""学道蒙师诣却闲，无中有路隐人间。饶君讲得千经论，一句临机下口难。""菩萨声闻未尽空，人天来往访真宗。争如佛是无疑士，端坐无心只么通。""此生不息息何时，息在今生共要知。心息只缘无妄想，妄除心息是休时。""迷人未了劝盲聋，土上加泥更一重。悟人有意同迷意，只在迷中迷不逢。""夫人学道莫贪求，万事无心道合头。无心始体无心道，体得无心道亦休。""眉间毫相焰光身，事见争如理见亲。事有只因于理有，理权方便化天人。一朝大悟俱消却，方得名为无事人。""人情浓厚道情微，道用人情世岂知。空有人情无道用，人情能得几多时。""寻牛须访迹，学道访无心。迹在牛还在，无心道易寻。"

其后天地之精属阴，人若宝之，唯能健其身，益其寿而已。学猥之徒，欲吞此精之秽，或采闺丹而咽，或运已精补脑，以是为道，不亦愚乎？独先天地之精属阳，圣人修炼以为丹者，此也。云房老仙曰："涕唾精津气血液，七般灵物①尽为阴。"又云："四大一身皆属阴，不知何物是阳精。"赵中一云："一身内外总皆阴，莫把阳精里面寻。"白紫清云："其精不是交感精，乃是玉皇口中涎。"云门和尚云："乾坤之内，宇宙之间，中有一宝，秘在形山。"孔子翼《易》曰："男女媾精，万物化生。"若其上士，言下须有指归。何以故？曰："男女媾精，万物化生。"此为奇特。若当时孔子以世俗生养之说为言，则必云："男女媾精，人乃化生。"却乃普云"万物化生"，于此切莫浅易看过了。上士至人，一闻便了。中下之士，非遇真师，直指密训，奚可暗猜？我师缘督子曰："何者为性命？人之一身至精至粹，至尊至贵，莫越精气神三者。举世罕能达此。"《黄庭经》云："急守精室勿妄泄，闭而宝之可长活。"广成子授黄帝曰："毋劳汝形，毋摇汝精。"黄帝以之而修炼，后于鼎湖上升。自后言修炼之道，为黄老术，抑愚矣！此乃金丹之大道也，不可谓术。世唯此事最大，人人可以修炼而成仙作佛也。

夫气者，天地万物，莫不由之。在天地之外，包覆天地；在天地之内，运行天地。日月星辰得以明，风云雷雨得以动，四时品物得以生长收藏。此唯天地间阴阳造化之气尔。独人身之中，全具②天地阴阳造化之气，得勤而用之。又有二焉。二者何也？有先天地之气，有后天地之气。

今以后天地之气为言。此气生于谷，故从气③从米，而蓄于胃，胃得谷而生气。黄帝曰："五脏之气会于胃，而气所由生也。"叶文叔曰："人受生之初，在胞胎之内，随母呼吸，受气而成。及乎生下，剪去脐带，一点元灵之气，聚于脐下。"凡人唯气最先，莫先于呼吸。眼耳鼻舌身意，皆由是气。非是气，则色声香味触法，都不知觉。气之呼接于天根，吸接地根。气之在人身，有八百一十丈，与脉偕行，衰旺相关。积而壮者倍之，因劳欲而丧者，无一半而已。人唯宝精则气自裕，气裕则精盈。日啖饮食之精，熟④

---

① 灵物，《道藏》本作"物事"，从《金丹正理大全》本、《道藏辑要》本。
② 具，《道藏》本作"其"，从《金丹正理大全》本、《道藏辑要》本。
③ 气，繁体字作"氣"，故"从米"云云。
④ 熟，《道藏》本作"热"，从《金丹正理大全》本、《道藏辑要》本。

者益气。人年二十而气旺。节欲少劳者，则气长而缓；多欲而劳倦者，则气少而短。气少则身弱，身弱则病生，病生则命危。试以日用常行见之，凡交感之后气即促急。叶文叔云："众生迷蒙，醉于情欲①，日夜漏泄，不知其几何也。本去根枯，枝②死必矣。"

世人但知养生，止于禁欲，殊不知一念若动，气随心散，精逐气亡。为此道者，当心体太虚，内外如一。噫！气之为物，奚可不爱之乎？下愚之人，日则逞力多劳，夜则恣欲丧精，气因以乏。不知气乃命之蒂，岂③有花无蒂而不凋乎？

养生之士，先资其气。资气在于寡欲。欲情不动，则精气自相生矣。气之盛者少病④，内则志坚骨强，外则筋力勇锐，身体秀实，齿白唇红，老而不衰，步履轻快。且气之全者，无如赤子。赤子禀父母阴阳之气，日渐长而无亏，加以乳哺饮食，日以增羡。老子曰："终日号而嗌不嗄，和之至也。"碧虚子陈景元注曰："天和之气至全也。故真人之息以踵，其嗌不哇。"使赤子如有知守其浑然之气，与精同保而不亏泄，年壮又遇至人，晓以永世之道，亦可作无为之真仙矣。兹事又少。丹阳祖师曰："薄滋味所以养气，去嗔恚所以养性。"又曰："守气之妙，在乎全精，尤当防其睡眠。"《黄庭经》云："元气所合列宿分，紫烟上下三素云，灌溉五华植灵根。"孔子曰："血气方刚，戒之在斗。"

夫人遇行走则气急而嗄甚，睡则气粗而剧，唯坐静则气平而缓。又，气属火，而脾因气以运。盖人睡则脾损而色黄，冷食亦然。多吃冷饭之后，而又行房，则能使人心绞⑤而色黄。何以故？饭室于气，而意多夥，复嗜睡而损脾也。此以人身中之气而言，乃后天地之气。旁门迷人，欲咽其津而纳此气，以为是道。犹炊砂而得饭，不亦惑乎？紫阳翁云："咽津纳气是人行，有药方能造化生。鼎内若无真种子，犹将水火煮空铛。"

唯先天真一之气可炼还丹，乃自虚无中来。此气姓白，唤太一郎，名元

---

① 欲，《道藏》本作"爱"，从《金丹正理大全》本、《道藏辑要》本。
② 枝，《道藏》本作"之"，从《金丹正理大全》本、《道藏辑要》本。
③ 岂，《道藏》本、《金丹正理大全》本作"未"，从《道藏辑要》本。
④ 病，《金丹正理大全》本、《道藏辑要》本作"衣"，误，从《道藏》本。
⑤ 绞，《道藏》本作"狡"，从《金丹正理大全》本、《道藏辑要》本。

炁，号曰宇宙主宰、素练郎君，寄居西川，出入乘①白马，乳名真种子，晚则呼白头老子，到邻家便称父母，好食乌龟而多情。此为先天地之真气，却是人之至宝。《阴符经》曰："天之至秘，用之至公。禽之制在气。"老子曰："万物负阴而抱阳，冲气以为和。"又云："或嘘或吹，或强或羸"。大修行人，先须洞明此之一气。若得之，号曰紫金花，又曰摩尼珠。茅真君《靖中吟》："气是添年药，心为使气神。若知行气主，便是得仙人。"海蟾翁《金丹歌》曰②："炼形成气归真一，炼气成形谒紫宸。"《丹髓歌》云："昔日遇师真口诀，只要凝神入气穴。"《悟真篇》云："道自虚无生一气，便从一气产阴阳。"石真人《还源篇》云："气是形中命"。无名子云："真一之气，生于天地之先，得于虚无之中，恍惚窈③冥，视之不见，听之不闻，抟④之不得，如之何凝结而成黍珠者哉？盖圣人以实而形虚，以有而形无。实而有者，真阴真阳也，同类有情之物也。虚而无者，二八初弦之气也，有气而无质者也。两者相形，一物生焉。所谓一者，即先天地真一之气，凝而为一黍之珠也。"

原其天地之内，已有形质者，皆后天地之气，属阴。独先天地之气属阳。崔公《入药镜》云："先天气，后天气，得之者，常似醉。"形如明窗尘，一似细雾烟。何谓先天气？重阳翁云："五行不到处，父母未生前。"丹阳翁曰："喘息莫教粗，上下宽舒。"《参同契》曰："枝茎花叶，果实垂布，正其根株，不失其素。"《悟真篇》云："万般非类徒劳力，争似真铅合圣机。"盖世间从石而出者，凡铅也；从造化窟中出者，真铅也。何谓真铅？即先天地真一之气。《契秘图》曰："离纳己为日、为火、为心、为丹砂、为龙、为汞，坎纳戊为月、为水、为肾、为铅、为虎、为气。"在《易》之初爻曰："潜龙勿用。"夫子翼之曰："潜龙勿用，阳气潜藏。"三教中人观书，莫蓦直读过了，内有做官、作佛、修仙的道理在，须下了些工夫，始得。

上阳子曰：若阳气潜藏，必难求之也。直要有力者，然后能求之。达磨初来曰："见此赤县神州，有大乘气象，成道必矣。"此达磨之来，欲仗有力者，为求是气，以成其道。岂料谒梁未谐，至魏方得成佛。因知是气，无其

① 乘，《金丹正理大全》本、《道藏辑要》本作"骑"，从《道藏》本。
② 曰，《道藏》本缺，从《金丹正理大全》本、《道藏辑要》本。
③ 窈，《金丹正理大全》本、《道藏辑要》本作"杳"，从《道藏》本。
④ 抟，《道藏辑要》本作"搏"，从《道藏》本、《金丹正理大全》本。

力者，必不得之。紫阳真人乃依马处厚之力，王冲熙①乃得韩富公之力。石杏林授薛紫贤云："可往通邑大都，依有力者为之。"②是知此气，每好潜藏，无力者安能得之？太一真人《破迷歌》曰："如何却是道，太乙含真气。"白真人云："此气即非呼吸气，乃知却是太素烟。"我师曰："先天一气，自虚无中来"。上阳子曰：谁能承当得此一句，便是活仙③了也。盖虚无中来，却不是从天上落底。既不从天上落，又非自己所有。

孟子曰："吾善养吾浩然之气。其为气也，至大至刚，以直养而无害。"又曰："是集义所生者，非义袭而取之也。"又曰："持其志，无暴其气"。又曰："志至焉，气次焉。"次者，随而至也。又曰："志者，气之帅。"既为气之帅，必为气主。为之主者，使之来即来，使之住即住。又曰："配义与道。"若大智慧底，于此便分清浊。何以故？曰："吾善养。"既而曰："以直养。"此乃发明《易》中之"直"，曰："夫乾，其静也专，其动也直，是以大生焉。"故周子《爱莲说》"中通外直"，亦是意也。又曰：是"集义所生，非义袭而取"。复④云："配义与道。"以是而知孟子以"仁义"言之。又曰："持其志，无暴其气。志至焉，气次焉。"则知孟子非特善养，而亦善取。曰：云何取？曰：以直取。曰：云何来？曰：义所生。曰：云何见？曰：以志为帅。以是知、以是见，孰皆出头顶著，则他也有是知、是见了。《参同契》曰："此两孔穴法，金气亦相胥。"《金碧经》曰："造化泉窟，阳气发坤。日晷南极⑤，五星联珠，日月合璧。"

葛仙翁《流珠歌》曰："流珠流珠，役我区区。云游四海，历涉万书。忙忙汲汲，忘寝失哺。参遍知友，烧竭汞珠⑥。三十年内，日月长吁。吾今六十，忧赴三涂。赖师传授，元气虚无。真阴真阳，一吸一呼。五液灌溉，洞房流酥。真人度我，要大丈夫。"仙翁得此先天真一之气，依法修炼，白

---

① 熙，《道藏》诸本均为"照"，校者改。

② 张三丰《青羊宫留题道情》："炼黍米须要有法财两件，心腹事须要托二三为伴。怎得个张环卫共谈玄，马半州同修炼？薛道光曾把俗还，王重阳幸遇良缘。伯端翁访友在扶风县，达磨祖了道在丽春院。"

③ 仙，《金丹正理大全》本、《道藏辑要》本作"佛"，从《道藏》本。

④ 复，《道藏》本作"后"，从《金丹正理大全》本、《道藏辑要》本。

⑤ 极，《道藏》本作"至"，从《金丹正理大全》本、《道藏辑要》本。

⑥ 珠，《道藏》本作"朱"，从《金丹正理大全》本、《道藏辑要》本。

日紫云，腾空升举，天下后世，受其赐也。

夫神者，妙万物而言，依形而生。《黄庭经》云："至道不烦诀存真，泥丸百节皆有神。"神名最多，莫能枚举。身中三部，上部八景：发神、脑神、眼神、鼻神、耳神、口神、舌神、齿神；中部八景：肺神、心神、肝神、脾神、左肾神、右肾神、胆神、喉神；下部八景：肾神、大小肠神、胴神、胸神、膈神、两胁神、左阴神、右阳神①。身中九宫真人：心为绛霄宫②真人，肾为丹元宫真人，肝为兰台宫真人，肺为尚书宫真人，脾为黄庭宫真人，胆为天灵宫③真人，小肠为玄灵宫真人，大肠为木灵宫真人，膀胱为玉房宫真人。又有元首九宫真人：双丹宫、明堂宫、丹田宫、泥丸宫、流珠宫、大帝宫、天庭宫、极真宫、玄丹宫、太④皇宫。又有⑤金楼重门十二亭长，身外有一万八千阳神，身内有一万八千阴神，共三万六千神。

所主者唯绛霄宫⑥真人，亦名肉团神，即心王也。又有三身神、四智神、三魂神、七魄神、七元八识神，假名异字，难可悉数。心王，乃一身之君，万神为之听命焉。故能虚灵知觉，作止任灭，随机应境，千变万化，瞬息千里，梦寐⑦百般；又能逆料未来，推测祸福，大而天下国家，小而僻陋罅隙，无所不至。善藏喜怒哀乐，慈爱恶欲，又能随⑧。其人表正，其神亦正；其人诌曲，神亦邪佞。人若绝欲忘情，精气壮盛，神亦发旺明丽，形容美好。若人多欲劳损，神将衰而不守⑨。其人恃酒风颠，污名短行，神亦随顺，反益助之⑩。《悟真篇》云："奈何精神属阴，宅舍难固。"又云："修真之士，若执一己而修之，无过炼精气神三物而已。奈何三物一致，俱是后天地生。纯阴

---

① "左阴神、右阳神"，《道藏》本作"左阴左阳神、右阴右阳神"，从《金丹正理大全》本、《道藏辑要》本。

② 绛霄宫，《金丹正理大全》本、《道藏辑要》本作"绛宫"，从《道藏》本。

③ 天灵宫，《道藏》本作"大霝宫"，从《金丹正理大全》本、《道藏辑要》本。

④ 太，《道藏辑要》本作"大"，误，从《道藏》本、《金丹正理大全》本。

⑤ 有，《道藏》本缺，从《金丹正理大全》本、《道藏辑要》本。

⑥ 绛霄宫，《金丹正理大全》本、《道藏辑要》本作"绛宫"，从《道藏》本。

⑦ 寐，《金丹正理大全》本、《道藏辑要》本作"寝"，误，从《道藏》本。

⑧ 之，《道藏》本作"人"，从《金丹正理大全》本、《道藏辑要》本。

⑨ "若人多欲劳损，神将衰而不守"，《金丹正理大全》本、《道藏辑要》本作"若人多欲劳神，神劳将衰，而神不守"，从《道藏》本。

⑩ 之，《道藏》本作"也"，从《金丹正理大全》本、《道藏辑要》本。

而无阳，安能化形于纯阳，而出乎天地之外耶？"此言一身之精气神也。紫阳盖欲题省世人，未得先天地之阳神与身中精气神相配，终不仙也。犹傅大士《金刚经》偈云："饶经八万劫，终是落空亡。"

今以先天地之神而言，其神号无位真人，佛云"纥利陀耶佛"。若识认得此神，却有妙用，此神专主杀人，专主生人。修仙求佛者，必要此神主之方得。此神元来无头无尾、无背无面、无名无字，乃能与佛同名同号，能顺于人。若人姓张三，其神亦云张三。其人名金刚，其神亦云金刚。其人讳法眼，其神亦云法眼。其①人好食火枣，其神亦好食火②枣。盖其性善随人之所好，此乃先天地之神。《阴符经》曰："人知其神而神，不知不神而所以神也。"

大修行人，先明此神，而敬惮之。若能明了，即神仙矣。此神之功，能驱用四心神、四智神、八识神，非特能用，又能使之变化。八识变为八金刚，四智化为四菩萨，四心化为四佛：一名纥利陀耶佛，二名阿赖陀耶佛，三名质多耶佛，四名乾栗陀耶佛；四智菩萨：一名大成就菩萨，二名妙观察智菩萨，三名平等性智菩萨，四名大圆镜智菩萨；八识金刚：色识金刚，声香味触法识金刚，传送识金刚，含藏识金刚。道呼神帝，神名众多，不知修炼底人，反为此神所役，安能驱驾而用之哉？

《黄庭经》云："仙人道士非有神，积精累气以为③真。"又云："方寸之中谨盖藏，精神还归老复壮。"纯阳祖师云："精神气血归三要，南北东西共一家。"又云："神养灵根气养神，此真真外更无真。"曹真人云："比来修炼赖神气，神气不安空苦辛④。"又云："神是性兮气是命，神不外驰气自定。"虚静天师云："神若出，便收来，神返身中气自回。"白真人云："此神即非思虑神，可与元始相比肩。"是皆不外神气精三物，是以三物相感，顺则成人，逆则生丹。

何谓顺？一生二，二生三，三生万物，故虚化神，神化气，气化精，精化形，形乃成人。何谓逆？万物含三，三归二，二归一。知此道者，怡神守形，

---

① 其，《道藏》本缺，从《金丹正理大全》本、《道藏辑要》本。
② 火，《金丹正理大全》本、《道藏辑要》本作"大"，从《道藏》本。
③ 为，《金丹正理大全》本、《道藏辑要》本作"成"，从《道藏》本。
④ 苦辛，《道藏》本作"辛苦"，从《金丹正理大全》本、《道藏辑要》本。

养形炼精，积精化气，炼气合神，炼神还虚，金丹乃成，只在先天地之一物耳。要此物至，却凭先天地之神功，役^①用八识神，使之采丹取铅，堤防固济，传送保护，皆其力也。八识之中，有法识神，主人之意，意行即行，意止即止。又平等性智菩萨，主传送识金刚；又大圆镜智菩萨，主含藏识金刚，皆听意神以主之。意使之去则去，使之来即来。下工之初，全仗此神以炼丹，故曰神仙。

虽^②得此神，要知其家。《金丹歌》曰："身譬屋兮屋譬身，却将居者比精神。"又云："中央神视本虚闲，自有先天真气到。"《资生经》曰："脐下三寸，为下丹田，方圆四寸，著于脊梁、两肾中间，左青右白，上赤下黑，中央黄色^③，名曰大海。贮其血气，亦^④名大中极。"言人身上下四向，最为中也。中央正位即丹田，金胎神室也。《金碧经》曰："神室者，丹之枢辖，众石之父母，砂汞别居，出阳入阴。"又曰："神室用施行，金丹然后成。"又曰："神室设位，变化在乎其中矣。"神室者，上下釜也。设位者，列雌雄配合之密也。变化者，谓铅汞之用也。

我师曰：圣人恐泄天机，道家以妙有真空为宗，多借喻曰朱砂、水银、红铅、黑汞、婴儿、姹女、丁公、黄婆、黄芽、白雪等类，近于著实，致令迷人妄乱猜度。学人将似是而非者，执以为有，却谓金丹是凡外药^⑤，滞于有形滓质，采战秽行，而终莫悟真空之妙。释氏以妙空不空为宗，多喻之曰猢狲^⑥、狗子、露柱、刹竿、黄花、翠竹、棒拂、花草、灯笼、佛殿、西江水、赵州茶等类，全无意义，使人不可解悟。学者思之不得，议之不及，遂云禅机。因执为无，流于顽空静坐，入定出神，而终莫悟不空之妙，岂知禅忧顽坐，道怕旁门。

学佛修仙，一件大事^⑦。我自得师一言之下，如光明镜挂于高堂，物去

---

① 役，《金丹正理大全》本、《道藏辑要》本作"后"，误，从《道藏》本。

② 虽，《金丹正理大全》本、《道藏辑要》本作"须"，从《道藏》本。

③ "上赤下黑，中央黄色"，《道藏》本作"上黄下黑，中央赤色"，从《金丹正理大全》本、《道藏辑要》本。

④ 亦，《金丹正理大全》本、《道藏辑要》本作"一"，从《道藏》本。

⑤ "却谓金丹是凡外药"，《道藏》本作"却谓金母是圆外药"，从《金丹正理大全》本、《道藏辑要》本。

⑥ 猢狲，《道藏》本作"狐孙"，从《金丹正理大全》本、《道藏辑要》本。

⑦ 大事，《道藏》本作"事大"，从《金丹正理大全》本、《道藏辑要》本。

物来，无不照了。今特指出一条大路，共诸人行。彭真人云："一日可以夺四千三百二十年天地之①正气。"无名子曰："天一生水，在人曰精；地二生火，在人曰神。"大修行人，早用妙观察智菩萨，役使纥利陀耶佛，八月初三夜子癸时，急走西川采铅取金，疾驾白虎与传送识金刚一同回还，付与妙观察智菩萨，送②归神室，与勾陈神君、螣③蛇神君，面同收贮，关锁封固。初则虎龙交战，后则龙虎降伏，妙观察智菩萨与乾栗陀耶佛，戮力同心，不可暂离，日夕卫护。如此保顾，十月之后，却有一个金色头陀道者，曰上阳真人，在内作主。二佛仍前照管，不使轻离远出。一周二载，二佛分付与④上阳真人之后，方可受赏言功。正阳翁曰："纵横天地不由亲"，其是之谓也。章思廉《出神诀》云："得太极全体，见本来面目。先天一点真，后天却是屋。"吕祖师云："九年火候真经过，忽尔天门顶中破。真人出现大神通，从此天仙可相贺。"后天地之神与⑤先天地之神，亿乘万骑，随逐已成真人，同⑥驾云骈，径诣三清，均受仙秩，是之谓白日升天也。是云大丈夫之事毕也。

---

① 三、之，《道藏》本作"二"，"之"字缺，从《金丹正理大全》本、《道藏辑要》本。
② 送，《金丹正理大全》本、《道藏辑要》本作"还"，从《道藏》本。
③ 螣，《金丹正理大全》本、《道藏辑要》本作"腾"，从《道藏》本。
④ 付与，《金丹正理大全》本、《道藏辑要》本作"健兴"，误，从《道藏》本。
⑤ 与，《道藏》本作"及"，从《金丹正理大全》本、《道藏辑要》本。
⑥ 同，《道藏》本作"司"，从《金丹正理大全》本、《道藏辑要》本。

妙用卷第三

金丹妙用章第一

《金碧古文》曰[①]："丹术[②]著明，莫大乎金火。"（金火者，真铅也。）又云："元君始炼汞，神室含洞虚。玄白生金公，巍巍建始初。"又云："神室用施行，金丹然后成。"伯[③]阳真人曰："金来归性初，乃得称还丹。"

上阳子曰：金者，非云金也，指铅以为金也。铅乃金银之祖，故总题为金。盖非世上金宝之金，非从凡间土石中出者。此金乃先天之祖气，却生于后天。大修行人，拟太极未分之前，体而求之，即造真际。是以高仙上圣，于后天地已有形质之中，而求先天地未生之气，乃以此气炼成纯阳，故名曰丹。夫纯阳者，乾也；纯阴，坤也。阴中阳者，坎也；阳中阴者，离也。喻人之身者[④]，亦如离卦，却向坎心取出阳爻，而实离中之阴，则成乾卦，故曰纯阳。以其坎中心爻属金，故曰金丹。须求先天未形者是。若修[⑤]后天地已有形者，人也，物也，非金丹也。然又非金、非铅、非银，乃其气也。我师缘督子所以云："先天一气，自虚无中来"者，此也。《黄庭经》云："回紫抱黄入丹田，幽室内明照阳门。"又云："呼吸元气以求仙。"魏师吕《先天大学书》曰："圣人能返一气而归根复命，与元神道合，生生无穷，总括万象，谓之得一，强名曰丹，非法术也。"是乾道变化，阴阳不测，太极无上至真之妙，包含性命之宗，谓之金液归真，形神俱妙之道，至简至易，一得永得。得其口诀，虽至愚小人，立跻圣位。要之，所谓神仙者，以能杀阴而同阳，抱神以致仙也。丹阳翁曰："性定则情忘，体虚则气运，心死则神活，阳

---

① 曰，《道藏》本缺，从《金丹正理大全》本、《道藏辑要》本。
② 术，《金碧经》原作"砂"。
③ 伯，《道藏辑要》本作"白"，误，从《金丹正理大全》本、《道藏》本。
④ 者，《道藏》本缺，从《金丹正理大全》本、《道藏辑要》本。
⑤ 修，《道藏》本缺，从《金丹正理大全》本、《道藏辑要》本。

盛则阴消。"大修行人，既得真师盟授，趁早分去身中之阴，而归至真之阳也。莹蟾子曰："一切常人，分阳未尽则不死；大修行人，分阴未尽则不仙。"盖念虑绝则阴消，幻缘空则阳长。故阴尽阳纯，则金丹药熟。丹熟则飞神仙境，此谓之神仙矣。

药物妙用章第二

黄帝曰："人，万物之盗。"又曰："日月有度，大小有数，圣功生焉，神明出焉。"《金碧经》曰："炼银于铅，神物自生。"《参同契》曰："同类易施功，非种①难为巧。"丹阳祖师曰："神气是性命，性命是龙虎，龙虎是铅汞，铅汞是水火，水火是婴姹，婴姹是真阴真阳。"紫阳翁曰："咽津纳气是人行，有药方能造化生。鼎内②若无真种子，犹将水火煮空铛。"又云："要知产药川源处，只在西南是本乡。"

上阳子曰：从古到今，上圣列仙，留下丹经不肯明示。药物一件，其间所指金木、水火、铅汞、砂银，此皆譬喻。而凡俗直以锻炼为事，却将凡铅、水银、砂硫为其药物，以盲引盲，可胜怜悯。吾今分明与世泄露。夫药物者，须知此药从物③中出，非凡世金石草木之类，亦非有形有质之数，却又在有形之中而得，似金非世金，似水非凡水。亦有内药，亦有外药。

夫外药者，坎中求先天真一之水，水中取先天未扰之铅，铅中采先天太一之气。此气即黑中之白，阴中之阳也。《悟真篇》云："取将坎位中心实"者是也。盖真一之水，即真一之精气。此气为天地之母，阴阳之根，水火之本，日月之宗，万物之祖。《契秘图》曰："坎为水为月，在人为肾，肾脏生精，精中有正阳之气。炎升于上，精④阴气阳，故铅柔而银刚。虎性属金而金能生水，颠倒取之，母隐子胎，故'虎向水中生'。虎乃配铅，是谓阴中之阳也。"此只言外药者也。

夫内药者，离中求先天真一之液，液中行先天久积之砂，砂中运先天至

---

① 种，《道藏》本作"类"，误，从《金丹正理大全》本、《道藏辑要》本。
② 内，《金丹正理大全》本、《道藏辑要》本作"气"，从《道藏》本。
③ 物，《金丹正理大全》本、《道藏辑要》本作"无"，从《道藏》本。
④ 精，《道藏辑要》本作"积"，从《道藏》本、《金丹正理大全》本。

真之汞。此汞即白中之黑，阳中之阴也。《悟真篇》云："点化离宫腹里阴"是也。《契秘图》曰："为火为日，在人为心，心脏生血，血中有真一之液，流降于下，血阳液阴，故砂阳而汞阴。龙性属木，而木能生火，颠倒取之，母隐子胎，故'龙从火里出'也。龙亦配汞，是谓阳中之阴也。"此止言内药者也。

莹蟾子曰："大凡学道，必先从外药起，然后及内药。高上之士，夙植德本，生而知之，故不炼外药，便修内药也。内药者，无为而无不为也；外药者，有为而有以为也。内药则无形无质而实有，外药则有体有用而实无；外药者，色身上事；内药者，法身上事。外药是地仙之道，内药是天仙之道。外药了命，内药了性。夫惟道属阴阳，所以药有内外。"无名子曰："离，外阳而内阴。坎，外阴而内阳。以内①阳点内阴，即成乾卦，喻如金丹。是至阳之气，结在阴海之中，取来点己之阴汞，即为化纯阳之身矣。"

上阳子羞②不得两片皮，说又说，不厌烦，留丹诀，令后来皆通彻。海蟾翁《金丹歌》："若要超凡入圣处，无出阴阳二品丹。阳丹须得先天宝，中有五色包至道。阴丹须认先天气，常以性根护命蒂。"阳丹者，即外丹也，即外药也。造化在二八炉中，不要半个时辰而生，立得成就，此即先天地真一之气，号曰真铅，又曰华池、神水、真金。故真一子曰："未有天地混沌之前，真铅得一以先形，而渐生天地阴阳、五行万物也。"大修行人，采此真铅，归于悬胎鼎内，点汞入室，是谓外丹也。阴丹者，即内丹也，即内药也。大修行人，既得外丹入鼎，却行阴阳符火，运用抽添，以温养之。丹阳祖师云："心液下降，肾气上升，至于黄房，氤氲不散则丹聚矣。"《悟真篇》云："谩守药炉看火候，但安神息任天然。"神息者，即庄子云"真人之息以踵"，即广成子云："丹灶河车休矻矻，鹤胎龟息自绵绵。"此龟息、踵息、神息，名虽殊而用之则一，此即谓之真火，以为内药也。饵丹之后，非真火无以育圣胎，是以"坐看神息"。夫天一生水，在人曰精；地二生火，在人曰神。人之精神，营卫一身，运阴阳，合呼吸，以呼吸用神气，以神气取水火，以水火炼胎息。胎息绵绵，游泳坎离，坎离交感而生金液，金液还而丹成也。

---

① 内，《金丹正理大全》本、《道藏辑要》本作"外"，从《道藏》本。

② 羞，《金丹正理大全》本、《道藏辑要》本作"云"，从《道藏》本。

鼎器妙用章第三

《阴符经》曰：“爰有奇器，是生万象。”太上曰：“当其无，有器之用。”《龙虎上经》：“圆中高起，状似蓬壶，关闭微密，神运其中，炉灶取象。”《黄庭经》云：“出入二窍合黄庭，呼吸虚无见吾形。”伯阳真人云：“此两孔穴法，金气亦相胥。”紫阳真人云：“先把乾坤为鼎器，次抟乌兔药来烹。”

上阳子曰：鼎器之名，非但一说，非遇圣师，难可拟议。曰乾坤鼎器，曰坎离匡廓，曰玄关一窍，曰太一神炉，曰神室黄房，曰混元丹鼎，曰阳炉，曰阴鼎，曰玉炉，曰金鼎，曰偃月炉，曰悬胎鼎，曰二八炉，曰朱砂鼎，曰上下釜，曰内外鼎，曰黄金室，曰威光鼎，曰东阳造化炉，名虽多而所用亦别。

且如内鼎、外鼎之说。内鼎者，即下丹田，在脐之下三寸，一曰脐后肾前，一曰前对脐、后对肾，一曰脐之下、肾之上。凡此说者，犹暗中而射垛也。有道之士，只要认取下丹田之极处为准。盖下丹田，是神气归藏之府，方圆四寸，一名太中极。太中极者，言当一身上下四向之中，故曰太中极也。大①海者，以贮人一身之血气，故曰大海。《悟真篇》云：“真精既返黄金室，一颗明珠永不移。”李清庵云：“乾宫交媾罢，一点落黄庭。”即此内鼎神室也。

外鼎者，亦名谷神，亦名神器，亦名玄关，亦名玄牝之门，亦名众妙之门，亦曰有无妙窍。凡此数者，犹聋人而听管籥也。有道之士，只要认其经营采取之所。紫阳真人云：“要得谷神长②不死，须凭玄牝立根基。”叶文叔注：“以玄牝为两肾中间混元一穴。”无名子题曰：“误矣！殊不知，玄牝乃二物也。若无此二物，安能有万物哉？”故曰③内外二丹，从此而得，圣人秘之，号偃月炉、悬胎鼎也。《参同契·鼎器歌》：“圆三五，寸一分；口四八，两寸唇；长尺二，厚薄匀；腰脐三，坐垂温；阴在上，阳下奔；首尾武，中间文；始七十，终三旬；二百六，善调均。阴火白，黄芽铅，两七聚，辅翼人。”《悟真篇》首云：“周围一尺五寸，中虚五寸，长一尺二寸，状似蓬壶，

---

① 大，《金丹正理大全》本、《道藏辑要》本作“太”，从《道藏》本。
② 长，《金丹正理大全》本、《道藏辑要》本作“常”，从《道藏》本。
③ 曰，《道藏》本缺，从《金丹正理大全》本、《道藏辑要》本。

亦如人之身形。分三层，应三才。炉面周围一尺二寸，明心横有一尺，立唇环匝二寸，唇厚二寸，炉口偃开若锅釜，如仰①月状，张随号为偃月炉。"②此上言外炉也。

仙师之意，借物为喻，使后来人易于领悟。只如"圆三五，寸一分"，此非真师详诲，岂有自知？况其下文多少深意。如叶文叔自叙，丹丘有遇，了然明白，岂谓玄牝之说？不得师传，妄意揣③度，果何益哉？后之学人，既蒙师授，当明大要，不可寻文而泥象也。

又详阴炉、阳鼎之说。偃月炉者，阴炉也。中有玉蕊之阳气，即虎之弦气也。何谓偃月？盖此炉之口，偃仰之间，如偃月之状，阴海是也。先天自然真一之火，月生日长于其中，是曰阴炉也。朱砂鼎者，阳鼎也。中有水银之阴气，即龙之弦气也。号曰悬胎，以其不著于地，如悬于灶中。此鼎入炉八寸，身腹通直，是曰阳鼎也。似此之类，皆不可泥文，切须寻其义也。

采取妙用章第四

《阴符经》曰："其盗机也，天下莫能见，莫能知。君子得之固躬，小人得之轻命。"《黄庭经》云："玄膺气管受精府，急固子精须自持。"《参同契》曰："采之类白，造之则朱。"又曰："昴毕之上，震出为征。阳气造端，初九潜龙。"《金碧经》曰："磁石吸铁，隔碍潜通。"正阳翁曰："有无交入为丹本。"紫阳真人曰："铅遇癸生须急采。"又曰："甘露降时天地合，黄芽生处坎离交。"朱震《易传》云："晦日朔旦，坎月离日，会于壬癸。"又云："三日暮震，象月出庚。"

上阳子曰：看书要达古人意，若只念字又何益？且如日月会壬癸，三日之暮震始生。此固不可以猜晓，况只寻常看过乎？谓如有无交入，癸生急采，天地合，坎离交。此无真师口授，强猜不得，是云真实希有之妙义也。

何谓交？曰：交以不交之交。

何谓合？曰：合以不合之合。

---

① 仰，《金丹正理大全》本、《道藏辑要》本作"偃"，从《道藏》本。

② 此段见于《道藏·修真十书》本《悟真篇》之《偃月炉》，文字略有差异。

③ 揣，《道藏》本作"绅"，从《金丹正理大全》本、《道藏辑要》本。

何谓采？曰：采以不采之采。

何谓不采之采？曰：擘裂鸿濛，采以不采之采。

何谓不交之交？曰：凿开浑沌，交以不交之交。

何谓不合之合？曰：恍惚窈冥，合以不合之合。盖鸿濛未判，须寻太易之先；浑沌既分，则究癸生之际。窈冥无象，以求其真。

何谓鸿濛？曰：形如鸡子之初，比似中黄之义。

何谓浑沌？曰：月出庚申之上，震生昴毕之方。夫鸡卵分形，知未始太极之肇；庚方月现，推癸生复至之时。

何谓恍惚窈冥？曰：劝君穷取生身处，种向乾家交感宫。无名子曰："癸生者，时将丑也。"紫阳翁云："白虎首经至宝，华池神水真金。"象川翁曰："癸日子时急采，不得逾时。"是言采取也。但癸与子，非天干地支之拟。又复与震，非《易》中爻象①之文。吾所谓大要者，如坎离会癸、月出震生、恍惚窈冥、鸡子太②易，皆于人身求之，是以"冬至不在子"也。

上阳子曰：今之言采取者，当明以何物为采取之具？何者为采取之神也？缘督子曰："人之灵明知觉者，即无也、神也。氤氲活动者，即有也、气也。"正阳祖师曰："钻天入地承谁力，妙用灵通须是神。"盖是者此也。神者，物也，言必须以此物为采取之家具也。丹阳翁曰："速把我人山放倒，急将龙虎穴冲开。"《参同契》曰："耳目口三宝，闭塞勿发通。真人潜深渊，浮游守规中。"此皆专心致志，躬己以听命也。

夫专心致志，惟只一时之中。而学者非一时之所能，何也？盖此一时之内，止用半时。于此半个时中，入室下工夫，以夺天地之造化，以窃日月之精华，攒簇五行，和合四象，天关在手，地轴形心，真人潜渊，剑飞月窟，水火交媾于黄道，虎龙争战于鹊桥，把七十二候之要津，行之顷刻，夺三千六百之正炁，逆纳胎中。非有神功，安能济事？纯阳祖师云："造化争驰，龙虎交战，进火工夫牛斗危。"此即半时之事也。

上阳子曰：大根法器，既得师指，半个时辰之用，必先炼己持心，方许行此半时之事。若无炼己之功，却下手于一时之中，入恍惚杳冥之内，求此

---

① 象，《道藏》本作"上"，从《金丹正理大全》本、《道藏辑要》本。

② 太，《道藏》本作"大"，从《金丹正理大全》本、《道藏辑要》本。《列子》："太易，未见气也。"

先天一炁之大药，岂不危哉！又岂能得之哉？何以故？盖未行炼己之功，而妄然欲行事于一时，必致白虎猖獗，姹女逃亡。仲夏而有严霜，三冬变为大暑；日月失度于黄道，风雨骤泛于西江。既不收功，反取羞辱。学者到此，不思炼己无功，持心未熟，却怨丹经谩语，归咎师真。岂不知紫阳翁云："若要修成九转，先须炼己持心。"又不见纯阳祖师云："七返还丹，在人先须炼己待时。"何谓炼己？去色欲，绝恩爱，轻财货，慎德行，四者为炼己之大要。去色欲，则精炁全；精炁全，则能降龙伏虎。能降龙伏虎，则可采先天之一炁。经云："仙人道士非有神，积精累炁以成真。"盖欲不去，则精不固而炁不全。非但去之，要能与之相忘。昔长生刘真人洛阳三年之功者，炼己也。泥丸陈真人谓："酒肆淫房戏历炼"者，炼己也。炼己日久，淘汰情性，自然忘忘。非特忘之，要能降而伏之。降伏之道，首绝恩爱。缘恩爱起于对境，凡着境则恩生，恩生则爱起。故绝恩爱，先去执着，使对境而不着，境不着则念头净。《清静经》云："内观其心，心无其心；外观其形，形无其形；远观其物，物无其物。"持心若此，方许炼铅而制汞，方得首经之至宝。要得此宝，先营坛墠，预期立炉安鼎，又须财以济之。夫财可以创鼎，可以惠人，可以成道。以财使人，必得其情，则牟尼之珠、无价之宝得矣。希夷老仙云："若贪天上宝，须用世间财。"《百章集》云："凡俗欲求天上事，寻时须用世间珍。"《宝积经》："菩萨摩诃萨行陀耶波罗密多，时以生死财，而求甘露不死仙财。"故知世财，可求天上之宝。何况此宝世间有之，惟用财以得其欢心，又凭德行以济之。夫德可以动天地，行可以感鬼神。炼己之功，德行为先。阴行方便，积诸善根，曰"德"；自己尊贵，不欺于心，曰"行"。暗积德而天地明察，多积行而鬼神钦仰。德行相济，财动人心，对境忘情，精神充固。四者大备，方谓之"炼己"也，方谓之"持心"也，方可采先天之炁、真一之铅，方可得首经之至宝、摩尼之珠，方可用此一时二候之功，以炼九转金液大还丹也。如此炼己，日夕不息，经年纯熟，然后入室下手。入室之功，六根大定，大用现前。[①]

《契》曰："离炁纳营卫，坎乃不用聪。兑合不以谈，希言顺鸿濛。三者既关键，缓体处空房。委志归虚无，无念以为常。"此则言去我之声色言

---

① 上二段，据《道藏辑要》本《采取妙用说》补入。

语而有所待也。当其采药之时，关防慎密，谨戒尤切。在《易》之复卦曰："复，其见天地之心乎？"又曰："先王至日闭关，商旅不行，后不省方。"此《易》中之谨戒也。《指迷诗》云："塞兑垂帘寂默窥，满空白雪乱参差。殷勤收拾无令失，伫看孤轮月上时。"兑者，口也；帘者，目也；白雪者，外丹也。此正阳翁令后人于采取之际，当如此而谨戒者也。广成子谓黄帝曰："慎汝内，闭汝外，多知为败。我为汝遂于大明之上矣，至彼至阳之原也；为汝入于窈冥之门矣，至彼至阴之原也。"又曰："彼其物无穷，而人皆以为终；彼其物无测，而人皆以为极。"

上阳子曰：以为极者，立人之极也。至阳、至阴之原，即无穷、无测之门，玄牝是也。紫阳真人曰："但将地魄擒朱汞，自有天魂制水金。"地魄者，虎之弦气，坎中之阳也；天魂者，龙之弦炁，离中之阴也。虎为铅、为君、为主，故先取之将来擒汞；龙为汞、为臣、为宾，故后用以制铅。是故虎以阴中之阳火烹炼乾龙，龙即发阳中之阴火以应之，铅汞相并和合凝结了，即时饵归金室。古仙诗曰："香从臭内出，甜向苦中来。"正阳翁曰："及夫采药于九宫之上，得之而下入于黄庭。抽铅于曲江之下，搬之而上升内院。玉液、金液，本还丹搬运，可以炼形而使水上行；君火、民火，本炼形搬运，可以烧丹而使火下进。五气朝元，搬运各有时；三花聚顶，搬运各有日。神聚多魔，搬真火以焚身，则三尸绝迹；药就海枯，运霞浆而沐浴，则入水无波。"[1]又曰："龙虎相交而变黄芽，抽铅添汞而成大药。玄武宫中而金晶才起，玉京山下而真气方升。走河车于顶上，灌玉液于中衢。起龙虎而飞金晶，养胎仙而生真炁。"

上阳子曰：圣师接人，唯恐不至。且修炼事大，既非烧煮，而下手采取，又不得而闻见也。其言采取者，采何物也？取何等也？吾今重为显说。夫采取者，采先天之气，取真一之铅；采坎中之爻，取水中之虎；采黑中之白，取阴中之阳。却非旁门采精取血，又非入室补脑还精，非用灵柯一深九浅，又非三峰采战秽行。彼皆一等浊俗愚夫，不求真师，迷迷相指，非唯自失并害道。真大修行人，须究生身，明太极已前之心，参造化未始之妙。晦朔屏耀，月映太阳而复明；西南得朋，光吐庚方而成震。究竟到此，则知人

---

① 引自《钟吕传道集·论河车第十二》。

禀先天虚无窈冥真一之气生者也，则知母之复有母也，则知真铅之宗祖也。何谓真铅宗祖？夫浑沦已判，乾乃成巽，久变为离而其真阳寄于坎中，是以坎中之金元属于乾，此为真铅之宗祖也。何谓母之母？在天地未根之前，有物混成之中，含灵至妙之气，此为母之有母也。

大修行人，既明采取，又悟生身，须考气候。且一月之中止有一日，一日之内唯在一时，一时之中分为六候。止用二候以为采取，则一时中尚余四候，四候之内却名合丹。合丹之妙，急以己汞合铅。于斯时也，调和真息，周流六虚，自太玄关逆流至天谷穴，而吞入黄金室也。斯乃元年起火下手之功①。故真一子曰："立创鼎器，运动天机。初则全无形质，一如鸿濛混沌之中。既经起火运符，便应元年滋产。"《参同契》曰："冠婚气相纽，元年乃芽滋"，是为受气之初也。古歌曰："黄芽铅汞造，阴壳含阳华"，是谓之男子怀胎也。端坐面壁之功，于此乎见。

真土妙用章第五

伯阳真人②曰："土游于四季，守界定规矩。"《龙虎经》曰："土德以王，提剑偃戈，以镇四方。"又曰："坎雄金精，离雌火光。金火相伐，水土相克。土王金乡，三物俱丧。四海辐凑，以致③太平。并由中宫土德，黄帝之功。"又云："玄女演其序，戊己贵天符。"又云："丹砂流汞父，戊己黄金母。"紫阳真人④曰："离坎若还无戊己，虽含四象不成丹。"又云："木金间隔会无因，须假黄婆媒娉。"

上阳子曰：五行无土则不全，五金无土则不生，五谷无土则不实，金丹无土则不成。是以乾坤四象有土，东有氐土，南有柳土，西有胃土，北有女土，而复与日月同干四正之宫，此星宿中定位之土。坎中女土为戊，离中柳土为己，此为金丹之象也。一年四季分土而居，唯独夏末秋初，土王适用。非土之用，则金不生。五行之中，以木克土，然木非土岂能生也？今以铅汞

---

① 功，《道藏》本作"工"，从《金丹正理大全》本、《道藏辑要》本。
② 真人，《金丹正理大全》本、《道藏辑要》本作"翁"，从《道藏》本。
③ 致，《道藏》本作"置"，从《金丹正理大全》本、《道藏辑要》本。
④ 真人，《金丹正理大全》本、《道藏辑要》本作"翁"，从《道藏》本。

砂银土之五行为言，铅本生于兑，而母隐子胎，却于坎中求之，盖坎中有戊土者也。故以铅投汞，即"流戊就己"之义也。言戊土与己土一处相交，则金花自结却吞入腹中，此为"饮刀圭"也。刀者，乃戊土中之铅也；圭者，乃戊己二合为一圭也。离中己土，辅日之光，居于午上，故夏日热而冬日暖，午为阴之首，而日为阳，是以己土乃阳中之阴象，龙之弦气也；坎中戊土，助月之华，居于子上，故冬日暄而夏夜凉。子为阳之首，而月为阴，是以戊土乃阴中之阳象，虎之弦气也。龙虎怀戊己之真土，是以龙虎交而戊己合，戊己合而铅汞会，铅汞会而还丹结也。大修行人，求其意而莫泥其文也。且求意当求意外之意，参玄要悟玄中之玄，何[①]也？

上阳子曰：金丹大事，全仗戊己二土者也。迷之则云泥异路，悟之则针芥相投。喻如两君相见中有宾相，两国交兵中有通好。又如天上鹊桥，人间渡子。又如百万兵众，必有将军；偃武修文，必有宰执。故号之为黄婆，名之为媒娉。指戊土为河车，是有守疆界之说；指己土为牛车，是有定规矩之妙。但金丹，所言各有其事，所用各有其时。真仙上圣，欲提后人于火坑之中，使知有金丹之道，可以长生度世者矣。故托名借喻，令人易悟。是《悟真篇》云："赤龙黑虎各西东，四象交加戊己中。"其谓金丹出于戊己也。盖戊己相合，坎离自交，龙虎二物居于戊己之中，顷刻凝结真精一粒，即饵归黄金室内，却运阴阳符火，炼成纯阳也。王道云：日有三照，月有三移。日月出于东，而光耀于西，则西方白虎金德之正气，入于玄冥之内，化而为六戊；日月入于西，而光耀于东，则东方青龙木德之正气，入于玄冥之内，化而为六己；日月当于午，而光耀于北，则南方朱雀火德之正气，入于玄冥之内，就土成形，化为黑铅。常居[②]天地杳冥之先，为天地万物之根本，为金丹之祖炁也。

火候妙用章第六

《金碧经》曰："发火初温微，亦如爻动时。"《悟真篇》云："纵识朱砂及

---

① 何，《金丹正理大全》本、《道藏辑要》本作"可"，从《道藏》本。

② 常居，《金丹正理大全》本作"常于"，《道藏辑要》本作"当于"，从《道藏》本。

黑铅，不知火候也如闲①。"王道云："金液神丹，全在火候。火是药之父母，药是火之子孙。"魏师吕曰："夫能尽性命之道者，无出于黄帝金丹。金丹之妙，在乎火候②；火候之妙，象乎坎离相交，而生变化神明也。"是以大修行人，不知铅汞火候，则不能成丹明矣。

昔崔翁授纯阳祖师③《天元入药镜》，是必令其究火功，学者当宜尽心。道光禅师云："圣人传药不传火，从来火候少人知。莫将大道为儿戏，须共神仙仔细推。"泥丸真人云："扫除末学小技术，分别火候采药物。只取一味水中金，收入虚无造化窟。捉将百脉尽归元，脉住气停丹始结。"《黄庭经》曰："知雄守雌可无老，知白见黑急坐守。"棲云翁曰："人身有三斗三升火，不得风不著。"《悟真篇注》曰："雄里雌，即龙之弦气，汞是也；阴抱阳，即虎之弦气，铅是也。二物相交合，方生黍粒之丹，吞入腹内丹田中，点化阳魂，以消阴魄也。"且以一日之中论之，子时一阳生，人之肾中有一阳纯精之气上升，则进阳火，是为复卦；午时一阴生，人之心中有一阴至神之气下降，则进阴符，是为姤卦。

上阳子曰：火候最秘，圣人不传，今略露之。药非火不产，药熟则火化矣；火非药不生，火到则药成矣。且火候之奥，可一概而论，中有逐节④事条，可不明辨之乎？夫金火为朋而属西南，故三日庚方，癸阳初生。当是之时，先究《参同契》内第⑤十八章之旨，则知根乎天地之根，母其阴阳之母，是窈冥之内，恍惚之中，水源至清，全无挠动。紫阳翁曰："虚无生白雪，寂静发黄芽。"火候之秘，此其一也。当其采取之际，用武火之时，一时六候，唯用二候以取药，火不可毫发差谬，宜穷《参同契》内第⑥十九章之旨。紫阳翁曰："药物生玄窍，火候发阳炉。"火候之禁，此其一也。虽已得药入鼎，要明斤两爻铢，勿致过当伤多。紫阳翁曰："木汞一点红，金铅三斤黑"。《参同契》曰："名曰第一鼎兮，食如大黍米"。火候之妙，此其一也。既而真铅

---

① 如闲，《金丹正理大全》本、《道藏辑要》本作"徒然"，从《道藏》本。

② 火候，《金丹正理大全》本、《道藏》本作"火记"，从《道藏辑要》本，下同。

③ 崔翁授纯阳祖师，《金丹正理大全》本、《道藏辑要》本作"崔公授纯阳翁"，从《道藏》本。

④ 节，《道藏》本作"即"，从《金丹正理大全》本、《道藏辑要》本。

⑤ 第，《道藏》本作"四"，从《道藏辑要》本。

⑥ 同上。

归于黄金室内，匀十二节进火行符。魏真人曰："周旋十二节，节尽更须亲。"火候之用，此其一也。至于添汞抽铅，铅尽汞干，金丹已成，婴儿将现。《契》曰："千周灿彬彬兮，万遍将可睹。"火候之全，此其一也。圣师叮咛后人以药物，复谨慎以火候，亲切至矣。

　　紫清翁曰："流俗浅识，末学凡夫，岂知元始天尊与天仙、地仙，日日采药物而不停，药物愈采而无穷也。又岂知山河大地，与蠢动含灵，时时行火候而无暂住，火候愈行而不歇也。此火候与药物，顺之则凡，逆之则仙。"古云："五行颠倒，大地七宝；五行顺行，法界火坑。"紫阳翁曰："白虎首经至宝，华池神水真金。"又云："依时采取定浮沉，进火须防危甚。"大修行人，已得圣师授以真诀，奚可不明火候者乎？古歌曰："铅为芽母，芽为铅子。既得金花，舍铅不使。"盖铅是中宫金母，毓生真汞，汞结为丹，铅则无①用。无名子曰："虚心则无我，万物皆空，清其天君②也。实腹则炼铅干汞，毋③摇其精。精者，汞也；守汞，以实其腹，则金玉满堂矣。"即老子云"抱一"也。一者，丹也。抱一以空其心，心空则尘不立。方其实也，炼铅以制之，汞乾形化，于④以抱一，以空其心，心空神妙，与道合真。修丹之士，未炼铅金，毋⑤摇汝精，精少则还丹不成。大修行人，当知己汞常要充满，是云"实腹"。己汞既充，取铅稍易也。又当知采药之时，六识不具，六情俱忘，是云"虚心"。心一虚，则万念皆息；万念既息，则龙吟虎啸，而铅汞相投矣。既得真铅，又当虚心以运真汞，使真汞与真铅相停，无欠无余，是之谓"实腹"也。火候到此，切须保养也。夫一切人，年壮念起，而真气逐日走散。若云修炼，非先天之气无由凝结，必要真铅以制之，使结成丹砂。丹砂已成，则弃铅矣。夫火者，神火也；候者，符候也。法天地为鼎炉，以阳为炭，以阴为水，日月运行，一寒一暑，中君申令，细意调燮。曹

---

　①　无，《道藏》本作"不"，从《金丹正理大全》本、《道藏辑要》本。
　②　君，《道藏》本作"若"，从《金丹正理大全》本、《道藏辑要》本。
　③　毋，《道藏》本作"无"，从《金丹正理大全》本、《道藏辑要》本。
　④　于，《金丹正理大全》本、《道藏辑要》本作"子"，从《道藏》。
　⑤　毋，《道藏》本作"无"，从《金丹正理大全》本、《道藏辑要》本。

真人云："百刻达离气，丹砂从此出。"学仙之士，宜熟究焉。①

还丹妙用章第七

太上曰："致虚极，守静笃，万物并作，吾以观其复。"

上阳子曰：至哉言乎！不数语而尽矣。夫致者，委置也；虚者，当物之中者也；极者，得毕其道也；守静者，居无事之所；笃者，谨慎而不失；万物并作者，物之始生。吾者，物也；观者，待也；复者，返其本也。大修行人，委置元神于物之中，则得其道。既得其道，当居闲静无事之所，谨慎而不失其道。俟物之生物，而物又待其返本也。故一往一返而生变化神明焉。明至于此，则七返之道备矣。

又曰："夫物芸芸，各归其根。归根曰静，静曰复命。"

夫归者，还也；根者，元也。言万物虽芸芸之多，然物之元气，各返其源，即所谓"一物一太极"也。物既还其元，是动而复静也。"静曰复命"，是又静而复动也。故一动一静，而万物生焉。圣人无空言，一语有数义，难可以语训，而可以意通。只如此章，自太极而至复，凡几太极而几复也。明至于此，则九还之道尽矣。

正阳翁曰："铅汞两般为药本，若无戊己不成丹。三家合一成真种，始见金丹有返还。"《悟真篇》云："劝君穷取生身处，返本还原是药王。"又云："七返朱砂返本，九还金液还真。"无名子曰："天一生水，地六成水，居北，积坎阴之气为真水，故曰六居；地二生火，天七成火，返南，孕离阳之气而生砂，故曰七返，言朱砂返本也；天三生木，地八成木，归东，处震位而为汞，故曰八归；地四生金，天九成金，还西，主兑位而为铅，故曰九还。言金液还真也。天五生土，地十成土，居中而变成丹也。"

上阳子曰：返者，返我之本；还者，还我之源。何谓返本？何谓还源？且设一喻，如人将百金寄放于西邻，因久而忘之，遂至困乏欠给，一朝之内忽觉悟之，即访西邻而得之也。适充其用，喜可知也。是之谓返本还元，又

何必泥于文也？亦犹人也年壮气足，而阳丹乃寄于阴海之中，无由得还，忽感圣师，授以还元返本之道，喜可知也。遂即采取修炼，以成真人，是之谓"返本"，是之谓"还元"也。

颠倒妙用章第八

黄帝曰："人发杀机，天地反复。"海蟾翁曰："从无入有皆如是，从有入无能几人？"又曰："坎离反复颠倒颠，天地日月皆回旋。"

上阳子曰：金丹大道，惟颠倒之用，不可苟且。故曰：顺则凡，逆则仙，务要审详。须知颠倒，自有数说。有颠倒阴阳、颠倒坎离、颠倒男女、颠倒铅汞、颠倒五行、颠倒采取、颠倒主宾，宜在精通深晓，不可妄意猜臆，又不可以一概而论。今总以《悟真篇》明之。

如云："自知颠倒由离坎。"又云："日居离位翻为女，坎配蟾宫却是男。"此言阴阳、坎离、男女之颠倒。无名子曰："日离属阳返是女，月坎属阴返是男。"此二物颠倒而生丹，却以此丹点己之汞而结圣胎。

又云："金翁本是东家子，送向西邻寄体生。认得唤来归舍养，配将姹女作亲情。"又云："震龙汞自出离乡，兑虎铅生在坎方。二物总因儿产母，五行全要入中央。"此铅汞、五行、震兑、龙虎、儿母之颠倒也。无名子曰："汞为震，龙属木，木为火母，火为木子"，此常道之顺五行也。然朱砂属火为离，木汞自砂中生，却是火返生木，故曰"儿产母"。此五行之颠倒也。铅为兑虎属金，金为水母，水为金子，此常道之顺五行也。然黑铅属水为坎，银自铅中生，却是水中生金，故曰"儿产母"。此五行之颠倒也。

如云："金鼎欲留朱里汞，玉池先下水中银。"又云："甘露降时天地合，黄芽生处坎离交。"此言颠倒采取。大修行人，须看"玉池先下"之义、"甘露降时"之妙。故真一子曰："此句正应得颠倒之语。"是以《易》之泰卦曰："小往大来。"子曰："后以裁成天地之道，辅相天地之宜，以左① 右民。"要在于斯，不宜鲁莽。

如云："谁识浮沉认主宾。"又云："饶他为主我为宾。"此言主宾之颠倒

---

① 左，《金丹正理大全》本作"在"，误，从《道藏辑要》本。

也。盖铅沉汞浮，沉者为主，浮者为宾。无名子曰："阳精是真一之精，至阳之气，号曰阳丹。己之真气，属阴，为一身之主，以养百骸。及阳精自外来，却制己之阴汞，则阳丹反为主，而己汞反为宾矣。"

上阳子曰：颠倒者，何谓也？曰：回旋也，逆取也，反阴阳也，转天地也。何谓转天地？犹如《易》曰"地天泰"是也。《翼》曰："地在天上，泰。"此即转天地。喻如火之炎上者，理也。颠倒者，则欲火之就下，其火岂能就下哉？正阳翁曰："君火民火本炼形，搬运可以烧丹，而使火下进。"故必有其道矣。水之就下者，理也；颠倒者，则欲其水之炎上。水岂能炎上哉？正阳翁①曰："玉液金液本还丹，搬运可以炼形，而使水上行。"是必有其道矣。此即反阴阳者也。又如居家者则为主，外来者则为宾。颠倒者，反以外来底为主，居家者乃为宾。一如女之嫁夫者，理也；颠倒者，反以夫而嫁于女，故曰入赘，且名之曰"养老之郎"也。夫乃外来底而却为主矣。此之谓"逆取者"也，此之谓大修行人②者也，此之谓"逆则成仙"者也。若火炎上，而水就下，则人也，物也，非仙者也。

神化妙用章第九

钟离祖师曰："访仙求友学烧丹，精选朱③硫作大还。"海蟾翁曰："卦行火候周天毕，孕个婴儿锁下田。霹雳一声从地起，乾户擘开光万里。翻身撞出太玄关，这回方是真仙子。"《参同契》曰："寝寐神相抱，觉寤候存亡。颜色浸以润，骨节亦坚强。排却众阴邪，然后立正阳。修之不辍休。庶气云雨行。淫淫如春泽，液液象解冰。从头流达足，究竟复上升。往来洞无极，怫怫被容中。"

上阳子曰：大修行人，既得刀圭入口，运己真火④以养之。凡运火之际，忽觉夹脊真炁上冲，泥丸沥沥然有声，从头似有物触上脑中⑤。须臾如雀卵

---

① 正阳翁，《金丹正理大全》本作"正阳老仙"，从《道藏》本、《道藏辑要》本。
② 人，《道藏》本缺，从《金丹正理大全》本、《道藏辑要》本。
③ 砂，《道藏》本作"朱"，从《金丹正理大全》本、《道藏辑要》本。
④ 真火，《道藏》本作"玉芝"，从《金丹正理大全》本、《道藏辑要》本。
⑤ 中，《道藏》本缺，从《金丹正理大全》本、《道藏辑要》本。

颗颗，自腭下重楼，如冰酥香甜，甘美之味无比。觉有此状，乃验得金液还丹，徐徐咽归丹田。自此而后，常常不绝。闭目内观，脏腑历历如照烛，渐次有金光罩体也。泥丸翁云："我昔工夫行一年，六脉已息气归根。"老子曰："专气致柔，能婴儿。"此皆言温养也。夫温养者，隳肢体，黜聪明，终日如愚而不违，不可须臾离也。如鸡抱卵，暖气不可间断，则抽添之功自见矣。

抽添者，以铅制汞之后，逐日运火，渐渐①添汞，汞渐多，铅渐少，久则铅将尽，汞亦干，化而为丹砂，号曰金液还丹之纯阳。则知形化为气，气化为神，是为②婴儿，是曰阳神。《黄庭经》云："瞻望童子坐③盘桓，问谁家子在我身。"正阳翁曰："孩儿幼小未成人，全藉爹娘养育恩。"昔宋景定间，有仙蓝养素，炼金液大还，得丹入岳，怀胎既久，得海蟾翁假李玉溪奉寄一语，乃抚掌大笑，顶门霹雳一声而去，今岳山长笑先生是也。纯阳祖师云："九年火候真经过，忽尔天门顶中破。真人出现大神通，从此天仙可相贺。"到此则金丹之大事毕矣。

---

① 渐，《道藏》本缺，从《金丹正理大全》本、《道藏辑要》本。

② 为，《道藏》本、《金丹正理大全》本作"曰"，从《道藏辑要》本。

③ 坐，《道藏》本作"生"，误，从《金丹正理大全》本、《道藏辑要》本。

须知卷第四

运火行符须知章第一

伯阳真人曰："阳燧以取火，非日不生光。方诸非星月，安能得水浆？二气玄且远，感化尚相通。何况近存身，切在于心胸。阴阳配日月，水火为效征。"又曰："性主处内，立置鄞鄂；情主营外，筑垣城郭；城郭完全，人物乃安。"《黄庭经》云："作道优游深独居，扶养性命守虚无。"缘督子曰："今之修道者，不得正传，不悟平叔'未炼还丹莫入山'之语。唯欲避喧求静，遁世逃人，出妻屏子，离尘绝俗，穷谷深山，独居孤处，以为自高，如此则①弃世间法也。"无名子曰："夫运火者，先定刻漏，以分子午；次接阴阳，以为化基。搬六十四卦于阴符，鼓二十四气于阳火。天关在手，地轴形心。回七十二候之要津，攒归鼎内；夺三千六百之正气，辐辏胎中。谨戒抽添，精专运用，虑其危，防其险，不使顷刻参差、分毫差忒。故得外接阴阳之符，内生真一之体。苟或运心不谨，节候差殊，即姹女逃亡，灵胎不结。"莹蟾子曰："采药初关，先识天癸生时；中关则知调和真息，周流六虚，自太玄关逆流至天谷穴交合，然后下降黄房入于中宫。"

上阳子曰：运火者，运内外之火。火者，药火也；候者，符候也；符者，符合也。圣人下工炼丹之初，须知铅汞两相逢迎，真一之铅将至，运己汞以迎之，铅汞相②合而即得黍粒之丹，饵归黄金室内，以为丹头也。夫运火者，始自复卦，子时③起首，疾进阳火，谓之下手用丁，而进火谓之野战。盖野战，则龙虎交合，是用三分武火，"前行短"之谓也。行符者，午时姤卦用事，则进阴符，包固阳火于内，故行符谓之罢功守城。夫守城者，以其

---

① 此则，二字《道藏》本缺，从《金丹正理大全》本、《道藏辑要》本。
② 相，《道藏》本作"一"，从《金丹正理大全》本、《道藏辑要》本。
③ 时，《道藏》本作"符"，从《金丹正理大全》本、《道藏辑要》本。

鄞鄂已①立，唯温养沐浴，防微杜渐，是用七分文火，"后须长"之谓也。然复与姤乎②，皆从人身而求，须认自己生身之由，则得归之矣。不必执文而泥象也。紫阳真人《金丹四百字》云："火候不用时，冬至不在子。"学者宜仔细求之也。

朔望弦晦须知章第二

缘督子曰："一点阳精，秘在形山，不在心肾，而在乎玄关一窍。"学者不识阴阳，不知时候，不能还返，止于自身摸索，而认彼昭昭灵灵之识神以为真实，转转差驰。《易》曰："与日月合其明，与四时合其序。"朱震《易传》云："晦日朔旦，坎月离日，会于壬癸。"

上阳子曰：每月朔旦子时，日月合璧于癸，薄暮会于昴毕之上。此③喻火之初生也。当此之时，纯阴已极，微阳将生，是谓潜龙。三日之晡，月生庚上，真阳已肇，庚属西南。《易》曰："西南得朋，乃与类行。"《龙虎经④》曰："坤初⑤变成震，三日月出庚。"盖是时也，药物才生，水源至清，未曾挠动。有气无质之际，大修行人，急向此时，具一只智慧眼，则而象之。亦如太阴初受一阳之气，亦似坤之下爻交乾之初爻而为震，乃此人身纯阴而生一阳。即我师云："先天一气，自虚无中来"，点汞而入鼎也。是时鼎内，阳气初布，砂汞立基。紫贤真人曰："一清一浊，金木间隔于戊己之门；一性一情，阴阳会聚于生杀之户。采二仪未判之气，夺龙虎始媾之精，入于黄房，产成至宝也。"八日酉时，月到天心，其平如绳，是谓上弦，得金半斤。《龙虎经》曰："坤再变成兑，八日月出丁。"以像鼎中铅汞，渐结流珠。是时金水气停，不进阳火，亦无行符，唯沐浴洗心而已。

三五为望。望者，日月相射，则阴中三阳已备而成乾。犹月魄得日魂

---

① 已，《金丹正理大全》本、《道藏辑要》本作"以"，从《道藏》本。

② 复与姤乎，《金丹正理大全》本、《道藏辑要》本作"复与子"，从《道藏》本。

③ 此，《金丹正理大全》本、《道藏辑要》本作"比"，从《道藏》本。

④ 龙虎经，底本、校本均作"参同契"，查此下引文，出自《金碧古文龙虎上经·坤初变成震章第十五》，故校者改。

⑤ 坤初，《道藏》本作"神功"，误，从《金丹正理大全》本、《道藏辑要》本。

而满，喻鼎中铅水壮盛，真阳充满，火明金旺，将欲成器。是金水①之气与汞固结，汞与其母两相留恋也。既望平明，月见辛方，乾初变巽，乃阴阳相承之道。始焉，则纯阴得交微阳而生药，后则阴包阳气而成丹。巽乃承领阴符，阴气渐生，包固阳精，便无动逸，则金砂落于胞中，阴中含阳，是谓归根也。二十三日，平明，月见丙方，坤交乾之中爻而为艮，鼎中药物自然凝结，是时阴阳之气复停不行，阴符亦无进水，唯沐浴涤虑而已，是谓下弦，得水半斤。以上弦金半斤，下弦水半斤，两弦合一斤之数，以结丹砂。《参同契》曰："两弦合其精，乾坤体乃成。"二十八日，平明，月现乙方，此时阴阳之气俱足，金汞结而成胎，坎离运气于鼎中，周流六虚于象内，此喻金丹之始终也。至于晦日，日复会于壬，则阴极而阳又将生矣。

上阳子曰：句里虽已分明，而学仙子当体于身，晦、朔、弦、望，皆取证于身，不可泥文而著象也。夫月纯阴也，不感日之阳气，安能灭而复生？人亦似月也。当二八少壮之年，鸿濛未判，则阳纯而气全，故其精方胜而欲泄。其未泄之前，是为纯阳，号曰②真人。故广成子谓黄帝曰："目无所见，耳无所闻，心无所知，神将守形，形乃长生。"一泄之后，即去一阳而交一阴，是变为离。自此而往，情欲已萌，淳朴已散，精气日损。损之又损，以至于阳尽而阴纯也。夫惟不知金液还丹之道者，待其阳尽阴纯则死矣。唯修行之人，知其还返之妙，于其未尽之际，疾早修行，急急接助，扶救真阳，收领药火，以炼还丹而复其命，亦如太阴领览太阳之气，而复其明也。

防危护失须知章第三

缘督子曰："学全真者，得师略指门径，而不知逐节事条；知神气相依，而不知铅汞交媾；既知铅汞交媾，而不知性命混合，妄拟火候进退。不知此，皆无成。"真一子曰："阳火过刻，水旱不调，则隆③冬变为大暑；或阴

---

① 水，《道藏》本作"火"，从《金丹正理大全》本、《道藏辑要》本。
② 号曰，《道藏》本作"是号"，从《金丹正理大全》本、《道藏辑要》本。
③ 隆，《道藏》本作"凝"，从《金丹正理大全》本、《道藏辑要》本。

符失节，寒暖相侵，则盛夏反为严①霜。金宫既砂汞之不萌，玉②鼎则虫螟之互起；大则山崩地坼，金虎与木③龙沸腾；小则雨暴风飘，坎男共离女奔逸。以此观之，纵识④铅汞二物，不晓火候，不防险危，实徒然耳。"

上阳子曰：虑险防危，金丹之大事也。昔紫清白真人，既得泥丸翁之传，年已六十四矣。急忙收拾金丹大料，用尽万苦千辛，既得汞铅相投⑤，入鼎烹炼，以其平日天资聪明，是当⑥温养之时，用心不谨，不防其危，中觉汞走铅飞，无可收救，遂作诗以自解其愠。诗曰："八两日月精，半斤云雾屑。轻似一鸿毛，重如千秤铁。白如天上雪，红似猩猩血。收入玉葫芦，秘之不敢泄。夜半忽风雷，烟气满寥沉⑦。这般情与味，哑子咬破舌。捧腹付一笑，无使心脑热。重整钓鱼竿，再斫秋筠节。"观此可不慎欤！若非白真人之坚固，他人安能再整钓竿而斫筠节乎？又得紫阳仙师以《金丹四百字》授之，令其⑧关防慎密，后乃成道。

夫虑险防危，不啻一件，自有数说。其初采药之时，日月欢会，龙虎将交，战争之际，真人已潜于深渊，浮游慎守于规中。盖是时也，闭塞三宝，唯当专心致志，否则有丧身失命之事。

紫阳仙⑨翁云："白虎首经至宝，华池神水真金。"又云："依时采取定浮沉，进火须防危甚。"最为初关之紧切，此其一也。采取之时，若或阴阳错乱，日月乖戾，外火虽动而行，内符闭息不应，枉费神功，此其二也。若也火候过差，汞铅⑩不定，源流混浊，药物不真，空自劳神，有损无益，此其三也。既得黍珠入鼎，须要温养，保扶心君。苟或未善，即恐火化丹失，此其四也。至有学者，备历艰难，屡经危险，心胆惊怖，平时在怀，得丹入

---

① 严，《道藏》本作"浓"，从《金丹正理大全》本、《道藏辑要》本。
② 玉，《道藏》本作"一"，从《金丹正理大全》本、《道藏辑要》本。
③ 木，《道藏》本作"水"，从《金丹正理大全》本、《道藏辑要》本。
④ 识，《金丹正理大全》本、《道藏辑要》本作"知"，从《道藏》本。
⑤ 投，《道藏》本作"合"，从《金丹正理大全》本、《道藏辑要》本。
⑥ 是当，《金丹正理大全》本、《道藏辑要》本作"当是"，从《道藏》本。
⑦ 寥沉，《金丹正理大全》本、《道藏辑要》本作"寥穴"，从《道藏》本。
⑧ 其，《道藏》本作"奠"，从《道藏辑要》本。
⑨ 仙，《道藏》本缺，从《金丹正理大全》本、《道藏辑要》本。
⑩ 汞铅，《金丹正理大全》本、《道藏》本作"水铢"，从《道藏辑要》本。

鼎，切宜驱除，务令尽净[1]，勿使牵挂旧虑，以乱心君，是谓涤虑洗心，是谓沐浴。偶或留恋，则恐汞铅飞走，此其五也。及至十月胎完，脱壳[2]换鼎，不能保固阳神，轻纵出去，则一出而迷途，遂失舍而无归，此其六也。又有丹成之后，且要识真辨伪。若功行未满，眼前忽见灵异多端，奇特百出，以至生生之事，如有神见，皆能明知。若此等件，皆为魔障所至[3]，并非真实，不可认为己灵丹圣。兹乃邪伪妖幻，见吾道成，乃欲引入邪宗，以乱吾真。于斯时也，且须坚固智慧，保养全真，此其七也。凡此七件，皆防虑之大者也。有一不防，非但无成，恐致失丧。正阳祖师曰："已证无为自在心，便须温养保全真。一年沐浴防危险，免见沉沦更用心。"吾所以云"虑险防危，金丹之大事"者也。

卯酉刑德须知章第四

紫阳真人曰："兔鸡之月及其时，刑德临门药象之。"

上阳子曰：兔鸡者，卯酉也。学道的人，须知卯酉，非止一说。有天地之卯酉，有一年之卯酉，有一月之卯酉，有一日之卯酉，有一时之卯酉。天地之卯酉者，氐、房、心为卯，正躔则房日兔；胃、昴、毕为酉，正躔则昴日鸡也。一年之卯酉者，春分为卯时，曰中和；秋分为酉序，曰中秋。一月之卯酉者，初八为卯，月满上弦，酉时月到天心；二十三日为酉，月留下弦，卯时月在天中。一日之卯酉者，日出为卯而万物作，日入为酉而万籁息。一时之卯酉者，盖攒簇之道也。簇一年于一月，两日半为六候；簇一月于一日，则一时分六候，故一年七十二候，簇于一日也。是知一年之中止有一日，一日之内止在一时。大修行人，须辨时中卯酉，要知一时六候。盖采药取铅，一时六候，惟用二候，犹三停而用一停，而一时之中，尤余四候，别有妙用。

所谓刑德者，二八也。盖二八者，卯酉也。卯酉是阴阳平分之位，阳为

---

① 尽净，《金丹正理大全》本、《道藏辑要》本作"清静"，从《道藏》本。

② 壳，《金丹正理大全》本、《道藏辑要》本作"胎"，从《道藏》本。

③ 皆为魔障所至，《道藏》本作"是为魔障已至"，从《金丹正理大全》本、《道藏辑要》本。

德，德则万物生；阴为刑，刑则万物死。而卯月乃四阳而二阴，阴道将离，而阴主杀。是以卯之二阴，阴已不能胜阳，然杀气未绝，至是而榆死，故为刑也。酉乃四阴而二阳，阳道将离，而阳主发生。是以酉之二阳，阳虽不能胜阴，然生意尚存，至是而麦生，故为德也。正阳翁曰："尽是灵冥转消息，切须专志保初心。"

沐浴涤虑须知章第五

《指迷诗》曰："沐浴之功不在它，全凭乳母养无差。五行和合阴阳顺，同坐同行共一家。"无名子曰："阳气到天地之中，阴阳相半，不寒不热而温，故为泰卦，不进火候，谓之沐浴。阴气降天地之中，阴阳相半，不热不寒而凉，故为否卦，不进阴符，亦云沐浴也。"

上阳子曰：沐浴者，适当阴阳相半，铅汞气停，阴阳二气自然交合。于此时也，不必进火，亦不行符，恐反伤丹；唯宜洗心涤虑，以保养之，故谓之沐浴也。且何谓沐浴？大修行人，尽将平时忧悲①、思虑、艰苦之心、执著贪爱之念，悠然脱去，浑无一毫牵挂，直要形如枯木，心若死灰，是谓之沐浴也。

纯阳祖师曰："木性好清静，保养心猿定。"丹阳祖师曰："水中火发休心景，雪里花开灭意春。"又曰："俗人无清静②之心，道人无尘垢之心。"是谓涤虑。其时则近卯酉，其卦则云否泰，其候则属温凉，其象则为刑德。至此则罢火守城，故谓之沐浴也。《参同契》曰："候视加谨慎，审察调寒温。周旋十二节，节尽更须亲。"崔公《入药镜》云："受气吉，防成凶。火候足，莫伤丹。天地灵，造化悭。"紫阳真人与白紫清云："及其沐浴法，卯酉时③虚比。"盖不可执泥外象，当于药火到时而取也。古歌云："刑德同生杀，加临二八门。丹砂宜沐浴，神水灌灵根。闭兑留金汞，禁关养魄魂。不须行火候，炉里自温温。"大修行人，工夫到此，可不慎乎？

---

① 忧悲，《金丹正理大全》本、《道藏辑要》本作"忧愁"，从《道藏》本。
② 静，《金丹正理大全》本、《道藏辑要》本作"净"，从《道藏》本。
③ 时，《道藏》本作"特"，误，从《金丹正理大全》本、《道藏辑要》本。

生杀爻铢须知章第六

紫阳真人曰："夫炼金液还丹者，要须洞晓阴阳，深达造化。追二气于黄道，会三性于元宫。攒簇五行，合和四象。龙吟虎啸，夫唱妇随。"昔我师曰："学道之士，得内外药物之真，两般作用之全，合大造化，方得所传。苟有毫发差殊，未免天地悬隔。"

上阳子曰：生杀者，阴阳二物也，龙虎二物也。龙乃阳中之阴而主生，故兴云致雨，润泽万物，而其中之阴能杀者也，犹人分阳已尽而纯阴则死矣。虎乃阴中之阳主杀，故呼风哮吼，常有杀心，而其中之阳能生者也，犹人分阴已尽而纯阳则仙矣。夫阴阳二物者，顺则成人，逆则生丹。故不为万物，不为人，则成丹矣。是所谓生也。且道生又生个什么？莫不是生天生地，莫不是生人生五行，莫不是生万物者乎？莫不是有大灵通智慧、有大神圣变化者乎？且道杀又杀个什么？莫不是杀那无明烦恼底贼？莫不是杀旁门愚痴底贼？旌阳祖师以五童女剑杀之，纯阳帝君以三清剑杀之，佛祖以金刚王①宝剑杀之，德山和尚以入门棒杀之。故云："护生须是杀，杀尽始安居。"祖师云："斩魑灭魅了长生。"魑者，痴也；魅者，昧也。若人早早杀了这愚痴暗昧底，则可以毕长生之道矣。大修行人，定知毫发差殊，不能成丹，切须洞晓也。若悟阴阳、生杀二物，何忧不仙矣！

至如所谓卦象爻铢之说。铢也者，将准之而定也；爻也者，将效之而用也；象也者，将像之而为也；卦也者，犹挂以示人，使人以此而为则例也。爻与铢者，明轻重也；象与卦者，明进退也。积三百八十四爻，而成六十四卦；积三百八十四铢，而成一十六两，谓一斤也。斤足卦满，喻丹之将成也。

修行之人，务在知轻识浅，知重识深，知难识退，知易识进，不过以法金丹内外二药也。《道德经》云："有无相生，难易相成。"又曰："图难于其易，为大于其细。"又曰："是以圣人犹难之，故终无难也。"犹以复、震为采药之初，则半斤为入药之数。如百爻之谓，以三十爻为文，七十爻为武

---

① 王，《金丹正理大全》本、《道藏辑要》本作"玉"，从《道藏》本。

者，则知采药之难也。以卦足而药成，则丹足二八一斤之数。故《火记》言二百一十六，乃乾之策也；十八八个足，乃一百四十四，坤之策也。阴阳之数既足，金液之丹已成也。

脱胎换鼎须知章第七

崔公《入药镜》曰："盗天地，夺造化。"又曰："初结胎，看本命。终脱胎，看四正。"紫阳翁云："节气既周，脱胎神化，名题仙籍，位号真人，此乃大丈夫功成名遂之时也。"紫清真人曰："夫金丹者，采二八两之药，结三百日之胎。心上功夫，不在吞津咽气，先天造化，须当聚气凝神。若也行持，惟凭口诀，至简至易，非色非空，无中养就婴儿，阴内炼成阳气。"

上阳子曰：大修行人，既感真师传授，若其未得真铅，先当收拾自己精神，不可恣情纵欲。凡于日用应与之间，似有如无，忘情绝念，以待药火之至。故纯阳祖师云："七返还丹，在人先须炼己待时。"葛仙翁《清静经》云："人能遣其欲而心自静，澄其心而神自清，自然六欲不生，三毒消灭。"夫人心虚则澄，坐定则静。寡言希听，存神保命。盖多言则损气，多喜则放情，多怒则触意，多悲哀、思虑则伤神，贪欲、劳困则伤精。凡此，皆非修行底所宜有也①。若得先天真铅合汞，又喜火候无差，又善温养保扶，均调神息，直至丹熟胎完，婴儿成就，而成真人。三年九载，立行累功。或留形住世，接物度人，如安期生、蓝采和是也。或入世途匡时理世，东方朔、窦令君是也。至若七真、五祖，慈悲接人，张、葛、许、浮、丘诸祖师，乘时救劫、伺诏飞升者也。

大修行人，若也再求向上之事，则移胎换鼎可无难矣。何谓向上事？上阳子曰：前胎完成，已成真人，则移居上丹，却重整乾坤，再造阴阳，子又生孙，千百亿化。紫阳翁曰："一载一个儿，个个会骑鹤。"泥丸真人曰："一载胎生一个儿，子生孙子孙又枝。"于此方是大丈夫也。若应时立功，则身归三清矣。丹阳祖师曰："神满太虚，一无所碍。"故天有时而崩，地有时而

---

① 皆非修行底所宜有也，《金丹正理大全》本、《道藏辑要》本作"皆修行之人不宜有也"，从《道藏》本。

陷，山有时而摧，海有时而竭。凡有相者，终归于坏。唯道成者，神与道合，永劫无坏，又兼功及九祖，则白日同升上清矣。

须知七事章第八

上阳子曰：道必曰学，学必曰精而已矣。老子曰："吾非圣人，学而得之。"孔子曰："十室之邑，必有忠信如丘者焉，不如丘之好学也。"又曰："我学不厌，而教不倦也。"曰："君子学道则爱人，小人学道则易使也。"《南华真经》曰："南伯子葵问乎女偊曰：道可得学耶？偊曰：恶！恶可！子非其人也。夫卜梁倚有圣人之才而无圣人之道，我有圣人之道而无圣人之才。吾欲以教之，庶几其果为圣人乎！不然，以圣人之道而告圣人之才，亦易矣。"孔子曰："生而知之者上也，学而知之者次也，困而学之又次也。困而不学，民斯为下矣。"释迦闻半偈而欲舍身。黄帝顺下风膝行而进，问广成子治身奈何而可以长久。夫古之大圣，亦未有不学而能知大道者乎！今时人也，而多妄诞，不肯下问，何时而得闻斯道也哉！

上阳子曰：道有立谈，道有心授。君臣也，父子也，兄弟也，夫妇也，朋友也，是纲常之道也。此可以立谈而非心授也。所言心授者，天命之谓性，率性之谓道，此可以心授而不可以立谈也。率性之道，即孔子"一贯"者也，即孟子"集义所生"者也。夫纲常之道，虽童稚亦可训之。惟有国有邦者，置所司以掌其纲常之道，万世不易者也。至如率性、集义之道，前贤注疏略不及焉。若贤人君子，遇圣师口授而不惊疑，以集义、率性之道而修之，是则谓之大圣人，方知纲常之道在其中矣。炼丹也，砂硫也，水银也，是修炼之道也。此可以立谈而非心授也。所言心授者，无为而无不为也，为之而有以为也。此可以心授而不可以立谈也。无为有为之道，即金丹之大道也。夫丹炉修炼凡砂水银之道，虽愚夫愚妇亦可炼之，故可立谈。至如先天真铅有为之道，虽上士至人遇师口授，亦不免疑焉。若上士至人得师指尔金丹有为之道，勤而修之，是之谓神仙也。顽坐也，守性也，持斋也，是坐禅之道也。此可以立谈也，而非心授者。唯正法眼藏、涅槃妙心、直指人心、见性成佛之道，此可以心授而不可以立谈也。正法眼藏，直指人心，即最上一乘之道也。夫持斋坐禅，虽庸人孺子，亦可立谈。至如一乘之道，虽利根上智，于佛祖言下得证，犹不免疑焉。是以灵山会上五千退席，五祖佛法不付神秀而与老卢，是谓可以心授而不可以立谈也。韩湘得仙而昌黎有"收吾骨"之句，岂昌黎是下根之器哉？朱晦庵之遍参而崔子虚不与以道，岂晦庵之不欲者哉！是云道不可以立谈。可立谈者，非大道也。葛仙翁六十始遇师，白玉蟾六十四始遇师，皆成道也。是谓道有心授者也。

上阳子曰：道有三悟。孔子翼《易》曰："近取诸身，远取诸物。"是言道也。大修行人，从近与远，及身与物，四者求之，眼下自有悟处。葛仙翁《清静经》曰："内观其心，心无其心；外观其形，形无其形；远观其物，物无其物。"是言道也。大修行人，从内、外、远及心、形、物六者求之，目下便有悟处。佛祖云："不是心，不是佛，不是物。"是言道也。大修行人，从心、佛、物三者求之，脚跟下即有悟处，是之谓"道有三悟"也。且夫三教圣师，皆晓以世人从物求道。以道为物，须当审思，切勿容易看过了也。盖道者，乃万物之一物也。而物者，乃大道之一物也。故老子云："有名万物之母。"又云："渊兮似万物之宗。"是皆以物而名道也。悯夫一切常人，唯只寻常，不肯寻上。或以孤阴寡阳摄心兀坐，或以持斋守戒离俗绝尘，或以凡砂铅银煅炼炉火，凡此皆误而非悟也。能于是编言下投机，须有一个奇特之大悟处矣。

上阳子曰：道有三传焉。上焉者，文人善士，寡言好善，能弃富贵，唯急于身，是云上士，宜传道焉。中焉者，质而不文，闻道笃信，能割恩爱，力行精进，不顾是非，是曰中士，乃有上士之志，宜传道焉。下焉者，愚而信实，乐善弃恶，舍己从人，勇于敢为，是云下士，其志可尚，宜传道焉。故得此道者，莫不勇猛精进，莫不坚固智慧，莫不遏恶扬善。夫善之一字，乃入道之梯航也。是以常人耳常闻善，则肾不走精；口常语善，则心不失神；鼻常嗅善，则肺能安魄；眼常视善，则肝能育魂；意常思善，则脾胃生气，黄中通理。大修行之人，奚可以不善欤？

上阳子曰：道有三戒。凡学道者，心虽慕向而乃骄其富贵，不肯下问，不立盟誓，是谓好谲，戒而莫与；次学道者，略闻旁门小法，唯事强辩，以逞乾慧，是为夸眩，戒而莫与；三学道者，疑信相半，不以生死为忧，重财轻身，是不知命，戒而莫与。

上阳子曰：道有三去焉。一者，虽智人材士，而好论状告①人，是谓无德，宜去之也；二者，虽善人胜士，而好诋排是非，妄议今古，是谓不广，宜去之也；三者，虽好道向佛，而口谈心非，背真就伪，是谓无实，宜去之也。

上阳子曰：道有四异。四者何也？酒、色、财、气是也。一切常人，饮少辄醉；平时端庄，化为戏谑；平时正直，化为谀佞；平时廉洁，化为贪淫；平时谦和，化为狂傲；因酒丧德，迷②失性真，犹如山数，所藏者多，平时罔觉，忽然野火，山颓薮爇，千妖百怪，无所逃避。人若无酒，不失所行；山若无火，妖怪藏形。大修行人，戒欲③静坐，敛精怡神，不为酒乱，此为异耳。

世之声色，败人者多。一切常人，肆情纵欲，贪著无厌，如彼蜉蝣，以灯为色，以焰为乐，投光赴焰，来往不舍，贪著于焰，趋灯而扑。人亦如是，著于爱欲，精气以竭，而情难割，情牵神失，意动气散，神气既丧，命亦随逝。色之为物，本无锋刃，而其杀人，甚于刀戟！大修行人，似同而异，酒肆淫房，未尝不戏，却乃非色为色，知色不色，不色中色，色无定色，此谓异耳。云何非色为色？知彼莲花，香引十里，花却为色，香即为声。大修行人，不贵其香，不贵其花，而所贵者，唯贵其信。信即为莲实，花之与香，不能长留，莲实可久，实能安心，此故云信，是以贵之。故太上云：“其精甚真，其中有信。”犹此意也。何谓知色不色？如彼河水，清流涓涓，水以济舟，至于彼岸。其舟与水，悉皆外物。祖师不云：“道成而后，丹房器皿，委之而去。”此之谓也。何为不色中色？如彼枯旱，阴云四兴，甘雨骤至，须臾复霁。若乃求其向来雨云，一无所见，而唯五谷万物，蒙润发生。《维摩经》云：“游诸四衢，饶益众生，入诸淫舍，示欲之道。”此之谓也。色无定色，其义云何？如彼宝月，岁十二度，朔望弦晦，无定之中，而有大定。

上阳子曰：当详论之。三日生兔，色以大定；八日半盈，是云上弦；十五对望，圆明遍满。凡彼人间，莫不瞻仰，而其光辉，圆而复缺，乃不长在。若人再欲观其光彩，须别索求生魄弦望。是故《易》曰：“与天地合其德，与日月合其明。”又曰：“原始要终，故知死生之说。”此之谓无定色也。

---

① 告，《道藏》本作“古”，从《金丹正理大全》本、《道藏辑要》本。
② 迷，《道藏》本作“逃”，从《金丹正理大全》本、《道藏辑要》本。
③ 欲，《道藏》本作“饮”，从《金丹正理大全》本、《道藏辑要》本。

　　一切常人，贪财无厌，积而不散，为儿孙计，不悟天地日月盈虚消息之理。如彼石崇，富敌于国，财聚怨结，身戳家丧，祸及绿珠。大修行人，既得其财，即以求药，得药成丹，丹成而后，尽散其余，此为异耳。一切常人，争尽闲气，恼乱身心，好讼其贫，量可即夺，不顾因果生死，不悟悔吝凶危，皆由此起。所争者少，所丧者多。如彼项王，英雄盖世，卒之乌江，身死尸分，诿饲鹰犬，视之后来，人之所争①，况不及乎！大修行人，所争之气，非人所知，是先天地真一之气。上阳子曰：修仙作佛，皆此先天真一之气。若非是气，不系修行，不能长生，此为异耳。

---

　　① "诿饲鹰犬，视之后来，人之所争"，《道藏》本作"后来视之为汉鹰犬，人之所争"，不通，从《金丹正理大全》本、《道藏辑要》本。

积功卷第五

金丹诗二十五首

一①

大道从来是强名,《阴符》《道德》始存经。
神仙次第丹经续,口诀安能纸上明?

二

我以因缘遇圣师,忽于言下大惊疑。
方知玄妙无多句,此事如何容易知。

三

特推造化指方来,首捉先天一气回。
先天一气是何物,不遇真仙莫强猜。

四

气从四向定生涯,一变水兮二变砂。
三变汞兮金四变,五变金丹②结紫花。

五

须识玄门与牝门,便安炉鼎定乾坤。
内外二丹从此得,休疑大海指昆仑。

---

① 序号,底本、校本无,系校者划归体例所加,下同。
② 金丹,《道藏辑要》本作"黄芽"。

六

顺则凡兮逆则仙，实非草木与凡铅。
谁知日兔月乌位，却笑他人颠倒颠。

七

月非日映不生光，人亦纯阴要复阳。
若欲归根并复命，依他坤体①补乾刚。

八

戊坎月铅气逐虎，已离日汞火从龙。
白须老子神通广，赶虎随牛过水东。

九

虎之为物最难言，寻得归来玄又玄。
一阳初动癸生处，此际因名大易先。

十

大易之先药料真，自然乌兔两相亲。
东君切莫离房室，西得朋来是主人。

十一

水中之物号金公，远隔西山几万重。
黄帝按时宣土德，迎之以意入中宫。

十二

一岁簇来一月看，月簇一日又何难。
一时六候用惟②二，拾取玄珠顷刻间。

---

① 体，《道藏辑要》本作"位"。
② 惟，《道藏辑要》本作"为"。

十三

三百八十四爻铢，反复阴阳莫道无。
大地山河俱是宝，葛仙六十咏流珠。

十四

一身上下定中央，肾前脐下①号黄房。
流戊作媒将就已，金来归性贺新郎。

十五

阳丹结在阴海中，犹如坎里一爻雄。
擒来离内温温养，此即神仙颠倒功。

十六

坎中一画已外离②，欲海波澄风浪低。
刑德临门宜沐浴，盈虚消息早防危。

十七

八日前弦金半斤，金翁骑虎恐相嗔。
过犹不及切须问，稳当抽添耐养神。

十八

已知阴体得阳晖，和合雌雄入化机。
白雪满空春意动，守形养气抱婴儿。

十九

胎息绵绵渐渐完，气冲夹脊触泥丸。

---

① 下，《道藏辑要》本作"后"。
② 坎中一画已外离，《道藏辑要》本作"坎中一划已分离"。

累累似弹腭中下，过了重楼香又甘^①。

二十

既达返还九与七，此即木金三五一。
气全神壮换胎时，照护孩提^②休远出。

二十一

性是神兮命是精，要知性命属心君。
精神性命皆随意，意动人之善恶分。

二十二

正路当行人未知，呼天吸地验高卑。
观音寻到脚跟底，闭息之流向此推。

二十三

求财求侣炼金丹，财不难兮侣却难。
得侣得财多外护，做仙何必泥深山。

二十四

件件分明说与君，若无药物也休论。
可惜几多富贵客，伪徒引去说傍门。

二十五

上士英雄学上仙，积功累行满三千。
脱胎神化寻常事，白日腾身^③上九天。

---

① 甘，《道藏辑要》本作"甜"。
② 孩提，《道藏辑要》本作"婴儿"。
③ 腾身，《道藏辑要》本作"升腾"。

判惑歌

上阳子，闻道迟，四十衡阳始遇师。从来不信长生说，及得师言便释疑。才低头，摸鼻孔，方信神仙有真种。乃觉从前①万事非，不道这般真骨董。这骨董，大奥妙，妙在常有观其窍。此窍分明在眼前，下士闻之即大笑。我得来，不敢秘，欲对知音论同异。近来世上几个人，空自谈天又说地。诸旁门，是邪径，《翠虚吟》中略举尽。除却先天一点真，分外多端总邪正。大道易，不堪论，只将窍妙定乾坤。奈缘失却中心路，傍指三千六百门。有数息，有闭息，于中错指也无迹。或炼三黄及四神，或炼五金并八石。要半夏，用术茯，搜尽药中诸草木。几多因此促其生，人参尚有杀人毒。纯阳道，张尚书，服药失明神气枯。不知还丹本无质，翻饵金石何太愚。欲调息，坐观鼻，似春沼鱼百虫蛰。其妙无穷在甚处？到老无成何所益！捉一处，存金光，认是丹田②也不妨。自己固知行不得，但将此术教它行。体天地，望日月，二气吸归玄牝穴。按摩伸屈恣吐吞，朝暮嘘呵复咽咽③。以土圭，定时刻，将谓似是而非实。会教自性有通时，且须观想以意识。动尾闾，撼夹脊，吞它稠唾及精溺。一生受用大阳丹，专采女人天癸吃。炼秋石，聚小便，溺便多处是它缘。更把此方为秘宝，若无财贿不相传。入淫房，大懊恼，伺候精行转补脑。如斯谬戾④要长生，七祖九玄难作保。食秽恶，及乳溲，试看两脸曾红否⑤。更待⑥女男相会合，吞他精血作丹头。惜性命，全元气，一吸玉户中精水。老来毫末也无功，却怨寿光黄谷子。顶门响，腹中鸣，此即龙吟虎啸声。熊伸鸟引空劳力，龟缩鹤舒何足称⑦。保命诀，用灵柯，阴阳二丹传大讹。存缩吸抽闭五事，而⑧今此术不胜

---

① 前，《道藏辑要》本作"来"。
② 丹田，《道藏辑要》本作"金丹"。
③ 咽，《道藏辑要》本作"津"。
④ 戾，《道藏辑要》本作"尔"。
⑤ 否，《道藏辑要》本作"不"。
⑥ 待，《道藏辑要》本作"将"。
⑦ 称，《道藏辑要》本作"征"。
⑧ 而，《道藏辑要》本作"如"。

多。传达磨，说归空，观物知胎语不通。生死定年次月日，临时更定五心中。八段锦，十号颂，都在无名指上用。蓦地浮云遮日月，大限到来宜稳重。度天魔，阴魔绝，又号天关般弄法。甲子中宵见子时，运气七抽放在舌。指天竺，胎息经，谓能住世与留形。不知古德^①无多语，但要人从正路行。恣饮酒，却持斋，或断烟火不烧柴。前生不布种口禄，却向此生空打睏。顽打坐，只无为，守个空屋旧藩篱。早晚不克衣又冷，这般受苦早回思。持素珠，专念佛，见他荤酒欲呕逆。一心只要向西方，管甚东兮与南北。多作法，遍祈祷，有是看经直到老。贪嗔爱欲不能离，安得此生延寿考。现行者，切莫用，积取方来业债重。若遇真师急拜投，或者一言便射中。未闻者，不须传，多少旁门乱性天。若要玄中端的处，唯当熟记《悟真篇》。行脚辈，号禅和，大机大用口头过。只争胜负闲言语，不向台山勘老婆。禅僧家，去须发，佛将此相令人察。成^②行成队不低头，见性明心无几衲。明眼人，见性者，升坐^③故将佛祖骂。棒喝指头机最深，而^④今把作寻常话。聪明底^⑤，谈性理，横言强辩唯他是。性与大道有谁明？颜子坐忘曾子唯。诵^⑥《大学》，讲《中庸》，不偏不易^⑦朱文公。正心诚意求章句，诚意元非章句中。顶七星，名正一，玄牝之门那个识？五千余言《道德经》，正^⑧得一兮万事毕。居山林，称道士，不知大道是何事。金丹名也不曾闻，况要教他明生死。云水客，号全真，却为朝昏且救身。祖师留下刀圭说，知者如今有几人？正阳翁，《指迷歌》，此道分明事不多。但愿人人都解悟，奈缘福薄执迷何。浮生事，水上波，人身已得莫虚过。有缘遭遇明师指，谁谓无由上大罗。

---

① 德，《道藏辑要》本作"训"。
② 成，《道藏辑要》本作"或"。
③ 坐，《道藏辑要》本作"堂"。
④ 而，《道藏辑要》本作"如"。
⑤ 底，《道藏辑要》本作"的"。
⑥ 诵，《道藏辑要》本作"读"。
⑦ 易，《道藏辑要》本作"倚"。
⑧ 正，《道藏辑要》本作"上"。

咏剑诗五首

一

寻常莫道黑漫漫，邪怪闻之骨也寒。
挂在太虚宜爱护，要将杀虎补龙肝。

二

能活于人有大功，不妨奋迅立威风。
十方世界当头截①，变化魔宫作宝宫。

三

三尺镆铘倚太空，神威凛凛忕英雄。
圣凡不敢抬头看，一道神光牛女②中。

四

非铜非铁亦非金，不假凡间炉火成。
我剑本来天地骨，要知能杀又能生。

五

神仙非剑不成仙，剑非神仙也不传。
若说金丹灵妙处，其功先立地中天。

---

① 截，《道藏辑要》本作"忏"。
② 女，《道藏辑要》本作"斗"。

醒眼诗五十首

一

四十年前事已非，真师缘①遇授玄微。

从今御却恩和怨，炼个真身跨鹤飞。

二

端有长生不死方，常人缘浅岂承当。

铅银砂汞分斤两，德厚恩弘②魏伯阳。

三

纡紫拖金列满朝，慌忙酒盏马萧萧。

迩来事事只如此，收取金丹静处烧。

四

元来世上尽非真，唯有还丹是养身。

将相位高忧国事，道人炉内药苗新。

五

未遇师传说③道难，既闻玄妙却如闲。

早将神气归金鼎，免死形骸葬野山。

六

炼丹及早莫迟疑，休待功名到了时。

只为光阴如箭速，吉凶祸福少人知。

---

① 缘，《道藏辑要》本作"机"。

② 弘，《道藏辑要》本作"深"。

③ 说，《道藏辑要》本作"谈"。

七

下手速修已^①大迟，个中闻此急回思。

喧阗鼓乐闹何事，前日英雄今裹尸。

八

浮世奔波功与名，道人苦口论修行。

丹成回首看浮世，埋没功名荒^②草生。

九

我昔未闻大道时，起人爱敬最便宜。

迩来得个长生说^③，路上行人口似碑。

十

掀轰闲气莫存怀，但把辛勤问药材。

七返九还功行满。向来闲气入尘埃。

十一

道成之后谤^④归尘，谤语端能坚固人。

真觉比为甘露味，古来学道世多嗔。

十二

世人冷语不关心，大笑实为吾道箴。

但要神炉添药火，他时天上有知音。

十三

万善无亏必遇师，须从言下悟玄机。

---

① 已，《道藏辑要》本作"犹"。

② 荒，《道藏辑要》本作"芳"。

③ 说，《道藏辑要》本作"诀"。

④ 谤，《道藏辑要》本作"访"。

若无善行难遭遇，纵沐师传未免疑。

十四

手把丹经暗里猜，回光返照便归来。
就中问个①虚无窍，到选仙场必占魁。

十五

庄周鹏志运南溟，一去高飞九万程。
只为子书多譬喻，后来谁想作丹经？

十六

脩脩洒洒大闲人，为著真铅奈苦辛。
志气终为云外客，还丹问药合同尘。

十七

纯阳一阕《沁园春》，句里分明药料真。
有个乌飞曲江上，山头初月挂庚申。

十八

也不看经也不修，却来世上作优游。
有时吸尽西江水，炼个金轮照九州。

十九

总皆凡世播英雄，做尽英雄②到底空。
唯有金丹最灵妙，大罗天上逞神通。

① 问个，《道藏辑要》本作"说了"。
② 英雄，《道藏辑要》本作"功名"。

二十

真师训语复丁宁，八月初三是癸生。
此即一阳初动处，若寻冬至枉劳形①。

二十一

乌兔分明颠倒颠，月生庚②上有真铅。
金丹只此无难事③，莫道仙师不口传。

二十二

炼形④化气气归神，不是真阳漫苦辛。
擘裂鸿濛分造化，此身身外更求身。

二十三

不炼凡间铅与砂，常提宝剑斩妖邪。
有人借问⑤神仙事，一味炉中白马牙。

二十四

玉皇若也问丹材，偃月炉中取下来。
驰骋英雄吞一粒，男儿怀了一年胎。

二十五

阳精一点秘形山，言语通时即可还。
学者尽他疑⑥到骨，此中底蕴本无难。

---

① 形，《道藏辑要》本作"神"。
② 庚，《道藏辑要》本作"岭"。
③ 事，《道藏辑要》本作"处"。
④ 形，《道藏辑要》本作"神"，当误。
⑤ 借问，《道藏辑要》本作"问我"。
⑥ 学、疑，《道藏辑要》本均作"迷"。

二十六

元来一味坎中金，未感①师传枉用心。
忽尔打开多宝藏，木非木也不成林。

二十七

离内阴爻坤土真，坎中雄者是乾金。
当初只为乾坤顺，一死一生直②到今。

二十八

簾帏放下契全真，身外须知别有身。
恰是金丹好消息，不为万物不为人。

二十九

曲江之上月初明，地应于潮天应星。
若欲深探玄妙窟，金砂洲对吕仙亭。

三十

木金间隔各西东，云起龙吟虎啸风。
二物寥寥天地迥，幸因戊已会雌雄。

三十一

降龙伏虎也无难，降伏归来玉锁关。
日月分明烹鼎内，何忧不作大还丹。

三十二

无不为之有以为，坎中有白要归离。
水源初到极清处，一点灵光人不知。

---

① 感，《道藏辑要》本作"得"。
② 直，《道藏辑要》本作"只"。

三十三

修行人要识黄芽，若会金公却一家。
天地未分名太一①，此时擘裂产河车。

三十四

悬胎鼎里炼流珠，已喜金来归性初。
三教圣人同一辙，后来人我却殊途。

三十五

白云无事过前溪，中有神仙未可知。
待我玉炉丹九转，坐乘五色宴瑶池。

三十六

多少人居富贵丛，到头富贵只匆匆。
不如买取金丹诀，做个神仙不老翁。

三十七

得法无财事不全，法财两足便成仙。
丹阳祖是东州富，弃了家财万万千。

三十八

个中仙子急修行，勤向丹田种又耕。
人道金丹富贵客，谁知此内更长生。

三十九

小隐山林大隐廛，廛中造化妙玄玄。
凡人未得廛中说，莫入深山隐洞天。

---

① 名太一，《道藏辑要》本作"明太易"。

四十

未炼还丹莫入阛，丹头多在闹林间。

婴儿姹女一欢会，却向环中养大还。

四十一

红红白白水中莲，出污泥中色转鲜。

茎直藕空蓬又实，修行妙理恰如然。

四十二

一条直路少人寻，风虎云龙自啸吟。

坐定更知行气主，真人之息又深深。

四十三

饥餐渴饮困来眠，大道分明体自然。

十月圣胎完就也^①，一声霹雳上丹田。

四十四

醒眼诗中妙更多，勤修趁早莫蹉跎。

人身一入轮回去，来世机缘莫想他。

四十五

无事常观醒眼诗，其中奥旨说刀圭。

有人会此醒醒法，便入金门作圣师。

四十六

曹溪传法不传衣，由此灯灯续祖辉。

公案半千^②明佛法，后来却道是禅机。

---

① 也，《道藏辑要》本作"了"。

② 半千，《道藏辑要》本作"百千"。

四十七

刹竿拄杖酒台盘，秉拂拈槌总一般。
悟了脚跟元踏实，不妨稳①去坐蒲团。

四十八

指头棒喝赵州茶，为鬻心肝讚底沙。
解悟真禅无半语，青青翠竹对黄花。

四十九

马祖磨砖作镜儿，笑他兀坐要何为。
若还认得西江水，许汝一尊佛出时。

五十

佛因半偈舍全身，高证巍巍万德尊。
了得涅槃正法眼，金刚不坏体长存。

《道德经》转语偈

道可道章第一

众妙应须无以观，更将有向窍门看。
可名物母明明说，两颗胡珠转玉盘。

天下皆知章第二

美中有丧恶难成，前后相随高下形。
直到无为方了了，不言之教始分明。

---

① 稳，《道藏辑要》本作"隐"。

不尚贤章第三

弱志须先以骨强，虚心实腹要当阳。

共君说段炉中事，一朵铅花仔细详。

道冲而用之章第四

象帝之先万物宗，解纷挫锐阐高风。

苍颜老子垂双手，湛似渊分道乃冲①。

天地不仁章第五

不仁乃是大仁人，刍狗民生物化淳。

橐籥之中能不屈，当知愈出愈精神。

谷神不死章第六

谷神无始立天根，上圣强名玄牝门。

点破世人生死窟，神仙只此定乾坤。

天长地久章第七

圣人妙处岂②无私，能外其身谁得知。

顺则凡兮逆则圣，由来于此定根基。

上善若水章第八

众人所恶上贤明，动善其时故不争。

一点灵光君未识，却将水火煮空铛。

持而盈之章第九

满堂金玉要长存，火候工夫细细论。

筌在得鱼蹄在兔，塞其兑则闭其门。

---

① 冲，《道藏辑要》本作"中"。

② 岂，《道藏辑要》本作"出"。

载营魄章第十

专气致柔生蓄之，积功累行保婴儿。
一斤直要十六两^①，莫向人前更好奇。

三十辐章第十一

我毂能离三十辐，闲寻无处偷安轴。
得便饶也落便饶，君子唯当慎其独。

五色章第十二

十字街头认色声，双眸炯炯却无睛。
圣人去彼宁取此，下士闻之疑转生。

宠辱章第十三

大患只为吾有身，分明得失总皆惊。
没身方是出身处，大患从来亦强名。

视之不见章第十四

不闻不见曰希夷，此事如何容易知。
乍睹西南一点月，纯阳疾走报钟离。

古之善为士者章第十五

豫涉川兮犹畏邻，此中微妙且同尘。
玄通未许凡人识，谁向亨衢问要津。

致虚极章第十六

芸芸物物各归根，若也知常地自温。
昨夜溪头春水涨，朝来不见水流痕。

---

① 直、六，《道藏辑要》本作"只""八"。

太上章第十七

上士勤行中士亲，只唯下士笑频频。

曾知老子怀胎久，始浴^①金盆发似银。

大道废章第十八

六亲不和慈孝生，颠倒乾坤正令行。

今日凤凰台上客，十年窗下读书声。

绝圣弃智章第十九

古人弃智定乾坤，说破死生骨董门。

不是个中滋味的，自戕自贼自炮燔。

绝学无忧章第二十

察察昭昭我若昏，水头清处好寻源。

不知求食于谁母，便把西江一口吞。

孔德之容章第二十一

眼前众甫即区中，杳杳冥冥内外通。

明了地天交泰卦，区中进步作仙翁。

曲则全章第二十二

枉则直兮窪则盈，不矜不伐乃功成。

昨宵梦里闻雷雨，今日江头春水生。

希言自然章第二十三

得与失兮两不羞，形容到了了无俦。

真人之德配天地，只在环中匪外求。

---

① 浴，《道藏辑要》本作"沐"。

跂者不立章第二十四

群仙已笑露堂堂，跨者不行仔细详。
一著错时看跌倒，赚人锦袋绣香囊。

有物混成章第二十五

有物混成天下[①]母，字之曰道安窠臼。
乾专坤翕证无为，智者乐兮仁者寿。

重为轻根章第二十六

奈何万乘乃轻身，孰是疏兮孰是亲。
宝在眼前凡不识，往教密密论君臣。

善行章第二十七

知名非实要知情，窍妙之真号袭明。
不道善行无辙迹，石中流水岂闻声。

知其雄章第二十八

雄雌黑白坎和离，知则总为天下谿。
眼下十成须认取，由来散朴复婴儿。

将欲章第二十九

神器从来是假名，此名只许上贤听。
不过渡口寻舟子，枉诵玄玄《道德经》。

以道佐人主章第三十

果而不道露锋芒，却与凡人作祸殃。
迸烈岂容君眨眼，山中仙子浴金光。

---

① 下，《道藏辑要》本作"地"。

夫佳兵者章第三十一

居^①贵左兮兵贵右，非人此道莫轻授。

有时恬淡乐无为，上天之载无声臭。

道常无名章第三十二

我相众生寿者相，权实照用一时放。

不通凡圣拟议乖，天地合而甘露降。

知人者知章第三十三

智与明兮自胜强，乾坤阖辟要相当。

若能守片闲田地，不是寻常孟八郎。

大道泛兮章第三十四

大道泛兮不可名，可名非道碍尘生。

平时不向西江望，踏破芒鞋未是^②行。

执大象章第三十五

出口淡乎其无味，能者用之不可既。

逢人好语说三分，过客欣闻乐与饵。

将欲翕之章第三十六

利器如何可示人，不妨勇猛奋精神。

参玄参到微明的^③，现出^④金刚不坏身。

---

① 居，《道藏辑要》本作"君"。

② 是，《道藏辑要》本作"得"。

③ 参玄参到微明的，《道藏辑要》本作"参玄参道彻明处"。

④ 现出，《道藏辑要》本作"立见"。

道常无为章第三十七

朝朝只念观世音，识得观音辨①踵音。
若也始终无悔吝，这回方是道人心②。

上德不德章第三十八

仁之与德不多程，为与无为前后行。
待问有为何所似，夜来月在③脚跟明。

昔之得一章第三十九

一者名为不二门，得门入去便安身。
当年曾子一声唯，误了阎浮多少人。

反者道之动章第四十

全璧而归也注心，有生无处此机深。
与君评论曹溪水，一滴谁④醻万两金。

上士闻道章第四十一

大象⑤无形道隐名，形名总不向人呈。
如今闻者皆应笑，夫唯⑥道善贷且成。

道生一章第四十二

冲气为和大化炉，与君说了莫疑狐。
茫茫宇宙人无数，几个男儿是丈夫。

---

① 辨，《道藏辑要》本作"便"。
② 道人心，《道藏辑要》本作"道心人"。
③ 在，《道藏辑要》本作"到"。
④ 谁，《道藏辑要》本作"难"。
⑤ 大象，《道藏辑要》本作"太上"。
⑥ 夫唯，《道藏辑要》本作"入惟"。

天下至柔章第四十三

炼气凝神入至圣 ①，紫阳留下《悟真篇》。

元来三教同门户，先要参皮可漏禅。

名与身章第四十四

此身不是四肢身，解向源头问要津 ②。

现自十成 ③ 非外物，裙钗之下有全人。

大成若缺章第四十五

大成若缺直而屈，唯好观光于上国。

有时做个大闲人，清静之中无一物。

天下有道章第四十六

天下有道马不走，天下无道物不夭。

过犹不及岂忘言，到此一了一切了。

不出户章第四十七

目前一宝秘形山，何必长歌行路难。

路破草鞋无觅处，投壶认箭落中间 ④。

为学日益章第四十八

有为之道须落著，无为之道要著落。

莫向人前认色声，认色认声已误却。

圣人无常心章第四十九

百姓之心为我心，分明说了莫沉吟。

---

① 圣，《道藏辑要》本作"坚"，误。
② 问要津，《道藏辑要》本作"要问津"。
③ 十成，《道藏辑要》本作"一身"。
④ 投壶认箭落中间，《道藏辑要》本作"投壶落箭认中间"。

世人怎识和山鼓，一下能当几挺^①金。

出生入死章第五十

出生入死无穷已，唯善摄生能不^②死。
知生知死却成人，须入虎穴得虎子。

道生之章第五十一

道生德畜却无恩，须弥山上望昆仑。
若也另瞠一只眼，便知落处道方尊。

天一有始章第五十二

知其子复守其母，不悟袭^③常空自走。
覆盆之下用其光，休向经^④中谈窍妙。

使我介然章第五十三

盗夸盗出自家珍，覆水难收费苦辛。
只为良田荒秽了，如何做得太平民。

善建者不拔章第五十四

观乡观国观天下，积德修身道有余。
善建亦知宜善抱，倚需得溥^⑤自安居。

含德之厚章第五十五

赤子何知鸟不攫，未知牝牡而峻作。
益生使气要长存，岂但筋柔而固握。

---

① 挺，《道藏辑要》本作"锭"。
② 能不，《道藏辑要》本作"不能"。
③ 袭，《道藏辑要》本作"飞"。
④ 经，《道藏辑要》本作"狂"。
⑤ 溥，《道藏辑要》本作"普"。

知者不言章第五十六

闭门塞兑得嬴金，电掣星飞何处寻。
便遣哪吒千手眼，不知佛殿有观音。

以正治国章第五十七

天下从教多忌讳，我唯忌个小儿名。
不知奇处用兵拙，眼下知之即太平。

其政闷闷章第五十八

直而不肆极希夷，百尺竿头未是危。
识得圣贤心地用，早应臭腐化神奇。

治人事天章第五十九

有国之母重积德，深根固蒂可长生。
五更早起无巴鼻，却是街头有夜行。

治大国章第六十

两不相伤故德归，鬼非不害自无欺。
抱琴有意过西院，弹者弥多听者稀。

大国者下流章第六十一

下流非是下流人，以静胜人要一真。
牝牡之交宜处下，唯应吩咐下流人。

道者万物之奥章第六十二

善人之宝万物奥，不善之人之所保。
人之不善何弃 ① 之，日月去兮进此道。

---

① 何弃，《道藏辑要》本作"可存"。

为无为章第六十三

早知为大于其细，天下难事作于易。
我若不因师指明，舌头那识味无[①]味。

其安易持章第六十四

圣人心上起经纶，几事不密则害成。
能复众人之所过。月从西坠日东升。

古之善为道章第六十五

君子不以智治国，常知楷式是玄德。
千蹊百径要知归，若不知归名国贼。

江海之所以为百谷王章第六十六

圣人处下复何争，江海纳污仍太清。
点著[②]当前正法眼，抬头暗室月分明。

天下皆谓章第六十七

慈俭本为天下先，若加精进契前贤。
始惟不肖终当肖，正是千钱一贯穿。

善为士章第六十八

善用人者为之下，善弯弓者为之射。
万丈悬崖撒手时，方名了了弓弦卸。

用兵有言章第六十九

吾宝非金亦非珍，若轻其敌丧其亲。
临深履薄如精进，作主先当会作宾。

---

① 无，《道藏辑要》本作"中"。
② 点著，《道藏辑要》本作"默顾"。

吾言甚易知章第七十

知我者稀空碌碌，圣人被褐仍怀玉。

知之非艰行惟艰，千钱一贯为知^①足。

知不知章第七十一

大人之病病当心，不用药医只用针。

针得血脓俱下了，脱除痨^②瘵似观音。

民不畏威章第七十二

自知已是己灵明，内养工夫熟且纯。

能自爱兮惟不厌，怡然理顺乐天真。

勇于敢第七十三

善恶昭昭网不疏，伤人抵罪岂差殊。

种禾种栗不生豆，恬退无为是护躯。

民常不畏死章第七十四

不畏死兮却畏生，畏生之道在持盈。

八千兵散浑闲事，项羽头来落汉营。

民之饥章第七十五

无生之义最难言，人世轻生若骏奔。

趁得非生非死法，乾坤有限道长存。

人之生章第七十六

人死坚强木死枯，夫惟不死是长^③图。

---

① 知，《道藏辑要》本作“之”。

② 痨，《道藏辑要》本作“劳”。

③ 长，《道藏辑要》本作“良”。

五行颠倒人能用，有一物常死复苏。

天之道章第七十七

不欲见贤岂不贤，只惟平地有神仙。
真人指我回澜诀，向道女娲解① 补天。

天下章第七十八

受② 国之垢实希奇，到此方知寿可跻。
一得归来宜永得，渡河筏子上天梯。

和大怨章第七十九

左契犹如般若舟，人能执此任西流。
故云有德长司契，天道无亲亲善柔。

小国寡民章第八十

小国寡民复古初，寿同日月没盈虚③。
岂惟老死无来往④，天地推迁我自如。

信言不美章八十一

既以与人己愈多，圣人不积⑤ 抱天和。
五千言是金丹髓，信则修之上大罗。

---

① 解，《道藏辑要》本作"会"。
② 受，《道藏》本作"爱"，误，从《道藏辑要》本。
③ 虚，《道藏辑要》本作"亏"。
④ 岂惟老死无来往，《道藏辑要》本作"岂惟年老死无往"。
⑤ 积，《道藏辑要》本作"债"，误。

金丹五事①

降龙

一

降龙未得岂成仙？降得真龙丹可圆。

须信神仙活手段，一毫头上见龙天。

二

形容丑恶气鸿庞，至大至刚未易降。

不使兴云并作雨，要他一口吸西江。

三

头角峥嵘势莫当，云收雨霁欲潜藏。

从今不许翻潭涧，养颗骊珠夜夜光。

四

云散天空不见他，收来护我炼丹窝。

有时得赴瑶池会，仍放滩头饮碧波。

五

寂然不动感而通，借汝神威入梵宫。

探得赤珠无价宝，光明照灼太虚中。

伏虎

一

太华峰头虎啸风，惊天动地震虚空。

我今袖有三清剑，逐到山腰口子中。

二

虎有脱衣妙法灵，饮人血髓食人精。

吾今使得来来去，扈卫坛场助道成。

---

① 《金丹五事》，《道藏》本未载，此据《道藏辑要》本录入。

三

隐在阴坑忽见形，露形一啸便风生。
匣开三尺神光射，锋刃何曾睹赤颏。

四

四十年前未遇师，黄昏每到角声悲。
如今伏得真雄虎，夜夜成行成队随。

五

入虎穴寻虎酪酥，其中滋味胜醍醐。
有人做到这些处，方是乾坤大丈夫。

悬胎鼎

一

汝何形象号悬胎？大小由之造化胚。
好是一阳初动处，从来物物自相媒。

二

汝何形象号悬胎？却把声名遍九垓。
岂但生人生万物，做仙做佛要他来。

三

汝何形象号悬胎？一死一生弄几回。
除却华山陈处士，谁人不带是非来。

四

汝何形象号悬胎？一朵真铅花正开。
只为金丹好消息，取归鼎内结婴孩。

五

汝何形象号悬胎？提取先天一气回。
最是神仙灵妙处，肇分太极立三才。

偃月炉

一

笑你安名偃月炉，天公造物与为徒。

鬼神不敢抬头觑，万圣千贤出此途。

二

笑你安名偃月炉，炉中甘露胜醍醐。

试将一滴若吞了，似蜜如饧和酪酥。

三

笑你安名偃月炉，先天一气自虚无。

粤从太极既分后，却唤朱砂作丈夫。

四

笑你安名偃月炉，金丹只此莫他图。

爱河风静那边看，方见摩尼一颗珠。

五

笑你安名偃月炉，圣人思议费功夫。

其中一件长生药，不与凡人说有无。

拄杖

一

谁人知汝有神通，柱地撑天立大功。

自古圣凡惟仗你，神仙非你莫施工。

二

硬似铁竿软似绵，转他坤轴拨回乾。

一条伎俩无多子，会去西川买黑铅。

三

石室诸佛总恁么，莲花庵主却横檐。

严阳会上无人识，只与芭蕉作晚参。

四

杖头活用向谁知，电走星飞已大迟。

北斗南辰排作担，吓他魔鬼莫撑眉。

五

生来费尽万般机，为这一条黑蒺藜。

些子神通谁会得？仙人把作上天梯。

与定阳子①

仕而优则学孔孟，学而优则必希圣。今子年才二十四，便把养生早究竟。我本天地大闲人，子乃推心加我敬。我有一窍不死方，更有一把长生柄。元来这段好天机，未肯容易相衔证。睹了誓盟既非轻，他人不如我同姓。三教本来无二道，最为真常非虚横。诸天及人皆惊疑，说着虚空一声雷。一声雷，自古圣师岂妄传，汝今得闻切须敬。其窍即是金丹窟，孰谓修性不修命？其靶则是金丹骨，当知修命先修性。命是坎虎吐金精，性是离龙行帝令。龙虎号曰玄牝根，玄牝却为阴阳屏。阴阳分作东西位，东西各隐铅汞穿。至人了达此玄关，故将水火金木并。子能修己有勤力，煆教心似光明镜。远观其物物无物，始信我能长清净。方得天尊黍米珠，啜入丹田可相庆。产个婴儿号阳神，神形与尔容无复。莫把无为全不为，下手亦须假财聘。此非三峰采战术，亦非傍蹊与曲径。那般都是狂邪师，迩来正塞邪返盛。邪人行正正亦邪，正人行邪邪归正。有般说性并谈空，纷纷日夜闲争竞。为他宿世没因缘，以致百般多弊病。愚迷讥汝学修仙，诮汝随时且干政。不思学道弃尘缘，反入尘中愈萌长。从今若闻谤毁言，须要把得脊梁硬。篇诗更嘱善始终，非同奔荡闲歌咏。大罗天上有知音，但积三千功与行。

---

① 《与定阳子》，《道藏》本未收，此据《金丹正理大全》本录入。

累行卷第六

与至阳子田至斋

帝皇之得道者，若羲、农、黄帝焉；仕隐而得道者，若老、庄、关令焉；侯王而得道者，若子房、淮南焉；山岩而得道者，若钟、吕、希夷焉。道之在天地间，成仙作佛者，历历不可以指数也。后之罕闻者，茫茫而少大丈夫也。其王公大人、折节下士，只为有道存耳。士之学无止，亦唯未臻①乎道，故明于道者，至圣神人也。仆以西行，旅寓思国，宣二至斋田侯，叩首再三，欲闻至道，经年不倦，乃授之曰：

大道者，至人之所秘，圣师之叮咛也，古之真人行其所不能行也。"宇泰定者，发乎天光。"天光发者②，人见其人，备物以将形，敬中以达彼，以有为入无为。有为者，与人为徒；无为者，与天为徒。与人为徒者，炼先天真一之气③；与天为徒者，炼后天自然之真。夫人禀天地絪缊一气而生，从微至著，壮而盛，盛而衰。气固为盛，气馁为衰。至人者，盛则养之，衰则救之，使一气长存，历劫而不死者，金丹也。大修行人，既得乾金入于神室，心目内观，清静光明，以成胎婴，宝之十月，出入去来，无灭无生者，天仙也。所谓气者，何也？即两个阴阳也，一坤一乾阴阳也，一男一女阴阳也，一坎一离阴阳也，一逆一顺阴阳也。《南华》云："至阴肃肃，至阳赫赫；肃肃出乎天，赫赫发乎地"两者交通成和，而物生焉。采先天，炼后天，谓之交通。交通则和④，成则物生。物生而为婴儿，长大而号真人也。

至斋言下猛悟，期以勤行，易其号曰"至阳子"。

---

① 臻，《道藏辑要》本作"增"。

② 天光发者，《金丹正理大全》本、《道藏辑要》本作"发天光者"，从《道藏》本。

③ 先天真一之气，《道藏》本作"先天之一气"，从《金丹正理大全》本、《道藏辑要》本。

④ 交通则和，《道藏》本作"通则和"，从《金丹正理大全》本、《道藏辑要》本。

与初阳子王冰田

"道也者，不可须臾离也，可离非道也。"惟是道也，在天地之间，旋转乾坤，昭揭日月，更代四时者也。一切人也，禀大道至圣至灵之体，含[1]大道至精至粹之用，常人顺之，是以一生一死，若循环。然至圣神人，以此道而逆之，故成仙作佛，而出造化之外也。三教大圣，皆体此道而用之。儒曰修身，释曰修性，道曰修命者，即殊途而同归也。粤后之人，不达圣人之旨，各尚所闻，而非其所是，岂知身与性、命必不可离者也。若一可离，则非道矣。

初阳子王舜民，伟哉，大丈夫也！出入仕途，且三十年，仆闻之舜民之仕也，利不能移其心，困不能改其操，断然有守，凡所寓以"冰田"自扁者，示无纤瑕小疵焉。乙亥冬，会溢江任所，一揖次若久，要握手论心，略无官况。仆观其气宇高迈，骨相合仙，因缘遭逢，求我丹道，遂用盟天，以青城老师金鼎火符之秘，次第授之也。乃先除其执著，去其惊疑，道其缘熟，培其根深。仆之用心又如此者，盖欲将师所传，悉授不隐。顾惟闻道不难，行之宜谨。纯阳老仙云："使[2]下手速修犹太迟。"使上士闻道，必勤而行之。彼常人听之，则且惊且疑，不肯疾早下工。电阵之光、石击之火、似箭之速，吁！可畏哉！今语初阳子其毋[3]忽诸。

夫金丹者，金液还丹之道也。金液者，即人身中之真气也。以气合形而成真人，是为还丹。厥人之初生也，毓先天地至纯之气[4]，逮乎[5]二八，精气日泄而朴散，则先天之气不纯。且世之人壮而必婚必娶者[6]，以续纲常也。若也中年，却能宝爱其身者，圣人也。故[7]孟子四十不动心，庄子五十而知

---

① 含，《道藏》本作"合"，从《金丹正理大全》本、《道藏辑要》本。

② 使，《金丹正理大全》本、《道藏》本作"便"，从《道藏辑要》本。

③ 毋，《道藏》本作"母"，从《金丹正理大全》本、《道藏辑要》本。

④ 气，《道藏》本作"道"，从《金丹正理大全》本、《道藏辑要》本。

⑤ 乎，《道藏》本缺，从《金丹正理大全》本、《道藏辑要》本。

⑥ 世之人壮而必婚必娶者，《道藏》本作"世人之壮必昏必娶者"，从《金丹正理大全》本、《道藏辑要》本。

⑦ 故，《道藏》本缺，从《金丹正理大全》本、《道藏辑要》本。

四十九年之非，孔子五十而知天命。今初阳子行年五十有二，而闻金丹久视之道，以其时考之，则可矣。况初阳子，道缘既重，信心益坚，谨因师旨，授之曰：

古之真人，欲理其性，先宝其精；欲理其命，先淳其气。是孟子曰："吾善养吾浩然之气。其为气也，至大至刚，以直养而无害，则塞于天地之间。"若以孟子为寓言，则圣贤宁如是乎？若以孟子为教言，则人一身之气岂能塞乎天地哉？然必有其道矣。道者，何耶？气也。气者，何耶？命也。即经云："天命之谓性，率性之谓道也。"夫欲了命，必先修性，性命双修，何忧不仙？且性也者，何耶？义也。故孟子曰："是集义所生者，非义袭而取之也。"若"义袭而取"，则物也，顺也，人也，非金丹也。唯"集义所生"，则逆也，是所谓金丹也。故云"配义与道"。而孔子曰："成性存存，道义之门。"释迦云："是诸法如义。"老子曰："上义为之而有以为。"圣人之于道，不离乎义也。义之道，大矣哉！采铅炼汞者，集义也；西南得朋者，上义也；龙女献珠者，如义也。是义也者，即義之《易》一阴一阳之道也。夫一阴者，离中之雌；一阳者，坎中之雄。离中之阴为火，坎中之阳为水。配义与道者，以坎反上于离，是水火既济之道也。盖于坎中取出阳爻，降而入于离之中，换出阴爻，是为"地天泰"也。盖离中之阴，为汞、为精；坎中之阳，为铅、为气。《心印经》云："上药三品，神与气精。"然精依气生，神依气旺。神气精三者，无一可离，此所谓"道也者，不可须臾离也"。倘精耗则气惫，气馁则神离。气惫神离，可谓之人乎？此所谓"可离非道也"。圣师深虑世人不能明乎道，不能炼其气，乃借名为铅为汞、为鼎为炉、为龙为虎、为砂为银、为刀圭、为火候，百般譬喻，托物假名，以晓后之学者，亦岂不欲人人作仙，个个成佛也？缘为世人信之弗及，承当不得，偶或就中间有一二，复为旁蹊小径，著相执空，罕闻正道。若大乘根器，上士至人，际遇真人，一言之下，生实信心，宝爱其身，积累其气，而勤行不怠者，则高仙地位，指日可跻。

仆阅人多矣，今观初阳子姿禀非凡，神气充裕，祖师金丹之道，不敢秘者[1]如此。

---

[1]　不敢秘者，《金丹正理大全》本、《道藏辑要》本作"不敢秘惜"，从《道藏》本。

与一阳子潘太初

老子曰："上士闻道，勤而行之。"至哉言也！仆自获遇至人，盟授大道，即欲图就所事，而以功缘未立，用是求诸仙经，搜奇摭粹，作成《金丹大要》。书成之后，不恤起处，每过名山及诸城邑，随方作缘，低首下心，开导世人，诱进此道。四三年来，求者纷纷，卒未见有大力量而精进者。比谒庐山太平宫，揖当代主人太初潘一阳，尘襟一见，欢如平生，茶罢复茶，有物外趣。颜童髭墨，神气裕如，肤泽脸桃，丰标洒落。其剸繁治剧，若不经心，而待物择交，似有定见。显官①轩车而至者，皆得欢心；负义蓄材而来者，愿识其面。头颅且无尘俗，骨骼吻合仙姿。平川洗涤而疏明，大②山嵯峨而增秀。天人交赞，鬼神共③依。

仆每叹夫福之与慧，二者不可得兼。太平闲暇，安富④尊荣，此人之福也；通玄达妙，研精究微，此人之慧也。二美具全，则斯人也，不可以寻常同年而语⑤。眷顾之初，言及丹道，仆未即应。既而情真语简，好笃谊深，叙其主领事繁，已觉年光流迈，念念急于兹事者，更来岁而又迟也。仆睹其开心见诚，列盟奉誓，乃授之曰：

大道者，与天地生物，乾坤覆育，日月阴阳，同其造化焉。在人之身，不外是也。天地以阴阳为橐籥，人身以玄牝为橐籥。天动地静，动为阳而静为阴，阴极则万物不生而阳气潜伏。及夫剥尽，则一阳初动而梅先吐白，以⑥阳在地中，而将复也。世故⑦以梅为报春之信，故《易》之⑧复卦曰："复，

---

① 官，《金丹正理大全》本、《道藏辑要》本作"宦"，从《道藏》本。

② 大，《金丹正理大全》本、《道藏辑要》本作"太"，从《道藏》本。

③ 共，《道藏》本作"其"，从《金丹正理大全》本、《道藏辑要》本。

④ 富，《金丹正理大全》本、《道藏辑要》本作"享"，从《道藏》本。

⑤ 不可以寻常同年而语，《道藏》本作"不可以寻常而同年语"，从《金丹正理大全》本、《道藏辑要》本。

⑥ 《道藏》本"以"字前，有一"老"字，《金丹正理大全》本、《道藏辑要》本无，疑为衍字，删。

⑦ 故，《道藏》本作"政"，从《金丹正理大全》本、《道藏辑要》本。

⑧ 之，《道藏》本作"也"，不通，从《金丹正理大全》本、《道藏辑要》本。

其见天地之心乎！"复之为卦，五阴一阳，其一阳在下，而阳为之主也。人身亦然。自少而壮，壮必衰。壮为阳，而衰属阴。逮乎阴极，则阳气欲尽而散也。至人于此，则能体天地之道，以子为度，以日为符，以癸为候，以月为则，以汞为阴，以铅为阳。铅生于癸，而癸在坎，坎属北方，北乃子之正位。天地以七日而来复，复子①也。太阴以三日而出庚，庚为金，而金为乾，乾之金寓于坎。人身亦犹是，而阳复有时。大修行人，急于癸生之时，求彼先天真一之气以为铅也。纳此真铅于离之中，配以离之真火，锻炼成丹，故曰金丹。则金丹者，无外乎坎离二物②。且坎离为何物？要知只是两个真阴、真阳而已。③是知金丹之道，不外乎阴阳也。当其一阳初至，虽一身皆阴，而一阳自外来，彼一阳反为之主矣。

今其号曰"一阳子"者，取义于此。一阳子既闻此道，倘不为，则亦已矣。若也兴勇猛之心，奋勤行之志④，吾知其功成也必矣。

与九宫碧阳子车兰谷

古之真人，其寝不梦，其息深深。寝不梦，则神存；息深深，则以踵。此即上德无为而无以为之道。至阴肃肃，至阳赫赫；赫赫发乎地，肃肃出乎天。此即下德为之而有以为之道。无以为者，后天自然也；有以为者，先天一气也。

何谓后天？夫人禀先天一点真阳之气而生，为物之最灵者，此气日生夜长，与天地混沌之时，同其造化，其神之所以存焉⑤。鸷鸟不能攫，兕虎不能

---

① 子，《道藏》本作"一"，不通，从《金丹正理大全》本、《道藏辑要》本。

② 二物，《道藏》本缺，从《金丹正理大全》本、《道藏辑要》本。

③ 吕祖《指玄篇》云："两重天地谁能配，四个阴阳我会排。"李道纯云："踏破两重消息子，超凡入圣则如闲。"张三丰《玄机直讲》云："一遇正人，笃志苦求，抉破一身内外两个真消息，忽然醒悟诸书，才不为人迷惑。若是志人君子，实心为命，扫尽旁门，重正心猿，重立志气，低心下意，经魔历难，苦求明师，穷取生身受气初。初者，是元始祖气，此气含着一点真阳真阴。夫真阳真阴，产于天地之先，混元之始，这颗灵明黍米宝珠，悬在虚空，明明丽丽。但未有明师指破的人，如在醉梦相似，离此一着，都是旁门。"

④ 志，《金丹正理大全》本、《道藏辑要》本作"心"，从《道藏》本。

⑤ 焉，《道藏》本作"者"，从《金丹正理大全》本、《道藏辑要》本。

伤，以其神在①故也。及乎②年登二八，真气已③盈，复遇至人授以宝身之道，使天机不逐于事物，无④劳于形，无摇其精，息以踵而不以喉，与天为徒，而世不能移其志，则比古人千二百岁不啻过也。此所谓后天无为之道。

何谓先天？且人生天地间，年壮而嗜欲，俱以酒为浆，以妄为常，恣情纵欲，亡精损神，所禀先天之气，驱之劳之，犹虎奔而寓于西矣。即如乾之为物，纯阳也，始交于坤，则乾之体破而为离；坤之为物，纯阴也，潜夺乾之一阳而为坎。由此之后，乾体反虚，坤体乃实。则离坎者，乃乾坤之继体，乾坤顺行，男女奔放，精竭神去⑤，一切常人至此则已。

大修行人，体金丹之道而修之，逆五行而用之。逆者，何也？坎中之阳赫赫，即乾金也；离中之阴肃肃，即坤爻也。金丹者，以⑥坎而升于离之上，以己而合于戊之门⑦，伏坎中之虎，以降离中之龙；取坎中之金，以克离中之木；纳坎中之水，以炼离中之火；采坎中之气，以补离中之精；回坎中之阳，以实离中之阴，即复纯乾而成真人。传云："西南得朋。"伯阳云："真人潜深渊。"天台云："铅见癸生须急采。"马祖云："一口吸尽西江水"者，皆此还丹之道也。故降伏自己之龙虎，采取身中之精⑧气。然降伏者，功在于德；采取者，不外乎道。道无德不能采取，德非道无以降伏。所谓采取者，只须一时之功，非有迟疑之事。盖一时者，要在初三日内取之。当此初三之夜，月生庚方之际，此时水源至清，浑无挠动，急用半时采取归于鹊桥之东，结成黍粒之丹，入于黄金室内，炼之成之，谓之金丹，谓之先天大道也⑨。世人若⑩知金丹，即我本来乾中之真金，则为微妙玄通之士，而深不可识矣。

九宫山碧阳子车兰谷，为玄门栋梁者，四十余年矣。其功业设施，表表

---

① 在，《道藏》本作"王"，从《金丹正理大全》本、《道藏辑要》本。
② 乎，《金丹正理大全》本、《道藏辑要》本作"其"，从《道藏》本。
③ 已，《金丹正理大全》本、《道藏辑要》本作"以"，从《道藏》本。
④ 无，《金丹正理大全》本、《道藏辑要》本作"毋"，从《道藏》本。
⑤ 去，《金丹正理大全》本、《道藏辑要》本作"亡"，从《道藏》本。
⑥ 以，《道藏辑要》本作"乃"，从《金丹正理大全》本、《道藏》本。
⑦ 门，《道藏辑要》本作"间"，从《金丹正理大全》本、《道藏》本。
⑧ 精，《金丹正理大全》本、《道藏辑要》本作"真"，从《道藏》本。
⑨ 也，《道藏》本、《金丹正理大全》本无"也"字，从《道藏辑要》本。
⑩ 若，《道藏》本作"一"，从《金丹正理大全》本、《道藏辑要》本。

在人耳目也,卓然道眼,识人不似他人之忌才者。仆以不捡,唯志于道,不免沾痴自丑,贾愚自卖,既无华衣以浮饰,不能强容以求知。一揖之初,乃即深契,求我丹道,足所未闻,睹其神气裕如,遂将祖师先天后天金丹之旨,悉以授之,却加勉励焉。噫!世人之所以峨其冠者,入老氏之门,学老氏之道也。夫老氏之道,实精气,修返还,尚清虚,寡嗜欲,薄饮食,离尘缘,广慈悲,树阴德,损之又损,至于无为,是则为老氏之徒。今焉处琳^①宫,披鹤氅,直以问道为羞、为辱者,何不反思吾教之所学何也?间有一二希乎修养之说者,则丛聚而笑之。我太上曰:"下士闻道,大笑之。"岂古然哉!夫既入其门,而不行其道,则为老氏之蠹也。蠹者,衣其服而妒其教,蚕其食而訾其道,是犹服尧之服而非尧之言,吾不知其可也?纵负出类拔萃之材者,亦甘以清高至贵之身弃之于浊恶之地,使俗之有口者,呼之为异端之徒。吁!可惜哉!就中有能去傲、除欲、节饮、静坐者,虽不得真师之指,亦不为教门之罪人也。

彼神仙者,慈愍^②为心,不顾讪毁,唯欲化人成道而已。昔者黄帝之问道也,膝行跪进,既闻道已,乃曰:"广成子之谓天矣。"今之时人,去古道远,以矫诈为诚,以妄诞为心,其未闻之^③,谓有何道?及稍有闻,自以为足,或始闻师之语,恐师未尽善,及略闻其端倪,则谓素所自有,借使造其阃奥,即萌侥幸而得之喜,惟恐师之求其所报,宁肯勤行哉?果若此,又孰得而臻乎极也?岂能如碧阳子,闻一且问二,闻二且复问三,既不以才自矜,复愈高而愈进。山间林下,或有超然颖脱之器,以生死为一件大事^④。如我碧阳子者出,研精究微、参玄造妙,还丹坎户,结胎黄房,若非白日而飞升,亦傍神仙地位而去,况其精进而勇猛者乎?谚云:"一子出家,九族俱仙"者,斯之谓欤?

今碧阳子,虽其主领事繁,犹能孜孜在^⑤道,直^⑥以坚固为实践,不以

---

① 琳,《道藏》本作"珠",从《金丹正理大全》本、《道藏辑要》本。
② 愍,《金丹正理大全》本、《道藏辑要》本作"悲",从《道藏》本。
③ 闻之,《道藏》本作"之闻",从《金丹正理大全》本、《道藏辑要》本。
④ 一件大事,《道藏》本作"一大件",从《金丹正理大全》本、《道藏辑要》本。
⑤ 在,《道藏》本作"上",从《金丹正理大全》本、《道藏辑要》本。
⑥ 直,《金丹正理大全》本、《道藏辑要》本作"真",从《道藏》本。

诳①妄为虚彰，与彼梦生醉死者，大有径庭。《南华》云："卜梁倚有圣人之才，而无圣人之道，吾将以圣人之道告之，庶几其果为圣人乎？"碧阳子今闻圣人之道矣②，早修为之，德高证无为之功，以应龙沙八百之谶乎！异时名公巨卿，必有取法于子者，子其勉乎！

与宗阳子明素蟾

通今博古，著③书立言，笔回狂澜，锦心绣口，此文章之学至矣。鲜不以是而自足者，斯人也，其才胜德者④也。参玄入妙，穷神知化，积精累气，炼气化形，此道学亦至矣。鲜不以是而自高者，若能慈悲接引斯人也，可与钟吕并驾者矣。

仆登九宫山，有曰明素蟾者，自弱冠弃亲出家，敏而好学，年几而立，卓荦不群，博采雄览，谦访浩记，谈今考古，作为文章，奔放横流，悦可人意，不免盈而大溢，焰乃上飚，则于良朋⑤知己者少。既而求神仙家学，凡四方来者，虽旁蹊小径，莫不开心见诚，必尽其说而后已。前后阅数十人，自以为毕得金丹之道已。仆从容讯其所得之说，则亦有搬运身中之神气者，然似是而非；亦有烹炼丹田之铅汞者，又似同而异；甚而非采战则烧黄煮白，非兀坐则注想空言。今兹弛焉，自谓金丹之道，如斯而已矣。其于丹经符契，朗诵如流。又且注释旁通，辞亦近理；俯视同辈，旁若无人，将有环中之期而不可遏也。倾盖之初，试问我以金丹一事，睹其才高气焱，貌敬礼疏，而所遇人无下手处。仆乃从而顺之美之、扬之德之。仆之所以德之者，将有以化之也。盖所以化之者，为其滞于癖见邪说，使一闻至道，必若惊若疑。嗟夫！时之高人胜士，负不世出之才，而执一方之见，往往不足以语大道者，非耻于相师，则过于聪明，况其下此者乎！

仆见明素蟾，资禀非凡，勇锐可授，特其平时流于傲放⑥，泥于惯常，首

---

① 诳，《金丹正理大全》本、《道藏辑要》本作"狂"，从《道藏》本。

② 矣，《道藏》本作"已"，从《金丹正理大全》本、《道藏辑要》本。

③ 著，《道藏》本、《金丹正理大全》本作"注"，从《道藏辑要》本。

④ 者，《道藏》本缺，从《金丹正理大全》本、《道藏辑要》本。

⑤ 朋，《道藏》本、《金丹正理大全》本作"明"，误，从《道藏辑要》本。

⑥ 傲放，《道藏辑要》本作"放荡"，从《金丹正理大全》本、《道藏》本。

须降其骄心，摄其狂心，去其愚①心，移其疑心，正其邪心，开以②道心。明素蟾忽于言下幡然大改，顿然大悟，于是指令脚跟踏在实处，然后授以先天烹炼神气之道也。

曰：夫先天一炁，即金丹之祖炁也。要知此精、此炁、此神，根于父母未生之前，是太极也。则人禀此先天太极之炁而生也，成于浑浑沌沌之内，出于窈窈冥冥之中。当此之时，和之至也。故夫人之生也，男则万神喝恭，女则万神喝奉；恭则温良俭让具其间也，奉则委婉听从存其内③也。男以刚健中正而不敬恭者，是弃其生也；女以④工容言德而不奉顺者，是残其德也。且厥初至和之炁，日生夜长，至于二八，而阳又太极矣。生而知之者，于此行上德无为之事也。只为世人颠倒妄想，由此淳朴一散，纯粹难全，则向来所受之乾金虎奔而寓于西矣。自是而后，名利心动，宠辱神⑤弛，投老而不知退步以求自全者，吁！可惜哉！凡人欲全此精、气、神者，非先天太极之炁，余则无可，故曰"天下无二道"也。是此先天太极之炁，名为真铅，亦曰乾金，寄于坎中，是云母隐子胎。世人不觉不知，不明大道之本，而用采战采阴、补脑还精、肘后飞金之术者，是愈促其生也。

大修行人，要明生身造化处⑥，产药川源。坎水乾金，求之西南，东三南二，会在中央。真虎真龙，必得癸一而方战；真水真火，必得二八而始交。悟玄牝是还丹，辨⑦刀圭即药物。龟蛇蟠结之际，横天上之鹊桥；木金间隔之时，会人间之牛斗。主宾揖逊，老嫩无⑧差，片晌工夫，十分谨慎。宝珠现于月地，稳稳收来；金液至于丹田，温温调爕。当时且让，凡事宜谦，饶人先鞭，取他快意，如愚似呐，显道人之家风。礼下不争，乃神仙之上计，方得临炉有庆，一点落在黄庭。养火何难九转，待行符候，洗心涤虑，以结三百日之胎。炼神还虚，成就大丈夫之事也。

---

① 愚，《道藏》本作"放"，从《金丹正理大全》本、《道藏辑要》本。
② 以，《金丹正理大全》本、《道藏辑要》本作"其"，从《道藏》本。
③ 存其内，《道藏辑要》本作"具其内"，《金丹正理大全》本作"其在内"，从《道藏》本。
④ 以，《道藏》本作"有"，《金丹正理大全》本作"其"，从《道藏辑要》本。
⑤ 神，《道藏》本作"晨"，误，从《金丹正理大全》本、《道藏辑要》本。
⑥ 处，《道藏》本、《金丹正理大全》本缺，从《道藏辑要》本。
⑦ 辨，《金丹正理大全》本、《道藏辑要》本作"辩"，从《道藏》本。
⑧ 无，《道藏》本作"母"，误，从《金丹正理大全》本、《道藏辑要》本。

明素蟾始闻而惊，再闻而疑，竟至通宵摸索，浑身是汗。忽然壁立万仞，直下承当，始悟性命即是两个阴阳①，身心尽有许多神气，净倮倮，亦是圆陀陀，亦是满空白雪，便欲一口雄餐，西江清流，不待一口吸尽，方知大道不在丹经。以数十年精进之功，今而后知实未始有学也。众雌而无雄，而又奚②卵焉？

问之曰：明素蟾者，其有谓乎？曰：琮也。每慕白玉蟾者也，故用姓以谢覆载，名以谢亲，字以谢友，明即白也，素犹玉也，故谓"明素蟾"云。

上阳子曰：子真能求乎仙矣！慕其人③，希其道，并以名而就之，抑亦至矣。子又知之乎？夫精通而不昧者，明也；闻道而勤行者，素也。惟蟾者④，月中之物也，阴中之阳也，黑中之白也，雌中之雄也，坎中之画也。蟾之为物，止三足焉。三足者，为鼎器，取像为玄胎鼎也。则蟾之为妙，乃道之用乎！今子希紫清翁者，其谓此乎哉？虽然，吾将勉之。修行之人，用心若镜，不将不迎，应而不藏。我赵老师云："让而不争，则无怨尤。"玉蟾《大道歌》曰："神仙伎俩无多子，只是人间一味呆。"又云："世间学仙者，胸襟变清雅。"又《云游歌》云："满面著尽笑，喝骂教吾去。"噫！紫清翁且能受尽世人笑骂，而有⑤"一味呆"之叹。今一切人，矜以自高自足之心，而欲希慕神仙之说者，抑何愚哉？子傥能以清雅而变于心胸，以谦让而出其傲忽，必能以呆而奉人之笑骂矣。自我丹阳之传黄房公也，又六传而至于子，子其勉之。

明素蟾曰：畴昔闻见，自谓人人可为钟吕，今乃深知，遍界无一人能担负此事者。道妙玄微，天机深远，讵可忽诸？常谓玉蟾翁始得泥丸老仙之传也，歌云："阴阳颠倒入玄谷，六十四年都是错。"又云："前年仙师寄书归，道我有名在金阙。"何其闻道之晚，而成之⑥之易也如此。今承教者，

---

① 《张三丰全集·一粒黍米说》："今之学者，不惟不知真阳，亦且不知真阴；若知真阴，亦必知真阳矣。不遇明师，焉能猜度？学者穷取一身中天地人三才之妙，穷一身内外真炉鼎之端的，即一身内外阴阳之真消息。如不得旨，一见诸书异名，心无定见，执诸旁门，无有辨理。既不知穷理，则心不明；心既不明，则不能见性；既不见性，焉能至命？"

② 奚，《金丹正理大全》本、《道藏辑要》本作"鸡"，从《道藏》本。

③ 人，《道藏辑要》本作"名"，从《道藏》本、《金丹正理大全》本。

④ 者，《道藏》本作"也"，从《金丹正理大全》本、《道藏辑要》本。

⑤ 有，《道藏》本作"直"，误，从《金丹正理大全》本、《道藏辑要》本。

⑥ 之，《金丹正理大全》本、《道藏辑要》本作"道"，从《道藏》本。

孰知至妙至玄，最为难思难议者哉？始知五十八年都是错也，千经万卷总非里许。便将捉住西山之白虎，摄伏东海之青龙，期集吾事而已，奚敢忽慢而傲世哉！就今书此，凡到诸方遇蓬莱仙侣，试一出之，将必有取则于此者，信矣①！

与玄阳子欧阳玉渊

先哲曰："形以道全，命以术延。"子书曰："鱼相忘于江湖，人相忘于道术。"则知道与术二者，不可得而离也！术以道为主，道以术为用。要知此道，非泛常所言之道，乃天仙之道也；要知此术，非泛常所用之术，乃长生之术也。

仆于②玄阳子有说焉。玄阳子，庐山欧阳玉渊也。讯道于上阳子，上阳子语以天仙之道，并以长生之术而授之也。

上阳子曰：是道也，极深而研几③。《易》曰："惟深也，故能通天下之智；惟几也，故能成天下之务。"极深者，渊渊其渊也；研几者，浩浩其天也。浩浩其天者，阳之极也；渊渊其渊者，阴之极也。故阴极则为坎，阳极则为离。是坎中有一阳之气，而离中有一阴之精。天仙之道，以坎离为之主也；长生之术，以坎离为之用也。孔子曰："慎斯术也，以往其无所失矣！"术者，何也？能颠倒坎离而用之也。古仙曰："五行颠倒，大地七宝；五行顺行，法界火坑。"夫坎雄为金精，离雌为真火。取坎中之金精，而降于离宫，以离宫真火而锻炼之，是云"颠倒阴阳之术"也④。然颠倒之术，在乎研其几也。几者，阴阳不测之谓。阴阳不测，则鬼神不知，日月不照。为其日月不照，吾将以道而合乎日月也。合之者，月生于庚，则金旺水清，乃采金于三日，故云"与日月合其明"者。合者，彼之庚金一生⑤，即以我之真火而候之，是谓之火候。庚，西方也，西方金之正位。颠倒之术者，则采庚金于

---

① 矣，《道藏》本作"夫"，从《金丹正理大全》本、《道藏辑要》本。
② 于，《道藏辑要》本作"与"，从《金丹正理大全》本、《道藏》本。
③ 几，《金丹正理大全》本、《道藏辑要》本作"机"，从《道藏》本。查《周易·系辞上》："夫易，圣人之所以极深而研几也。"
④ 《外经微言·阴阳颠倒篇》："颠倒之术，即探阴阳之原乎！"《顺逆探原篇》："夫阴阳之原者，即生克之道也；颠倒之术者，即顺逆之理也。知颠倒之术，即知阴阳之原矣。"
⑤ 此"生"字下，《金丹正理大全》本、《道藏辑要》本有一"水"字，不取，从《道藏》本。

坎之中，缘以其母隐于子胎也。是以坎之雄，而补离之雌者，谓之天仙也。故几者，动之微，吉之先见者也。几与道者，其长生之术也。几之为言，密也。《注龄经》曰："斗步子形，光映子精，密而行之，方得道成①。"

玄阳子研乎几之妙，极乎深之旨，密而行之，勤而修之，则由长生之术，以入天仙之选者，其玄阳子乎！

与谷阳子周允中②

谷阳子者，于湖周氏子也。其字曰允中，故取义曰谷；其名曰一，取义曰阳。从"人"、从"谷"，则通乎俗；从"宀"、从"谷"，则有容裕之德。此上阳子所以命之曰"谷阳子"也。

老子曰："谷神不死，是谓玄牝。玄牝之门，是谓天地根。"根者，祖也；祖者，太极也。太极判而天地分，天地位而玄牝育，玄牝配而阴阳乘。一切常人，惟顺阴阳之道，是以东升③西没，轮运不息。周遭万汇，汩没千生，有何穷已。大修行人，为能逆玄牝之用，是以颠倒五行，制御一气，收伏铅汞，媾炼金丹。是得谷神不死，而玄牝之门与造化游而不息也。夫玄者，男也，乾也，无也，砂也，天马也，离中之己也；牝者，女也，坤也，有也，窍也，地牛也，坎中之戊也。雌雄纠而坎离匹，戊己和而谷神迎。运坎中之乾而实离中之坤者，是谓之纯阳也。则坎离之道，由戊己而交；戊己之德，由谷神而至。是谓之金丹也。要知谷神之用，总不出乎阴阳二物。以性求情，即二物之欢会；以铅制汞，即二物之妙凝。则知性情交而真铅生，铅汞和而虎自伏，虎龙降而还丹结，金丹就而阳神现。阳神者，以其纯阳而无阴，是谓之真人。知此道而不行者，凡夫也；知此道而勤行者，圣人也。

谷阳子始从予游，如鹤之立于鸡群，昂昂然出于其类也。且谷阳子为士也，闻恶则思去，闻善则则思为。其好学亦至矣。今其行年甫届④不惑，而

---

① 道成，《道藏》本作"成道"，从《金丹正理大全》本、《道藏辑要》本。
② 此篇，《道藏》本未载，今据《金丹正理大全》本、《道藏辑要》本、海王邨《道书全集》本录入。
③ 升，《金丹正理大全》本、《道藏辑要》本作"生"，从海王邨《道书全集》本。
④ 届，《金丹正理大全》本、海王邨《道书全集》本作"留"，从《道藏辑要》本。

闻不动心之道。然其与善人交，则为君子。所交非友，则为常人。志之有优有劣者如此，仆每为之惜也。仆乃去其所短，匡其不及，遂将坎月离日刀圭之旨，盟以授之，复深告之，戒之警之，使之勤行毋忽。甲戌秋，古渝之会也。越粤明年，再会溢江。首言亲老累繁，弗果行愿。此行也，欲求善地以炼还丹。仆嘉其勇锐若此，犹当辅其不逮，因勉之曰：

金丹者，非常俗所能闻也。子既能超乎常俗，岂不为高上之士也？何谓高尚之士？以能悟生死出尘笼，不与下士为侣，其闻道也必勤行之，是之谓高尚之士也。彼常人者，梦生醉死，嗔痴繁其志，贪着羁其心，又安知有久视之道乎？强使闻之，则若惊若疑，旋进旋退。轻则为之弃斥，甚则为之诽谤。虽日诱而岁诲，宁肯信受而行之乎？其间倘有一二负志自高者，或闻斯道，亦只资谈益辩而已，焉能勤行之哉？今子抱拔萃之才，闻甚高之事，宜当锄其尘俗之态，诛其懈怠之心，则金丹可炼成也。我明告子，人生若飘风焉，忽忽而已；世事若无涯焉，何有了期？以忽忽而待无涯，抑又殆尔！暇时子能知某人未可就事，某人年复衰老，某也贪，某也执，皆未之期许也。今子以某事未了，某事未偿，必待了偿此志，而为身谋者。何知人之明也，而自知之暗也。先哲云："即今休去便休去，若觅了时无了时。"我七真祖师，皆向重阳翁一言之下，翻然改辙，更不迟疑。谷阳子倘能体我拳拳恳恳之意，自兹已往，刻日为年，厚树其德，为天下式；积累其炁，为天下谷。用谷神以和戊己，配坎离而变纯阳，则神仙地位，指日可至，又何所不了哉！

殷勤书此，且戒且赠云。

与复阳子欧阳玉田、全阳子周草牕

金丹之道，三十四传而得双王翁[①]，又三传以至于予。予始得缘督赵公之语，虽素有志，未免迟疑。后羁旅中，复拜至人，以青城至密之文，悉授无隐。敬授以来，日夕不遑。嗟夫！金丹一事，自长春老仙庆会而后，真仙圣师不肯降世者，百有余年。凡今之士，直以为无。若即自善于身，则于功行何在？乃作《金丹大要》十卷。书成之后，又虑世人非得口传，宁有自悟！

---

① 双王翁，当作"双玉翁"，概指李珏，事迹见后《仙派源流》。

随身携书，竭蹶屈己求人，稍有可招可挈者，莫不低首俯身，奖辞劝诲，冀进此道。或招诟骂，姑自忍隐，偶获一人两人之知，即来千人万人之谤。但欲行道，不顾是非，遇诸讪则喜而受之，是法器则勉而进之。其间可及门者，则引之而入门；可入门者，则引之而升阶；可升阶者，则引之而升堂；可升堂者，则引之而入室。凡用心至于如此者，欲续大道于一线，提流俗于火坑，使世知有金丹之道不诬也。

庐山有欧阳玉田、周草牕二子，皆尚操行。而清高者玉田，盖恬淡为心，机圆应物，素有志于物外，惟恐此身之坠于尘笼也。故平居暇日，群而不党，处稠人广众，和而不同。以未遇真师，是拘于枯坐而已。草牕则幼而敏锐，习于程朱事业，持己以方正，为德先孝友，主乎忠信，立其诚意，可谓君子矣。衣冠不同于俗，犹善场屋之文，此其志有未艾。相逢盆江，一笑适契，方知性理之学，程朱未尝不究，今知其有未至者。既闻予说，虽群疑积毁而顿然深者，是其明也。然二子素守如彼，若使陡闻至密，宁免惊疑。予乃从容引喻，以渐为堤，又摘丹经中最警句而启之，复以正言而析其轻易，必其坚固，增其智慧，然后授之曰：

金丹者，即老子"观妙、观窍"之道也。妙也者，无为而无不为也；窍也者，有为而有以为也。无为者，安而行之也；有为者，勉强而行之也。夫人禀上德之资，本来清净，岂知日凿一窍，而混沌之体不全①。常人以爱欲而就不全之体，至于殆而已。今吾命玉田曰"复阳子"，草牕为"全阳子"，岂无旨乎？盖大修行人，以其不全而图其复全也。世之千蹊百径，俱不能复而全之。唯金丹之道，可以复全。复者，何也？要我真阳之复归也；全者，何也？要我真阳之纯全也。"牵将白虎归家养"，复阳也；"产个明珠似月圆"，全阳也。阳复则有火候，阳全则有脱胎，金丹之道，其斯之谓欤？虽然，其要又有三焉。口诀而心传者，一也；决烈而勤行者，二也；以定而制动者，三也。口诀之心传之，既尽我之真矣。决烈勤行，定以制动，则在乎二子之用功耳。昔正阳之授纯阳也，以十事而历试之；重阳之授丹阳也，以分梨而十化之。前圣后圣，艰难若此。吾之与子，曾不一试，然而盟誓至重，子其守之。上不愧于神明，中不负于师资，下不羞于同学。三者即备，二子之金

---
① 典出《庄子·应帝王》。

丹必成。金丹成，而圣胎圆；圣胎圆，而真人现。于是时也，则身外有身，皆分内事。神仙之道，三十八传而今付二子，宜相矢励焉！

与心阳子余观古

世之所谓贫贱富贵者曰有命，而寿夭穷通者曰有数。然数系乎命，而命系乎天矣。世固有年相若，而道相似也；固有出其类，而拔其萃也。至若越乎寿夭穷通之域，超乎富贵贫贱之外者，唯古之真人也。

比揖余舜申观古心也，谩逢适契，一语投机，芝兰其香，烟霞同味。剧谈之外，则畅饮衔杯，丰神洒落，扬眉吐气，议论高远。拂意者，弛然而不答；快心者，作焉而不辞，飘飘然①匪尘俗之拘，翛翛然有②物外之趣。予乃不倦，细而询之，始知年俱上章摄提③之季夏，日既同而生之时又同。甫大笑曰："是真同年也，不免道亦相似。"试征之，吾乃江右之庐陵，而舜申亦江右之武宁，是其地同也。昔长者字予曰"观吾"，而舜申之号曰"观古"，是名又同也。观古居九宫山头，而吾家三山高处，则居亦同也。偕诵老庄之言，而明周孔之《易》，咸簪④晋代之冠，具乐尧舜之道也。盖常病古人多癖此而非彼者，今吾二人得兼而明之，非唯道相似，是均其所同也。就其间审有同而异者，予借名"观吾"者，止乎一己而已。而舜申之号"观古"者，盖善观乎古人者也。以道德仁义观乎古人，是得古人之心也；以礼乐文物观乎古人，是得古人之实也。观古而希尧，是尧而矣；观古而希舜，是舜而矣。此观古之所以为胜也。且吾有大不胜于观古者，予之癖于金鼎火符之道也。欲运坎而实乎离，拟驾龙而娶于虎；将求西江之水，以来西南之朋；潜采黑中之白，以化阳中之阴，期若蜕蝉而冀神化者。夫既不能如舜申之观乎古，日但务此恍惚杳冥为一大事，惟恐不至者，此吾所谓大不胜也。且夫松桧桂柏，植于陵阜也，地则同也，树之时又同也。他⑤日视之，性有曲直

---

① 然，《道藏》本缺，从《金丹正理大全》本、《道藏辑要》本。
② 有，《道藏》本缺，从《金丹正理大全》本、《道藏辑要》本。
③ 上章摄提，即庚寅年。
④ 簪，《道藏辑要》本作"篸"，误，从《金丹正理大全》本、《道藏》本。
⑤ 他，《道藏》本缺，从《金丹正理大全》本、《道藏辑要》本。

而凋瘁者，影有婆娑而凌霄者，岂其造化之悭也哉，而况于人乎！虽然"观古"之与"观吾"有大同而不肯自异者，为能弗拘拘于命数也。不希袍带之荣，无羡万①金之富。然食饮足以充饥渴，衣帛足以御岁寒，以淘汰乎神情之渣滓，逍遥乎无何有之乡，越寿夭穷通之域，而超于富贵贫贱之外，与彼之求田问舍、贪名竞利者，犹许由之洗耳，而污巢父之犊也！

岁纪乙亥六月八日，肩舆笼鹅，会于所寓，参杯交贺，亦人生之希有，因书以见同异焉。观古心曰："何其②多同也，还能以金鼎③坎离之道、龙虎神化之旨，以相授受，庶足其所同。"予应之曰："可。"

明年再会。询兹益勤，仆且箴之曰：金丹大道，必先积德而后可闻，否则为之颠踣。今子饵于财利，萦于计虑，殉于嗜欲，窜于嗔疑，如是而求德，诬也；如是而求道，难也。故道之与德，如阴之与阳，二者不可一缺。若阴而无阳，不得谓之道；若道而无德，未可言金丹。古仙云："言清行浊休谈道。"且士之为学，不学则已，学则期于必成，而况道乎！仆之所以不即相付者，犹植树焉，将欲固之，必深其根。

观古心闻，而唯唯不逆于心，发其悔艾④之辞，将刈嗔痴之妄⑤。仆乃授之曰：

金丹者，以有作合无为，以外铅合内汞。汞，精也；铅，气也。采先天之铅于坎之中，是云"有作"；合后天之汞于离之内，是名"无为"。采铅则一时，合汞须十月。一时者，月生三日⑥也；十月者，丹成九转也。知雄守雌者，三日之内一时也；知白守黑⑦者，九转之功十月也。如斯而已，信则行之。

观古心言下大⑧悟，乃觉疑信在人心也，而彼乾金在坎心也，方知"天

---

① 万，《金丹正理大全》本、《道藏辑要》本作"黄"，从《道藏》本。

② 其，《道藏辑要》本作"以"，从《金丹正理大全》本、《道藏》本。

③ 鼎，《道藏辑要》本作"木"，从《金丹正理大全》本、《道藏》本。

④ 艾，《道藏》本、《金丹正理大全》本作"爱"，从《道藏辑要》本、海王邨《道书全集》本。

⑤ 将刈嗔痴之妄，《道藏辑要》本作"去嗔痴之妄"，海王邨《道书全集》本作"将嗔痴之妄"，从《道藏》本、《金丹正理大全》。

⑥ 日，《道藏辑要》、海王邨《道书全集》本作"时"，从《道藏》本、《金丹正理大全》。

⑦ 黑，《道藏辑要》本作"气"，海王邨《道书全集》本作"中"，从《道藏》本、《金丹正理大全》。

⑧ 大，《道藏》本缺，从《金丹正理大全》本、《道藏辑要》本。

下无二道，圣人无两心"，遂更名曰"心阳子"。

附录：

"许由之洗耳，而污巢父之犊"典故。①

晋·皇甫谧《高士传·许由》：许由，字武仲，阳城槐里人也。为人据义履方，邪席不坐，邪膳不食。后隐于沛泽之中。尧让天下于许由，曰："日月出矣而爝火不息，其于光也不亦难乎！时雨降矣而犹浸灌，其于泽也不亦劳乎！夫子立而天下治，而我犹尸之，吾自视缺然，请治天下。"许由曰："子治天下，天下既已治也，而我犹代子，吾将为名乎？名者，实之宾也，吾将为宾乎？鹪鹩巢于深林，不过一枝。偃鼠饮河，不过满腹。归休乎君，予无所用天下为。庖人虽不治庖，尸祝不越樽俎而代之矣！"不受而逃去。啮缺遇许由，曰："子将奚之？"曰："将逃尧。"曰："奚谓邪？"曰："夫尧知贤人之利天下也，而不知其贼天下也。夫唯外乎贤者知之矣！"由于是遁耕于中岳颍水之阳，箕山之下，终身无经天下色。尧又召为九州长，由不欲闻之，洗耳于颍水滨。时其友巢父牵犊欲饮之，见由洗耳，问其故。对曰："尧欲召我为九州长，恶闻其声，是故洗耳。"巢父曰："子若处高岸深谷，人道不通，谁能见子。子故浮游，欲闻求其名誉，污吾犊口。"牵犊上流饮之。许由没，葬箕山之巅，亦名许由山，在阳城之南十余里。尧因就其墓，号曰箕山公神，以配食五岳，世世奉祀，至今不绝也。

与西阳子张性初 ②

太上曰："古之善为士者，微妙玄通，深不可识。"涑水翁云："才德兼全，谓之圣人。"如来云："是名凡夫。"为其蕴利根上器，居于五浊也；中行

---

① 此则《附录》系校者增补。《孟子·尽心上》"古之贤士何独不然"汉赵岐注："乐道守志，若许由洗耳，可谓忘人之势矣。"《后汉书·逸民传·严光》："〔帝〕车驾即日幸其馆，光卧不起，帝即其卧所，抚光腹曰：'咄咄子陵，不可相助为理邪？'光又眠不应，良久，乃张目熟视，曰：'昔唐尧著德，巢父洗耳。士故有志，何至相迫乎？'"

② 此篇，《道藏》本未载，今据《金丹正理大全》本、《道藏辑要》本、海王邨《道书全集》本录入。

出世间法，修菩萨行，是云非凡夫也。至有明三五之道，行三万刻之功，金液归真，形神俱妙者，为证妙玄通之士也。若夫负上士勤行之才，混尘离俗，杂九流百家之数，建德建功，自利利他，施德无望报者，是名才德兼全，而成仙作佛也，信之有矣。出此三者，唯求心知口诵，果何益哉！

仆记缘督子赵老师曰：浔阳有张性初者①，吾以玄秘授之矣。厥后，仆因西行，复②遇至人，以青城所秘之道，悉授无隐。今兹六稔，偶汨溢江，揖性初兄于家，首询斯事，谓毕得赵老师之语，并赐之曰"玄白"。一言之下，针芥相投。复欲求仆所得青城之旨，盟心不倦，强辞不能。仆睹玄白，根器清一，才德具备，且世儒业，隐于医者，以富其德也。然犹虑其因循迟悟，殷勤励勉再三，直须黜其聪明，移其执著，发其决裂，奋其精神，冀其疾早下工，以求天上富贵。古③云："有其人，有其才，无其时，君子弗行也。"今玄白，作太平闲暇之人，是得其时，而又有其才，以当急为之，而不可更待也。纯阳翁云："下手速修犹太迟。"彼中下之流，欲待功成志满，方谋成就兹事。噫！流光奔电，过隙飞星。是以仙翁歌云："流珠流珠，役我区区。忙忙汲汲，忘寝失哺。三十年内，日日长吁！吾今六十，忧赴三涂。真人度我，作④大丈夫。"以仙翁精勤如此，尚有六十之叹，况后学者乎？古仙有云："一切之人，皆于紧处放慢；大修行人，常于慢处放紧。"此语大切也。玄白顿悟光阴迅速，兴勇猛心，直欲刻期以就此事。仆乃谓之曰：

昔有神仙宋玄白者，修炼金丹大道，唯恐暮景箭催，费尽辛苦，若同尘炼俗，避谷服气。又所到处，或以金帛置妾数人，去则弃之。奇怪百端，举⑤世莫能测。今子谓"玄白"者，讵有仿焉。今子之希宋，亦犹宋之希刘也。刘演《龙虎上经》曰："玄白生金公，巍巍建始初。"丹经万卷，此句道尽。盖玄者，阳中之阴，离中之黑；而白者，雌中之雄，坎中之白也。坎中之白，为金为铅、为虎为气；离中之黑，为砂为汞、为龙为精。且人禀乎天

---

① 浔阳有张性初者，海王邨《道书全集》本作"浔性阳张性初者"，《金丹正理大全》本作"浔阳张性初者"，从《道藏辑要》本。

② 复，《道藏辑要》本作"得"，从《金丹正理大全》本、海王邨《道书全集》本。

③ 古，《金丹正理大全》本、海王邨《道书全集》本作"使"，《道藏辑要》本作"史"，似均欠妥。校者改。

④ 作，《金丹正理大全》本、海王邨《道书全集》本作"要"，从《道藏辑要》本。

⑤ 举，《金丹正理大全》本、海王邨《道书全集》本作"空"，从《道藏辑要》本。

之真精，地之正气，以生以长。宝之而不泄者，是号无漏真人也。只为世人贪缠爱欲，及乎年迈，阴将纯而阳将尽，到此而欲返老以回阳者，惟有道者能之。如人之身，与天地合德，日月合明。合德者，头象天，足象地，水火济而成形，铅汞合而生丹，则造化阴阳，乃在乎身也。合明者，亦犹晦朔，月无光辉，则月中之白纯黑而已，是为白中之黑也。至于初三日，复领览太阳之气，而黑中弦①白初吐，是为黑中之白。当是时也，群阴剥尽，一阳初生，则微阳之气，为之至矣。亦犹人也，气衰精耗，体弱年深，铅汞渐干，卦数将满，是亦纯阴而无阳。一切人也，阳尽阴纯，则四大狼藉而已矣。修行人于此时也，急当求彼先天真一之气，降之于丹田中，则一阳又复矣。而人欲知使阳初回之候，当以暖气为之信也。是老子曰："其精甚真，其中有信"者，此也。以此外阳而点内阴，炼之养之，千日长斋，不问人事，诸尘漏尽，则圣胎可结，而婴儿生，是为男子怀胎也。

要知大道也，莫外乎一阴与一阳也。喻如牝鸡无雄自交，温之能生。又女人国无男，观井而孕。缘此两者皆阴，而假外阳以育焉。故夫乾之为物阳也，处于东北之乡；坤之为物阴也，生在西南之地。《易》曰："西南得朋"者，以阳而求乎阴也，以玄而生乎白也，以汞而迎乎铅也，以虎而配乎龙也，以神而合乎气也。又西南者，庚申之位，月魄所由生也。人亦然也。是云"与日月合其明"，使玄白体月之象，取光于日，聚精会神，炼身还虚，阴尽阳纯，金丹赫赤，真人出现。是由凡夫而达乎微妙玄通，以至于圣人者，神仙之道也。至此，则大丈夫之事毕也。

玄白闻而忻曜，发所未闻，向之疑怀，一旦冰释，使将登彼西山望月华，直向坎宫复阳气，身心寂尔不动，铅汞自然有余，是谓长江之上，当应龙沙之谶。及取类于西南，复号之曰"西阳子"。

与南阳子徐仁寿②

"采菊东篱下，悠然见南山。"后人但赏其辞，乃不知有道存焉。经云：

---

① 弦，《道藏辑要》本作"有"，从《金丹正理大全》本、海王邨《道书全集》本。

② 此篇，《道藏》本未载，今据《金丹正理大全》本、《道藏辑要》本、海王邨《道书全集》本录入。

"金翁本是东家子，送在西邻寄体生。"《易》曰："西南得朋，乃与类行。"夫西南者，金火之所在；金火者，铅汞之复名；铅汞者，人身之精气也。缘此精此炁，非常人之所言者，乃先天之精气也。夫先天精炁，必以神为主，故曰"精气神三宝"。是以先天之精，若明窗尘；先天之炁，乃太素烟。采兹二物，混合丹田，结而成形，名之曰丹，是云"金丹"。此丹变化以成真人，号曰"神仙"。则知神仙者，即先天之炁，以为之主也。审此先天一炁，在于恍惚之中，得于杳冥之内，混之不浊，秽之愈清。古仙云："香从臭里出，甜向苦中来。"盖言是炁也。是炁独天地之尊，为太极之根。顺之成人者，是炁也；逆则生丹者，是炁也。则知是炁，夺造化之妙，出五行之外。一世之人，不知此炁之最贵也。故精才动，则此炁奔失；六根不闭，则此炁无主。何况以酒以色而驱之，以财以炁而逐之乎？财于炁虽外物，为其汨于志虑，则先天之炁散走而耗也。酒与色又甚焉，酒入黄庭，则先天之炁奔蹶而去，况以色而快之耶！世人欲知修行金丹之道，必先贵其炁而宝其精，使精气复纯，则先天之气自至。此洞宾老仙所谓："七返还丹，在人先须炼己待时。"

仆上登九宫山头，与如愚斋徐君会，仁寿其字，而号南山。如愚斋者，乃扁[①]其所室，以见颜子终日不违之意。尝箧伫茗瓯一，仆至必供之，每茶罢必坐，或稍闲步眺，登山览秀，俯泉濯流，故得尽其所以者。夫南山以慕道之心，询兹事且四十年，自谓所得授受者，知玄关一窍在脐下三寸，乃不知玄牝乃二物；知黄庭去绛宫不远，而不知下手着落。吾观夫南山之用心，其于道下亦勤谨矣。其为师者，何不以明示金丹之旨、鹤胎龟息之语？岂其所遇非名师乎？又岂非以其疑之太过，而信之不及乎？过与不及，皆非道人之心所宜有也。倘疑妄心除，则清净心立；心若清净，则七情自忘；七情忘，则六根大定；六根定，则精气全；精气全，则铅汞生；铅汞生，则金火旺；金火旺，则圣胎结；圣胎结，则还丹成；还丹成，则真人出现，而神仙之事毕矣。

且西南为人门，又类同则阴阳全。南山向人门，而取类于阴阳，故复号为"南阳子"云。

---

① 扁，《金丹正理大全》本、海王邨《道书全集》本作"匾"，从《道藏辑要》本。

与南阳子张彦文①

"大学之道，在明明德。在亲民，在止于至善。"士之为学，所止必至于善。为善至矣，可以闻道，可以修身，可以永年，可以成仙，可以成佛。是孟子曰："可欲之谓善，充②实而有光辉之谓大，大而化之之谓圣，圣而不可知之之谓神。"善而至于圣且神，孟子岂欺我哉！何谓善？曰功也、行也、德也。积功闻道，广德资身，累行成仙。阴行方便，是之谓功；真履实行践，是之谓行；广大包含，是之谓德。三者备矣，则斯人也，许闻至道。

南阳子彦文，年逾不惑，时不动心，吏隐修身。张③以善自爱，虽刀笔间未偿以一毫不善欺于心。日则内省而不疚，夜则修己以安仁。因缘遭逢，求我金鼎火符之秘。见其垦款④益勤，捧香盟告。仆首询其平生之得于⑤师家者，南阳子折指而记之。其有运气而调息，有咽呵而按摩，以心肾为水火，以肝肺为金木，有采战之术，有烹炼之说，最后遇人略指金丹之妙，而未详，又无下手真的。噫！世之盲师引入邪蹊者，多不入空寂狂荡，则流而为情伪爱欲，可胜叹哉！赖南阳子素有定见，仅不为曲径所诱，乃授之曰：

道本无为而无不为。无为者，玉液大丹；无不为者，金液还丹。"药在西南是本乡"，还丹也。《易》曰："西南得朋"，还丹也；"一口吸尽西江水"，还丹也。金丹易知，火候最秘。"三日月出庚"，火候也；"两七聚"者，火候也。火候不易，炼己犹难。先降猛恶之龙，可伏猖狂之虎；先克自焚之火，可淘沙里之金；先制离中之火，可得坎中之水，如斯而已。

道恶乎隐。今子以壮盛之年，行此还丹之道，尽无难耳，恐不为也。仆所以为隐者，以子之学无止，而优于善。由今而往，阴行方便，不求人知，斯为积德之第一助。《许旌阳传》，紫清翁撰。常取而览之，异时行满功成，必并驾乎紫清翁矣。

---

① 此篇，《道藏》本未载，今据《金丹正理大全》本、《道藏辑要》本、海王邨《道书全集》本录入。

② 充，《金丹正理大全》本、海王邨《道书全集》本作"克"，从《孟子》原文改。

③ 张，《金丹正理大全》本缺，从《道藏辑要》本、海王邨《道书全集》本。

④ 款，《金丹正理大全》本、海王邨《道书全集》本作"疑"，误，从《道藏辑要》本。

⑤ 于，《道藏辑要》本作"以"，从《金丹正理大全》本、海王邨《道书全集》本。

与来阳子李天来[1]

"吾善养吾浩然之气，其为气也，至大至刚，以直养而无害。"此孟子之大训[2]。且道之在天地间者，炁也。日非炁不临照，月非炁不生光，故四时成岁，万物生成者，无非资乎日月；日月之行，无非资乎炁也。道之在人者，亦炁也。胎、卵、湿、化，非炁不自生育；一阴一阳，非炁不自成感。使寡阳而无阴，孤阴而无阳，皆不得而孕也。是乾之物，为纯阳也，始交坤而成离；坤之物，为纯阴也，初交乾而成坎。乃生人生物，此五行之顺也。金丹之道则不然，取坎中之爻而实离，以复纯乾，乃成仙而作佛，此五行之逆也。经曰："五行顺行，法界火坑。五行颠倒，大地七宝。"其修行者，与造化同流，拟太阴为准的。每月朔旦，日月合璧。因是而后，一日、二日、三日，太阴假日之光，现微阳于庚。金丹亦犹是也。人准太阴初生之象，求始阳于癸，此时水源极清，炼之则成仙矣。既明药物，须知火候。鸿蒙未判之前，乃"潜龙勿用"之际，是火候之未至。及乎月升庚上，是火候之将来。噫！非微妙玄通之士，奚可以语是哉！

来阳子李天来，求斯道于江湖者积年，虽略闻其端倪，实未造其至秘。仆留秦淮，历历求请，孜孜不倦，乃悉以授之，且励之曰：

君子深造之以道，欲其自得之也。凡今之世，强辩[3]横流，论而至于邪僻空虚，万言而不可回者，每于此。惜乎！子今得闻斯道，天之与也。宜厚树德，勤而行之，期于必成而后已。时有良朋霞友，如张工部、张台郎、王九江、王架阁四公者，必将匡规而精进焉。我明语子金丹之道，既得而闻，可不炼己而成之乎？去贪欲，炼己也；防闲邪，炼己也；降狞龙，炼己也。炼己功熟，则金虎之黍珠，亦易得也。虽有拱璧以先驷马，不如坐进此道！

---

① 此篇，《道藏》本未载，今据《金丹正理大全》本、《道藏辑要》本、海王邨《道书全集》本录入。

② 见《孟子·公孙丑上》。

③ 辩，海王邨《道书全集》本、《道藏辑要》本作"辨"，从《金丹正理大全》本。

与回阳子张工部 [①]

《黄庭经》云："仙人道士非有神，积精累炁以成真。"纯阳翁云："茫茫宇宙人无数，几个男儿是丈夫？"岂男儿非丈夫乎？以其不能积精累炁，谓其不闻高尚之事也。世无高尚之材，故不可语高尚之事。若欲闻高尚之事，亦必待高尚之人。何谓高尚？趋六欲之外为高，积三年之行为尚；跳出阎浮为高，坚固精进为尚。高莫高于道，尚莫尚于德。道与乾坤同造化，德与天地同包含。道行乎中，德克乎外。道尊德贵，岂不为高尚之士也？

定斋张工部毅夫，游心高远，尚志清虚，见善勇为，推仁履义。居官三十年，未尝以贪妄欺其心。且行年五十七岁。彼造物者，为欲使闻高尚之事，将以厚之也。吾友初阳子，观其德纯气裕，举高尚之事以辟之。仆寓金陵，定斋揖次，勇决永进，誓词有曰："窃位于朝，忝居 [②] 三品。笃志斯事，未遇明师。"睹其语，实情真。既又旬余，察心诚坚，信恪适。私议 [③] 曰：何斯人信缘之深也如此。传曰："知止而后有定。"如来云："戒生定，定生慧。"丹经云："以定制动，以逸胜劳。"此定斋之合大定也。

仆今以"回阳子"三字授之，何哉？厥夫人之初生也，禀太极二仪至精之炁，胎乎质而孕乎秀。既有此身，浑浑沌沌，长而且大，盛壮而不知洋溢。时无生质之圣，勇行至真之事，遂因日月夜作，诱乎七情之场，忽全而亏，忽圆而缺。夫高尚之士，缺则圆其复圆，亏则全其复全，犹如天上之月缺，已而一阳复生于庚，辉光再吐。复者，回也。仆谓"回阳子"者，宜不虚说。"二物会时情性和"，回阳也；"玉液先下水中银"，回阳也；"甘露降时天地和"，回阳也。则回阳生，以定而生慧，以定而知止，以定而常应，发大坚固与大智慧，作大成就。异时真人潜深渊，男子且怀胎，阳神自出现，

---

① 此篇，《道藏》本未载，今据《金丹正理大全》本、《道藏辑要》本、海王邨《道书全集》本录入。

② 居，《金丹正理大全》本、海王邨《道书全集》本作"官"，从《道藏辑要》本。

③ 议，《金丹正理大全》本、海王邨《道书全集》本作"谤"，文意不合，从《道藏辑要》本。

此岂不谓高尚之士乎？虽然，吾得勉之《传》云："知之非难，行之惟难！"经曰："上士闻道，勤而行之。"

回阳子今闻圣人之道矣，不为凡言所乱，不为魔障所惑，勇猛精进，力行不倦，三千功，八百行，亲行佛子。向上事，则神仙地位，指日可登。

九宫山交泰庵记 [1]

伏羲画《易》，重乾之八而成泰；文王重《易》，坤上于乾而为泰。圣人闭户造车，而出门合辙。夫乾之策二百一十六，乾之轨七百六十八，以乾策而交轨，合九百八十四，是谓阳中之阴，白中之黑也。坤之轨六百七十二，坤之策一百四十四，以坤轨而交策，合八百一十六，是谓阴中之阳，雌中之雄也。会两策两轨，统一千八百而无奇，是刚柔得其道，此交天而为泰也。坤轨用六，而乾策用九，以伏羲所以命之曰"泰"。文王《系辞》："小往大来。"周公爻辞："以其汇，征吉。"孔子翼之曰："天地交而万物通，上下交而其志同也。"泰之互也，上震下兑，乃得归妹。非明于道者，孰可与谈《易》乎？

九宫山钦天瑞庆宫罗洞云，傍水分云，诛茅筑室，柴门无俗，心远地偏，竹洞荷湾，峰回路转，相依于认真岩下，往来乎喷雪岩前。日出篱东，映蔷薇之明露；风从花里，遍蓊苔之浮香。月到天心，梅传春信，明窗净几，座对黄尘，茶碾丹炉，门迎仙客。喜蔚然而深秀，宜隐者之盘旋。此其庵所以作也。遂以交泰扁其意，拟泰者安也，庵者居也，以避喧而寄安居之所，取《易》之泰"君子道长"之义，又合《南华》"宇泰定"之说也。而良朋云友，王公大人，并以"泰庵"而为其号。仆留古洪，适会其徒庭章，因得聆起居状，且征吾言以记之。仆喜庭章简而不烦，直而好义，虽未睹交泰庵之胜，远想其规模之可书，上阳子乃乐而记之。

泰庵鼎居九宫，卓然颖脱，壮而来知，表星官霞，裾之领袖，真道尊德贵之栋梁，此泰庵余事耳，而未始屑屑为也。今头颅七袤 [2] 逾二，眉疏发

---

① 此篇，《道藏》本未载，今据《金丹正理大全》本、《道藏辑要》本、海王邨《道书全集》本录入。

② 袤，同"帙"。

坚，脸桃肤泽，倘其平时，务与外驰，悭于内养，夫岂能若是哉？其登临吟风嘲月，固足以高蹈其眺览，访梅友竹，不倦于交游。卷无心出岫之云，驰有意抱琴之句，即谚所谓老于九宫者，一其志也。近来天师主教大真人，广求人才，以艳名山福地，于是泰庵复有玉隆之命，升通玄静，复明羡之阶，请疏毕至，名记于籍而不果。辞泰庵久矣，歌《罗浮翠虚》之吟，正欲饱华山希夷之睡。奚谓入林不密，其欠云锁洞门，圭复漆圆翁，辟地易无行地难之语，复是所以为逍遥日新之计云。予窃谓奇山秀水甲天下，代不减咏人胜士，而西山遗踪仙躅高尘世地，可炼坎水乾金。泰庵往来乎西山之间者，其兴岂浅鲜耶？

审直牧君，丹飞金鼎，神驾玉京，御阊阖之高风，留报身而长住，灵游异迹，鬼设神施，故寄庵于老师。六稔京畿，略无坎壈，山中阡陌，赖以晏然。黄河之南，瘦岭之北，寥寥之望，九宫之山之高者，如在天上。伏惟旌阳翁，九州都仙之师，西山乃神仙之窟，世有明金鼎火符之道，负仙风道骨之材，虽蓬瀛海岛之远，摩肩接踵而趋于玉隆者，莫不为龙沙八百谶而来也。古人八十犹炼还丹，以其阴极尽而汞未乾。今泰庵行壮神全，德厚气裕，其推郑当时好客之心，肃微妙玄通之士，培养根果，熟辨时节因缘，则行有所得矣。且玉隆自永淳胡惠超①重兴之后，唐、宋赐赉优异，彼有职者，跂而弗及，况而得主领也哉！即信其言以励之，若夫朝乘九宫之云，暮宿西山之雨，暂凭轩而却暑，偶洗耳以听泉，俯瞰溪中之游企，仰聘林高之拂翠，南轩寄傲，东皋舒啸，篇诗遣兴，樽酒论文，焚香操琴，煮茶留客，梅边邀月，游目骋②怀，世外忘机，平心接物，此泰庵之乐事，宜乎公之不赏也。必也隐庆瑞、登逍遥，似三仙积八百行，流戊就己，制四隆三，求格外之玄，行易中之道，用乾策合坤之轨，用九运六，知雄守雌，小往而大来，以汇而征吉，此交泰庵之确事，宜公之有守也。甚而握旌

---

① 胡惠超（？—703），唐高宗、武后时人。洪州西山道士，隐居豫章西山。云曾从许真君、吴猛受授延生炼化超三元九纪之道，能檄召神灵、驱除雷雨。参与陶弘景校茅山华阳洞太清经七十卷。唐高宗时，抵京邑，诏除寿春宫狐妖，甚灵验，赐号"洞真先生"。归隐于西山盱母靖观。长安三年（703）卒于游帷观。著有《晋洪州西山十二真君内传》。

② 骋，《金丹正理大全》本、海王邨《道书全集》本作"聘"，从《道藏辑要》本。

阳①之剑，吞谌母②之丹，月现庚方，药归鼎内，密采乾金于黑户，潜搬坤土于黄房，外阳刚而阴柔，五震男而兑女，离龙养火，坎虎耀金，志同而上下交，宇定而天光发，以觉觉后，自利利他，此直牧之以常存，而旌阳之所秘授者。是为得庵之泰，宜乎公之专美也，何适而非交泰庵者乎？其或未然，敢以吾道复之。老子曰："执大象，天下往，往而不害，安平泰。"我师释之曰："执者，有之在己，内丹已成，婴儿渐大，隐显灵变，莫测神通，出入安居平易，泰然自得，无所不通。"太庵真是之谓欤？其服老子之言欤？庭章行也，治书为记。异时，溯九江，登九宫，游逍遥，谒玉隆，借交泰，以养吾之丹。安炉取鼎，会有其人，当必见所见，而遇所闻。预以此谂。

与得阳子夏彦文③

先哲云："道本无言。"此乃上德无以为之道。又云："道因言显。"此乃下德有以为之道。无以为者，后天也；有以为者，先天也。先天者，金液大还丹；后天者，玉液九还丹。玉液曰内丹，金液曰外丹。老子曰："常无欲以观其妙"，为玉液还丹；"常有欲以观其窍"，为金液还丹。其道甚大，圣人秘之而不显题。故如来以为真实不二法门者，即"正法眼藏，涅槃妙心"。孔子以为"一贯"之道，即致知格物，正心修身。老子以为"得一万事毕"者，即玄牝之门，是为天地根。此所以为"天下无二道"也。如来不敢显言，乃拈花传法，而迦叶微笑受之；孔子不敢显言，及门人弟子，而曾参只得一唯；老子不敢显言，及五千玄文，而关令尹以致命造玄。嗟夫！道

---

① 许逊（239—374），晋朝时道士。字敬之，汝南人，家南昌（今属江西）。学道于吴猛，后举孝廉，曾为旌阳县（今湖北枝江县北）令。因感晋室动乱，弃官东归，周游江湖。传东晋宁康二年（374年）在南昌西山，举家四十二口拔宅飞升。宋代封为"神功妙济真君"，世称许真君，又称许旌阳。宋徽宗时，封为"至道玄应神功妙济真君"。著有《太上灵宝净明飞仙度人经法》、《灵剑子》、《石函记》等。

② 谌母，姓谌，字婴，三国时吴人。《太上灵宝净明宗教录》载：谌母居丹阳郡，潜修至道，童颜鹤发，时人称为婴姆。许逊、吴猛闻其有道，请授大法，乃授许君以孝道明王之法，数年后仙去。

③ 此篇，《道藏》本未载，今据《金丹正理大全》本、《道藏辑要》本、海王邨《道书全集》本录入。

既高远，人有贤愚。贤者不顺见，而愚者多谤言。咦！道之不明，道之不行，古之圣人其深惜矣！传曰："中人以上，可以语上也；中人以下，不可以语上也。"

锦城夏彦文，年甫半百，参学至坚，医卜百家之书，莫不及致。至于道学，尤为尽心，旁门小乘，多闻博采。然而不二之旨①，未知入头处；玄牝之门，未知下手。何哉？未遇圣师之一决也。至正辛巳②，会于溢浦。仆揖再视，见其神情高迈，骨相清新，且其江湖所得妙济丹方，逢人即能方便，授受不靳，亦济人一德也。阅日行盟，求我不二法门之旨。志专誓谨，不免开其忏悔之门，去其惊疑之想，必其坚固，发其智慧，然后授之曰：

夫不二法门，即一贯之道，即还丹之旨。还丹之有鼎器，乃体乾坤，而非土石五金所为。还丹之有药物，乃法坎离，而非凡铅汞砂可用。还丹之有火候，而非世之凡火。其所以有内外二丹之说者，一顺一逆也。顺之则生人、生物，逆之则作佛、作仙。缘为世人，有凡圣。盖人禀先天真一之炁，以生以毓，以长以大。至于二八之年，足三百八十四爻铢而成一斤之数。当此时也，号曰纯乾，是为太极。若人生知之圣，盈而持之，坚而守之，是以满而不溢，高而不危，则篯铿之寿，大椿之算，固未为多。谓夫世人不能齐圣，从无入有，以伪乱真，趋凡逐物，乃于五浊恶世，行世间法，不知日用之道，驱之劳之。岂③知阳太极而生阴，即纯乾中之一阳走入坤固是，而坤乘乾之一阳以成坎，乾乘坤之一阴而成离。《易》曰："坎离者，乾坤之继体。"此之谓也。一切凡人，愈迷愈远，泊于名利嗜欲之场，投老而无悔悟者，抑已晚矣。若夫④上根灵变之人，虽于世间法中，能求出世间法。得师之指，深信勤行，立跻圣位，又何难哉？今以一贯不二之道，假名之曰"内外二丹"，而授彦文子也。

《易》曰："男女媾精，万物化生。"老子曰："其精甚真，其中有信"者，何也？先天之一气也。夫乾之纯阳，出入日用而顺行之，始亏一阳而成离。修仙之士，仍于坎中而用颠倒之术，取此一阳而还离中，而成纯乾，故曰还

---

① 旨，《道藏辑要》本作"门"，从《金丹正理大全》本、海王邨《道书全集》本。
② 至正辛巳，1341 年。
③ 岂，《道藏辑要》本作"且"，从《金丹正理大全》本、海王邨《道书全集》本。
④ 夫，海王邨《道书全集》本作"未"，误，从《金丹正理大全》本、《道藏辑要》本。

丹。坎中之物属金，故曰金丹。离即心，坎即身。身内取坎中戊土之阳，曰外丹，曰偃月炉；心内补离中己土之虚，曰内丹，曰悬胎鼎。稳驾鹊桥，摩尼之珠自现；平安黄道，先天之气自还。履虎尾而咥人凶^①，屯其膏而小贞吉^②。巽^③利武人，先庚三日。蒙利御寇而见金^④。夫束帛笺笺而喷于丘园^⑤，虎尾愬愬而幽人贞吉^⑥。亻七日而来复，看真阳之生稀。既济而亨，谦而受益。震来虩虩，虎变而显。大人终日乾乾，夕惕方能君子。阳神有相，八百功成，飞龙在天，千百亿化，到此功圆道备，名曰丈夫。此非片晌工夫，得丹容易，然而三千之行，炼己甚难。若不勤行此炼己之功，孰敢行于半时之事？且真龙、真虎，未易降伏，而真铅真汞，岂得相投？不积汞，何以取其铅？不降龙，无以伏其虎。故离中己土，强名曰龙。其形狞恶，主生人、杀人之权。炼己者，降此狞恶之龙，而积至精之汞。降之者，制其心中真火。火性不飞，则龙可制，而有得铅之时，是曰"龙从火里出"也。坎中戊土，强名曰虎。其形猖狂，专成仙、作佛之道。炼己伏此猖狂之虎，以产先天之铅。伏之者，伏身中之水。水源至清，则虎可伏，而无伤人之理，故曰"虎向水中生"也。是故历代师真，以降龙为炼己，以伏虎为持心。是以纯阳翁云："七返还丹，在人先须炼己待时。"《悟真篇》云："若要修成九转，先须炼己持心。"未行炼己之功，切莫求丹采铅。若欲下手成功，先须炼己持心。

今彦文子，即得师传的旨，次得炼己之功，又得持心果熟，又得因缘时节，又得游神州赤县，又得挹黍米之珠，岂不得仙而得佛耶？彦文子喜有此八得，故更号曰"得阳子"。

①《周易》履卦，六三："履虎尾，咥人，凶。武人为于大君。"

②《周易》屯卦，九五："屯其膏，小贞吉。"

③ 巽，《金丹正理大全》本、海王邨《道书全集》本作"娶"，误，从《道藏辑要》本。《周易》巽卦："初六，进退，利武人之贞。"九五："先庚三日，后庚三日，吉。"

④《周易》蒙卦："上九，击蒙，不利为寇，利御寇。""六三，勿用，取女，见金夫，不用躬，无攸利。"

⑤《周易》贲卦："六五，贲于丘园，束帛戋戋。吝，终吉。"

⑥《周易》履卦："九四，履虎尾，愬愬。终吉。""九二，履道坦坦，幽人贞吉。"

与扶阳子赵仁卿 ①

庖羲上圣，画八卦以示人，使万世之下，知有养生之道。广成子谓黄帝曰："至阴肃肃，至阳赫赫。赫赫发乎地，肃肃发乎天。我为汝遂于大明之上矣，至彼至阳之原也。为汝入于杳冥之门矣，至彼至阴之原也。"轩辕再拜曰："广成之谓天矣。"周公繇《易》曰："君子终日乾乾。"孔子翼曰："终日乾乾，反复道也。"

夫道也者，生天地，育万物，转星辰，掌生死。故老子曰："人法地，地法天，天法道，道法自然。"不狂妄而无为也，不矫揉而有为也。盖有为者，顺天之道也。天之于物，春生夏长，秋敛冬藏。风以动之，雨以润之，雷以震之，霜以杀之，皆自然之太极，而是乎有为之阴阳也。人亦一太极，身亦一小天地。何以知其然？头象天，足象地，斗步形，光映精。是以精全而神旺，神旺而光生，光生而形正，形正而心不安矣。故夫圣人之养心，莫善于寡欲。传曰："欲修其身者，先正其心。"心一正，岂啻身修而已哉？其齐家、治国、平天下之道尽矣。

山东濮之朝城赵仁卿，揖予古洪。案牍之暇，问仆以修身养生之道也。仆亦偿遇显宦于要道而当路者，必先以四者勉之。四者何也？曰廉、曰明、曰能、曰仁。盖廉明者知也，能仁者勇也。惟仁者实夫人之前程，惟广而普及于民物，是即圣门智、仁、勇之谓也。倘廉而不明，则非廉也，罢软也；倘明而不能行，则非明也，好察也。倘能行而不仁，则非能也，乃酷也。知斯四者，其不谓之全才，吾不信也。

仆闻仁卿之从仕也，几三十年，不以一毫欺于心，其胸中之所守也，虽积金盈斗而不肯易其志，虽贵势灸人而不敢移其操。故其艰难辛苦，风雨霜露，备历其间。今甫属知命之年，如金之在冶，愈炼而愈明也。独于养生修身之肯綮者，愿闻一二云尔。仆以仁卿之有守，此所以正其心也；知仁卿之不妄，此所以修其身也；喜仁卿之不欺，此所以积其德也；嘉仁卿之顺天，

---

① 此篇，《道藏》本未载，今据《金丹正理大全》本、《道藏辑要》本、海王邨《道书全集》本录入。

此所以养其寿也。然而心既正，则邪不能干；身既修，则病不能入。善治民，则德愈厚；实其气，则寿亦长。养生之说，莫尽于斯。

仁卿其唯之欤，其亦志之欤，其亦善之欤，其亦行之欤！行之于身，则扶阳而抑阴；行之于人，则扶危而拯溺；行之于事，则扶正而却邪；行之于教，则扶道而合德，因号之曰"扶阳子"。

与南阳子邓养浩①

"天命之谓性，率性之谓道。"此孔门《中庸》之学也。"无以观其妙，有以观其窍。"此老氏虚无之道也。"正法眼藏，涅槃妙心。"此如来寂灭之旨也。寂灭者，非空寂泯灭之谓也，其旨有天机人用之法。故经曰："我皆令入②无余涅槃而灭度之。"虚无者，非空虚全无之谓也，其道有生物生仙之妙。故经曰："虚而不屈，动而愈出。""当其无，有器之用。"中庸者，非但不偏不倚之谓也，其学有造化生生之理。故经曰："致中和，天地位焉，万物育焉。"孔子曰："爵禄可辞也，白刃可蹈也，中庸不可能也。"老子曰："有物混成，先天地生。吾不知其名，强名之曰道。"释氏曰："如来在燃灯佛所，于法实无所得。"后来下机逞乾慧之人，不明三教大圣人之旨，可以入圣，可以成仙，可以作佛。将其经旨妄意笺注，一切浅易看过去了。万世之下，有一俊流出头来时，已不可得而正救矣。

南阳子者，古洪邓氏子也。字养浩，父命名曰希孟，尝自易讳曰颐生。而隽拔不检细行，以不得正心诚意之道，遂至颠蹶，妄作妄求。虽胸中抱负落落不浅，而廛暗之人，无一许可，不免彼此有较，而我相讥。何哉？缘未闻道故也。仆之来游豫章，欲求正心诚意之人，语以修身久视之道。一念才举，谤讟纷然。而养浩者，亦闻所闻而来，且见所见而去。谂其平时，凡鸣斯道而至者，养浩必尽所蕴而后已。又明③，果复来，竟日坐阅斯旨，不得其门而入。迨月余，三往反，疑信与俱，遂有请焉。仆乃从容接以数语。因悉

---

① 此篇，《道藏》本未载，今据《金丹正理大全》本、《道藏辑要》本、海王邨《道书全集》本录入。

② 入，《金丹正理大全》本、海王邨《道书全集》本作"人"，误。

③ 明，《道藏辑要》本作"旬"，从《金丹正理大全》本、海王邨《道书全集》本。

发其素所授于师之言者，已尝于优昙僧言下有悟，最后于化阳翁的有所传。今兹了然，每一静定，便觉双关夹脊如气如云，腾腾而上至泥丸，近似乎三花聚顶、五炁朝元之候也。自尔厥后，凡四方来谈此者，皆野狐精见解。其养浩自是自满，甚至自称为彭真人，学之为狂，大错如此。仆之多闻其错，而不敢言其错；深知其非，而不敢直其非。岂仆之讷之懦之不敢也？盖欲引挽之来，将渐濡^①以释之也。翌日，并与云朋张受谦至，邀往于家。列款再三，求我青城之旨。仆再询其前之所得于师家者，因历历试听之。养浩非特罄露，所以尤能引其某者为旁门，某者为盲师，某者为斜径，某者为运炁，某者为采战，某者为空寂。其间惟化阳一语为当，然卒不得一贯之理，亦竟无着落之处。今求指示，足此愿心。仆嘉之曰：

子之志原，高尚如此。使养浩早得青城老仙之旨，则岂但轩爆乎金塘、钟陵间？必将超越八弦，追蹑钟吕而趋驾矣。今乃居前不能令人轻，居后不能令人轩，茕茕犹赤子焉。若有适而不知其处，非惟无益，恫瘝乃身。嗟夫！一世之人，其负颖脱之才，而拘廉稜之陬者，皆皋皋訿訿之辈也。仆于养浩，详其志诚，知其缘熟，箴其所短，挫其所狂，正其所疑，救其所失，怃其所往，直其所非，然后俾之誓盟师尊，发愿两间。养浩诚彻，不觉潸^②然拂泪，悲泣大悟。即授以青城所秘之蕴，曰：

道无多门，于天地生物同一致耳。夫易有太极，是生两仪，两仪生四象，四象生八卦，此天地阴阳之道也；道生一，一生二，二生三，三生万物，此人身阴阳之道也。人禀阴阳之炁之正而生而长，至于二八之年，则九三之阳乃纯。当是时也，岂非上德之大人乎？忽夫一朝谋报浑敦之德者，乃至日凿一窍，则九三之阳蹄骤奔蹶，而去之于六六之中矣！由是乾不能纯而破于离，坤有所含而实于坎。若夫至圣神人，能知道体太极之所以判，能知死生根本之所以始，能知乾坤阴阳之所以乘，能知玄牝之所以交，是以乾坤顺则生物，阴阳逆则生丹。圣人体其体，而用其用，法乾坤之体，效坎离之用，握阴阳之柄，过生死之关，积炼己待时之功，得采药半时之事，复全浑敦之体，以显真人之身，此其所以为至圣神人也。

---

① 濡，《金丹正理大全》本作"浲"，海王邨《道书全集》本作"汝"，从《道藏辑要》本。
② 潸，《金丹正理大全》本、海王邨《道书全集》本作"傍"，从《道藏辑要》本。

南阳子来前，再有语乎汝。昔青城翁付嘱斯道于绝响之域，叮咛接济，善自护持，今再付汝，其勉之乎！且行道不易，而积德最难，是老子曰："道者同于德"。学道而不修德，犹行而无足；求道而不积德，犹饥而乏粮。汝其方便，汝其广大，汝其积累，汝其勇猛，汝其坚固，汝其精进。营魄抱一，专炁至柔，涤除玄览，明白四达。行王、马以上事业，行佛子向上工夫。果如是，则吾将携汝手，于九天之上矣。

与至阳子赵伯庸①

老子西游，谓关令尹公文曰："道生之，德畜之，物形之，势成之。是以万物莫不尊道而贵德。"公文即悟，致命造玄。释迦拈花，谓迦叶曰："吾有正法眼藏，涅槃妙心，今付子。"迦叶微笑受之。孔子谓曾子曰："参乎，吾道一以贯之。"曾子曰："唯。"若以三圣之言为各情，则天下无二道；若以三圣之意为各事，则圣人无两心。及后公文答尹太和云："曰天曰命，曰神曰玄，合曰道。"迦叶答阿难云："倒却门前刹竿着②。"曾子答门人云："夫子之道，忠恕而已矣。"岂太和不可语道德，而答天命？岂阿难不可云拈花，而答以刹竿？岂门人不可闻一贯，而答以忠恕？拟亦人有贤愚，而根有深浅耶！既而尚老氏者曰修命，在释氏者曰修性，学孔氏者曰中庸，又安知性命之道，及一贯之道哉？盖世人不体圣人之心一，而天下之道同，则互相非是，各尚所闻，专门分宗，诵尧之言而行桀之行者盈天下。此非圣人之过，其继之者未善也。万世之下，上根灵器欲出头来，则扃锁以固而不可解矣。仆自得师之教，每深大惜于此。

濮之朝城赵氏子，曰伯庸，年几而立，志趣超然，读书赋诗，英迈高古，出其制作，自成一家。性理之学，中庸之言，若轻车熟道，浑然无留滞于胸臆者。其名中而表曰庸，抑斯之谓也。偶会洪之金塘间，问予三教同归之旨。仆乃信其言以语之曰：

---

① 此篇，《道藏》本未载，今据《金丹正理大全》本、《道藏辑要》本、海王邨《道书全集》本录入。

② 《佛果圆悟禅师碧岩录》：迦叶召阿难。阿难应诺。迦叶云：倒却门前刹竿着！阿难遂悟。已后祖祖相传。

夫人禀天地氤氲之炁，隐于五阴之坑，犹龙之潜伏于深渊也。凡数足而脱胎，剪去脐带而号婴儿，年将月乳，日生夜长，九九日足，瞳如全人。九年日足，精魂方盛；二九岁足，炁壮阳纯，岂不谓九二自利见大人^①乎？一世之人，当其阳纯，人伦之道，于此而正，纲常之理，于此而明。自非天纵之圣，既非能终日乾乾，又不能夕惕若厉。若妄想而劳顿不怠，复醉梦于嗜欲之场，则阳纯白者中亏而黑，是谓之阳中有阴，若离是也。坤乃阴精之物也，潜夺乾一之阳，则阴之纯黑者中满而白，是之谓阴中有阳，若坎是也。由此而往，日夜漏泄，其存而有者能几何哉！上圣大贤，年四十而不惑，勤行不动心之道，以养其浩然之炁。当知是炁也，即先天之炁也，即坎中之物也。复纯此炁，升之于离，是之谓"或曜在渊"也，是之谓"取坎点离"也。离受此气，烹之炼之，交之媾之，行之半时而得一黍之丹，饵归黄庭。沐之浴之，生之成之，十月即足，真人出现，是为九五之飞龙，是为利见大人也^②。虽然师之于弟子也，与之无不尽也，言之无不诚也，嘱之无不坚也，期之无不至也。仆今之于伯庸也，其必箴而归之乎？其将勉而厉之乎？信夫，闻道之士，必先贵乎积德。何谓积德？经曰："孝悌之道，通乎神明"，此积德于其亲也；"诸恶莫作，众善奉行"，此积德于外也；"持其志，毋暴其炁"，此积德于其身也；"毋不敬，严若思"，此积德于内也。德克则道备，行满则功成矣。

伯庸于言下大悟大彻，因有得之于心。进曰：大学之道，致知格物。中下之人，负高尚之材，不肯苦求真师口授，唯只空言曲论，直以道为无语可传^③，甘分待终，何愚之甚！此道深远，非执混浅陋持偏者所可闻，非炫耀聪察自是者所可听。仆之欲续道脉于一线者，谨守青城翁之训，非好为人师也。偶蓬其头而頹其巾，或纸其衣而弊其履，觊视人之深不我识，而我又辟地易，且无行地难。若伯庸之居溢江者多年，仆亦往来溢浦者非一，始遇于市则揖我，招于家则食我。抑又闻人之笑亦笑之，闻人之誉亦誉之，有^④而

---

① 《周易》乾卦：九二，见龙在田，利见大人。
② 《周易》乾卦：九五，飞龙在天，利见大人。
③ 传，《金丹正理大全》本、海王邨《道书全集》本作"说"，从《道藏辑要》本。
④ "有"字后，至下文"致也"前，此间一段文字，海王邨《道书全集》本、《道藏辑要》本无，从《金丹正理大全》本补入。

索我于形骸之内，或而索我于形骸之外，既而且敬，既而且德，曾未确然志于我者，为我则已，故感其敦材而私记之。久矣，时节适至，因缘始来，方乃孜孜而益亲，恳恳而不懈。然又虑其仕途之远且长，恐其心识之疑且怠，首须勉之励之、发之戒之、坚之进之。使之直下承当，而不笑不退，深以斯道为希有之遇，不以其他愚夫浊子之僻见污识者，再授以先天后天之道也。何谓先天？何谓后天？后天者，太极也；先天者，太易也。阴之将绝而易乎阳，逆用先天之道也；太极者，阳之至极而交乎阴，顺行天之道也。顺天之道者，日用常行之理；逆天之道者，善用造化之妙。《易》之泰曰："地在天上。"此即逆天之道。岂地而果在天上耶？为其天地之氮，一顺一逆，一升一降耳。即吾所为逆者，亦言其两个阴阳之氮。顺生人，而逆生丹，可以长存而不死。昔者子路问死，子曰："未知生，焉知死。"盖知生者，要达乎后天太极之理，以善其生，若筴铿然。能知死者，必逆用先天太易之道，以逃其死，若鼎湖然。"易有太极，是生两仪，两仪生四象，四象生八卦"。此后天日用常行太极之道。"天命之谓性，率性之谓道。"此先天性命太易之道。"男清女浊，男动女静，降本流末，而生万物。"此后天常行太极之道。"道生一，一生二，二生三，三生万物。"此先天长生太易之道。明先天而尽后天之道者，圣人也；明后天而修先天之道者，神人也。圣人经济万世，而中庸之；致中和而天地位，公文之。致命造玄者，理一致也。仆曰：善。遂就进之，曰"致阳子"。

与义阳子韩国仪[①]

天道好还，常与善人。黄帝曰："观天之道，执天之行，尽矣。"《易》之翼曰："立天之道，曰阴与阳；立地之道，曰柔与刚；立人之道，曰仁与义。"经曰："有天道焉，有人道焉。""乾道变化，各正性命"，天之道也。"含弘光大，品物咸亨"，地之道也。"男女媾精，万物化生"，人之道也。

吾尝试而言之天道矣，只如太易未判之初，太极肇分之后，阴阳祖氮自相咸感。天得之而高以覆，地得之而厚以载，人得之而生以灵，物得之而蕃

---

① 此篇，《道藏》本未载，今据《金丹正理大全》本、海王邨《道书全集》本录入。

以植，造化得之，则日月星辰、风雨雷电、雪霜雹霓霞，或从地发，或附天丽。其有光者不可以掩，其有象者不可以藏。其有形与无其形者，复有声形兼者，亦有形声两无者。欻而去来，蓦然聚散，使神圣所以不能忆度，而造化且不得自知。其所以然者，天之道也。

吾又尝而言地道矣。大地在乎天之内，比犹鸡子之中黄，载万物之始终无穷，承天道变化之不息，春生夏长、秋敛冬藏。人物得以宁，仙佛得以证，高山乔岳、江河淮海、龙宫宝藏、赤县神州、亿万斯年得而奠安者，地之道也。

吾尝言之人道矣。厥夫人身，属天地之内一物耳，有神有圣、有贤有愚。愚至之可贤，贤至之可圣，圣至之可神，神至之可仙。神者，非乞恳福祸之谓也。其神者也，圣妙无方，阴阳莫测。圣也者，穷神知化，造端立极。贤也者，扶持纲常，橐籥仁义。若愚者则难之。孔子曰："中人以上，可以语上也。中人以下，不可以语上也。"此愚人之通论也。子贡曰："夫子之文章，可得而闻也。夫子之言性与天道，不可得而闻也。"千古之上，万世之下，神与圣，智与贤，唯欲明乎道尔。

汴之韩氏子，曰国仪者，数问道妙，往复不倦。睹其神壮气裕，情淡谊高，剸剧若恬，接人以简，志趣超然，物外襟怀，浑如闲中，时尽优游，年方英锐，斯其可以语上也。

嗟夫！世有其名，神人引导，后学而飞其身，曳杖而歌，元启易责[①]。圣贤明达生死之理，拔宅凌空，朗吟飞过，神人能修长生之道也。孟子曰："大而化之之谓圣，圣而不可知之谓神。"孟子岂欺我哉？且何谓太极？即如人之有身，初受乾父坤母后天太极之氮以毓，生之长之，至于二八九六之年，则至真之阳又太极矣。阳极必乘乎阴，乾纯必乘乎坤。乾之始乘，则阳之中爻必动。心才动则气散，气散则精泄，精泄则坤乘。纯乾乘坤，则阴消阳而心虚为离；纯坤乘乾，则阳入阴而腹实为坎。由是而后，纯而乘，乘而消，消而入，入而乘，乘无涯，消有余，以有际符无涯，忽忽乾而姤，姤而遁，遁而否，否而观，观而剥，剥而坤，其阴又太极矣。此之谓后天，此之谓太极，此之谓日用常行之道。何谓太易？亦如人之有身之后，至于

---

① 责，《道藏辑要》本作"簣"，从《金丹正理大全》本、海王邨《道书全集》本。

五八六七之年，则乾乘坤不已而亏为剥，阴消阳不已而渐为坤。神人者，于此速行先天太易之道以复之，且不待其阴之极。太易者，以阴而易乎阳也，以离而易乎坎也，以长男而易乎少女也，以乾而易乎兑也。乾一兑四，一得四而成五，己之五为离土，戊之五为坎土。离初交坎，流戊就己。戊土之中有铅，铅中有刀。己土之中有汞，汞中有砂。二五之精，妙合而凝。水火既济，铅汞制伏，戊己合而成圭。神人者，以此二五之刀圭，吞入腹中，烹于黄金室内，却行千日之功，调停火候。工夫若到，则水克火，而阳消阴。阴将尽则阳纯，是坎以中心之阳而还离，谓之天道好还。离得坎心之阳而成乾，谓之常于善人，是为先天太易之道，是为金丹药物之妙，是以逆用先天之道也。

既知药生，须究火候。紫贤真人曰："圣人传药不传火，从来火候少人知。"何云火？火即金砂。何云候？候其时之来，候其火之至。若有世人之炼凡砂火银而成丹者，亦先置鼎，然后安炉，看其火之可发，此火候也；慎其火之时到，此火候也；察其火之无过不及，此火候也；明其火之老嫩温微，此火候也；若丹已成，急去其火，此火候也。上仙九还金液大丹之道，切类于此。此云有以为之道，此云无不为之道，此云善摄生之道，此云善养炁之道。孟子曰："吾善养吾浩然之气。"又云："是集义所生者，非义袭而取之也。"《系辞》曰："成性存存，道义之门。"老子曰："上仁为之而无以为，上义为之而有以为。"

今以"义阳"二字与国仪者，取义于此。义阳子，其尽人道而修天道，则仁与义兼而阴阳合，是抑刚与柔通，而仙之道成。义阳子其精进之，其坚固之，其宝固之，其善护之，其成就之，其广大之，其信受奉行，宜毋忽焉。

与真阳子①

黄帝曰："立天之道，以定人也。"从古上圣，所受之道，行乎天地之间，万物得以生而长且久者，何也？道一也。夫道一者，何物也？炁也。尧之授

---

① 此篇，《道藏》本未载，今据《金丹正理大全》本、《道藏辑要》本、海王邨《道书全集》本录入。

舜曰："惟精惟一，允执厥中。"精者，万化之所生，道之体也。一者，万化之一炁，道之用也。气非精则不能成人成物，精非气则不能作佛作仙。精属乎阴，炁属乎阳。故《易》曰："一阴一阳之谓道。"广成子之谓黄帝曰："毋劳汝形，毋摇汝精，乃可以长生。"万物非此精，则何由而氤氲乎？何由而化生乎？孔子曰："男女媾精，万物化生。"老子曰："其精甚真，其中有信。"信，即一也，炁也。故云："道生一，一生二，二生三，三生万物。"子谓曾子曰："吾道一以贯之"者，非但指一事而贯通万事，乃明一炁而贯通乎万物，此谓之道。人物非此一炁，则何由而产育？仙圣非此一炁，则何由以长生？及曾子答门人以忠恕者①，信乎道之微妙，恶得泛与言哉？舜承乎尧，及授禹曰："人心惟危，道心惟微。惟精惟一，允执厥中。"世人罕能收其放心，鲜不为六贼所攘，而耗败其精气，岂不危殆！《阴符经》曰："天有五贼。"又曰："五贼在心。"惟危者，世人既不能执厥中，皆汩没于醉梦之场，抑亦危哉？且之道之微妙，淳朴既散，世渐浇薄，人不能直，难将至理微妙以形言之。"允执厥中"者，传曰："中者，天下之大本；和者，天下之达道。"又曰："致中和，天地位焉，万物育焉。"老子曰："不如守中。"孟子谓："养吾浩然之气。"皆"允执厥中"之谓也。故夫天地之气，从中而行，则春生夏长、风动雨润、雷震霜杀、秋敛冬藏，莫不皆由此道。孔孟之后，圣门不得其传。间或有言，多隐于高山密林，若黄石公焉、若河上公焉、若张、许、钟、吕焉，皆长存而不死。世之器识者，不得其门而入，莫可测其端倪，乃指于外教别事。而万事之下，直以此道为无言可说，岂知斯道之高远！且父不得传于子，臣不得献于君，其道有"盗天地、夺造化"之机，"宇宙在乎手，万化生乎身"之妙也。四季变更，天默行其道。若麻衣、希夷然，若尧夫、濂溪然。数夫子出，皆明斯道于绝响之域，心黄帝、尧、舜、周、文、孔、孟之心。故邵子曰："天向一中分造化。"周子曰："二五之精，妙合而凝。"又借莲以喻曰："中通外直。"此即孟子"以直养而无害。"即孔子翼

---

① 《论语·里仁》：子曰："参乎！吾道一以贯之。"曾子曰："唯。"子出，门人问曰："何谓也？"曾子曰："夫子之道，忠恕而已矣。"《雍也》："夫仁者，己欲立而立人，己欲达而达人。"《卫灵公》：子贡问曰："有一言而可以终身行之者乎？"子曰："其恕乎！己所不欲，勿施于人。"朱熹《论语集注》："尽己之谓忠，推己之谓恕。"《中庸》："忠恕违道不远，施诸己而不愿，亦勿施于人。"

《易》曰："夫乾动也直，其静也专。"即周公《系》坤辞曰："直方大，圣圣心心，自合道妙。"信乎圣人之所为，众人固不识也。《老子》曰："古之善为士者，微妙玄通，深不可识。"予每三叹斯言。今时道伴则异然也，将求人以识之也，岂明圣人深远，而不令人识知之意乎？

癸未人日①，予将深隐梅山，有自号真息者，特来访道。自叙为哈剌鲁之裔，奉议公之子也。行年二十有二，早岁即募斯道，竟莫得究其说，迩有何生善者与谈兹事，且使之来求我太易之道。仆睹真息为学不正，气习殊伦，以正心诚意为先，以穷理尽性为急，情真语简，好笃志坚，岂比其他喜闻鲜行之辈也。乃以太易坎离之旨授之，曰：

太易者，一阴一阳之道也。乾坤为阴阳之父母，坎离为乾坤之继体。乾之始纯，纯则乘坤而破为离。坤本至阴，乘乾一阳而实于坎。坎中心爻，本属乾阳，为阴夺之入于坤，实而成坎。坎之为象，外阴而成阳，外柔而内刚，是为阴中之阳。其体生天一之水，其物为哇人之虎，是云"虎向水中生"。故君子遇之，当凭德行调习无事者，免其所陷也。离之心爻，本属坤阴，因阳索之来陷于乾，虚而成离。离之为象，外阳而内阴，外从而内顺，是为阳中之阴。其体生地二之火，其物为或跃之龙，是云"龙从火里出"。故大人遇之，以继明照于四方者得中道也。亦如人之生也，始交乾阳之一炁，交坤阴之精而有其身，以长其纯乾，乾至于盛，则索乎姤。姤者，阳来于阴。缘其阴外发现，阳之心爻乃动。心才动，则虚而为离也。坤之纯阴，太极承此一阳，则中宫实而为坎也。四象以坎为陷者，非坎能陷，乃阳自陷于坤也。由是而后，日夜漏泄而不休不弃，则其存而有者能几何哉？圣人兴慈，明指"惟精惟一，允执厥中"之道，以贯以养而不至于危殆者，斯之谓也。夫阴能消阳，木能克火，争奈世人者，扑灯之蛾，不回不悟，流为嗜欲妄想之归，孰知惟精惟一，乃一身之造化？允执厥中，有可以长生？盖执中者，既执也，则守之；既守之，则养之。养之者，养是炁也，逆用阴阳之道

---

① 旧俗以农历正月初七为人日。《太平御览》卷30引南朝梁宗懔《荆楚岁时记》："正月七日为人日。"引《谈薮》注云："一说，天地初开，以一日作鸡，七日作人。"《北史·魏收传》："正月一日为鸡，二日为狗，三日为羊，四日为猪，五日为牛，六日为马，七日为人。"宋高承《纪原·天生地植·人日》："东方朔《占书》曰：岁正月一日占鸡，二日占狗，三日占猪，四日占羊，五日占牛，六日占马，七日占人，八日占谷。"

也。逆者，取坎中之一阳，以补离中之阴。离之一阴即实，则复纯白为乾矣，是为以坎还离，是为逆用阴阳，是为性命双修，是为以直养炁，是之谓"惟精惟一，允执厥中"之道也。圣人穷造化之妙，探阴阳之精，参天地之造化，故云"立天之道以定人"也。

真息，舟①促行矣。具书此以托后会，复号曰"真阳子"。

与东阳子②

江东之东莞，唐佐陶氏者，曰东阳子。以颖锐志，求还丹方，投老未得真师。行年甫逾七秩，参师匪怠，寝食不安，久而弥坚，信而逾笃。至正癸未③，月届纯阳。因东平由君亨父致，敬谒我于鹤儿山之上，叩我以青城翁之玄。又而候我于湖之廛，复而俟我于江之浒。来之即恳，求之益勤。已而具舟，往来乎宣之上下，甚而加礼，试觇乎道之何如。吾每与之言，为无町畦，未曾示以太冲漠朕。语言熟矣，表里洞然。东阳子亦以遭逢因缘，不立崖壁，吐词纯实，凭其精神，深念崦嵫斜晖，早求至道要妙。即据词列悃，再拜投香，自知业障迷蒙，奉赍效心质信，真诚湛露，誓词告天。予欲无言，不可得也。直语之曰：昔如来云："若说是事，诸天及人皆当惊疑。"人之惊疑，器识鄙浅，姑置勿论，云何诸天亦复惊疑？则与其间，必有可惊、可疑之事者。

东阳誓曰：乌敢惊疑，假一闻之，更当精进，况头颅如此，何待奚为？

上阳子曰：子之重身也贵，子之轻货也难，子之立志也明，子之为人也信。夫言之易，则失于轻。太上有轻传、不传之辜，夫子有失言、失人之训。惟是道也，若处子焉。人人爱之恶之，人人议之诋之。诋之者，缘彼求知而弗得也；议之者，非众人所可共听也；恶之者，为嫌我之独得也；爱之者，皆有觊觎之想也。固有孤媚而求之于前，亦有蛰毒而毁之于后。犹一切人，肆一切业，始焉窥伺仿慕，惟恐不得明师，所爱珍奇，亦无所吝。及既

---

① 舟，《金丹正理大全》本、海王邨《道书全集》本作"丹"，从《道藏辑要》本。

② 此篇，《道藏》本未载，今据《金丹正理大全》本、《道藏辑要》本、海王邨《道书全集》本录入。

③ 至正癸未，1451 年。

得闻，稍尽其说，则狃于常而鲜至极，但务其知而不之行，此世俗所为者。惟是事大，愚人以死生为小事，是于紧处放慢；至人以死生为大件，急于慢处放紧，是凡夫愚子得而行之，立跻圣位。何哉？盖其行之勤而至也。若其不行，求而知之，则斯人者何足美也？有辈愚人，闻顿悟成佛之旨，便谓道不必行。闻而顿悟，即可成佛，其理也哉？乌知一闻千悟，乃信之，即闻而力行乃得成道。《书》曰："知之非难，行之惟艰。"傅大[①]士曰："日则傭作，夜则行道。"老子曰："上士闻道，勤而行之。"闻而不行，道安能成？愚夫但云："作仙作佛，总皆宿缘。"彼抑不思宿缘仙骨，因从何来？若云善，则彼不修善；若云德，则彼不积德。无善无德，因此无缘，世岂有不种不植，而成自然之秋收者乎？若也梦生醉死，六欲七情，不知何为，为凤缘所行，无非种业，世岂有种黍而望收嘉穀者乎？又有愚夫恣意猜度，具谓仙也，无有言传，亦无所为，但得真仙亲手提挈，或赐丸药，或引凌空，无闻无修，愈高愈远，百端妄想，何其大愚？彼乌得知，最卑下处，有道存焉？传云："若升高，必自下。"[②]翼曰："本乎天者亲上，本乎地者亲下。"则各从其类也。经云："如来于五浊恶世，行于难事。"是为其难。佛祖云："到这田地，圣凡不敢一闲，外魔潜觑不得。"洞宾曰："饮海龟儿人不识，烧丹符子鬼难看。"圣贤仙佛，同此一事。浊俗凡夫，安能知乎？今子以生死大事而求之，且勿因愚俗一言而忽诸。

东阳子孜孜申盟，始终请事斯语。乃不敢秘，遂授之曰：

道与天地同太极，道与日月同运行，春夏秋冬，生长成实，无非道也。道亦何物？即阴阳也。乾坤秉阴阳而太极，日月本阴阳而合明，春夏感阴阳而生成，秋冬得阴阳而收敛。人亦犹是也。身一太极也，乃阴阳之炁而生，资阴阳之炁而长，全阴阳之炁而壮，劳阴阳之炁而衰。衰而虚，虚其中则为离，离之义，散也，离也。散离不已，则焘而绝，是为五行顺行也，是为一生一死也。神仙九还之道，亦犹是也，但逆用之，逆阴阳而复也，返阴阳而归也，纯阴阳而仙也，久阴阳而神也，如在根乎？一炁之始，把乾坤败缺之体，为窟为舍，为藩为篱。却寻同类先天之炁，炼而修之；求离坎散离之

---

① 大，《道藏辑要》本、海王邨《道书全集》本作"司"，从《金丹正理大全》本。
② 《尚书·太甲》：若升高，必自下；若陟遐，必自迩。

炁，根而归之。中虚而住，坎之内实而还，则离中纯而复太极矣，是为"五行颠倒"也，是为大还也。

还丹之术，炼己为先。炼己之志不动，还丹之功未许。满堂金玉，要知雄而守雌；七返朱砂，当知白而守黑。先天炁，后天炁，首降东海之青龙；上鹊桥，下鹊桥，稳跨中天之黄道。龙虎战争于生杀之户，龟蛇蟠结于戊己之门。用玄牝立丹基，辨刀圭为药物。乾元用九，参羲、文、周、孔之心；太极函三，行钟、吕、王、马之事。五丈浮黎之土，恍惚惚，杳冥冥；一颗牟尼之珠，圆陀陀，光烁烁。如露如电，非物非烟，塞乎天地之间；至大至刚，俱入空玄之内。不见不闻，奚啻天人仰看，方信地藏发泄。时节毋爽，火候不差，始得先天之炁，自虚无中来；始悟西江之水，不一口吸尽。丈夫无孕，蓝公十月怀胎；长卢罢工，达磨九年面壁。相中有相，身外有身。信则行之，理无虚设，此外无他术，余则皆旁门。今以"东阳"号子者，取紫阳翁有云："金公本是东家子"之义。

东阳欢甚而不胜，闻从前所阅丹经，参正悉皆契合。一日、二日、三日，东阳求证市人，一切众楚者，皆然群疑众毁者，何恨当无麻衣隐居辈出，孰[1]能画灰是其所非？东阳子因有不然之言，旋发悔前之语。

上阳子再言之曰：岂谓出其类者，何其无操持歟？昔负苓者，尚议伏羲泄道之秘，漏神之机，分张太和，磔裂元炁。诡道逆出，以骇人心，致薛收[2]厥焉，文中子[3]茫然，岂真伏羲氏之过歟？况今而未及彼乎？夫世之圣士高人，倘非得良师智友，鲜不为市人俗子引之，趋曲径傍蹊。况我青城圣师，切戒嗜利轻授，验其缘业虚实，方许次第开陈。所恃师道如天地，誓盟如日月，光在天上，善诱其衷，待其机尽诚，其始信道尊德贵，免受紫阳三传之谴。复闻谌母一粒之丹，为万代之规模，作学人之榜样。

东阳归也，亨父来言，请叙书此以复之。

---

① 孰，《道藏辑要》本作"安"，从《金丹正理大全》本、海王邨《道书全集》本。

② 薛收（591—624），字伯褒，隋唐时蒲州汾阴（今山西万荣县西南）人。武德四年（621），随李世民讨王世充，力排众议，荐分兵围困洛阳，另派兵狙击窦建德，终王世充与窦建德同时被擒。

③ 王通（580—617），字仲淹，号文中子，隋朝河东人。隋文帝仁寿三年（603）中秀才，游长安，见文帝，奏上《太平十二策》，主张"尊王道，推霸略，稽古验今，运天下于指掌。"深得文帝赞赏，但下议公卿时，却被冷落排挤。

发真问答卷第七

生死事大第一

上阳子清斋夜坐。

弟子侍曰："弟子见师闲居入室，抱神毓精，似广布妙庭，而身未尝移；似怡情真馆，而形未尝离。其逍遥而真游乎？其恍惚而无为乎？弟子敢问。"

上阳子静坐未应。

弟子曰："司听以默，其驾景杳冥之乡乎？司视以静，其飞神虚无之境乎？弟子敢问。"

乃三问而三不发。

弟子曰："弟子不度无才，获事我师，实以生死一事最大。流光奔电，过隙飞星，冉冉年华，其不可止乎？而芸芸姤复，其又何以乎？圣人已远，寥寥而何法乎？富贵贫贱，纷纷亦何离①乎？天地之大，可得原乎？至道之妙，可得闻乎？何三问而三不发？其秘耶？其靳耶？"

上阳子欣然视之曰："善哉而生之问也！庶几而身之问也！来，汝斋，吾将倏而语汝也。"

弟子乃各摄衣起敬曰："斋矣。敢问其生？"

上阳子曰："无者，生之太乙②也；有者，生之太极也。太乙者，兆无之先，含灵蕴精；太极者，兆有之后，凝胚剖孕。其道之物乎？其生之门乎？其地水乎？其火风乎？其婴儿乎？其赤子乎？独不闻之地水火风之四大者乎？发、齿、骨、甲，假之于地；涕、精、血、液，假之于水；温、暖、燥、热，假之于火；灵、明、活、动，假之于风。四大假合之而生也。地之盛也，骨如金。水之盛也，精如玉。火之盛也，气如云。风之盛也，疾③如

---

① 离，《道藏》本作"杂"，从《金丹正理大全》本、《道藏辑要》本。

② 乙，《道藏》本作"一"，从《金丹正理大全》本、《道藏辑要》本。

③ 疾，《金丹正理大全》本作"病"，从《道藏辑要》本。

神。四大也，假合而人也，全盛而仙也。亏损而惫也。惫者，败也。非道则不可复有。"

上阳子曰："来，复语汝身之生之说，藏教曰：人初受气也，九日而阴阳大定，四十九日而始胎，然后七日而一变。故满三百有六日者，满二百九十六日者，皆上器也；有二百八十六日者，二百六十六日者，中器也；有二百五十六日，二百四十六日者，下器也。盖天干甲必合己而方生，地支丑必合子而方毓。自非天地合德，则人必不生也。故云九月神布气满而胎完，亦云十月怀胎也。此天地之德，合于气而后生也。惟生之长且久者，莫若道之谓也。虽然，生非圣人之所爱也，死非圣人之所恶也；生非天地之私也，死非造化之偏也。圣人也，天地也，万物也，不能出消息之外也，故生生不已，而生且劳。圣人、天地、万物生且劳，而人之生，曰可息乎？四大之未离也，有身之不可息。四大之各散也，是息者宁得而劳乎？子以是而生也，缘彼而死也，而生死之所由来不虚也。"

曰："弟子等始惊而莫测其倪，适疑而莫究其迹，而今而后乃知师道也。[①]其于物也，与圣人天地合其心，而同有也。圣人也，德我也，而不数。数我也，天地也，有我也，而不常。常我也，父母也，生我也，而忽忽遗我也。是生非我长也，有非我常也，德非我良也。而师教也，德且至矣，其有且多矣。非师恩也，奚陶铸之也欤！"

圣人之德第二

弟子请进于上阳子曰："弟子因缘遭逢，获睹大道。敢问圣人之德，以启发于蒙迷也。"

上阳子曰："圣人也，生而知之者也，亦学而知之者也，亦困而学之者也。圣人也，学而不厌，乃无所不通也。圣人也，知天之所为也，知人之所为也。圣人也，非多能也，乃多学而识之也。圣人也，非自然也，惟善格其物也。圣人也，非生而知乎道，惟道乃求而得之也。圣人也，善终其天年，

---

① 由此，至上"假之于火"一段，《道藏》本缺，从《金丹正理大全》本、《道藏辑要》本。

而不中道夭^①也。圣人也，息以踵而不以喉也，不知悦生而恶死也。圣人也，德盛仁熟^②之称也。圣人也，穷大道之本，明大道之正，成大道之事也。圣人也，其壮义而不明。故庄生曰：凄然似秋，暄然似春，喜怒通四时，与物有宜而莫知其极也。圣人也，成天下之矗矗者也。條万物、明历数、造书契、垂衣裳、树五谷、通舟车者，圣人也。无为而治者，圣人也。不言而教，不令而行者，圣人也。圣人之在天下也，河出图、洛出书，圣人画易以形道。是易也，成天下之大，尽天下之务，定天下之业也。是以圣人贵精，而不从事于务，死生无变于己，乘云雾，骑日月，游乎尘垢之外也。圣人神矣！常善救人而无弃之，衣被万物而不为主，不为天下先，而德交归焉。难得之货，圣人则不贵焉。圣人不积也而愈多，先天地生而不为长，久于上古而不为老。故《老子》曰：‘圣人处上而不重，处前而不害，天下乐推而不厌。’故夫圣人生而不有，为而不力，立天地而不偏其恩，久天地而不见其劳，仁万物而不私，德万物而不居。圣人非唯不居也，而生非其爱也；而身非其有也，而名非其存也。惟其不存，是以长存。”

天地之大第三

弟子复进曰：“敢问天地？”

上阳子曰：“天地之大，莫可得而论也。故庄周曰：‘六合之外，圣人存而不论也；六合之内，圣人论而不议也。’且我而为天地中之一物，犹大海之一滴也，恶得而论天地？”

弟子曰：“《传》云：‘有真人而后有真知’，请因所闻，而闻所不闻之闻也。”

上阳子曰：“无己，则我借言之，汝亦妄听之乎！夫天地一大身也。天地之未始，有始之始也。一气蠕集，溟溟涬涬，杳杳莫测，氤氲活动，含灵至妙，是为太乙，是为未始之始始也，是为道也，故曰‘无始’。夫天地之有始也，一气动荡，虚无开合；雌雄感召，黑白交凝；有无相射，混混沌沌；冲虚至圣，包元含灵；神明变化，恍惚立极，是为太易，是为有始之始始

---

① 夭，《道藏辑要》本作“天”，误，从《金丹正理大全》本、《道藏》本。
② 仁熟，《金丹正理大全》本作“人孰”，从《道藏辑要》本、《道藏》本。

也，是为"道生一"也，是曰'元始'。夫天地之太极也，一气斯析，真宰自判，交映罗列，万灵肃护，阴阳剖分，是为'太极'，是谓'一生二'也，是曰'虚皇'。阴阳既判，天地位焉，人乃育焉，是谓'二生三'也，是曰'混元'。阴之清者，升上而焕丽也，则日月星辰布焉，故天左运，三光右旋。阳之清者，腾上而会于阳也，故风云动而雷雨作焉。阴之浊者，重滞而就地也，则海岳奠峙，而五谷草木昌焉。故岩岫出云，山泽通气。阴阳之气，闭而不通也，则霜雪结而冻冰焉。阴之浊者，积亘而下凝也。穴岩幽藏而深远，故五谷八石以错杂焉。天地之中，阴阳正气之所交也。圣人焉，仙佛焉，庶民焉，贤愚寿夭，实所淆焉，胎卵湿化，无有息焉。是为六合也，是谓'三生万物'也，是谓'万神听命'也。子来前，予语汝。有道之士，就中取则也。盖九天之上，铅汞已乾；九地之下，重阴积固。惟中也，是有道焉，是为一小天地也。子不闻之天地之外，有大天地焉？子又不闻之，佛祖之法言也，其言曰：何物高于天？生天者是。何物厚于地？育地者是。何物宽于虚空？包虚空者是。夫以是知天地之外，复有大天地也。子抑知之乎？今之天地，属太极天地中之一物耳！即如人是今天地之中一物也，即如道乃人身中之一物也。是故人身中又一小天地也。子抑知之乎？其大天地也，且孰为其大？汝来，吾今直以语之于汝。是道也，能以之大且久也，故有生而无终穷，有结凝而不散，是以包乎天地之外，而且不自知其为大。夫惟不自大，故能就其大。"

道本阴阳第四

弟子复进曰："天地之外，有大天地者，弟子谨受教矣。所谓道能成天地之大者矣，而又云道乃人身中之一物耳，何小大之异哉？是道也，果何物也？而灵通变化者，若是也。弟子敢问，以释惊疑。"

上阳子曰："夫道也，生天也，生地也，成仙佛也，类万物也，是先天地之道也。夫惟今有天地也，有人也，有万物也，是后天地之道也。而道也者，乃行乎其中。吾所谓先天地之道也，其功溥博，其用莫测。天之所秘不可思议，不可妄说，汝亦不宜于妄听也。"

曰："何谓也？"

曰："夫道也者，难言也。"

曰："愿闻教旨。"

曰："未也。夫上士急于闻而勇于行，中士试于闻而怠于行，下士闻之嗔谤乃生。"

弟子跪而进曰："天地之间，惟道至大，岂中下之人能闻能授者也？弟子不自揆度，而以愚下之庸，不敢轻忽怠慢。愿闻至道。"

上阳子曰："至道之妙，吾尝释《道德经》矣。其于'道可道'章，指出稍详，行将授汝。且道也者，即一阴阳也。子不闻之乎，天地一阴阳也，人一阴阳也，万物各一阴阳也。日月、星辰、风云雷雨、雪霜冰电、山川草木、胎卵湿化，莫不各禀一阴阳也，而正也，而偏也。得其道之正者，天地也，人也，是曰："禀阴阳之正气"也。而圣人仙佛也者，盖善于用阴阳者也。故抱阴而负阳，则冲①气以为和；入阴而出阳，则有生而无已。故太上以为善摄生也。子抑不闻之乎，天地之道也，阳极而阴，阴极而阳，故万物终焉，万物生焉。人之道也，阴极而已，世故有生死焉；阳极而已，世故有金丹焉。世之生死者，欲天地之道也，有盈亏焉，有消息焉。惟金丹也者，即先天之道也，不为人也，不为物也。非顺求之，乃逆取之，有生也，无死也。是之谓圣人也，是之谓仙佛也。子独不知先天地之道，是为金丹乎？世人非惟不知先天地之道为金丹，设使闻之也，则非笑毁谤随之矣。故夫子曰：非圣人者，无法也。天地长且久而犹有坏，未若金丹之超然独存。非金丹之能自存也，实在乎人用之何如耳！惟其不自存，是以能长存。"

金液还丹第五

弟子再拜以进曰："金丹之谓也，是先天地之道。弟子谨受教矣。弟子不揆短才，念有生斯世也，未有若是之愚也。弟子尝试而有为也，人莫我若也；尝试而无以也，人莫我其多也。每读书也，人以我为浩有；每学《易》也，人以我为粗通。弟子而令，乃知所未至者，若鼠之饮于河也，故未能测其深，而乃妄云知其源。因承师训，惘然如失，岂惟见之未见，实未试闻而

---

① 冲，《金丹正理大全》本、《道藏辑要》本作"神"，从《道藏》本。

未之闻也。愿垂慈悯，指示金丹。"

上阳子曰："道也，惟金丹之秘云耳！坐不可言，立不可谈，饮食不可见，非斋沐不可得而闻也。"

弟子各敬而退，一之日沐，二之日戒，三之日斋。

斋肃而进，稽颡而言曰："弟子宿生庆幸，遭际真师，实以愚迷，恐堕生死，一失人身，同于朽腐，谨受教矣，敢问金丹。"

上阳子曰："道也，金丹之所难言，不可得而易闻也。"

曰："何谓也？"

曰："子不闻佛之为说乎？佛之言曰：若说是事，诸天及人皆当惊疑。吾语汝也，且夫士有贤愚，人有明暗。若说是事，或惊或疑，此则有之。是无他也，为其根器浅薄，知识昏陋，是以然也。云何诸天亦复惊疑？则当于此究竟审问，须要知其必有可惊可疑之事者也。为他一切人，孰肯于'惊疑'二字上以索之。我缘督子作《仙佛同源》，每章晓以'惊疑'之说，使学者深思其旨也。子抑闻之庚桑者乎？陈人有庚桑楚者，自号亢仓子，得老子之道，著书九篇，居畏垒之山。其臣之画然，知者去之；其妾之挈然，仁者远之。拥肿之与居，鞅掌之为使。南荣趎闻其有道也，往而师焉。楚曰：'奔蜂不能化藿蠋，越鸡不能伏鹄卵。其才有巨小也。吾才小，不足以化子。子胡不南见老子！'趎因楚见老子。老子曰：'子何与人偕来之众也？'趎惧然顾其后，俯而惭曰：'今者吾忘吾答，因失吾问。'老子曰：'何谓也？'趎曰：'不知乎人，谓我趎愚；知乎[1]，反愁我躯；不仁则害人，仁则反愁我身；不义则伤彼，义则反愁我己。我安逃此而可乎？'老子曰：'若规规然，若丧父母，揭竿而求诸海乎？'趎愿闻卫生之经。老子授以至人之说。趎勤修之，道成封曰'洞灵真人'。子乃不闻之六清静乎？道也者，非六清静不可得而易闻也。"

弟子悚而退。一之日，不染诸尘，得身清静；二之日，慎内闭外，得口清静；三之日，不贪诸色，得眼清静；四之日，不着于声，得耳清静；五之日，香臭自分，得鼻清静；六之日，不起妄念，得意清静；七之日，焚百宝香，叩首而言曰："弟子今而清静矣，敢问金丹？"

---

① 乎，《金丹正理大全》本、《道藏辑要》本作"者"，查《庄子·庚桑楚篇》从《道藏》本。

曰："尔惟六识，得而清静。外有二识，安能清静？"

曰："云何二识？"

曰："含藏、传送，此二识也，非容易知之，况欲其清静者乎？且金丹之道，天之所禁。若欲闻者，奉誓盟天，登坛歃血，非率尔而可言，非一汝心而莫能可听也。"

弟子乃率卜吉，裂帛书丹，盟天登地，赍金为信，尽有为诚，心无所澄而清，志无所挠而一。顿首跪而进曰："弟子幻身，周知所措。光阴迅奔，生死是惧。伏为金丹之道可以不死，可以长生。喘息已残，愿垂怜悯，敢问金丹？"

上阳子曰："而独不闻之广成子乎，广成子千二百岁而形未尝衰，其'抱一守和'之至也。其非金丹之道也，安能若是其久乎？而又不闻之广成子乎，广成子曰：'至道之精，杳杳冥冥；至道之极，昏昏默默。无视无听，抱神以静，形将自正；必静必清，毋劳汝形，毋摇汝精，乃可长生。'而复不闻之巢父乎？巢父之让许由也，上流而饮其犊也。世之惟知巢父之洁也，而不知巢父之道之尊也。夫惟是道之尊，非巢父其能自洁乎？子抑听之乎？"

曰："敬受教矣。金丹之要，其是之谓乎？"

曰："未也。"

曰："敢问金丹？"

上阳子曰："大修行人，其志清静，用心猛烈。使闻金丹之道也，纵荣极要地，若弃粪土然。何哉？惟急于身也，而以名为恶也，为疾也。其商山翁然，其张子房然，其扶摇子然[1]。子岂不闻之扶摇子乎？扶摇子之得麻衣仙翁之道也。其小睡也，三年而一觉；其大睡也，未可以年而计，以劫为度也，而且无浊劫焉。其以诗而复宠，命曰：'刚被山童一向推，为言天子诏书来。无非只说名和利，撇在床头不用开。'是知名与身孰亲？是谓知止不殆，可以长久也。其次也，又有富家翁焉，有贵公子焉，以精进勇猛为心，使闻金丹之要，则弃其所爱，改而行于大道也。其陶朱公焉，其庞居士焉，其马宜甫焉。岂不闻之马宜甫之说乎。马宜甫，东州富室也。重阳老仙授以至道，

---

[1] 商山翁：秦末东园公、绮里季、夏黄公、甪里先生，避秦乱，隐商山，年皆八十有馀，须眉皓白，时称"商山四皓"，亦称"商山翁"。张子房：即张良。扶摇子：即陈抟。

乃即弃其所有，舍其所爱而修道焉，即丹阳祖师也。是以身多于货也。又其次也，若困若窭，财之不充乎用，而志也坚。忙忙汲汲也，复忘寝失哺也。既闻至道而乏丹财，则兢兢业业，遇有余而好善者，则相贸易也。是名法财两用，彼此而不欠也。是其心诚之不可移易。其张天台然，其邓郁之然，其薛紫贤然。子不闻之紫贤之说乎，紫贤削发为僧曰'薛式'，究竟佛法真性，积年无着落。一日寓杏林驿，蒙真人石得之授以性命真要，且戒之曰：'可速往通邑大都，依有力者图而为之。'紫贤从之，是成道焉。[①]子复不闻神仙邓郁之之事乎，邓郁之与真人徐灵期遍投师焉，一旦忽遇至人授以金鼎火符之道，遂谋修炼。而二人所带货财，惟充一人丹财之用，郁之悉让灵期，灵期得以成道上升。而郁之闻道乏财，艰难未遂，惟志不移，忽感祖师怜悯，一日台司奏云：'少微星现南楚长沙分野。'武帝敕采访之，遂索得郁之以应命。诏问所以，曰：'贫道修炼金液还丹之道，而缺丹财。'乃赐金帛子女，许于南岳选地，置上中下三宫，修内外二丹，二年余就石坛而升天也。是其心也，急于成道也；是其心也，恐负师旨也。今时之人也，方其未闻道也，亦不知急于闻也。且不知为道之何谓者也。或因以见知，或偶而闻之，亦不急于行，亦不果于成。唯是多闻也，唯是多辩也，唯是多能也。展转而蹉跎也，依稀而皓首也，同归于泯灭而已矣。英雄功名如斯而已，子女玉帛莫之及矣，是之谓下士者也。复有多疑而少信者，谓之常人，又孰知金丹大道是一何事也？是云何谓也？或得闻是道之名也，则毁笑随之矣。彼人也，其谓仙佛也，天之所生，必从天而堕者也。彼且相聚而议曰：'世人而欲学仙、学佛者，所未见者也。'覆盆之下，而求大明者实难。曾不知彼醯鸡也，离乎罂瓿则失天！又恶知鸟之栖深山也，其飞则冲天，安有区区之恋恋者乎！又恶知鱼之游于江湖也，洋洋焉，悠悠焉，禹门之跃也，三跃而化龙。彼醯鸡之卑微也，岂得而知乎龙？彼人也，斯之谓也，岂得而知乎仙？彼人也，乃不知夫即有待之速者也。地也，待其齿毛；水也，待其血液；火也，待其光华；风也，待其活动机变。是四者已待之速，而复有待之甚也。是轮回也，尤速于待者也，又待之多者也。彼人也，甘也，分也，曾莫之悔。汝其记之。"

---

① 《悟真篇注始末》：得之（石泰）悉以口诀真要授之，既而戒之曰："此非有巨室外护，则易生谤毁，可疾往通邑大都，依有力者，可即图之。"道源（薛道光）弃僧伽黎，幅巾逢掖，来京师，和光混俗，以了大事。

弟子皆悚慄然。

上阳子曰："是金丹也，非有大智慧之根器，非有大丈夫之真实，非有大因缘之遭遇，又奚可得而冒闻者乎！今夫真仙圣师，未逢精进勇猛之士，奚又可得而冒禁者乎？"

弟子伏地曰："愿广慈悲，开济愚昧，今身不死，是即再入于炉鞲也。弟子誓已，敢问金丹。"

曰："金丹也，不辞而为汝道。夫得易也，则失于轻。夫妄闻也，则信不笃，上累师资。紫阳真人之慈悯故也，三传于人，而三遭天谴，册载事存，可不戒之乎①！"

弟子悲泣曰："宿缘会遇，使走骸余尸再生再活，弟子不敢泄慢，不敢背逆教旨。倘渝盟也，则一身屠戮，九祖同愆，伏愿哀怜，指示金丹。"

曰："来，汝之身也，而祖也，是积累之有，吾岂不为汝道也。然知之非艰，而行之惟艰，其敬之欤，其慎之欤"

弟子再拜曰："师恩罔报。"

上阳子曰："金丹者，即金液大还丹也。以金精而就木液，故谓之'还'；以金火养炼而成，故谓之'丹'。何谓金？盖金者，铅也，而非世间之凡铅也，非从土石中出者。是铅也，隐于造化窟中，乃从先天地而生。此铅既生之后，日夜增长，至二八一斤之数，是云'足'也。故于后天地而存者，是以非内、非外，而又亦内、亦外，是假名之曰'内外二丹'也。又经云：'上药三品，神与气精。'一切学人，将此经语，直以为身中之物，乃运气搬精以为养神，谓之'修行'。非也。此精也者，非交感之精，乃金精也；此气也者，非呼吸之气，是铅之气也；此神也者，非思虑之神，乃金刚之神也。发明到此，方信所谓诸天及人，皆当惊疑者也，方知下士大笑之说者也。是

---

① 张紫阳《悟真篇》后序：仆自己西岁，于成都遇师授以丹法。自后三传非人，三遭祸患，皆不逾两旬。近方追忆师之所戒云：异日有汝解缰脱锁者，当直授之，余皆不许。尔后欲解名籍，而患此道人不知信，遂撰此《悟真篇》，叙丹药本末，既成，而求学者辏集而来，观其意勤，渠心不忍吝，乃释而授之。然后所授者，皆非有巨势强力，能提危拯溺、慷慨特达、能明道之士。初再罹祸患，心犹未知，竟至于三，乃省前过。故知大丹之法至简至易，虽愚昧小人得而行之，则立超圣地。是天意秘惜，不许轻传于非人。而仆不遵师语，屡泄天机，以其有身，故每膺谴患，此天之深诫如此之神且速，敢不恐惧克责。自今以往，当钳口结舌，虽鼎镬居前，刀剑加项，亦无复敢言矣。

故上士闻之，勤而行之也。"

弟子惊喜顿首问曰："既云金铅，却云非凡铅也；既引经言精气神，又云非身中之物。弟子以幸闻而喜，因闻所未闻而惊者也。愿始终开导以释下怀。"

上阳子曰："夫天一生水，是为气也。水居北，正北为坎位，坎中有铅，故曰非凡铅，乃真铅也；是谓铅之气也，故曰非呼吸之气也。何谓金精？夫地四生金，金本居西，西乃兑之正位，取金当于正西兑位是也。大修行人，颠倒取之，盖先天地之金，乃寄胎于子，子正位为坎，故于坎中取此金也，是曰'金精'。是云'逆而取之'也。坎中之金，乃兑位所寄乾，乃坎兑之中也，故曰'乾金'。大修行人，取此乾金，归于黄金室内，运调真火炼之成丹，故曰'金丹'也。"

弟子感悟再拜，信受如不胜闻。

仙佛长生第六

弟子伏地而启曰："仙也、佛也，必是金丹之道而后能证仙佛者乎？"

上阳子曰："而不得闻之老子乎？老子之得无上元君者也。无上元君谓老子曰：'子不闻长生乎？长生之功由于丹，丹之成由于神。'老子得此勤修而成。后士成绮问道于老子，曰：'夫道，于大不终，于小不违。广乎其无不容也，渊乎其不可测也！夫至人极物之真，能守其本，故外天地，遗万物而神未尝用也。'老子之谓南荣趎曰：'能抱一乎？能勿失乎？能舍诸人而求诸己乎？能翛①然乎？能侗然乎？能赤②子乎？赤子动不知所为、行不知所之，身若槁木之枝，而心若死灰。若是则福亦不至，祸亦不来。祸福无有，恶有人灾？'老子之谓孔子曰：'至阴肃肃，至阳赫赫。肃肃出乎天，赫赫发乎地，两者交通成和而物生焉。'夫真铅者，至阳也；真汞者，至阴也。大修行人，将彼先天地之真铅，归于悬胎鼎内，以真汞合之，炼成金丹一粒，吞入黄金室内，养就婴儿，胎完卦足，神化出入，纵横天地，无有死坏，是为仙也。帝释谓释迦曰：'诸行无常，是生灭法。生灭灭已，寂灭为乐。'③此即交通成

---

① 翛，《道藏》本作"修"，从《金丹正理大全》本、《道藏辑要》本。
② 赤，《道藏》诸本作"儿"，校者改。
③ 见《大般涅槃经·卷第十四·圣行品第七》。

和之义也，释迦修之而为佛也。"

道非言显第七

弟子复进曰："道即金丹也。而道始无名，至老子乃强名之曰'道'。而老子著五千言，未尝言金丹者也，弟子实蒙疑焉。敢问何以？"

上阳子曰："老子未尝不言，特不之显题耳！"

曰："何谓也？"

曰："老子云：'常无欲以观其妙，常有欲以观其窍。此两者，同出而异名，同谓之玄；玄之又玄，众妙之门。'老子曰：'有物混成，先天地生，寂兮寥兮，独立而不改，周行而不殆，可以为天下母。吾不知其名，字之曰道，强为之名曰大。'是以后来称之曰'大道'者是也。古之圣人也，或正言，或方言，或卮言，或寓言也。是金丹也，皆存于言表也，而言之中乃含之而已矣。奚可显而言之者也？"

曰："老子之不显也，千古之上，固未有显言者；万世之下，复不可得以言而显之也。世渐薄而入暗，自非师旨，寝不可以闻金丹之大道也。"

曰："昔者广成子之授黄帝也，广成子曰：'慎汝内，闭汝外，多知为败。我为汝遂于大明之上矣，至彼至阳之原也；为汝入于窈冥之门矣，至彼至阴之原也。'黄帝稽首再拜曰：'广成子之谓天也。'黄帝修之，鼎湖之举，骑龙上升。后之继修者多矣，若传豫焉，若录图子焉，若务成、许由焉，若善卷、锡则焉，若支邑、郭叔焉，若老彭、鸱夷焉，且隐而深密者尤多。老子者，犹龙者也。以道为已也，惧而将息也，乃优游以存其道焉。或出或隐，非世人所能识量者也。故自关令之八传也，黄石公出焉；又五传也，河上公出焉；又三传也，阴、徐二真君出焉。魏伯阳真人，得之于徐也，乃准《易》而作《参同契》之书，指出铅汞砂银而以传于辅元天师也。自张、葛、许、吴之功成，而钟、吕、刘、王之派接。列仙相踵，子传序书，皆明此金丹之道也。天台紫阳《悟真篇》出，金丹火候愈明。我师缘督子复作《金丹难问》、《仙佛同源》等书，是金丹之道至此而大备矣。世降人浮，华而不实，上士乃不一见，又安足以语道哉？"

脱胎去留第八

弟子复进曰："敢问金丹之言脱胎者何也？"

上阳子曰："天机深远，未可猝闻。"

弟子曰："今而不言也。夫时也者，可乘而不可失，此因缘时节之来者也。今而不闻也，非乘时之谓也。"

曰："将语乎汝，若秘之焉。夫先天地铅汞之一合，而归于黄金室内，是云'金胎神室内'也。却运火符，十月乃足，是云'男儿怀孕'也。"

曰："胎完已后，其功如何？"

曰："十月功足，是圣胎已就也，则移居上丹田保养之，长大之，至一周二载，则化为阳神。阳神出入，去来无碍，是云'脱胎而去'也。"

曰："是则此身抑有死坏耶？"

曰："难言也。"

曰："愿师指示。"

曰："夫一切常人，闻暗识污。其谓神仙，即得道矣，必合留形长生，永居于世者矣。此凡俗之说也。仙与佛则不然。"

曰："敢问其方？"

上阳子曰："盖有身，则有患，仙佛欲去其患也。虽然仙道已成，无所不可，各随所欲焉。有白日飞肉尸者，黄帝之谓也；有优游而住世者，彭祖之谓也；有受命而居天职者，天师之谓也；有或隐而或显者，黄石公之谓也；有拔宅上升者，旌阳之谓也；有示疾而终世者，重阳之谓也；有尸解而脱壳者，紫清之谓也；有入仕而臣世者，东方朔之谓也。各随其所欲，初不拘于长生而住世也。"

曰："若是则飞升而居天职者为上；长生为次；尸解示疾又其次。"

曰："否。"

曰："愿闻其略。"

曰："子不闻之河上公之居于河滨也，声闻于阙。文帝车驾礼焉，曰：'普天之下，莫非王土。率土之滨，莫非王臣。域中有四大，王居其一。子虽有道，犹朕民也，不能自屈，何乃高乎？朕足使人富贵贫贱。'须臾，河上翁冉冉升于空中，曰：'今上不至天，中不累人，下不居地，何民之有？'

帝悟，礼谢。遂授以《老子章句》。毕，失所在。子抑不闻之苏公堤之说乎？宋有苏卿云者，乃管仲、乐毅之流也。隐居豫章，张德远荐以为相。高宗令其寻访之，德远奉命作书，托守臣躬亲禀请。及造其所，乃一人独居茅舍，日以种园织履为生，得书不剥，佯许诣朝，其夕隐去。翌早，守臣悉来迎接，惟见请书留案，遗一诗云：'多年别作一家风，岂料闲名达帝聪。自有时人贪富贵，莫将富贵污苏公。'后名其处曰'苏公堤'云。斯人也者，其列御寇之流乎？其子陵之流乎？其范蠡之流乎？子不闻之列御寇乎，列御寇居郑国也，四十余年人无识者。其始事壶丘子也，闻道而志不笃。复师老商氏，友伯高子，相规以道。御寇行之九年，乃能御风以行。子又不闻之范蠡乎，蠡之为越相也，一举而灭吴，乃曰：'功高不可以久处。'遂飘然游于五湖。齐君闻其贤，聘而往相焉。曰：'大明之下，不可以久居也。'乃去之，易名更姓，称陶朱公，将营财以养其老。忽遇濮上人文子者，辛鈃，字计然，授以长生之道。乃又曰：'财者，所以就事也，道成则无用财也。且财曰利，利能害人。如此则财不可以久积也，孰若吾身之多于财也。'竟散其财而隐去，后修其道而仙焉。若此者，多不可以枚数。噫！彼神仙之去留，岂世凡所能测之者哉。"

三教一家第九

弟子曰："蒙师指示金丹之道也。敢问古之圣人，立教分三，师乃合三教而归一家。夫如是矣，道惟一乎，抑有三乎？"

上阳子曰："天下无二道也。昔者孔子曰：'参乎，吾道一以贯之。'老子曰：'万物得一以生。'佛祖云：'万法归一。'是以谓三教之道一者也。圣人无两心，佛则云'明心见性'，儒则云'正心诚意'，道则云'澄其心而神自清'，语殊而心同。是三教之道，惟一心而已。然所言心，却非肉团之心也。当知此心，乃天地正中之心也；当知此心，乃性命之原也。是《中庸》云：'天命之谓性。'《大道歌》云：'神是性兮气是命。'达磨西来，直指明心，见性成佛。是三教之道，皆当明性与命也。孔子曰：'一阴一阳之谓道'。老子曰：'万物负阴而抱阳。'六祖教旨示云：'日与月对，阴与阳对。'是三教之道，不出于阴阳二物之外也。孔子曰：'成性存存，道义之门。'老子曰：'玄之又玄，众妙之门。'佛云：'无上真实，不妄之门。'是云三教各门而同归者也。是以教虽分三，而道则一也。若云有二者，即非圣人之心也。后之所谓三教者，各指其门而不能升其堂，况欲入其室乎！是以尊孔子者谓之'儒'，虽读其书而不知其性命之道也；尊释迦者谓之'佛'，日拜其佛而不知屋里之真佛也；尊老子者谓之'道'，日游于中而不知金丹之大道也。是皆名而不实也。其崇儒者，是非今古，訾毁佛、老，却不明孔子一贯之道是何物也；其尚佛者，口谈禅机，勤劳枯坐，而不明最上一乘之道是何物也；其习老氏者，烧结汞砂，弄尽傍门，却不明金液还丹之道是何物也。若知还丹之道而勤修之，则谓之'上仙'；若知一乘之道而勤修之，则谓之'真佛'；若知一贯之道而勤修之，则谓之'大圣人'矣"。

曰："三教各门，而道则一，弟子敬受教矣。而又有一贯、一乘、金丹之道为异，敢问其名之不同欤？"

曰："一贯，即一乘也；一乘，即金丹也；金丹，即一贯也。夫人皆禀阴阳二气之全而生者也。既禀阴阳二气，则必能变化矣。物之久者成精，松之久者成茯苓，鱼之久者化龙，草之腐者化萤，而况于人乎？人也者，为万物之灵也。人能久固其真也，谓之'真佛'；人能久存其神也，谓之'神仙'；人能超凡入圣也，谓之'上圣'。皆不离于性命，皆不逃于阴阳也，而皆出入于心，总谓之'金液还丹'，是云'圣人无两心'也。"

曰："上圣大贤，已证高仙佛果，其视下也一撮而已，祸福奚为？乃谤道诋佛之人，多有报之者，何也？"

曰："否。一切仙佛已成道矣，或居天职，或住世间，匡救劫运为心。一切凡间万宝供养，百般布施，立寺度僧，写经造塔，奉迎佛骨，音声法事，是皆无益。论者亦欲正其所正尔，亦又何罪焉？但其辞峻，又未得其道，乃引古之是而证时之非，不能济事救时，反成谤诽，旋受其咎，宜矣！彼仙佛者，奚屑屑于是哉？后来缁黄之流，见其排斥之文，以为詈己，何其昧哉？儒者见佛、老之书，不肯深明其道有可取者，例言异端，即肆诋毁，以招其明，是又惑之甚也！夫汉之贤，子房为高，乃从赤松子游，万世之下无能及者；唐之贤，李白为首，而号为谪仙；宋之贤，子瞻为亚，而呼为坡仙者也。以其教则毁之以为异端，以其名则美称而借重，假使诚得其道而为真仙、真佛，则孰云不美乎？见之偏者，各不识羞，故相毁也。古之圣贤，自相尊礼，惟明是道而已矣。今指佛、老为杨、墨，差了多矣。况三教多儒名而墨行者，亦多墨名而儒行者，况仙、佛乎？上士至人，惟求其道而弃其余也，故云'天下无二道'。"

世人皆得第十

弟子问曰："古今之所以成仙作佛者，富贵乎？贫贱乎？"

上阳子曰："此莫得历历而尽也。富贵也，贫贱也，皆可修也。若大路焉，若傍蹊焉，在人之行何如耳！"

曰："弟子敢问所以者何？"

曰："昔者黄帝问道于广成子，广成子谓黄帝曰：'彼其物无穷而人皆以为终，彼其物无测而人皆以为极。得吾道者，上为皇而下为王；失吾道者，上见光而下为土。今夫百昌皆生于土而返于土，故余将去汝入无穷之门，以游无极之野，吾与天地为常。'黄帝修之，骑龙上升。无上元君谓老子曰：'神丹入口，寿无穷矣。'老子修之，是为道祖。后言金丹之道，为黄老之术。不知圣人所传，乃金丹之道，修仙作佛之大事，非术也。是道也，非得真师口传，安有天生而自会者耶？人但坚心求师，无分富贵贫贱也。是以老子为柱史，彭祖为大夫，仇生仕殷，吕望太师，伯矩为卿士，尹喜为关令，辛銒、崔瞿皆上大夫，庚桑隐毗陵，子休治漆园，留侯帝者师，四皓辅汉惠，常有执鞭，琴高执笏，宁封陶正，方回间仕，辅光仕汉，马丹仕晋，旌阳为令，正阳弃官，许大顾仆，纯阳应举，海蟾燕国之相，弃富贵而修行。故有诗云：'抛离火院三千口，屏弃门兵百万家。'丹阳祖师，富贵者也。两试殿庭，年四十五遇重阳翁，乃捐万有，归于虚无。侍师乞化，备历辛苦。结谭、丘、王、刘、郝为弟兄，自相规戒，忍诸忧辱。其云游也，常引古诗云：'三山有侣人情淡，四海无家道义深'之句。得其传者亦多，惟萧房公最先道成。我太虚真人，得黄房公之传，以授先师紫琼真人，而我师缘督子得紫琼之道焉。凡此言其略也。又如东方朔之于黄眉翁，安期生之于羡门子，鹿皮翁之于王方平，陆修静之于孙游岳，陶弘景之于王知远，叶天师之于罗公远，种放拜希夷，处厚之就紫阳，富韩公之于王冲熙，朱晦庵之礼崔子虚，刘志略之交六祖，庞居士之礼马师，傅大士会嵩头陀，崔相国参东寺会，陆大夫见投子，陈尚书见陆州，慈明依昭阳，良遂见磨谷，赵霜台送仰山，杨文公见石门，李万卷见归宗，裴相公礼希运，于迪参紫玉，房儒问国一，韩昌黎礼大颠于广，李刺史礼药山于荆，范文正礼古塔主于江东，李文只参石门于京南，杨翰林礼惠琏于西京，张无尽礼雪峰于湖南。类此甚多，不能悉数。是皆王大人折节而卑礼者也。虽然参有实参，亦有妄参。妄参者，则意里非真；实参者，则言下悟旨。悟旨者进求，非真则诋谤。诋谤者，岂知自毁；进求者，必成道焉。进者，更在心坚；毁者，终为口业。口业者，虽贤能而失本真；心坚者，虽愚贱而跻圣位。信者即在眼下，学者可不戒之。且以仕而问道也，因在仕以济其道焉。问道而未仕也，将假途以成其道焉。或隐于仕宦，或隐于贱役，或隐于尘世，或隐于山林。财之足用，则散之也；不足，则求之也。惟务道之成，何分于富贵贫贱也。"

观水得道第十一

上阳子示诸弟子曰："来，予有以语夫汝也。且吾尝而观夫水之道，暗合于吾之大道也。子不知夫水之道乎，抑不知其水之广乎，则讵得而知乎水之清也耶？子来，且将以语汝也，语汝以水之源者也。子学大道，而不知水源，其于道也，若有适而不知其舍也，则将焉往乎哉！今语以水之源，其源也，悬崖壁立，孤峰危石，峭险万仞，仰之则弥高，旷穴难测；钻之则弥坚，思而不可得，瞻之在前，见之不可用，忽焉在后。是圣也，是凡也，是神也，是鬼也，且如奔电不敢以一窥也。深窈窈焉，黑漫漫焉，须弥山上望之，若大海焉，此为水之源也。故名之曰'涅槃境界'。其中有泉出焉，皎皎如甘露，滴滴如明珠，溶溶如龙涎，涓涓如凤髓，亦琼浆之谓也，亦酥酪之谓也。其始之流也，若经乎红波秽浊，待夫两昼夜，旖旎乎三百里，此焉而得水也，是水之至清者也。是云水之源者也，有华池焉，有曲江焉，有癸穴焉，有庚涡焉。此水者，其白如银，其清透底。且吾得闻至人之真言也，至人曰：'水之清也，中有白金，化为黑铅，纷纷如空中雪，皑皑如太素烟。此水也者，得先天地一阳之正也。此水者，不寒也，冬温也；不热也，夏凉也。执热者浴焉，思涸者饮焉。饮此水者，无饥渴之害也，无睡眠之恼也，无死生之念也。子其记之，是水也，或清或浊，浊者远而清者近也。浊也者，人饮之而醉也；清也者，人得之而醒也。是水也，又流五百里而漏焉。

当其漏也，弗睹也，无庸而知也。行且一月矣，至于万丈红崖绝壁之口，有月窟焉，有子汇焉。又有子午谷，有金华池，于此而复得其源，是源之再清也。或瀑焉而逆注，或寝焉而血液，或溜焉而素练，或科焉如碧潭。恍惚杳冥，总流而合于溪，溪合而会于河也。至河则汪汪焉、荡荡焉、浩浩焉、渺渺焉，不可测其涯涘也。于是时也，私谓得其水之至矣。而犹有所未至也，于是分泾渭，泛五湖、沂黄河。清流也则行焉，洪波也则息焉。遨游而至于大海也，乃索焉而惊。大海者，无边际也。专于一诚，兢兢战战，惟一精纯，则不至于丧身而失命。子其记之，吾复闻至人之言曰：'大海者，天下之水归焉。'昔蒙庄之鹏运也，以六月而一息，其息也者，则饮于此海也。子其记之也，大海者，人不得而窥其洋也，不得而测其深也，不得而知其广也。有真人焉，吾就而问之。真人之旨曰：'大海者，万谷所以流入者也，百川所以归纳者也，为江汉之所宗朝者也。'真人之旨又曰：'此特其近焉者耳！夫知大海之说者，水逆流焉。大海之水逆流者，上接于天河。水之逆流至于天河，故有一消一息之道焉。'子其记之也，夫水之逆流，是水之至者也。吾乃今而所以得水之至者也。夫得水之至者，有道存焉，子其记之也欤！"

弟子曰："诺！水之至者，则知有道存尔。"

上阳子曰："汝来，吾复有以语子也。且吾尝而学焉，其昔之为学也者，工骈俪，习声律，穷今古，喜注述，谈性理，分是非，大而易，小而术，益不倦于学也，斯谓为学之至矣，而未知其所有未至者也。且不知夫世之有真人者，抑不知信世有成仙作佛之道者也。我师赵真人，从大涤山修行，来授我以金丹之道，并合天河逆流之说，吾乃今而所以知为学之有未至者也。子其记之也。水之道，未至逆流，则不知其极也；人之学，未闻长生之道，亦未为学之至者也。夫海之接于天河，则知水有逆流之道。人之为学而知乎道，则知身之可以长久也。子其记之也欤！"

弟子曰："诺！为学而知乎道，则知身之可以长久也。是闻一也，而得二焉。得水之道焉，得长生久视之道焉。"

见性成佛第十二

弟子问曰："天下无二道，固则然矣。老子之道，惟金丹之道。金丹之道，是性命之道也。而达磨西来，惟直指人心，见性成佛，岂此而出金丹之外乎？"

上阳子曰："达磨之道，即金丹之道也。世人根器，各有利钝，佛祖慈悲，方便立名。后之学人，智者过之，愚者不及也。夫何以故？智者不明脚跟底实际里一件大事，辉耀古今，回脱牢笼，能杀能生，一死一活，此处既昧，则任脚跟走也，故云'过之'。愚者不闻肉团上有个无位真人担荷大事，此处既昧，却以诵经、持斋、念佛、兀坐，将此而求见性成佛，抑何愚哉！故云'不及'。"

曰："见性即成佛乎？"

曰："傅大士云：'饶经八百劫，终是落空亡。'夫见性犹闻道，而成佛犹成道也。闻道须行，故上士闻道勤而行之；见性须修，故雪山修行积年而证佛位。奚有不学不修而以见性成佛乎？"

问曰："蠢动含灵，皆有佛性。又曰：见解知识，为灵明知觉。二者云何而能成佛？"

曰："见解知识之性，不能成佛。惟蠢动含灵之性，则能成佛。"

曰："异乎所闻！敢问蠢动含灵之性，为己性乎？"

曰："然"。

曰："何哉？"

曰："彼见解知识，乃是非业障之性；此蠢动含灵，乃造化之性，万灵之性。人惟不知蠢动含灵之性，所以难逃生死，迷于涅槃。彼见解知识之性，以声色憎爱而为执着妄想；此蠢动含灵之性，处污秽而有大机大用。彼见解知识之性，起于六贼门头，日为恩爱缠缚，无有休歇；此蠢动含灵之性，在脚跟后，如如不动，得大自在。古德云：'地狱未苦，袈裟下不明大事，是为最苦。'世人岂认蠢动含灵之性，即真佛性。悟此真佛，则知屋里自有，却非木雕泥塑，故云'真佛屋里坐'。到此方为见性成佛，所以道即心是佛。若不悟屋里真佛，即我之真性，却认见解知识之性为佛，犹认他姓为我子，差了多也，所以道心不是佛。既悟我之真性，即屋里之真佛，则此性、此佛，犹是四大假合底，未及长卢四会之功。所以道非心、非佛。若悟我性，是我真佛，分明了也。假之而修，假之而成，所以道见性成佛。故雪山四十二年，少林九年冷坐，实皆为此一段公案者也。"

图像归源卷第八

太极图

太极分判图

先天太极图

后天太极图

金丹九还图

金丹七返图

金丹五行之图

天一生水，水中真阳之气为黑铅，铅乃五金之祖。金正位居西，不曰金而曰银者，象兑之色白也。金本生水。修丹之士，却于坎中取金者，以母隐子胎故也。地二生火。火中真阴之精为黑汞，汞乃朱砂之父。汞正位居东，不曰木而曰汞者，即震宫之木液也。木能生火。修丹之士，却于离中求木液者，以弦气所在故也。

太极顺逆图

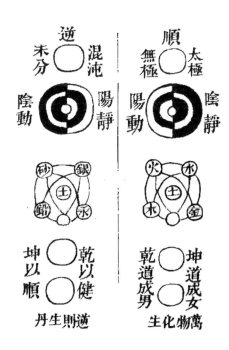

元炁体象图

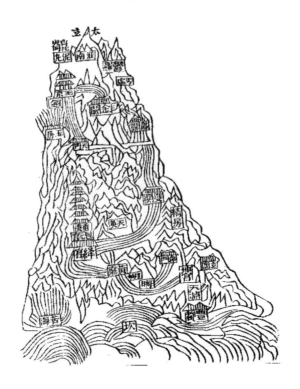

金丹三五一图

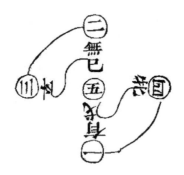

紫阳翁曰："三五一都三个字，古今明者实然稀。东三南二同成五，北一西方四共之。戊己自然生数五，三家相见结婴儿。婴儿是一含真气，十月胎圆入圣基。"

上阳子曰："一，乃天地之祖炁。明三五一者，即知真铅之所生。"

清浊动静之图

大道生一炁，一炁中分阴阳。阴浊而阳清，雌黑而雄白。太上曰："知其白，守其黑。知其雄，守其雌。"故《经》云："清者浊之源，动者静之基。人能常清静，天地悉皆归。"泥丸云："我昔工夫行一年，六脉已息气归根。如今通身是白血，已觉四季无寒热。"紫阳云："黑白相扶是水金。"

上阳子曰："乾坤为体，却归坎中之白以还离，故云'金丹'。"

宝珠之图

宝珠一颗初，产于蚌胎之中，养护于骊龙之额。世尊得之，号曰"牟尼"；天尊得之，号曰"黍米"。大修行人，要知此珠端的，即是坎离既济之一点也。与天地合德，日月合明。曰牟尼珠者，龙女所献也；曰元始悬一珠者，海蚌取之也；曰如意珠者，姹女所配也；曰火珠者，骊龙额下之物也。凡世之珠，虽径寸，可玩而有价。此珠虽至微，不可玩，不可见，而无价之宝也。

金丹四象之图

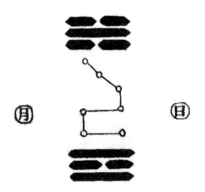

日月，乃乾坤之精；离坎，乃阴阳之用。以乾坤为鼎器者，取日月之精也；以阴阳为炉炭者，会坎离之气也。丹法颠倒，为地天泰；丹道翻覆，为水火既济。《经》曰："日居离位翻为女，坎配蟾宫却是男。"不因师指，此事难知。

金丹八卦之图

卦者，象也。有体则必有用，有变则必有合。如以艮为体者，则以坤为用；以震为体者，则以兑为用。《易》曰："西南得朋，乃与类行。"犹离以坎为用也。修金丹者，取金于兑，而兑为白虎，专以食啖为心，其害人伤物为不少。若能制御震宫之青龙，则自能降其虎矣。金丹者，只降得白虎一物，余皆易事耳！夫兑生于坤，而代坤行道。乾金生兑，初因朴散，乾乃寄金于坎，号曰"黑铅"。取兑金于坎者，母隐子胎也。释云："一口吸尽西江水"者，此也。

<h2 style="text-align:center">形物相感之图</h2>

老君曰："内观其心，心无其心；外观其形，形无其形；远观其物，物无其物；三者既悟，唯见于空。"释氏云："乾坤之内，宇宙之间，中有一宝，秘在形山。"又曰："吾有一物，上挂天，下挂地，诸人还识么？"《易》曰："形而上者谓之道。"又曰："男女媾精，万物化生。"三教修行，不离形物，故丹阳翁云："速把人我山放倒，急将龙虎穴冲开。"伯阳翁云："耳目口三宝，闭塞勿发通。真人潜深渊，浮游守规中。"领悟到此，方知龙虎之形，龟蛇之物，皆从人身中而有，非此二物不能交结，圣胎至妙毋忽。

明镜之图

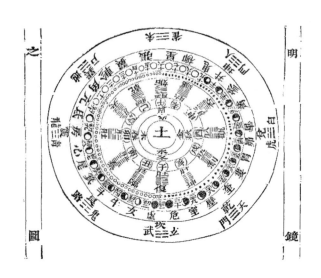

紫阳丹房宝鉴之图

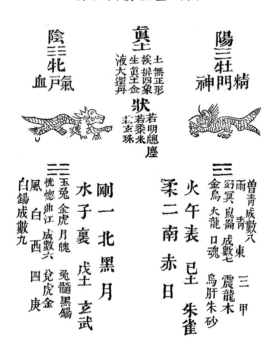

悬胎鼎

　　鼎周围一尺五寸，中虚五寸，长一尺二寸，状似蓬壶。亦如人身之形，分三层，应三才。鼎身腹通直，令上中下等均匀，入炉八寸，悬于灶中，不著地，悬胎是也，又谓之朱砂鼎。张随注云："又名威光鼎也。"

铁牛图

满庭芳

　　真铁牛儿，形容丑恶，性刚偏好争驰。人人皆有，那个解牵骑。种就黄芽满院，更须用，神水浇之。中宫里，若无此兽，安得结婴儿？

　　乾坤真动静，生成家活，总赖于伊。饥餐虎髓，渴饮水银池。夜半牵车进火，霞光迸，海底腾辉。牧童笑，华池宴罢，乘个月明归。

偃月炉

炉面周围约一尺二寸，明心，横有一尺，立唇，环匝二寸，唇厚二寸，炉口偃开，锅釜又如仰月状，故名偃月炉也。张随注："又名太一神炉。"

铅汞

汞、参、妻、臣、水银、流珠、玉液、神水、姹女、玄女、木液、白雪、碧眼胡儿、青衣女子、东海青龙、交梨、浮、阴火白、宾客、种子、天魂、丹基、黑龟精、阳中真阴、下弦银半斤。（以上汞之异名。）

金丹、火丹、内丹、还丹、神丹、真铅、大药、婴儿、谷神、圣胎、刀圭、七返、玉壶丹、紫金丹、绛雪丹、赤赫金丹、龙虎大药、金液还丹、玉液还丹、九还丹、紫金霜、真黄芽、真阴阳、真玄牝、真父母、真龙虎、真种子、真主人、真铅汞、真一、宇宙之主、秋石、河车、金公、金妃、阳丹、金鼎君、黄男、三五一、美金花、摩尼珠、白马牙、水中金、玉液金砂、神符白雪、龟精凤髓、兔髓乌肝、日魂月魄、壶中日月、先天地精、太乙含真气。（以上铅汞合名。）

铅、商、夫、君、金液、金华、玉池、华池、婴儿、黄男、金精、黄芽、白头老子、素练郎君、西山白虎、火枣、沉、黄芽铅、主人、父母、地魄、丹母、赤凤髓、阴中真阳、上弦金八两。（以上铅之异名。）

紫清金丹火候诀

真火本無候　攢簇乾坤造化來　手搏日月煉成灰
金公無言姹女死　黃婆不老猶懷胎
鉛爐慢養真金液
土釜先乾活水銀

大藥不計斤　汞心煉神赤龍性
內外渾無一點陰　鉛身凝蒸白虎命
萬象光中玉清境

丹法参同十八之诀

一采药：收拾身心，敛藏神炁。

二结丹：气凝聚，念不动。

三烹炼：金液炼形，玉符保身。

四固济：绝念，忘形。

五武火：奋迅精神，祛除杂念。

六文火：温温不绝，绵绵若存。

七沐浴：洗心，涤虑。

八丹砂：有无交入，隐显相符。

九过关：果生枝上，子在胞中。

十分胎：鸡能抱卵，蝉到成形。

十一温养：知白守黑，神明自来。

十二防危：一念外驰，火候差失。

十三工夫：暮采朝收，时烹日炼。

十四交媾：念念相续，同成一片。

十五大还：对景无心，昼夜如一。

十六圣胎：蛰其神，藏其炁。

十七九转：火候足，婴儿现。

十八换鼎：子又生孙，千百亿化。

林神凤金丹法象投壶图

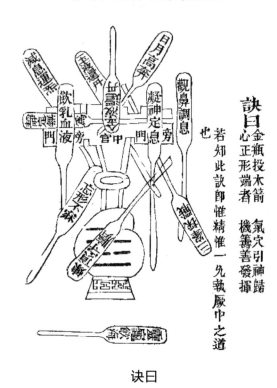

诀曰

金瓶投木箭，气穴引神归。

心正神端者，机筹善发挥。

若知此诀，即"惟精惟一，允执厥中"之道也。

天地先生曰：（天地先生，东吴人也。）

万搬作用尽狂图，独有金丹可入壶。

识得不空无有理，修真方不费工夫。

仙派 ①

太极先天老子

妙无天帝太极之初出生三气，为玄、元、始。始炁化生先天老子。自尔以来，先天老子乃以玄炁时时而下 ② 生。

万法天师、有古大先生、郁华子、大成子、广成子、随应子、赤精子、录图子、务成子、尹寿子、真行子、锡则子、古邑先生、籛铿、商容。

先天老子，虽世世化度，而未显诞生之迹。乃于商十八王阳甲时，寄胎于玄妙玉女身中八十一年，方于武丁庚辰岁二月十五日卯时降诞，指李为姓也。

后圣玄元太上老子、东华紫府辅元立极大帝、正阳开悟传道帝君钟离权、纯阳警化孚佑帝君吕岩、海蟾弘道纯佑帝君刘操、重阳全真开化帝君王嚞、丹阳抱一无为真君马钰、长真云水蕴德真君谭处端、长生辅化明德真君刘处玄、长春演道主教真君丘处机、广宁通玄太古真君郝大通、玉阳体玄广度真君王处一、清净渊贞顺德真君孙不二、黄房公披云德光真人宋有道、太虚栖真双玉真人李珏、祖师紫琼子张模字君范、缘督子赵友钦、上阳子陈致虚。

钟吕二仙庆诞仪

序班　法事　洒净　行香

恭闻，时维四月，宜首夏之清和；卦满六阳，喜纯乾之中正。际圣师诞生之旦，申后人朝贺之诚。清众同声，香花奉请。

举香花请，三声。

谨拜请：先天道祖太上老君三教得道先圣仙师、文始天尊尹先生、太和尹真人、太极杜真人、泰清彭真人、太清宋真人、西岳冯真人、玄洲姚真

---

① 本篇《道藏》作《上阳子金丹大要仙派》，《金丹正理大全》本作《仙派》，《道藏辑要》本作《仙派源流》。

② 下，《道藏辑要》本作"化"。

人、八素周真人、太微尹真人、黄庭王真人、西岳李仙卿、河上公丈人、安期生真人、马明生真人、阴长生真人、徐从事真人、魏伯阳真人、刘金碧真人、三天大法师、玄中大法师、左玄王真人、右玄赵真人、太极葛仙前、九州都仙太史、吴黄十一位真君、恭望仙慈降临醮座。

谨拜请：祖师东华紫府辅元立极大帝、钟离正阳开悟传道垂教帝君、纯阳演正警化孚佑帝君、海蟾明悟弘道纯佑帝君、重阳全真开化辅极帝君、恭望仙慈降临醮座。

谨拜请：祖师丹阳抱一无为普化真君、长真云水凝神玄静蕴德真君、长生辅化宗玄明德真君、长春演道全德神化明应真君、广宁通玄妙极太古真君、玉阳体玄广慈普度真君、清净渊贞玄虚顺化元君、恭望仙慈降临醮座。

谨拜请：天台悟真紫阳真人、翠玄杏林真人、道光紫贤真人、泥丸翠虚真人、海南紫清真人、恭望仙慈降临醮座。

谨拜请：祖师黄房公披云宋真人、太虚李真人、紫琼张真人、度师缘督赵真人、度师谷云刘真人

古往今来修真学仙得道一切圣贤，恭望仙慈降临醮座。

向伸启请，谅辱光临，仰冀迁留，纳兹皈敬。今遇纯阳之瑞旦，庸申朝贺之愚忱。

夫烛者，一点灵光，古今不少，十方世界，幽显皆通。不知者，以为火传；其知者，是云性慧。使暗室萌心而知惧，返照回光；信天堂有路而可登，超凡入圣。

再拜，上进寿烛。

法事

夫香者，粤从太古之初，一枝挺出；奚待三皇之后，几劫流芳。下愚有鼻而无闻，上士闻香而分臭。如圣师之捻土，处处苾芬；以道德而强名，人人受用。

再拜，上进寿香。

夫茶者，先春雀舌，谷雨枪旂。斟蟹眼汤，白花浮于椀面；酌龙泉水，仙风引于蓬莱。卢仝六椀而通仙灵，赵州一瓯而参佛性。提惺瞌睡汉，发明蒙瞳仙。

160

再拜，进茶。

夫酒者，天垂甘露，地涌醴泉。上味醍醐，饮者常醒而不醉；圣人糟粕，得之以有而归无。一口吸西江，容颜不老；三杯通大道，法体长存。

再拜，上进寿酒。

法事

讽《心印经》、三十品功德经

具有称贺表文，谨当跪奏。

钟离祖师贺表

大道弟子某，今月十五日，恭逢祖师钟离正阳帝君毓瑞之辰，预向今辰十四日，谨奉表称贺者。

右伏以道尊德贵，仰万代之师绳，阴尽阳纯，际高仙之寿旦，月圆天上，瑞蔼人间。某顿首再拜，恭惟祖师钟离正阳开悟传道垂教帝君，自本自根，先天先地。把乾坤为鼎器，炼坎还离；捉乌兔为药材，降龙伏虎。道超太极，恩溥群生，劫劫长存，人人受度。由纯阳、海蟾、重阳继授之后，列圣心心；暨丹阳、长春、紫阳接济以来，为众父父。功非言辞之可颂，仁与造化之相侔。某凡骨未灵，真心于道。幸蒙师旨，玄牝乃天地之根；详在丹书，精气是阴阳之本。华池神水，号曰乾金；土釜流珠，是名木汞。两弦合体，十月怀胎。所切者妙用霎时，最难者真静应物。况首经至宝，言之甚危；而雄虎寡情，为之深恐。兹因朝贺，并述危难，仰冀慈悲，俯怜微贱。与安身于方便，俾入室以无魔。仙家日月长，又何待尘凡之祝颂；他年功行满，全依师匠之陶成。次期上士贤良，俱明至道，迷愚诳诞，悔发信心。酥酪成河，醍醐灌顶，土皆碧玉，地遍黄金。干冒师真，不胜战汗。谨具表称贺以闻。某诚惧诚抃，顿首稽首，冉拜谨言。

年　月　日　大道弟子某贺表

纯阳祖师贺寿表

大道弟子某，今月十四日，恭遇祖师纯阳帝君降诞令辰，谨具表恭伸朝贺者。

右伏以节届纯阳，月先圆于此夜；天锺元气，行已满于多年。宇宙腾惧，仙凡称寿。某顿首再拜，恭惟祖师纯阳演正警化孚佑帝君，道高千古，瑞粹群灵。内观其心，外观其形，故得全形之奥；有以观窍，无以观妙，咸归众妙之门。挹水源之至清，炼金丹而早就。青蛇袖里，过洞庭而朗吟；黄鹤楼前，隐市尘而吹笛。戏执中而一化仙女，为图南而几到华山。跨青牛而入洞天，骑白鹿而过沧海。高证帝君之位，功亘古而亘今；广传道德之真，派自南而自北。公欲济世而人不识，我欲求公而缘未谐。伏念某莫明玄牝之旨归，幸遇真师之盟授。乃悟道非言显，方知事属心传。当求八两之乾金，先明宾主；仍运半斤之木汞，配合阴阳。炼做一团，守成十月，静听龙吟而虎啸，毋使水乾而火寒。得止于斯，为之甚恐，忙忙罔措，汲汲忘餐。倘蒙慈悯，而获饮刀圭；活此衰残，而熟知火候。虽无可报，所恃好生。兹幸际于昌时，且忻逢于瑞旦，敢陈凡悃，遥拜仙丰。谅尊居天上之纠司，想垂怜于末学；虽不假人间之祝颂，因以诉于衷情。冀阴相于凡躯，俾早收于物药。采首经之至宝，内外不愆；炼一气之先天，始终尽善。更无魔障，会见心灵。便下手以速修，夫谁不愿；与安身于方便，作事易成。次期上士贤良，俱明至道。（与前同）

具有证盟文疏，恭对敷宣：

大道弟子某，今月十四日，恭逢祖师纯阳帝君瑞诞令辰，十五日恭逢祖师正阳帝君瑞诞令辰。谨备香烛，以今辰十四日，具表同申朝贺，兹已周圆。仰蒙高仙众圣，同赐印盟，虔贡楮财，敬殚鈑谢。祈保学道无魔，修仙有分，仰干慈悯，阴佑危难。俾入室而功成，不差火候；早脱胎而神化，高揖仙班。次期上士贤良，俱明至道；迷愚诳诞，悔发信心。酥酪成河，醍醐灌顶；土皆碧玉，地遍黄金。干冒师严，敷宣罔既。

右谨具疏，顿首拜上：

先天道祖太上老君、三教得道先圣仙师、文始天尊尹先生

如前请神位次列写，无增减。

送神文

向来情悯，冒渎聪明，仰冀矜原，广开接引。屈仙斾而来降于尘寰、凌兢罔措；返真游而复归于蓬岛，攀恋惟勤。兹当拜送之期，负此虚居之愧。伏闻独自行、独自坐，姓名还动帝王心；无人会、无人知，诗句喧传卿相耳。凡夫肉眼知多少，金丹一粒定长生。这回相见不无缘，衷情欲诉；举世尽皆寻此道，此事难知。下手速修犹太迟，世间谁是能行者。此身已出三千界，昔尚赠于张僧；许我同游五帝乡，今愿怜于凡骨。莫道凡流空命薄，乞与贫儒换骨丹。真人已在玉清游，剑横双水岸；先生去后应难老，身在大罗天。来无影，去无踪，纠司天上神仙籍；听不闻，视不见，臣事玉皇归泰清。冒渎惟深，一心拜送。

仙派源流

东华帝君

姓王，不知其世代、名号，或云名玄甫。得老子之道，后隐昆仑山，复居五台山紫府洞天，自称少阳帝君。于终南山凝阳洞，以道授钟离。

六月十五日生，十月十六日上升。

正阳帝君

　　姓钟离，名权，字云房，号正阳子，京兆咸阳人。仕汉为将军，因兵失利，入终南山，遇少阳帝君，授以至道，隐晋州羊角山。道成，天帝封号太极左宫真人。乃束双髽髻，衣槲叶，自称天下都散汉。有诗行于世。后于沣水，以道授纯阳。

　　四月十五日生，五月十八日上升。

纯阳帝君

姓吕，名岩，字洞宾，号纯阳子。祖居西京河南府满柘县永乐镇招贤里，今曰蒲州蒲坂县。生于天宝十四年四月十四日巳时。一云生唐德宗真元丙子。从父海州刺史因家焉。以科举，授江州德化县令。因纵步庐山，游沣水之上，遇正阳授道，至今在世。天帝颁诏为九天采访使，五月二十日奉诏。有诗云："纠司天上神仙籍"之句，就以此日为上升。有诗词名《浑成集》行于世，以道授海蟾、重阳。

四月十四日生，五月二十日上升。

海蟾帝君

姓刘，名操，字宗成，号海蟾子，改名玄英，燕山人。仕辽，为宰相。遇纯阳，即解相印，佯狂远避于秦川。纯阳授以丹道，乃作诗云："抛离火宅三千口，屏去门兵百万家。"后成道，遁迹于终南山、太华之间，以金丹授董凝阳、张紫阳。

十月十四日生，六月十五日上升。

重阳帝君

姓王，名中孚，字允卿，又易名世雄，字德威。后入道，改名嚞，字知名，号重阳子。咸阳大魏村人也。宋徽宗政和二年壬辰十二月二十二日生。于终南县甘河镇，遇纯阳祖师，授口诀，得金丹之道。乃穴居修行，名活死人墓。后出关，抵宁海，以金丹之道授与丹阳，又授丘长春、谭长真、孙不二、王玉阳、刘长生、郝太古，乃以纯阳所授《秘诀五篇》尽付七人。有《全真前后集》《韬光集》《云中集》《分梨十化说》行于世。

十二月二十二日生，正月初四日上升。

丹阳真君

姓马，名钰，字玄宝，号丹阳子。先名从义，字宜甫。宁海州人。生金太宗天会元年癸卯，即宋徽宗宣和五年也，五月二十日生。家富，号马半州。娶孙氏，生三子，曰庭珍、庭瑞、庭珪。大定七年丁亥，重阳至，因食瓜从蒂起，怪而询之。重阳曰："香从臭里出，甜向苦中来。"复叩云："何名道？"重阳曰："五行不到处，父母未生前。"乃请归家，师之。戊子岁，以家事付三子而出家。重阳以所得纯阳《金丹秘诀五篇》授之，并口授其诀，遂顶三髻而修行成道。因分梨十化，多受辛苦。时求道者，有李大乘、赵蓬莱、韩清甫等。宋披云得师金丹之秘旨，乃先成道。有《金玉集》《渐悟集》

《行化集》《成道集》《圆成集》《精微集》及《语录》一集，皆行于世。七真之内，多师之。

五月二十日生，十二月二十二日上升。

长真真君

姓谭，名处端，字通正，号长真子。宁海州人。初名玉，字伯玉。生金太宗天会元年癸卯三月初一日。中年患瘫，师事重阳。每旦重阳以盥余令以洗面，久而疾愈。乃授以道。以宿业重，因遇醉徒殴击，折齿流血，师皆不问。丹阳闻曰："一拳消尽多生业。"道成有诗，后句云："涌出阳神独自归。"书毕而逝，异香满室者数日。有《水云集》行于世。

三月初一日生，四月初一日上升。

长生真君

姓刘名，处玄，字通妙，号长生子。东莱武宫庄人。生金熙宗皇统七年丁卯，即宋高宗绍兴十七年，七月十二日生。大定九年，即宋孝宗乾道五年。师事重阳。道成于宋宁宗癸亥，嘉定三年二月初六日，鸣鼓集众，曲肱而逝。有《仙乐》《太虚》《盘阳》《同尘》《安闲》《修真》文集六卷，乃《道德注》、《阴符演》、《黄庭述》留于世。

七月十二日生，二月初六日上升。

长春真君

姓邱，名处机，字通密，号长春子。登州栖霞县滨都人。生于金熙宗皇统八年戊辰，即宋高宗绍兴十八年，正月十九日生。二十岁师重阳，二十七岁乃入磻溪穴居修行，三十三岁复居陇州龙门山，苦行如磻溪时。道成之后，四十二岁赴金世宗召馆，六十二岁齐鲁入于宋，宁宗召师，不赴。六十五岁赴成吉思皇帝召见，详见《庆会录》对策、禳灾、救旱等事。为元朝功臣。有《磻溪》《鸣道集》《西游记》行于世。丁亥岁七月初九日，师升堂，示众以生死事，留颂坐化。

正月十九日生，七月初九日上升。

玉阳真君

姓王，名处一，字玉阳，号全阳子。宁海东牟人。生金皇统二年壬戌三月十八日。师重阳，受道，居云光洞，志行确苦。道成，大著神异。度人、逐鬼、踏盗、碎石，出神入梦，召雨撼峰，烹鸡降鹤，起死嘘枯。金世宗闻其名，召对，大副宸衷。嫉者饮之鸩，师归，入水池而不死。有《云光集》《要异录》行于世。

三月十八日生，四月二十二日上升。

广宁真人

姓郝，名大通，字太古真人，号广宁子。宁海人。生金熙宗天眷三年庚申，正月初三日生。巨富。师重阳，初名璘，号恬然子。虽入道，而志不苦励。长真、玉阳劝激之后，至岐山遇神仙，授与金丹口诀，为改名号。遂游赵魏间，修行道成，留颂而逝。有《太古集》、《心经》、《救苦经》、《解太易图》及《示教真言》行于世。

正月初三日生，十二月三十日上升。

清静元君

姓孙，名不二，号清静散人。宁海人也。生宋徽宗宣和元年己亥，正月初五日生，父孙思显，俾适州之马宜甫，生三子。重阳至，以分梨十化，宜甫夫妇悉弃家事，出家学道。后元君居洛阳风仙洞修行。夫妇每日相激励，俱成道。有诗词行于世。

正月初五日生，二月二十九日上升。

黄房公

姓宋，名有道，字德芳，号黄房公。沔阳府人氏。行诸阶法，无云则能以符而行云，有云则能披云而见斗，故时号披云真人。一日遇丹阳，授以金丹火候秘诀。行之两年，能二其身弗死。因游东海，适皇元太祖成吉思汗皇帝召长春邱师升，时公与十八人为之辅行，公为首焉。世祖皇帝封"通玄弘教披云真人"，武宗皇帝加封"通玄至道崇文明化大真人"。后以至道授太虚李真人，而黄房公莫知所终。或云，在燕之长春观坐逝。

太虚李真人

姓李，名珏，字双玉。蜀之崇庆州人。既得黄房公金丹之道，改名栖真，号太虚。即往邵武之武夷，潜修金丹。七个月而道将成，乃回途。道经龙虎山。先夕，雩坛有梦真人至者。时久旱，祈祷弗应。次日，真人果至。众皆弗知，惟梦者见一贫道人来，曰："是此人也。"众请祈雨，应时沾沛而去。至真州玉虚庵，结环而坐，后出寰，以道授张紫琼。既而嘱曰："金丹宜潜修，大道当人授。"后入青城山，莫知所终。

五月初十日生，八月十五日成道。

紫琼真人

姓张，名模，字君范。饶州德兴人也。后闻道，改名道心。初，太虚真人偶寓安仁熙春宫，紫琼求授金丹，太虚弗与。继而适市，因见施丐钱三十文，乃曰："可授已。"遂以金丹之道付之。次年复会真州，始全火候。紫琼既闻真要，后以至道授于缘督子赵公^①，乃即隐去。

十月初二日生，十二月二十五日成道。

缘督真人

姓赵，名友钦，字缘督。饶郡人也。为赵宗子。幼遭劫火，早有山林之趣。极聪敏，天文、经纬、地理、术数，莫不精通。及得紫琼师授以金丹大道，乃搜群书经传，作三教一家之文，名之曰《仙佛同源》，又作《金丹难问》等书行于世。己巳之秋，寓衡阳，以金丹妙道，悉付上阳子。

六月十八日生。

---

① 公，《金丹正理大全》本、《道藏辑要》本作"君"，从《道藏》本。

越格卷第九

与王祥翁

净倮倮、赤洒洒，是一大事因缘，是个见成公案。有大力量。密示神通，立极造端，撑天拄地，迥超宇宙，独耀古今。无始以来，灵光不昧；穷劫之际，真性常存。上圣至人、高仙诸佛，由此施设，由此仪刑，所以道三世诸佛也怎么，弥勒下生也怎么，七佛以前也怎么，七佛以后也怎么，西天四七也怎么，唐土二三也怎么，历代祖佛都怎么。且道古人千般计较，都不会安名，也不肯立字，唯唤作怎么。仔细看来，无头无尾，无背无面，总只是怎么了也。

自从达磨西来，至于曹溪，单提别唱而后，天下丛林伟器，以怎么事语会不少，就中更无一人，肯为他标个名目。若是个大善知识出来，或者脱却娘生裤子，未举先知。若是钝根，都叫他向人前句里说心说性，寻个本来，认影认光，竟无落处，到老破赚，却去怨祖怨佛，此辈可深惜哉！上阳子只得不惜舌头，为他前圣后圣，说出极到之处。且道如何是怎么底？当知这怎么，即是那净倮倮、赤洒洒底。天下后来都认得那倮倮洒洒，即是怎么事也。则知父母未生以前，也怎么净倮倮洒洒；父母即生以后，也怎么倮倮洒洒；一大事因缘，也怎么倮倮洒洒；这见成公案，也怎么倮倮洒洒。只今个样分明说了，后之人才举目看，便知倮倮洒洒即怎么底，怎么即倮倮洒洒底，夫复何疑？岂不道昔日摩耶夫人左手攀枝，释迦、老子右肋降诞，九龙吐水，沐浴金躯，便乃周行七步，目顾四方，一手指天，一手指地，作大狮子吼云："天上地下，唯我独尊。"一场话靶，古今禅林，举扬者多也。有作实事看去也，有作灵迹看去也，有作怪疑看去也，有作话会看去也。今若不饶露个消息，把释迦、老子只容易看过了，将来孰肯承当？

且道摩耶左手攀枝，释迦右肋降诞，岂不是他离了生死岸头底？那九龙吐水，沐浴金躯，岂不是那怎么净倮倮、赤洒洒底？周行七步，目顾四方，岂不是貌堂堂显露底！一手指天，一手指地，岂不是八字打开，中有个见成公案？作大狮子吼云："天上地下，唯我独尊。"岂不是一大事因缘？人中最为第一，点检将来，也是好中不足，暗里藏刀。后来云门道："我当时若见，一棒打杀与狗子吃，贵图天下太平。"云门拳拳奉扬宗旨，只得怎么骂佛喝祖？及后圆悟云："释迦把断要津，云门知恩解报。"他岂不知释迦无伴无侣？是以云门特恁欺主，圆悟深知家丑，却又白日叫鬼。且似这般话头，是障碍底，是方便底。若谓障碍，是瞒你了；若云方便，目前便见是。临济云："赤肉团上有个无位真人，当从诸人面前出入。"岂不是直指了也？一切常人暗中摸索，是又不是他器识底，直下便知那无位真人，既是怎么净倮倮、赤洒洒的。

古圣云："性由自见，命待师传。"若本分底有个真实，方寸之下，真常独露，全体见成，何必又待许多诠注？便知净倮倮是真佛性，赤洒洒是真佛性，一大事因缘，怎么见成公案？无非是真实佛性底，莫道释迦老子有此一个大事因缘，各各常人份上皆有。如是一大事因缘，元不缺少，尽乾坤大地，一时收来。云门出世也道一句不得，圆悟再生也不敢拟议，与此处便知性是自家底，世人如何瞒得自家？方知道性由自见。若到这田地，深深密密尽也。业风沙起，沧海尘飞。须知净倮倮底，如如不动；那赤肉团上，稳稳当当。尽他万死万生，须知这赤洒洒底，如如不动。此为不落窠臼，不迷境物。磨睚到腊月三十夜，孤灯自照，忽听漏尽钟鸣，又说新年佛法去了，岂不是大解脱、大光明？不迷生死岸头，不拘得失流转，当知龙光佛时，也只怎么来也。若构得去，与三世诸佛齐肩，弥勒为奴亦不小了。大丈夫汉，切莫做蒙蒙瞳瞳，当断不断，脱衫著袴，无有了期，疑上疑下，著实说空，言语里寻巢窟，文字里寻公案，是皆妄想，何时得返照回光，脱胎换骨也？

我赵老师云：今时人，脚跟前、脚跟后，不认点地处。既是这个了，却乃无端指性说空，直赚到老。只如此语，岂不脱露机锋？然这老师，舌柔齿刚，不许人道怎么，亦不许说倮倮洒洒，亦不许说见成公案，亦不许直指，亦不许棒喝，如是岂不作家缘为时人，将他佛祖面目作情识见解去？我这老师，接上等人，唯撑眉弩目，便是下梢①，却饶一笑而已。

---

① 梢，《道藏》本作"稍"，从《金丹正理大全》本、《道藏辑要》本。

予过荆南，逢一伟器，祥翁道人。自叙往者访谒禅林，深得其趣。询之，乃应庵之裔也。其师瞎翁每指云，与他相挨厮伴，暂时不得舍离，方有少许入作之方①。又云：更须识取个空烂底骷髅，试向夜静灯灭时，打个蒲团独坐，密密地体取。只这语言，瞎翁费尽老婆心多少了。常人看来如此，予谓：瞎翁不当引人落草，千古之下惹人提掇，无有了期。虽然入作底事，还要入作底人。故其所出金刚九还大义，乃曰佛示，初、中、后三日分，岂非入作事也？

祥翁自倮倮洒洒而来，蕴利根智，得师印证之后，而唯独一无侣，二六时中认主人翁，以此自照。比来请益，求脚跟转处一句。乃为普说倮倮洒洒之真谛，使祥翁权以金刚为体，实以涅槃为用，净倮倮作大狮吼，赤洒洒奋雄虎势，得了便住，遇缘即宗。然后悬崖撒手，大休歇去，岂不是个少林冷坐底工夫也？到此方知，非唯脚跟转处事，须知亲为佛子已上事也。此去诸方，遇著纳衣下瞌睡汉，不妨饶舌云是我。

普说

拄杖刹杆，棒拂拳喝，一机一镜，是皆佛祖旁开门牖，提振网宗，亦有大机，亦有大用，亦有权，亦有实。一喝不可作一喝用，一棒不可作一棒行。要知宾主交参，前后际断，昭悬日月，把定乾坤。在昔，阿难问摩诃迦叶："世尊传金襕袈裟外，别传何法？"迦叶唤云："阿难！"阿难应："诺。"迦叶云："倒却门前刹杆著。"此岂不是直指人心，独露全体？则知当年，世尊所传涅槃妙心，正法眼藏，只消迦叶一句，总在里许。虽然直截，要先识破他的处，将如之何是他底处？世尊传来饶得微笑，迦叶传来饶得一唤。只此一笑一唤，方知佛祖无可奈何，落草寻人。若不恁地，怎得那西来意？怎得个消息底？这般提唱以来，厥后诸佛诸祖，遇因利缘，随方设教，以棒拂拄杖行，不如一喝，省了多少计较！除非明眼人，举头便知。是故马祖一喝，百丈三日耳聋，吃茶也是、受食也是、鼻孔也是、灵骨也是、即心即佛也是、非心非佛也是、一株花、柏树子、麻三斤，纱七斤，风与月、石与

---

① 方，《道藏》本作"分"，从《金丹正理大全》本、《道藏辑要》本。

泉，前圣后圣，所遗公案，一提著总是了。若使钝根之器，到了总不是也。只如释迦老子云："以大圆觉，为我伽蓝。"圆觉且置，且道如何是伽蓝？后来举世以伽蓝为招提所在、僧纳所住者，尤为可笑。却不知伽蓝，本是一物。故下云："身心安居，平等性智。"今之禅僧，言及平等性智，便自无处寻头，况与他说伽蓝？有般强底人，见人提平等性智，随云是他的心，又怎知道他心非是心！故佛祖云："非心非佛。"又云："心不是佛，智不是道。"

佛祖慈悲，为一切人自性不明，起立模样，令人自像。故不得已，乃至竖拳倒拂、吐舌低头。其以此机，至浅至近，令人易见。而一切人，不肯承当，遂至拈山门向佛殿里，放佛殿于灯笼内。且道佛殿需要供佛，如何移山门于其上，岂不触了？灯笼内看佛殿，大似光灿灿地，又至山河大地、须弥昆仑。有辈禅流，见此等语，混如嚼蜡，全无意义，总谓禅机，难似葛藤，置而弗看。佛果云，上无攀仰，下绝己躬，外不见大地山河，内不立闻见知觉。直下摆脱情识，一念不生，证本地风光，见本来面目。祖师心印，何望人人领悟，个个圆成。挨拶将来，了不可得。及至末后，喝佛骂祖，走释迦，奴弥勒。凡此等，皆要诸人各认自己心，莫作他人见。谁知后来，见喝也喝，见骂也骂，不知古人向自身内说将出来，暴露消息底意。那一等人，专事机锋，徒而招积口业，总迷了这个道理。饶他声前句后，寻觅猜想，明来暗合，也只野狐精见解。一到如此，奚谓五百年，纵万劫千生，何时是了。古之人蕴大根器，若不猛利，犹自磋过。是以圆悟奋志，南询长庆，坐破七个蒲团。雪峰三登投子，九上洞山。马祖因悟磨砖、六祖躬役碓舂、二祖断臂立雪、释迦闻半偈而舍全身。古圣先贤，波吒到了，方讨得个生死人路。今时人也，口诵尧之言，而行桀之行，皆是笑破自己心，赚破他人口。若人人到那田地，猛着力，暗中求，不惊不疑，无退无转，忽然桶脱相似，脚跟后稳稳当当，绵绵密密，照天烁地，岂不是弥勒下生、释迦亲见！到彼时节，回首觑著，一切常人，皆立下风，方知道有何难事？低一著是凡，高一著即佛了也。

真法眼问云："佛法还有本末也无？"

上阳子曰："自威音王以前，佛生佛灭，绵绵历历，不可穷已。从过去庄严劫来，曼殊室利为七佛师，至现在贤劫。释迦文佛，告摩诃迦叶云：'吾以正法眼藏，涅槃妙心，实相无相，微妙大乘，今付与汝，汝当护持。'迦叶礼足白言：'我当体敕，恭顺佛故。'自尔灯灯相续，至菩提达磨，受法于般若多罗，乃至中国而得总持、道副、道育、慧可四人，乃受法焉。后将西返，谓道副曰：'汝得吾皮。'谓尼总持曰：'汝得吾肉。'谓道育曰：'汝得吾骨。'谓慧可曰：'汝得吾髓。'复云：'昔如来正法眼藏，涅槃妙心，付大迦叶，展转祝累而至于我。我今付汝，汝当护持。'慧可传来唐土二三，逮至慧能，遍传天下，于是滥漫矣。故达磨告慧可云：'二百年后，法周沙界。明道者多，行道者少；说理者多，通理者少。就中有能悟实际地，了心空法三身清净者，然后得证大乘也。'"

密多闻越次问曰："大乘、中乘、小乘，此三乘法，皆成佛否？"

上阳子曰："唯正法眼，是为最上一乘。故经云：'十方佛土中，惟有一乘法，无二亦无三，除佛方便说，但以假名字，引导于众生。'吾所以云中乘、小乘皆假名字，唯最上一乘，真空无漏，真实希有，无非以真心、真空为之极则尔。岂不闻大珠和尚云：'心是佛，不用将佛求佛；心是法，不用将法求法。'佛法无二，和合为僧，是谓一体三宝。则知三宝，本同一体，奚有二乘乎？"

妙香佛陀问曰："如来说法，学人听法。听法说法，有功德否？"

上阳子曰："如来证佛为上根，菩萨说法，以度天人，非如阿含为小机说也。故提婆谓罗睺罗多云：'本对传法人，为说解脱道。'盖诸说法、听法者，本具一体三宝，方能说、方能听。一体三宝者，法身、报身、化身，三身是曰一体三宝。昔神会大师云：'说法则先佛而后法，听法则先法而后佛；听法则顿中而渐，悟法则渐中而顿。'故色身善说法，则法身低头稽首而听法；法身善说法，则报身摩肩耸耳而听法；报身善说法，则化身清净无为而听法。然四大色身，法、报、化三身，俱不解说法、听法，唯座上有一无位真人善说法、听法。是以义玄和尚云：'虚空不解说法、听法，只汝目前历历孤明，无形声者，始解说法、听法。'所以道'心法无说，佛法无听'。"

多口阿师问曰："三身且置，云何是色身？云何是法身？"

上阳子曰："色身是幻身，亦是妄身；法身是清净身，亦是圆满身，亦是自在身，亦是如来身，故号为真佛。大鉴云：'色身虽大，内心量小，不名大身；法身虽小，内心量大，等虚空界，是名大身。'此即佛性，此即真心。诸修行人，把他做个主人翁也。所以佛祖安名立样、棒拂拳喝、灯笼佛殿、拄杖刹杆，千般计较，形容不到了处，是为不可思议功德。然随用而立名，借物而喻色。总而论之，只是个功德法身也。"

法体如如问曰："三世诸佛，还住世否？"

上阳子曰："过去佛，过去已；未来佛，且未至；现在佛，不得见。"

曰："我师还见否？"

曰："汝为甚不见？"

曰："有形容否？"

曰："寻常顶礼，接引众生。"

曰："我师独见，复谁可见？"

曰："见者不说。"

曰："我还可见否？"

曰："汝不信佛，佛不汝见。"

如如低头曰："发心信已，若何见佛？"

曰："开汝一只眼，佛即在目前。"

曰："过去佛，神通若何？"

曰："覆载包含。"

曰："现在佛，神通若何？"

曰："生育造化。"

曰："未来佛，神通若何？"

曰："多宝藏，将开也。"

曰："云何是宝藏义？"

曰："总归一大藏。"

曰："一大藏教，云何指示？"

曰："普摄有情。"

曰："大藏亦有情乎？"

曰："无情若何名藏？因而无情，强名曰正法眼。缘此法眼，不属内外，不在四旁，秉生杀机，为佛法祖，是曰正法眼藏。"

曰："正法已闻，若何是眼藏？"

曰："汝且道，什么一件物无眼？"

曰："此眼藏，即虚空藏否？"

曰："佛法一般，名不虚设。夫参学人，莫学客语，莫学异见。须知脚跟，有此宝藏，大包天地，光耀古今，形容无尽，妙用无穷，故云无尽藏。物去物来，如如不动；亘古亘今，如如不动；生死岸头，如如不动；得大自在，如如不动；演出大藏，皆如来说，故云如来宝藏。"

如意问曰："迷悟两途，迷者多而悟者少，敢问何以？"

曰："昔南阳忠国师云：'众生迷时，结性成心，犹寒则水结为冰；众生悟时，释心成性，犹暖则冰释为水。'"

上阳子复喻云："众生迷时，犹隔水而求鱼；众生悟时，犹水枯而鱼鳖自现。是以慧海云：'凡夫见性，即非凡夫，以能顿悟上乘，超凡入圣；佛子若迷，即非佛子，以其论凡论圣，终为下鬼。'悟人超越生死涅槃，迷人唯学说事说理；迷人今生作来世福德，悟人目下顿见活维摩。所以迷底人，修因待果，如逆风而渡海，何有了期？悟底人，了心是佛，似月下观影，真伪自知。故毱多尊者云：'心自本来心，本心非有法。'则知本心无法，而本来心乃是法身。是以迷人，以清净法身，为五蕴色身；悟人，以清净法身，为我佛法身也。"

优婆夷多问曰："自曼殊室利而七佛法偈，皆言幻起灭空罪福。至释迦传来言法，而十七祖僧迦难提以来，又言心地。二十二祖摩拏罗以后，又皆言性。二十七祖般若多罗与唐土二三佛，又只言华种。及曹溪别唱，天下老和尚，唯直指单提，各呈面目，千般百计，指小喻大。有如山河大地，棒拂花草，灯笼佛殿，拄杖拳喝，似此等样，以为传度大乘，何前后之相庚也？敢问是同是别？"

上阳子曰："迷人说法迷法，见性迷性；悟人悟空非空，悟色非色。故前迦叶云：'即此身心是幻生，幻化之中无罪福。'后迦叶云：'何于一法中，有法有不法。'十八祖迦耶舍多云：'有种有心地，因缘能发萌。'二十五祖婆舍斯多云：'我今悟真性，无道亦无理。'东土二祖云：'本来缘有地，因地种华生。'此祖祖灯灯，唯在明心而已。至风幡论后，各立宗门，别出模样，直到于今。岂离心之外，而别有大乘者乎？离大乘之外，而别有佛法者乎？"

大传送问曰："天生而有形，死而魂散。有形则有性，魂散则性泯。理之常也。此形住而性存，犹花之有香；此身逝而魂去，犹叶之坠地。虽然人为万物灵，到此得有性也无？"

上阳子曰："造化之内，无明壳子为卵生，烦恼包裹为胎生，爱水侵润为湿生，欻起烦恼为化生。四生之中，各从其类，狐兔不能产凤，明也。为人之灵者，本性而已。性之于人，犹烟焰之于火，泡沤之于水；形存之性，犹火之飞焰；魂散之性，犹沤之归水。此一切人，失其真性，流浪轮回，万死万生，迷迷相指，皆谓如是。道人之性则不然，超乎造化之外，生以不生，死以不死，亦唯真性而已。守此性，如防盗焉；敬此性，如供佛焉；爱此性，如护宝焉。是故法此性，即名法性；佛此性，即名佛性。若见此性，既超佛地，岂千生万死之义乎？十四祖龙树云：'佛性非大非小，非广非狭，无福无报，无死无生。'所以，悟我性无生死，见我性无地狱，修我性超乎造化之外也。"

超宗卷第十

见性成道①

上阳子曰："威音王已前，这一段公案，不在左右，不在偏旁，不在中间，不在外。当其时也，即无师匠，又无宗旨。七佛且未出世，弥勒尚未下生。此一大事，出模走样，照天烁地。哆哆和和之后，佛已在世，人人具足，个个分明了也。尔来到今，而一世切人，将自己的撇②了，寻问他人。且道他家底事，岂容你知？犹你家下之事，容他知否？所赖先哲，慈悲开示，祖祖单提。达磨大师，直指人心，见性成佛，大过则了③。岂唯后人，愈行愈远，总将日用现前，一切不问，却乃千思万想，向那边觅见，而欲见性成佛，此辈可深惜哉！岂比天人，师明星出时成佛了也。"

弟子再拜稽颡，问曰："传云：释迦生下，周行七步，一手指天，一手指地，曰：'天上地下，唯我独尊。'若是，则世尊生而知之者也。"

上阳子哂之曰："非也。"

曰："敢问所以？"

曰："释迦文佛师瞿昙，乃得金丹之道，修之而证佛也。以其修金丹而成仙，故曰金仙。盖金丹者，二八两弦之气也④。二八合成一十六两，故云丈六金身。世岂有天生自然之释迦者乎？"

曰："唯我独尊，复从何来？"

曰："此佛法之谓也。"

曰："敢问所以？"

---

① 见性成道，《道藏》本作"见性成佛"，从《金丹正理大全》本、《道藏辑要》本。
② 撇，《道藏》本作"别"，从《金丹正理大全》本、《道藏辑要》本。
③ 大过则了，《金丹正理大全》本、《道藏辑要》本作"则太过了"，从《道藏》本。
④ 二八两弦之气也，《道藏》本作"二八两之弦气也"，从《金丹正理大全》本、《道藏辑要》本。

曰："后之佛祖，将此语题以为公案，因谓之佛法。使后之学人，蕴利根上^①智者，以此公案常提常拈，照破自己，脚跟塌实而明心焉，而见性焉。转相悟入，因之仍之。佛祖继出，各呈面目，形容益多，语殊意合，是以非理可释，思议^②不得。或以小而喻大，或以贱而比贵，不涉程途，难堪训诲。大根器识，一见了然明白，更不惊疑，直下承当，有何言句？下士愚人，思考不能得，拟议又不是，只得妄云：此乃葛藤之语也。若有问其如何谓之葛藤，则谬云：即禅机也。如此婉转支离，却不究竟佛法实事。所谓葛藤、禅机之语者，乃齿外之浮辞，而为佛法之喻也。唯大智慧底，则去其口头之虚论，而见其佛法之真实也。下愚之人，狂谈锋辩，遇公案有非理可释去处，则云^③禅机也。彼以禅机为辞之属我^④，如百尺竿头，不复可进，又安知有佛法哉？"

弟子进曰："佛法者，世尊以灵验而示人乎？抑以天龙护卫之神而见之乎？"

曰："皆非也。此乃常人所谈之佛法也。今夫生死祸福，影响灵验，幽冥报对，浮辞彰虚，以示于人者，此之谓常人之佛法也。若真实佛法，唯灵于己，倏忽广大，变通须臾，而复自在，乃能过人之过，而亦自知其过，此为真实佛法也。盖真实佛法，圣凡不敢一窥，况可以示人乎？若真实佛法，则诸天捧花无路，外魔^⑤潜觑不得，况云天龙见之乎？"

曰："如此，则佛法之大，唯世尊能有也？"

曰："世尊已无佛法，唯人有佛法。"

曰："人之佛法，复在何处？"

曰："挂向太虚，壁立万仞，视之不见，听之不闻。"

曰："有灵验否？"

曰："显大神通，霍大法雨，撑天拄地，作佛成仙，古今专生杀之权，顷刻有感通之变^⑥。是十翼曰：'寂然不动，感而遂通。'故鬼神不敢视，邪怪不

① 上，《金丹正理大全》本、《道藏辑要》本作"七"，从《道藏》本。
② 议，《金丹正理大全》本、《道藏辑要》本作"意"，从《道藏》本。
③ 云，《道藏》本作"去"，不通，从《金丹正理大全》本、《道藏辑要》本。
④ 我，《道藏》本作"底"，从《金丹正理大全》本、《道藏辑要》本。
⑤ 外魔，《道藏》本作"魔外"，从《金丹正理大全》本、《道藏辑要》本。
⑥ 变，《道藏》本作"便"，从《金丹正理大全》本、《道藏辑要》本。

能凭。所以破灶堕臼①，本是泥土合成，灵从何来？圣从何起？谛观此语，岂非大灵验乎？"

曰："何者是人之佛法？"

曰："人以性为佛法。"

曰："既以性为佛法，则诸佛祖、一切常人，皆以见性而成佛，是不必于金丹之道也？"

曰："否。"

曰："何谓也？"

曰："一切常人，且不知性为何物，而暇②言金丹之道乎！"

曰："一切常人，唯不知性，而诸佛祖，是见性而成佛也？"

曰："否。"

曰："请问其义？"

曰："子不知夫达磨之说乎？昔者达磨西来，不立文字，唯直指人心，见性成佛，固有其道矣。盖道之一事，不可得而形容思议者也，如之何可以立文字？且人心不可得而闻见者也，如之何用直指人之性即真佛者也？如之何得见而成乎？此即老子'观妙'之道。是以达磨下工于长芦，隐③于少林修炼。是云金丹之旨，即达磨直指之旨，即释迦独尊之旨，即迦叶所受'正法眼藏，涅槃妙心'之旨，即马祖'非心非佛非物'之旨，即六祖共永嘉'无生无速'之旨，即庞居士悟'一口吸尽西江水'之旨，即药山'一物不为'④之旨，即丹霞烧木佛之旨，即石鞏弓箭之旨，即赵洲萝葡柏树子吃茶之旨，即归宗先天为心祖之旨。以至山河大地、拄杖刹杆、棒喝露柱、灯笼佛殿、山门库堂、金刚王宝剑、洞山麻三斤、石霜百尺杆、俱胝指头禅、黄龙赤班蛇、鸟窠吹布毛、法灯天真佛、法眼透声色、思和尚米价、遵布纳、浴

① 臼，《道藏》本作"云"，《金丹正理大全》本作"曰"，从《道藏辑要》本。

② 暇，《道藏》本作"假"，从《金丹正理大全》本、《道藏辑要》本。

③ 隐，《道藏》本缺，从《金丹正理大全》本、《道藏辑要》本。

④ 药山"一物不为"，《道藏》本作"药山一物不为头"，《金丹正理大全》本、《道藏辑要》本作"药山一物不为显"。均不通。《大慧普觉禅师语录》：昔药山坐禅次石头问："子在这里作甚么？"药山云："一物不为。"石头云："恁么则闲坐也？"药山云："闲坐则为也。"石头然之。看他古人，一个闲坐也奈何他不得。今时学道之士，多在闲坐处打住。近日丛林无鼻孔辈，谓之默照者是也。

佛僧、奚仲造车、孚上座摇扇、雪峰辊球、云门胡饼、盐官扇子、青平搬土、沩山水枯、禾山打鼓、秘魔持叉①、香岩击竹、首山竹蓖、仰山拂子。以至顶门拳肘、眉眼鼻尖、米黍丝毫、钉鞋木履、清风明月、晓钟画角、芥子虚弥、圈篷漆桶、银山铁壁、葛藤寒松、黄花翠竹、枯椿乾橛、古涧寒泉、源头路口、翅鸟狮儿、大雄猛虎、牛车羊角、狗子猫儿、猢狲鼷鼠，此等公案，备难悉数，莫不皆是见性之旨也。"

上阳子复谓弟子曰："从上祖师②，做模打样，百般迁就，托物立名，为一切人，指个真实佛性之处。然其各随方便而说，谓之随方结缘。而一切人，不到性地，反③为多事。如引过河之网，未提其网；若牵织金之花，不编其综。吾今分明指出了也。似风云雷雨，蓦然黑暗，须臾散去，红日当空，谁不见了？恐你诸人，以光明之眼，如翳障了；以智慧之性，为尘扑之。一向弄舌头，不顾损神气，是又不知是，修又不知修④，如此磋过，走破脚跟下皮肉，赚到老来，可惜了也。比来说禅者，明立高座，聚众问答，口头活弄，性地迷蒙，横以辩论敏捷为能⑤，总以多记公案为明了。人示以一指，随以二指应；或而向下，他即拟⑥上；或云眼前，即拟⑦背后；或转脚跟，他便走了。似此捏伪，那知真实？此为设辞应敌，岂能见性明心？如与聋人觅物相似，与之索蛤，聋乃掬水；指令下鞍，聋反勒马；指向脚下，聋遍拾芥。虽云近傍不远，孰知所差太多！此乃聋人误听强猜者。今一切人，本皆聪识，见物如蔽，若彼聋人强猜，妄臆其中，以语为悟⑧，能有几人不免？再为诸人

---

① 叉，《道藏》本、《金丹正理大全》本作"义"，《道藏辑要》本作"乂"。均误。《五灯全书·卷第八·五台秘魔岩和尚》：常持一木叉，每见僧来礼拜，即叉却颈曰："那个魔魅，教汝出家？那个魔魅，教汝行脚？道得也叉下死，道不得也叉下死，速道速道。"学徒鲜有对者。霍山通访师，才见不礼拜，便撺入怀里，师附通背三下。通起拍手曰："师兄，三千里外赚我来，三千里外赚我来。"便回。

② 师，《道藏》本作"佛"，从《金丹正理大全》本、《道藏辑要》本。

③ 反，《道藏》本作"及"，从《金丹正理大全》本、《道藏辑要》本。

④ "是又不知是，修又不知修"，《道藏》本作"是又不是，修又不修"，从《金丹正理大全》本、《道藏辑要》本。

⑤ "性地迷蒙，横以辩论敏捷为能"，《道藏》本作"性地蒙迷，以辩论敏捷为能"，从《金丹正理大全》本、《道藏辑要》本。

⑥ 拟，《道藏》本作"儗"，从《金丹正理大全》本、《道藏辑要》本。

⑦ 拟，《道藏》本作"儗"，《金丹正理大全》本作"疑"，从《道藏辑要》本。

⑧ 以语为悟，《道藏》本作"以误为悮"，从《金丹正理大全》本、《道藏辑要》本。

各个现个本来面目，这回莫只又做个朦胧底人也。圆悟云：'父母未生以前，净倮倮，赤洒洒，不立一丝毫；及乎既生之后，亦净倮倮，赤洒洒，不立一丝毫。'佛祖慈悲，兴言至此，欲为世人作个指踪极则。而一切人，即闻此语，便以倮倮洒洒，为伶俐快活看，却不知倮倮洒洒，即本来面目也，即是性也。且道既生之后，倮倮洒洒，不立一丝毫。钝根错想，而不明了，亦不足怪。何以故？此盖常人而纽于常也。且道云何父母未生以前，亦云倮倮洒洒，不立一丝毫？此言特^①杀过则了。利根之士，即于现前，早办一个入头之处，安有不明了哉！吾之说此者，非但为汝诸人提题^②拈起，亦使丛林禅僧、天下一切人，诵此《金丹大要》，究竟超宗释义。如悬夹镜相似，人立其中，若顶若足，若背若面，不必求人，莫不自见。如今多少住禅刹者，不知禅是何物。领率三二百人，或至千数余众，唯只顽坐，禅棒^③夜巡，渴睡者辱之^④。日则限以规程，何暇见性？夜则劳神废寝，安知真佛？此为一盲引众盲也。岂不闻大慧云：'一种杜撰汉，脚跟下不实，只管教人摄心静坐，坐教绝气，真可怜悯。'六祖又云：'长坐拘身，是病非禅。'石霜诸禅师，堂盈千众^⑤，长坐如杌^⑥，识者呼为木众橛多^⑦。三藏师于曹溪大鉴，一日见僧结庵而坐，藏师即前唤之曰：'我西域最下根者，不堕此见。'马祖南岳住庵，日唯坐禅，以求成佛。让禅师故将砖于庵前磨，祖云：'何为？'曰：'磨砖作镜'。祖曰：'磨砖岂能作镜？'让曰：'然，坐禅岂能成佛？'马祖顿悟，言下得旨。昔玄沙^⑧因共雪峰论佛法，峰云：'世间阔一丈，古镜阔一丈。'妙指火炉云：'阔多少？'峰云：'如古镜阔。'妙云：'老和尚脚跟未点地在。'从那到今，有辈禅流，因名行脚，摇唇识解，不知落处，走遍丛林，踏破了草鞋，不肯认他脚跟，如之何是点地处？佛祖大慈大悲，指出禅名，使人觉悟。如东禅西禅、南禅北禅、圆通禅、广佛禅、圆觉禅、真佛禅、无位禅、

---

①　特，《道藏》本缺，从《金丹正理大全》本、《道藏辑要》本。
②　题，《金丹正理大全》本、《道藏辑要》本缺，从《道藏》本。
③　棒，《金丹正理大全》本、《道藏辑要》本作"杖"，从《道藏》本。
④　之，《道藏》本缺，从《金丹正理大全》本、《道藏辑要》本。
⑤　众，《道藏》本作"数"，从《金丹正理大全》本、《道藏辑要》本。
⑥　杌，《道藏辑要》本作"机"，从《金丹正理大全》本、《道藏》本。
⑦　木众橛多，《金丹正理大全》本、《道藏辑要》本作"众木橛多"，从《道藏》本。
⑧　昔玄妙沙，《金丹正理大全》本、《道藏辑要》本作"音玄妙妙"，误，从《道藏》本。佛教有玄沙禅师与雪峰禅师论佛法事。

如来禅、祖师禅、大方禅、城市禅、脚跟禅、龙女禅、蚌壳禅、老婆禅、新妇子禅、一味禅、指头禅、皮可漏①子禅、口鼓子禅、琉璃瓶子禅，千名百样，惟要世人，早自见性。今世衲僧，以顺寂入涅槃，为终世过化之奖辞，是为明眼人所嗤，宁不惶愧？彼安得知，涅槃之际，是衲僧脚跟下求向上之事也？又称僧名，唯求下字，何乃讳上而不讳下者乎？内不认佛祖，欲人见性，以下为体，人却不知，性是身中之物，乃以性为见解智识，犹认灵台以为心地，不悟灵台即是性也。世人孰肯若良遂者哉？良遂再见麻谷，眼下见性，瞒他不得，出谓众曰：'诸人知处，良遂总知。良遂知处，诸人不知。'为他诸人，或出或入，向六根门头，做尽颠倒，良遂故云总知。而良遂之所知者，乃真佛也。诸人难识得真佛，所以云良遂知处，诸人不知也。今尔诸人，还知得否？"

时诸弟子，罔知所措。

上阳子曰："甚矣，性之易见也；信矣，人之难悟也。汝来，且道性命是汝自家底，吾已擘破面皮，为汝说了，汝尚不知性为何物，命为何事。若不就汝心上体认去，却只于语言文字里话会，待将你舌头咽②了，有甚干涉？吾又再三与尔呈露，无一肯认，若待掀倒禅床，则败阙了。今复与③汝讨条活路，做个了也。夫此一事，不过是个有为法也。昔者神人商容，以有为之法，欲授老子，乃先示以柔弱之道，遂因吐舌，老子即悟。曰：'舌柔齿刚'，此是有为之法也。夫有为之法者，须知甘露之门，掣电之机。故世尊云：'如梦幻泡影，如露亦如电④'，谓之有为法也。而一切人，闻甘露掣电之说，则谓露、电是天上落下来底，梦则以为睡中所见，幻则以为化凡易脆，泡则以为水上浮沤，影则以为相因而出，皆非者也。凡此皆是妄猜谬度，不向分内以求真实也。世尊是大圣人，岂肯空言闲论⑤无益者哉？所说皆指实事，令人各自见性。其用意处，言近指远，以大喻小。上士闻之，一言千悟。一切

---

① 漏，《金丹正理大全》本、《道藏辑要》本作"陋"，从《道藏》本。

② 咽，《道藏》本作"讘"，《金丹正理大全》本作"譀"，从《道藏辑要》本。

③ 与，《道藏》本作"为"，从《金丹正理大全》本、《道藏辑要》。

④ "如梦幻泡影，如露亦如电"，《道藏》本作"梦幻泡影，如露如电"，从《金丹正理大全》本、《道藏辑要》本。

⑤ 论，《金丹正理大全》本、《道藏辑要》本作"语"，从《道藏》本。

常人，任佛说到下梢^①，反以此为禅机之语言也。"

尔时众中，忽一弟子，如脱了桶底子相似，豁然大悟，眼下见性，惊喜过望，即前伏地稽首而言："谢师慈悯，开我愚迷，指以非佛之佛，而说非法之法。弟子万劫千生，遭逢如是，群疑妄想，一切释然，犹暗燃炬，外内洞明。又如傍水观影，上下俱见，真实而希有也。"

上阳子知其根器不浅，乃曰："来！汝所悟者，是汝性也。汝性非性，汝心非心。心即是心，性即是性。性非汝心，心非汝性。汝试为我言汝实性。"

应时答言："弟子鄙见，性即云性，心即云心。心无所心，性无所性。性亦非心，心亦非性。性非心，心非性。性无有心，心无有性。性本无心，心本无性。性则言性，心则言心。心若有性，即非佛心；性若有心，是名^②佛性。佛性我性，是真实性。我心佛心，是妄想心。心若妄想，即不见佛。性若真实，即是真佛。更乞我师慈悲，开显真实妙义！"

上阳子曰："汝于佛法，惟只八成。吾今告汝，两下圆满。名何云心？有肉团心，有虚空心。此虚空心，是名何心？是金刚心，是涅槃心。彼肉团心，复名何心？是妄想心，是烦恼心。世人思虑，总皆执著，以执著故，是为障碍。心有障碍，因缘不来，因此无缘，轮回生死。若金刚心，若涅槃心，是虚空心。此虚空心，即智慧心，即真实心。上士一闻，发大智慧，勇猛精进，是云真佛。此真佛心，是坚固心，是成就心、是圆满心，是真佛心，是真人心。此一切心，历劫不坏。彼一切心，争爱贪著，见色迷恋，闻声惊怖，是非分别，无有穷已。此一切心，凡所见闻，如如不动。霹雳大震，如如不动，况彼声色，岂能动摇？生死岸头，如如不动，况彼水火，岂能焚漂？如金刚剑，有大精进，如百尺杆，直而不屈。尽世甲兵，无能挫折。此精进心，有大勇猛，诸天及人，见此精进，欢喜无量。假此精进，成佛作祖。云何名佛，是虚空心？云何虚空，而名真佛？此虚空心，悬崖壁立；智慧精进，倏尔变通。因而虚空，前无所进，后无所退，执著不得，思义不及，是云真佛，亦云法身。缘此法身，住虚空中，得大解脱，得大自在，遍十方界，广大神通，故云南无。十方虚空，常住三宝。离此三宝，无

① 梢，《金丹正理大全》本、《道藏辑要》本作"稍"，从《道藏》本。
② 名，《金丹正理大全》本、《道藏辑要》本作"明"，从《道藏》本。

· 184 ·

有法身。离此法身，即不明了。此法身外，更觅何心，更觅何性？若有所觅，即不见性；为不见性，肉团心起，六贼烦扰。世以此故，犹梦中梦，无有了期。唯觉是了，真佛之心，常如梦觉，智慧灵明，无有颠倒。大修行人，以此为悟。悟无不了，悟即进修。若大智慧，心即云佛；若大了悟①，佛即云心；若大解脱，非心非佛；若大因缘，即心即佛。此心即性，此性即佛。性佛不离，佛性明了。"

上阳子曰："性由自悟，命待师传。演禅师云：'悟了须是遇人，悟了若不遇人，十个月②有五双杜撰。'子不闻卢慧能者乎？慧能是新州樵夫，年已半百，闻客诵经，顿见佛性。致母出乡，远叩黄梅五祖。才见数语投机，使役碓舂。经八个月，因闻秀偈，始露锥峰。大满授之，衣钵佛法。能得旨归，又无法财，乃得神会之赀，又得刘志略，为之外护，遂隐于四会县猎人之中，而下工焉。性命双修，以土制铅，以铅制汞，汞③归金鼎，却入深山，兀坐修养。道成之后，潜抵番禺，吐风幡之语，以显神通，为大宗师。是与达磨，出处同风。"

弟子问曰："黄梅数百余人，其中岂无一人可授佛法，何乃直待惠能至而授之，五祖乃若是乎？"

曰："五祖何幸，早得人传？若说是事，岂唯数百人中而无一人？昔者世尊，灵山会上，五千退席，且无一人。尔道方今之时，四海之广，其真得佛法者，复有几人焉？是之谓稀有者也。"

弟子思之，再拜伏诺。

上阳子曰："今时修行的人，安知得传之后，无量艰苦，方能就事。其所云者，与世不同。彼所谓乐，此以为惧。此④以为得，彼反为失。若人于此，下个柱脚，是敢保他有落著处，是知神气一用，性命双修者也。若只见性为是，则大鉴何必往黄梅？永嘉何用往⑤曹溪乎？是以我师赵真人曰：'坐禅入定一件，是在得牟尼之珠；圣胎已成之后，谓之抱一守和、知白守黑也，谓

---

① 若大了悟，《金丹正理大全》本、《道藏辑要》本作"若大悟了"，从《道藏》本。
② 月，《道藏》本缺，从《金丹正理大全》本、《道藏辑要》本。
③ 汞，《道藏》本作"二"，从《金丹正理大全》本、《道藏辑要》本。
④ 此，《道藏》本缺，从《金丹正理大全》本、《道藏辑要》本。
⑤ 往，《金丹正理大全》本、《道藏辑要》本作"走"，从《道藏》本。

之面壁端坐、修^①禅入定也，谓之练形化气、练气归神也，是名形神出胎、亲为佛子已上事也。故《玉皇集经》云：'顿悟大乘正宗，渐入虚无妙道。'大乘之道，即金丹之道也。所以达磨有云：'见此东土赤县神州，有大乘气象，成佛无疑，是载巨舟，实以众宝，三周寒暑，来求大乘之道。'是以^②达磨，始则见性得法而来，终则得丹成佛而西归，是之谓直指人心、见性成佛者。"

时诸弟子，皆得解悟，再拜而退，信受奉行。

《金丹大要》终

附录：

《金丹大要》十卷（《四库全书》提要）
（浙江巡抚采进本）

元陈致虚撰。致虚有《周易参同契分章注》已著录。"金丹"二字，其源即出于《参同契》，"巨胜尚延年，还丹可入口。金性不败朽，故为万物宝"之语。自唐人专以金石炉火为丹药服之，反促其生，是循名而失其宝也。致虚是书，犹不失魏氏之本旨。其牵合老庄、佛氏之书，皆指为金丹之说，则未免附会。学术各有源流，非惟佛道异途，即道家不能概以一轨也。

——出清《四库全书总目》

---

① 修，《道藏辑要》本作"佛"，从《金丹正理大全》本、《道藏》本。
② 以，《道藏》本作"知"，从《金丹正理大全》本、《道藏辑要》本。

陈致虚集 [金丹大要·参同契注·悟真篇三注]

第一编

· 186 ·

第二编

周易参同契分章注

元　陈致虚　注

《周易参同契分章注解》卷之上

东汉　会稽魏伯阳撰

元　庐陵上阳子注解

大易总叙章第一

乾坤者，易之门户，众卦之父母。坎离匡廓，运毂正轴。牝牡四卦，以为橐籥。覆冒阴阳之道，犹工御者，准绳墨，执衔辔，正规距，随轨辙。处中以制外，数在律历纪。月节有五六，经纬奉日使。兼并为六十，刚柔有表里。朔且屯直事，至暮蒙当受。昼夜各一卦，用之依次序。即未至晦爽，终则复更始。日月为期度，动静有早晚。春夏据内体，从子到辰巳。秋冬当外用，自午讫戌亥。赏罚应春秋，昏明顺寒暑。爻辞有仁义，随时发喜怒。如是应四时，五行得其理。

伏羲睹河图始画八卦，黄帝、尧、舜垂衣裳而天下治。取诸乾坤，夏易①《归藏》，以坤为首；商曰《连山》，以艮为首；文王《周易》，乾坤为首。孔子《翼》曰："乾坤其易之门户耶！乾，阳物也；坤，阴物也。"又曰："夫乾，其静也专，其动也直，是以大生焉；夫坤，其静也翕，其动也辟，是以广生焉。"伯阳仙翁②深得三圣人之旨，作《周易参同契》，上翼三圣之道，下航万世之人。首句直指曰："乾坤，易之门户，众卦之父母。"上阳子曰：夫乾之为物，阳也，故为易之户；坤之为物，阴也，故为易之门。太极胚腪，非得乾坤之门户，则天地何由而设位？日月何由而光明？人物何由而化生？圣人何由而行其道哉？是以乾动而直则阳，太极而生阴；坤动而辟则阴，太极而生阳。阴阳交错而生成坎离。仲尼曰："易有太极，是生两仪，两仪生四象，四象生八卦。"是乾之用九也，初乘坤而成复；复中妊震，复而为师；师中妊坎，师而谦；谦而妊艮，谦而豫。震生于豫，豫而比；坎生于比，比而剥；艮生于剥，则震、坎、艮三男皆妊生于坤矣。坤之用六也，初乘乾而成姤；姤中娠巽，姤而同人；同人娠离，同人而履；履中娠兑，履而小畜；小畜生巽，小畜而大有；大有生离，大有而夬；夬生兑，则巽、离、兑三女皆娠生于乾矣。雌雄错杂，以类相胥。则乾再交坤而成临，临而泰，泰而大壮，大壮而夬，是阳之求乎阴也；坤再感乾而成遁，遁而否，否而观，观而剥，是阴之感乎阳也。斯为乾生三女，坤生三男。由此而往，三男三女，迭为夫妻，而六十卦次第生矣。此之谓乾坤为众卦之父母也。何谓坎离匡廓？盖阳乘阴，则乾中虚而为离；阴乘阳，则坤腹实而为坎。故坎离继乾坤之体，而为阴阳之匡廓。比乾坤之于坎离，犹车辐之于毂轴，乾坤正坎离之辐，坎离辏乾坤之毂。老子曰："三十辐，共一毂。"此大小伯阳③之旨同也。牝牡者，牝乃畜之母，牡乃畜之父，故牝为阴物之通称，牡为阳物之总名。合乾坤坎离，言牝牡四卦，其以牝牡而为橐籥，犹用阴阳以为消息。橐象阴之门，籥类阳之户，喻乾坤坎离，若天地间一橐籥耳。用橐籥之道而生物者谓之物，用橐籥之道而生人者谓之人，用橐籥之道而超凡入圣者谓之

---

① 易，诸本作"曰"。

② 伯阳仙翁，集解本作"魏君"。

③ 伯阳，正理本作"阴阳"，四库蒋一彪集解本作"系阳"，平津馆蒋一彪集解本、明毛晋汲古阁蒋一彪集解本作"徐君"。按，四库本蒋一彪集解本作"系君"，当为"徐君"之误。盖《参同契》五言句，古本视为徐景休所撰，故原本"伯阳"一词，古本则改为徐君。

圣。圣人者，善夺造化也，善用坎离也。善夺造化之道者，犹良工准绳墨而正规矩，何事不成？善用坎离之道者，犹执衔辔以循轨辙，何往不获？圣人者，宇宙在乎手，万化生乎身也；圣人者，善处中以制外也，明律历而知数也。律历者，律应造化之候，历纪周天之运。一阳初生，律应黄钟。自子至亥，周天度始，故一岁既周，而阳复生于子也。月节有五六，月节者，两节为一月；五六者，五日为一候，六候为一月。是一月有三十日，一日十二时，两卦十二爻，则一日两卦为之经纬，一月六十卦以为表里也。朔旦屯直事，至暮蒙当受者，何谓也？盖震下坎上为屯，震为长男，而能复坎中之阳，以施生育之德，故谓屯直事；又艮上坎下为蒙，艮为少男，而能聚坎中之阳，以行温养之功，故谓蒙当受。昼夜各一卦，六十卦中皆有阴阳，互施生养也。晦朔为一月之始终，早晚谨一日之动静，四时定一年之赏罚。济其美者赏之，败其事者罚之，不失仁义喜怒之正，要得四时五行之理。

　　此章大义，总叙《参同契》之统指。乾坤为易之门户，非便言金丹药物火候。此书解者百有余人，少能深造其奥。惟真一子彭晓，虽知药火而欠次第，乃章章指为药物火候，篇篇指为丹鼎工夫，其中或恐后人附会。岂知仙翁述此一书，无重复语。上篇叙阴阳造化，炼成大丹之旨；中篇又细议还返、温养、防虞之用；下篇乃拟法象，备露成丹之详。上篇则次第而言，中篇复条例而布，何可淆混而不察？上阳子分而注之，分上篇为十五章，以应上弦得丹之义；中篇为十五章，以应下弦丹成之义；下篇为五章，以应五行之成数。所分之章，取其旨意同者，以为一章，寻详仙翁之本意，次第铺陈，就中借托玄言，直指金丹、药火、鼎器造化细密，使后来人易于领悟，遵而行之，从凡入圣，作佛成仙。其心传口授之秘，又不敢施于笔者。噫，世人器德凉薄，诽谤易生。是以古圣大贤，立言垂①训，不泄②天宝，散布于经。文王、孔子相传曰《周易》，明此道也；黄帝、老子相传曰金丹，明此道也；释迦、达磨相传曰大乘，明此道也。圣人慈悲，方便接引，皆欲世人俱明此道，实众生之阶筏，为万世之梯航。岂谓后人各执异见，不立苦志，参访真师，不明阴阳同类相胥，各尚所闻，愈差愈远。彼见《周易》，则指

---

①　垂，底本作"乖"，据校本改。
②　不泄漏，集成本作"不惜"。

为卜筮、纳甲之书，又恶知同类得朋之道乎？彼见鼎器之说，则猜为金石炉火之事；彼闻采取之说，则猜为三峰采战之术；彼闻有为，则疑是旁门邪径；彼闻无为，则疑是打坐顽空；彼闻大乘，则执为禅宗空性，惟资谈论。更不察圣人之道，是用阴阳修之，以出阴阳，用世间法修之，以出世间。凡此等辈，乌足以谈《参同契》中之妙语耶？昔王冲熙得刘海蟾金丹之旨而成道，乃叹曰："举世道人无能达此，唯张平叔一人而已。"平叔遇圣师于成都，作《悟真篇》以训于后，旨意详切，其玄言奥语，一与《参同契》合。上阳子自遇圣师而后，遍游江湖间，广参博采，无非迋谈。泥丸《翠虚篇》云："后来依旧去参禅，勘破多少野狐精。"迩来岂惟无平叔一人，只要如冲熙者何从而得？然说禅说性，逞干慧者，比比皆是，求其可入此门而闻圣人之道者，亿中无一。则知冲熙之言为大悟，而翠虚之语尤可怜。古人谓谈道者如牛毛，明道者如兔角。况求其行道之人乎？先哲云："愚人多不晓，一闻便大笑。上人心了了，一闻便知窍。"今若有将此窍问是何物？就喻之曰：窍是阴阳之门户。如此岂不愈动其猜疑哉？

乾坤设位章第二

天地设位，而易行乎其中矣。天地者，乾坤之象也；设位者，列阴阳配合之位也。易谓坎离，坎离者，乾坤二用。二用无爻位，周流行六虚。往来既不定，上下亦无常。幽潜沦匿，变化于中。包囊万物，为道纪纲。以无制有，器用者空。故推消息，坎离没亡。言不苟造，论不虚生。引验见效，校度神明。推类结字，原理为证。坎戊月精，离己日光。日月为易，刚柔相当。土王四季，罗络始终。青赤黑白，各居一方。皆禀中宫，戊己之功。

《十翼·系辞》："天尊地卑，乾坤定矣。"仙翁述曰："天地设位，而易行乎其中矣。"复自注曰："天地者，乾坤之象也；设位者，列阴阳配合之位也。"易谓坎离，坎离者，乾坤二用。其言既详，其心太切[1]，岂谓世人信之不及，愚而难悟。《翼》曰[2]："分阴分阳，迭为柔刚"，故易六位而成章。二

---

[1] 太切，正理本、全集本、分节本、集成本作"大切"。

[2] 《翼》曰：集成本作"《说卦传》曰"。

用者，乾用九，坤用六，有用而无位。用九见群龙无首吉者，君子行道而德之至也；用六利永贞者，言坤之德地道①也，妻道也，臣道也，地道无成而代有终也。故言坤之为用，孤阴则无成，是以用六从乾，乃与类行也；而乾用九匹坤，西南得朋也。乾坤变化，各正性命。乾之太始，用九乘坤，阳含其阴，虚而成离；坤之太一，用六承乾，阴含其阳，实而成坎。是坎离得专阴阳之体，变易而用，包②囊生育，愈无停机。如③天上之日月，忽忽而弦望，忽忽而晦朔；即如人身之阴阳，忽忽而太极，忽忽而无常。易道屡迁，变动不居，乾坤毁则无以见易。圣人以此洗心退藏于密，而逆行易之道也。文王《周易》，每卦六爻，故曰"六位成章"，又曰"周流六虚"。其往来消息既不定，而上下盈虚亦无常。故乾初变姤，累变至坤；坤初变复，累变至夬。又有三男三女，互相交变。且六十卦，皆有累变，一卦暨游魂归魂，共变八卦；又有积变，是一卦积变至六十四卦。而六十四卦积变至四千九十六卦。复、姤互相育孕，而各禀阴阳，成天下之蠢蠢者，皆此阴阳之道也。夫此阴阳之道、之炁，或幽潜于其身，或沦匿于各体，或变化居中而包囊万物，或懋施生杀而为道纪纲。倘非乾坤二用，纪纲妙道，则道或几乎息矣。以无制有，器用者空。无与有为两者何也？太极之分有先天，有后天。何谓先天？形而上者谓之道，以有入无也；何谓后天？形而下者谓之器，从无入有也。老子曰："无名天地之始，有名万物之母。"海蟾云："从无入有皆如是，从有入无能几人？"推度坎离消息之功，则后天者，皆为器形滓质，而有消息没亡。非若先天，乃有久长之道，可跻圣域也。孔子曰："先天而天弗违，后天而奉天时。"世人惟顺行后天之道，故一生一死，而轮转不息。圣人善逆用先天之道，故致知格物，正心修身，乃长存而不泯④。数往者顺，知来者逆，故易之道，逆数也。言不苟造者，盖诸子百家之书，随才⑤述作，丁拙何居？此为道之祖书，不可妄置一语，恐误后人，此所谓言不苟造也。论不虚生者，仙翁上法三圣，准阴阳，象日月，况同类，作此书为世梯筏，

---

① 地道，全集本、集成本作"至道"。
② 包，底本作"句"，据诸本改。
③ 如，集成作"譬如"。
④ 泯，底本作"氓"，据校本改。
⑤ 才，集成本作"在"。

此谓论不虚生也；何谓引验见效？昔黄帝上升，巢、许高蹈，老子化胡成佛，淮南鸡犬皆仙，此皆引验见效也；何谓校度神明？如日月合璧[1]，爽现于庚。子曰："神而明之，存乎其人。"推类结字者，如丹从月生，水象坎卦，日月为易，首之成道，此结字也。原理为证者，阴极而阳，阳极而阴，顺行阴阳，生人生物；逆用阴阳，必成金丹。此原理也。坎戊月精者，北之正位为坎，中有真土，是为阳土，女宿主事，幽潜阳精，戊为之门，月毂之地，藏无角兔，内白外黑，是为阴中之阳，外雌而内雄也；离己日光者，南之正位为离，中有真土，是为阴土，柳宿主事，沦匿阴光，己为之户，日轮之所，藏三足乌，内黑外白，是为阳中之阴，内雌而外雄也。古人以日月为易字者，是易即阴阳也。然言阴阳则不见易，言易则不见阴阳矣。且万物非土则不能芽蘖，而日月尤所以孕乎土也。故东躔则经氐土，西度则经胃土，南行则经柳土，北毓则经女土。日月得土而久其明，土借日月以厚其德。土之分王，循环四季，春生夏长，土之功也；秋敛冬闭，土之力也。所以四时各有王日，长镇中宫，始终罗络，以就其功。青赤白黑，虽各居于东西南北，然皆禀于戊己二土，共成其德，以施神化也。

此章言阴阳分位各居，凡所用者必借于土，非有龙虎、铅汞、金水采结之语。故前则言列阴阳配合之位，后乃云各归一方。其他解者，不述仙翁本意，无分条件，紊乱互注，使后之人观此书者，或言仙翁觑缕重言，是不知妙语之有次序也。

日月悬象章第三

易者，象也。悬象著明，莫大乎日月。穷神以知化，阳往则阴来。辐辏而轮转，出入更卷舒。易有三百八十四爻，据爻摘符，符谓六十四卦。晦至朔旦，震来受符。当斯之际，天地媾其精，日月相撢持。雄阳播玄施，雌阴[2]化黄包。混沌相交接，权舆树根基。经营养鄞鄂，凝神以成躯。众夫蹈以出，蠕动莫不由。

---

① 璧，底本作"壁"，据诸本改。
② 雌阴，集成本作"阴雌"。

孔子曰："变通莫大乎四时，悬象著明，莫大乎日月。"仙翁重以明之，引而信之。此书法象日月以喻阴阳，日月丽乎天而有朔望对合，阴阳在乎世而有顺逆生成。日乃纯阳之炁，谓之太阳；月乃纯阴之精，谓之太阴。周天三百六十五度余四之一，每昼夜，天一周遭为一日。太阳一日行一度，行及三十度为一月；太阴一日行三十度有奇，月一周天，谓之一月。日行一度，谓之一日。何谓穷神以知化？神之为物，神莫神于天地；化之为妙，化莫化于阴阳。天道左运，一日一周遭，行五十五万余里。地在其炁之中，如水上之浮板而不动。太阳之神，天地之元炁也，其体全莹，万物资其阳火赫赤之炁，以生长成实。其体之径阔八百四十五里差余，其行不由黄赤道，乃出入于黄道内外。昼长在赤道北，昼短在黄道南。何云南北内外？盖北有紫微垣帝座居之，故北曰内，而南曰外。其神有不可得而穷极者，太阳之神也。太阴之神，天地之至精也，其体全黑，万物资其阴水运化之功，以孕产滋育。其体之径阔六百七十里有奇，其行不由黄赤道。其黄道与赤道，如两环相交，相距二十四度，月乃由中而行，距黄道约六度。其体虽黑，映日即明。缘督子以革象诲人，用黑漆毬于簷下映日，其毬映日之光远射暗壁，月之圆体比黑漆毬，有日映处则有光，日映不到则无光，故常一边光，一边暗。遇望日月相对，夜则月在天上，日在地下，所映之光全向人间，一边暗处全向天，世所不见；晦朔日月同经，月在日之下，月受日映，一边光处全向天，一边暗处全向地。月离日二十五度，人间乃见月吐微光。离渐远光渐多，月离日九十余度，人见月光一半，故谓之弦。既望以后，光渐少耳。故月体本无圆缺，在乎受日光之多少矣。愚人或谓日月对望，为地所隔。彼岂知天之高远，而阴阳之炁，有隔碍潜通之理。然月中似瑕者，即大地之影也。日体大，月体小，日距天远，月距天又远，而月之化有不可尽泄者，太阴之神也。此谓穷神以知化也。子为一阳之首，至巳而极，阳极则阴生；午为一阴之首，至亥而极，阴极则阳生。寒暑代谢，温凉平分，阴极阳生，阳往阴来。比阴之附阳，若辐之于轮，辐辏而轮转，阴卷则阳舒。易有三百八十四爻，据爻摘符者，谓一卦有六爻，一爻有三符，一日两卦，两卦有三十六符，阴阳相交，不用一时之久，不尽一爻之用，犹一时有三符，止用一符。一符之行，则一阳生于坤之下以成震。震者，一阳能伏一阴也，故云震来受符。当斯之际，天地媾精，万物凭虚而受生；日月撑持，乌兔相结而莫解。

阳雄而刚，峙翠玄而施化；阴雌而辟，化黄包以含滋。杳冥混沌之中，两相交接权舆，牝牡初媾，始树根基。权舆者，始初之义。古人造衡自权始，造车自舆始。此①言造化之初毓也。又，权者，暂也；舆者，稳也。言暂时工用，要最稳当不僵踣也。经营一气，以养鄞鄂，凝布阳精，以成形躯。

此章但言太极肇分之初，阴阳顺行之始而生人也，生万物也，故曰：众夫蹈以出，蠕动莫不由。世人不知后天顺行之道，亦借朝屯、暮蒙之喻，亦有根基、鄞鄂之比，乃指为还丹鼎中造化，非也。

圣人上观章第四

于是仲尼赞鸿濛，乾坤德洞虚。稽古当元皇，关雎建始初。冠婚气相纽，元年乃芽滋。圣人不虚生，上观显天符。天符有进退，屈伸以应时。故易统天心，复卦建始萌。长子继父体，因母立兆基。消息应钟律，升降据斗枢。三日出为爽，震庚受西方。八日兑受丁，上弦平如绳。十五乾体就，盛满甲东方。蟾蜍与兔魄，日月气双明。蟾蜍视卦节，兔者吐生光。七八道已讫，屈折低下降。十六转受统，巽辛见平明。艮直于丙南，下弦二十三。坤乙三十日，东北丧其朋。节尽相禅与，继体复生龙。壬癸配甲乙，乾坤括始终。七八数十五，九六亦相应。四者合三十，阳气索灭藏。八卦布列曜，运移不失中。元精眇难睹，推度效符证。居则观其象，准拟其形容。立表以为范，占候定吉凶。发号顺时令，勿失爻动时。上察河图文，下序地形流。中稽于人心，参合考三才。动则循卦节，静则因象②辞。乾坤用施行，天下然后治。③

《翼》曰："易有太极，是生两仪。"是仲尼赞鸿濛也。乾坤之德，混沌虚妙。元皇，为盘古开辟之初，是仲尼稽古也。关雎者，男女人伦之正，夫妇冠婚之首。仲尼定《诗》，先夫妇者，正阴阳无邪之道；仲尼翼《易》，先乾坤者，明刚柔必配之理。是《系辞》曰："易与天地准，故能弥纶天地之道。仰以观于天文，俯以察于地理，是知幽明之故。原始返终，故知死生之

---

① 此，正理本、全集本、集解本作"比"。
② 象，底本作"篆"，据正理本、分节本、集成本、四库本、《道藏辑要》本改。
③ 诸本末尚有："一本云：'可得不慎乎？'非是。"

说。"何谓原始？盖顺行阴阳之道，以生人物，故云"冠婚相纽"也。是之谓"知生"也。何谓返终？能逆行先天之道，超凡入圣，故云"元年乃芽滋"。是之谓"知死"也。昔者子路问死，子曰："未知生，焉知死？"圣人好问、好察，惜子路当时不就问生死之说，以发露《易》之道，使后世人知有顺死逆生之理，知有和顺道德之义，知有穷理尽性以至于命之道。是以圣人之降世也，仰观俯察，精审阴阳，以阴为符，以阳为命。何谓上观显天符？盖阴气在天地间曰"天符"，阳气在天地间曰"天命"，阴气在人身中曰"火符"，阳气在人身中曰"性命"。若阴阳屈伸之时，则符为进退之候，符候准，乃不失时。故《易》之道统乎天心。天心，乾之正位，子为天心阳生之户。乾为阳物，天符纯阴。乾阳初生于二阴之下为震，震为长子，复生于坤。复者，一阳伏五阴也，坤为母，故曰"因母立兆基"也。钟律应斗枢者，黄钟之律在子，斗枢之运建子，皆应一阳始萌之时，即于三日之晡，月之微阳生于西南，阳生于月之下比震，故云"震庚受西方"。八日上弦，兑受丁火，阳升至半，其平如绳。十五对望，日西月东，月兔尽吐其光，阳满卦体成乾。十六平明，巽见于辛，阴符包阳，使无奔逸。二十三日，阴符半裹，光止下弦。坤乙三十日，月体全晦，白静黑纯，光向于天。东北丧朋，东北为艮，箕水之乡，艮为鬼路。即于人身，癸满经行，丧损其气，节尽癸竭，一阳复生，故以壬癸而配甲乙，如乾始复，七八、九六，数终三十，终则成坤，真气归藏。是知八卦，乾坎居北，艮震归东，巽离返南，坤兑还西，交布列曜，运用推移，不失于中。中乃天心，即太中极，元精之物，眇不可睹。天生圣人，推考度量，以效为验，以符为证。观日月之象，拟诸其形容。若司天者，立表测影，以为格范，占知时候，察定吉凶。若一发号，必顺时令，准拟爻动，则知阳生。上察河图，明乾象阴阳之交会；下序地形，详坤体金水之妙化；中稽人心，应时发号。动循卦节，复震从先，静因彖辞。大哉乾元，云行雨施，品物流形，含弘光大，柔顺利贞。天文既察，地形已存，人心又正，则乾坤之门，施阴阳之道，使天地人物皆得自然之治矣。

　　此章引圣人稽古、观天之喻，明日月之合，体乾坤之用。使世人辨阴阳，识进退，明造化，拟形容，应符节，谨动静，如是而此[1]，一身之天地治

━━━━━━━━━━━━━━━━━━

　　① 此，正理本、全集本、分节本、集成本作"比"。

矣，非有龙虎鼎中抽添之语。

君臣御政章第五

御政之首，鼎新革故。管括微密，开舒布宝。要道魁柄，统化纲纽。爻象内动，吉凶外起。五纬错顺，应时感动。四七乖戾，誃离俯仰。文昌统录，诘责台辅。百官有司，各典所部。日合五行精，月受六律纪。五六三十度，度竟复更始。原始要终，存亡之绪。或君骄佚，亢满违道；或臣邪佞，行不顺轨。弦望盈缩，乖变凶咎。执法刺讥，诘过贻主。辰极受正，优游任下。明堂布政，国无害道。

仙翁以修丹之难，借喻御政，则知乱民之难治，凡修丹，则知意马之难拴系。旧染俗污，咸与维新，御政之首也，是谓鼎新也；惩忿窒欲，见善则迁，修身之本也，是谓革故也。若为政，若修身，先从自己。至微至密者，首当管括而究治之，则为政而政成，宝身而身修。孔子曰："为政以德。"譬如北辰居其所，而众星拱之。德之一事，不但为政，德乃百行之元，修丹之士可无德乎？且何谓德？仁、慈、爱、明、诚，上德之士也；恭、宽、信、敏、惠，入道之门也。凡以修丹当以惠、敏为先，惠则足以使人。仙翁乃曰"开舒布宝"者，外得民之欢心，内宝己之真气。此为要道之魁柄。若数布宝，乃能统化其纲纽。纲纽者，执法之主，善加统化，则执法者不苦其法。若爻象内动，则吉凶外应，亦犹五纬差顺，吉凶应时感动。誃离与此意同。誃即改，离犹移迁也。言四七之星宿，乖戾誃离，悉皆俯仰。文昌为太微主星，即魁中戴筐六星，号南极统星，为人身朱雀之神，录人长生之籍；虚精之星，乃三台之纲纪，统录之星，为三台之领袖，在人身为明堂之主，开化世人之德；洞微隐光星，是紫微辅弼，即尊、帝二星，在人身为玄武之神，若人见之，寿可千岁。其余百节万神，各典所部。修丹一事，紧关造化，故比御政为难，复以星宿喻身。日合五行精者，子、丑、寅月，日合五星于北；卯、辰、巳月，日合五星于西；午、未、申月，日合五星于南；酉、戌、亥月，日合五星于东。尧时天心建子，甲辰冬至，日次虚鼠；汉太初冬至，日次牵牛；唐太衍冬至，日次东斗；宋至今冬至，日次南箕。此谓岁差。故太阳得火土益精光，得金水愈炫彩。月受六律纪者，律阳而吕阴，一五一六，而合三十，三十度周，日月再会，故云度竟复更始。日月循环往来，而有弦望晦朔；世因弦望晦朔，而有寒暑代谢；人因寒暑代谢，故有生老病死。原其始则能长存，要其终则能不亡。君乃心也，臣乃身也；心即我也，身即物也。若我心骄亢，或自满溢，或身物相竞，不顺轨法，则弦望乖变，盈缩有凶咎，致执法者刺讥，诘过于其主矣。辰极则前文昌星，一曰南极。辰极禀正而行，优游以任其下。明堂即台辅，勤布其善政，使国无乖戾。国亦身也，身安气和，则不害道。

此章喻人之修身炼丹，亦犹人君之治国。布政治国得其人，行其政，则天下平；修身尽其心，立其命，则丹道成矣。他本御政之首下，无鼎新革故一句。此书流传已久，后有不能晓其玄言，诸本多有差错，晦庵朱熹正数百字，未能尽善，非遇圣师，难分石玉。

炼己立基章第六

内以养己，安静虚无。原本隐明，内照形躯。闭塞其兑，筑固灵株。三光陆沉，温养子珠。视之不见，近而易求。黄中渐通理，润泽达肌肤。初正则终修，干立末①可持。一者以掩蔽，世人莫知之。

养己者，修身炼己也。孔子曰："君子好其身而后动，易其心而后语，定其交而后求。"君子修此三者，故全也。圣人患②虑之深，备练人之情实。一动、一语、一求，三者乃入圣之至理，真养己之要言。宝精裕气，养己也；对境忘心，炼己也；常静常应，炼己也；积德就功，炼己也。苦行其事云炼，熟行其事云炼。修丹之士，必先炼己，苦行忍辱，庶得入室之时，六根大定，方使纯熟，忘无可忘，乃能就事。是以大学之道，在明明德，在知人，在止于至善。既明德，又知人，止于至善，正合炼己。况知止而后能定，定而后能静，静而后能安，安而后能虑，虑而后能得，此正合安静虚无之要。虚无者，非空虚全无之谓。仙师曰："先天一炁，自虚无中来。"是安静虚无之至也。原本者，从自己生身处求之，则知真精、真气为我身之本；

---

① 末，底本作"未"，据诸本改。
② 患，底本作"惠"，据诸本改。

隐明者，世人多为聪明所役，耗其神气。大修行人，黜聪明，屏智慧，内照形，外忘我，塞兑而筑固灵株，收视而温养子珠。如是方得黄中通理，肌肤润泽。初正乃炼己之事，修炼乃临炉之事，干立尽炼己之道，末持下入室之功。一者，己也，戊也。会此一字，是参到伯阳心地上了。子曰"吾道一以贯之"，老子谓"得一万事毕"，释氏云"万法归一"。故天一生水者，要知此水从一中而生。一中者，坎之中爻也。一者掩则聚精会神，一者蔽则分灵布氛。人能知一，则宇宙在乎手也；人能得一，则万化生乎身也。一之为妙，非师莫明。故云："一者以掩蔽，世人莫知之。"亦云莫之知，亦妙。仙翁丹法，要先筑固灵株者，炼己而凝神也；温养子珠者，积精而累氛也。炼己功纯，方可以炼还丹。世人既不知炼己事大，又妄行半时得药之功，希冀功成，愚之甚也。故《清净经》曰："内观其心，外观其形。远观其物，惟见于空。空无所空，所空既无。无无亦无，无无既无。湛然常寂，寂无所寂。"语到这里，常人看来，岂非大休歇、大解脱时也？缘何下接[①]：欲岂能生？欲既不生，即是真静[②]，真静方能应物。仔细看来，行到真静应物处，方是初学底事。若论修丹，未梦见在。其常人也，施一斋，造一塔，或三峰采战，或枯坐诵经，或无为，或祷祀，凡此等，以为向善则可，若曰修道，实未得其门而入也。故养己之功，欠一些不可。是以洞宾云："七返还丹，在人先须，炼己待时。"泥丸云："言语不通非眷属，工夫不到不方圆。"紫阳云："若要修成九转，先须炼己持心。"圣圣相传，可不谛受。太虚真人得黄房公旨，依教往武夷，即谋就，乃事初行炼己功，每障魔百至。太虚卓然曰："束送妖魔精，斩馘六鬼峰。"旋定息而坐，此念才举，爱根斩然。后学者观此炼己一事，更宜三思。

　　此章只曰养己，无金虎、鼎室之说，若以三光即阳火、阴符、金胎，尤非也。

---

　　① 缘何下接，分节本作"缘何不接"，《道藏辑要》本作"缘何一接"。校者按：此处系陈上阳引《清静经》之语以证清静功夫之后，尚且还有向上一着功夫可传。《清静经》云："寂无所寂，欲岂能生？欲既不生，即是真静"云云。故底本作"缘何下接"系转折语，分节本作"缘何不接"，将"下"作"不"系误。《道藏辑要》本作"一"，句意亦通。

　　② 真静，集成本作"真情"，后同。

明两知窍章第七

上德无为，不以察求；下德为之，其用不休。上闭则称有，下闭则称无。无者以奉上，上有神德居。此两孔穴法，金气亦相胥。知白守黑，神明自来。白者金精，黑者水基。水者道枢，其数名一。阴阳之始，玄含黄芽。五金之主，北方河车。故铅外黑，内怀金华。被褐怀玉，外为狂夫。金为水母，母隐子胎；水为金子，子藏母胞。真人至妙，若有若无。仿佛太渊，乍沉乍浮。退而分布，各守境隅。采之类白，造之则朱。炼为表卫，白里真[①]居。方圆径寸，混而相拘。先天地生，巍巍尊高。旁有垣阙，状似蓬壶。环匝关闭，四通踟蹰。守御密固，阏绝奸邪。曲阁[②]相通，以戒不虞。可以无思，难以愁劳。神炁满室，莫之能留。守之者昌，失之者亡。动静休息，常与人俱。

上德者，体全德之人也，无不为之士也。男女当二八之年，真精全而欲泄，全德之人则能保爱而浑无亏。又遇明师授以无为修摄之道，以永其寿，是谓无不为之士，是谓上德之全人也，是即圣人行无为之化，是即大人成无为之功也。下德者，窃造化之人也，盗万物之士也。夫一切人，年甫二八，真精未泄，谓之纯乾。逮夫情欲一动，乾之中爻走入坤宫，乾不能纯，心虚为离。由是而后，日夜漏泄，存而有者，复几何哉？惟至人者，不待其极，乃行圣人复全之道，以仙其身。是谓下德之士，是窃造化之人也，是即圣人率性之道，是即神人有为之功也。上德者，无为而无不为也，得太极全体，成后天之功，是曰"不以察求"；下德者，有为而有以为也，夺造化之用，成先天之功，是曰"其用不休"。仙师云："始于有作无人见，及至无为众始知。但见无为为要妙，孰知有作是根基。"斯言道尽金丹之事，非易也，至人不得已而行之。老子故曰："夫佳兵不祥之器，不得已而用之。"盖谓此也。上闭则称有，上闭为坤，坤之为德，其静也翕。有乃坎中之戊土，内有先天真一之炁；下闭则称无，下闭为乾，乾之为德，其静也专。无乃离

---

① 真，集成本作"贞"。
② 阁，集成本作"阁"。

中之己土，中藏后天自然之汞。到此双明两用之窍。《经》曰："常无欲以观其妙，常有欲以观其窍，此两者同出而异名，同谓之玄，玄之又玄，众妙之门。"圣人无两心，其玄言妙语未尝高远，万世莫能测其端倪，必要师授之。黄帝上圣，若不师广成子，岂能自明此道耶？只如此窍，圣人无可奈何，形容极到了处：伏羲画卦，首以乾坤两象以定此窍；文王不隐，重而明之；孔子《翼》出"乾直坤辟"之义；老子乃云"玄牝之门，是谓天地根"；释迦喻"正法眼藏、涅槃妙心"。此皆直指而可见矣。上士或能自明此窍，其中功用，非师莫明。无者以奉上，无言己性，有即戊情。若己之性，能奉戊之情，则情之义肯恋性之仁矣。上有神德居，盖先天一炁，自虚无中来者，神之德也。仙翁重指曰："此两孔穴法，金气亦相胥。"两句为《参同契》之关键，万世之下，慧饶颜闵，不能自通。云房翁曰："生我之门死我户，几个醒醒几个悟。夜来铁汉细思量，长生不死由人做。"只那生我之门死我户，岂非两空穴也？如前止陈乾坤日月造化之理，至此才定玄关，便指金水二物。作书次第，不泛若此。修丹之士，既明此窍，且参金炁为何物，相胥为何用？深达洞晓，方可炼丹。知白守黑，知其金之精纯，白而无污，是知白也；守其黑之基，待时而生水，是守黑也。水之初生，名为先天，以其至真，号曰神明。白黑相符，金水泛旺，一遇己土，制水淘金，金水满炉，故曰神明自来。何谓水者道枢，其数名一？盖水从天一而生，故为阴阳之始。玄含黄芽者，《翼》曰："阴虽有美，含之以从王事。"即太玄为水，黄芽为丹，水中有丹，因喻之曰："玄含黄芽"。黑铅之中，内蕴白金；河车之中，内藏黄芽。亦犹士而怀玉，衣若被褐，则害不至。金为水母，盖兑金生坎水，而坎之中爻属金，故云母隐子胎；水为金子，壬癸之水，自西而生，兑之中爻乃属于坎，故云子藏母胞。真人至妙者，真人即乾之体，乾之为物，至神至妙，其为形也，或有或无；太渊即坤之象，坤之为物，能沉能浮，其为形也，莫见莫闻。故乾能变化，坤德资生，既以化生，乾坤分布，各守其境。采之类白者，是铅中有银而白，造为内丹则朱，独炼则成胡粉，其采外丹而炼，亦类乎是。然外丹者，常须表卫，外睹如朱之红润，内使不失其真白也。方圆径寸，混而相拘者，盖杳冥之中有物，则太极未分之时，为先天地，内蕴先天真一之炁，居乎太极之前，乃象帝之先，故曰"巍巍尊高"也。旁有垣阙，状似蓬壶，乾之为象，亦似垣阙，亦似蓬壶，法象形容一身一己。如上皆指鼎器而言。环匝关闭，即表卫也；四通踟蹰，密外护也；守御密固者，不可须臾离也，可离非道也；阏绝奸邪者，其出入以法度，限内外使知惧，令白里真居也；曲阁相通者，必置坛墠精研①，以戒不虞之患。仙翁慈悲，自环匝关闭而下，历历指教，恐有不虞之害。又须无思无虑，不可忧愁劳役，故云："可以无思，难以愁劳。"俾神炁满室，而不致亏损，故云："守之者昌，失之者亡。"若稍不固，便致倾丧。是以动静休息，顷刻不敢放恣而忽慢，则金鼎之炁，彼我坚固，而互相调伏，故云常与人俱。

此章直指两窍之体，发明金水之用。修行之人，看诵《参同契》到此，方知入头一着，便是难能之事。然下德之器，修有为之道，其功全资于炼己也，炼己稍欠，神明不来。

明辨邪正章第八

是非历脏法，内观有所思。履行步斗宿，六甲以日辰。阴道厌九一，浊乱弄元胞。食气鸣肠胃，吐正吸外邪。昼夜不卧寐，晦朔未尝休。身体日疲倦，恍惚状若痴。百脉鼎沸驰，不得清澄居。累土立坛宇，朝暮敬祭祀。鬼神见形象，梦寐感慨之。心欢意喜悦，自谓必延期。遽以夭命死，腐露其形骸。举措辄有违，悖逆失枢机。诸术甚众多，千条有万余。前却违黄老，曲折戾九都。明者省厥旨，旷然知所由。勤而行之，夙夜不休。伏食三载，轻举远游。跨火不焦，入水不濡。能存能亡，长乐无忧。道成德就，潜伏俟时。太乙乃召，移居中洲。功满上升，膺箓受图。

做修行人，须明大道之正。倘非阴阳配合、坎离施化，外则皆为旁门左道。如内视五脏，存想呵呵，外履斗宿，步罡握诀；或习房中之术，御女三峰；或行九一之道，剑法五事。对境接气，浊乱元胞，是皆秽行，乃旁门之最下者。又如吐正吸邪，忍饥食气；或论年打坐，昼夜不眠；或立坛祭神，鬼物见象。此又旁门之乱道者。是使精神恍惚，百脉沸驰，心意日欢，梦寐夜作，千蹊百径，然总②无功。既违黄帝、老子之教言，不参真师阴阳之同

---

① 研，正理本、分节本、集解本、集成本、四库本、《道藏辑要》本作"严"。
② 然总，集成本作"玩忽"，正理本、全集作"然忽"。

类，曲折而招九都之戾，何由而结一黍之珠？本冀延年，故因促寿。若有明达之士，复遇真师之言，旷然行之，愈勤不怠，夙夜不休以求药，专心伏食而密行三载，一任远游，九年足可轻举。积累一纪，水火不伤，居洞府以无忧，宴瑶池而长乐。已成道则潜伏，更积德以俟时。三天有名，太一乃召，俾司仙职，移居中洲。若有功高，飞身三境，加封进级，膺箓受图。如张、葛、旌阳、浮丘、钟、吕列圣已然，后圣已遵而行之也。

此章仙翁力言一迷一明，一邪一正。邪则九都谴戾，正则行满飞升，理之必然，无可积虑。至于下手工夫次第在后。

龙虎两弦章第九

《火记》不虚作，演《易》以明之。偃月法炉鼎，白虎为熬枢。汞日为流珠，青龙与之俱。举东以合西，魂魄自相拘。上弦兑数八，下弦艮亦八。两弦合其精，乾坤体乃成。二八应一斤，易道正不倾。

仙翁铺设到此，方言炉鼎龙虎弦气。曰偃月炉，曰白虎，曰上弦，曰兑，曰魄，属于西也，彼也，玉池也；曰汞日，曰流珠，曰青龙，曰下弦，曰艮，曰魂，属于东也，我也，金鼎也。偃月炉者，即太乙神炉，是之为阴炉也，以其偃仰似月初生之象。白虎乃西方兑宫之物，天地初分，元属于彼。其虎之威，叩之则应，含弘光大，品物资生，虽能伤人杀人，却蕴大乘气象。文王重《易》曰："履虎尾，不咥人，亨。"又曰："履道坦坦，幽人贞吉。"孔子曰："说而应乎乾。"又曰："素履之往，独行愿也。"修丹之士，知畏此虎，要先降而伏之。既能伏之，则可为熬之枢，而不咥人也。离为日、为汞，中有砑砂，名曰流珠。青龙乃东方震宫之物，劫运既周，元属于我。此龙之势，威能变化，感而遂通，云行雨施，品物流行。乾之九二："见龙在田，利见大人。"子曰："龙德而正中也。"世人不悟此龙生生之功，每服其害。若人悟而畏之，调而降之，则能驱驾而用之矣。举东以合西，则嘉会而合礼也。兑艮数各八，流戊而就己也；魂魄自相拘，金木不间隔也。两弦合精，乾坤体成。易道不倾者，必二八相停而成一斤也。一斤指圆成之数，数乃积小以成大，故十粉曰丸，一丸如黍，一黍余曰刀圭，六十四黍曰一圭，十黍为累，十累为铢，两铢四累为钱，十钱为两，八铢为锱。《说文》："六铢为锱。"《监韵》："八两为锱。"二者皆伪。三锱为两，是二十四铢也。十六两为一斤，斤有三百八十四铢，斤四两为锊也。古人分铢，以应卦爻之数。

金返①归性章第十

金入于猛火，色不夺精光。自开辟以来，日月不亏明。金不失其重，日月形如常。金本从月生，朔旦受日符。金返归其母，月晦日相包。隐藏其匡廓，沉沦于洞虚。金复其故性，威光鼎乃熺。

仙翁无一泛言，至此方指金之为用。非金之功，则不成丹，故云金丹。却非世上金玉之金，非从土石中出者。乃天地造化，五行颠倒之妙，自乾坤大化窟中而产者，此金是也。今之盲师，但说金丹，便自慌忙，不知所为。何者？口说修行，又不得闻金丹之名，亦不究竟《参同契》中②之语，乃诳于世。岂知仙翁历历指示此金神化之用。有辈愚人，每睹是书，不察阴阳真金体用，乃猜为烧炼炉火等事，惜哉，昧哉！若不与世露些消息，则万世之下，此书愈高愈远。人既不能窥其畔岸，遂皆弃而不观，抑何从而求修行之旨耶？上根利器，要知此金在鸿濛混沌之先，太极未判之始，元属于乾，故谓之乾金。大劫欲交，则谋报混沌之德者，至是以乾初交坤，此金颠蹶蹄骤，奔入坤宫，谓之坤中金。坤得此金，内实而为坎。坤之三爻，本皆中虚，号曰坤土。既得此金，以实其中，而成坎象。坎之正位，居于北方癸水之地。是坎为水，金藏其中，故谓之水中金。夫水中之金，为先天之宝，不能久居于后天之坎，因化为兑，兑或跃于北方之坎户，占居西天之酉方，则此金日生夜长。酉之正位属兑，是以此金主行丹道于兑之中，故谓之兑金也。炼丹之士，寻微索赜，原始要终，格物致知，探其源流，审其根苗。若炼金丹，必求此金。若求此金，不求于乾，不求于坤，不求于坎，专求于兑。兑之为物，乃坤月同类，是云："同类易施功，非类难为巧。"兑之为妙，代坤行道。故炼金丹，除此兑金，余皆旁门，不能成道。黄帝、老子，从古圣仙，皆用此金，方能了道。文王重巽九五：先庚三日，后庚三日。仲尼

① 返，底本作"近"，据诸本及底本原目录改。
② 中，底本无此字，据校本补。

《翼》:"巽兑柔,皆顺乎刚,君子以申命行事。"夫庚,金也。经云"三日月出庚"是也。且释迦假此金以成佛,故号金仙。盖兑中之金,与天上太阴同体而生明,同时而生丹。天上之月,名曰太阴,缘此兑金,同其功用,遂亦名之曰少阴,又云阴中之金。天上太阴,其功接太阳之辉光,以成岁时;兑之少阴,其道传续大千世界,化生人物。仙翁参透前圣,知此金之根源,推此金之妙化,阐出此金之神变也。彼世间金能与天地同久,入火其色愈精,久炼不失其重。况此兑金,是乾坤大化炉中之所产也,月之光有亏盈,兑之金有流转,故云形如常。朔旦日月合璧,月受日符,现一阳之光于庚申之位,此天上之太阴也。而此兑金,每应月之朔,亦初三日,生始阳之丹于混沌之位,此人间之少阴也,故云:金本从月生,朔旦日受符。何谓金返复其母?盖金之舍曰兑,兑之母曰坤,兑不能久舍其金,金亦因时而发用。坤之《翼》曰:"含章可贞,以时发也。"圣人之心,妙在于此。金既发用,兑返母而包归坤,犹月晦而日相包。何也?晦月朔旦,月之全体,隐藏匡廓,为日所覆,一日、二日、三日,运行其度,辉光再吐也。又如金返归母,金之真精,沉沦洞虚,为世之用。一生二,二生三,劫运再交,金将复产也。若此金复产,必复其故性。何也?性为乾之用,乾之直也,寄金于坤,坤寄于坎,坎寄于兑,兑金舒情,复其故性,乃以此金还于乾宫。乾之金鼎,复得其种,炼成金丹,是以此丹号金液还丹,鼎号威光金鼎,是云"威光鼎乃熺"。熺,亦作熹,亦作譆,三字通释火炽热盛之义。此金丹书,日月星宿、天龙真宰、造化神灵,悉皆拥护,敬之畏之。

二土全功章第十一

子午数合三,戊己号称五。三五既和谐,八石正纲纪。呼吸相含育,伫思为夫妇。黄土金之父,流珠水之子。水以土为鬼,土镇水不起。朱雀为火精,执平调胜负。水盛火消灭,俱死归厚土。三性即合会,本性共祖宗。巨胜尚延年,还丹可入口。金性不败朽,故为万物宝。术士伏食之,寿命得长久。土游于四季,守界定规矩。金砂入五内,雾散若风雨。熏蒸达四肢,颜色悦泽好。发白皆变黑,齿落生旧所。老翁复丁壮,耆妪成姹女。改形免世厄,号之曰真人。

子居北，北乃坎之正位，其数一；午居南，南乃离之正位，其数二。坎中有土曰戊，其数五；离中有土曰己，其数五。戊专坎之门，掌先天真一之气；己直离之户，积后天至真之汞。若求先天之气，必通戊土而后得之；若用后天之汞，必伏己土而后和之。子午既欢而谐，戊己既和而合，二五之精，妙合而凝。流戊就己，鼎中得类，两土相结，因名曰圭。八石为坤，乾坤为众石之父母，非坤则不得兑之纲纪消息。子午相呼吸，戊己相含育，铅汞相交结，而为夫妇矣。归土①者，戊土也，戊土能生兑中金，故为金之父；流珠者，木汞也，铅水能资木中之汞，故流珠乃水之子。铅水以戊土为鬼，戊土一镇中宫，水不妄流于外。朱雀者，离中之物，是为火精，心平气和而脉停，可使调其胜负矣。水克火，火克金，金克木，四者俱消，其功归于厚土。厚土者，己土也；三性者，戊金水也。坎之门曰戊，坎之中爻曰兑金，金生太乙之水。金既生水，戊又制之，是三性合会也。木性即己土也，离中之户曰己，戊、金、水三者，合本性之己，木乃徐徐而克之，总变而为大丹，故曰"本性共宗祖"。巨胜者，胡麻也，胡麻若作饭，常食之能延年。况还丹是金水、戊己炼成，为天地间之至宝，修行术士，伏而食之，寿与日月同其长久。伏者，伏先天之气；食者，吞黍米之丹。后人误作服字，是不知伏之为妙也。故仙师云：伏炁不服气，服气须伏炁；服气不长生，长生须伏炁。只一伏字，逆用化机。土游于四季，四季者，辰、戌、丑、未也。土各有王日，每季月王十八日，谓之游。惟夏季火生土，土德胜王；金畏火，故入秋属申月。古人②以水土俱生申者，土因夏火而生，水到三垣而产，水潮制火，土乃生金。故入秋初，土德先王九日而生庚金，至戌止有九日而分王也。守界定规矩者，东方有氐土，能守青龙之界；西方有胃土，能规白虎之威；南有柳土，能矩离火之户；北有女土，能定坎水之门。是使制伏丹砂真金之气，还入五内。其丹初至，气散如雾，润泽若雨，丹气熏蒸，遍达四肢，神气既全，颜色悦好，齿生发黑，返老还童，改其枯悴之形，永免世间

---

① 归土，正理本、分节本、集解本、四库本、《道藏辑要》本作"黄土"。全集本、集成本亦作"归土"。

② 古人，底本作"吉人"，据诸本改。

之厄，形神俱妙，紫霞真人 ①。

此章言欲下手炼丹，先和戊己二土，然后可采金水而成丹也。

同类合体章第 ② 十二

胡粉投火中，色坏还为铅。冰雪得温汤，解释成太玄。金以砂为主，禀和于水银。变化由其真，终始自相因。欲作伏食仙，宜以同类者。植禾当以谷，覆鸡用其卵。以类辅自然，物成易陶冶。鱼目岂为珠，蓬蒿不成槚。类同者相从，事乖不成宝。燕雀不生凤，狐兔不乳马，水流不炎上，火动不润下。世间多学士，高妙负良材。邂逅不遭遇，耗火亡资财。据按依文说，妄以意 ③ 为之。端绪无因缘，度量失操持。捣治羌 ④ 石胆，云母及矾磁。硫黄烧豫章，泥汞相炼冶。鼓下五石铜，以之为辅枢。杂性不同类，安肯合体居。千举必万败，欲黠反成痴。稚年至白首，中道生狐疑。背道守迷路，出正入邪蹊。管窥不广见，难以揆方来。

胡粉，黑铅炼就也，得火则还本性；冰雪，寒水结成也，遇热则归本源。黄金入水银而变白，得火则回其赤色。世人嗜欲而乱性，全性而可以长生。何谓金以砂为主？何谓禀和于水银？修行之人，明其造化，洞达阴阳 ⑤。欲炼金丹，先积离己之朱砂，以和玉池之水银；却用坎中之水，以济离中之火。水火既济，金砂合形，变化由同类之真，终始因雄雌为主。所谓欲作伏食仙，宜以同类者，实为谛当。如植禾必种谷，覆鸡须用卵，欲作仙佛，不得同类，虽入闠百处，打坐千年，终落空亡。若也不参同类，行诸旁门，或房中御女，或三峰采战，此皆邪径，犹认鱼目为珠，蓬蒿为槚，岂知变化由其真乎？燕雀飞禽也，不能生凤；狐兔走兽也，安能乳马？皆非其类。水之为化不能炎上，火之为功不能润下，盖以阴阳往来，必禀自然之

---

① 按："紫霞真人"一句，分节本作"紫霞真人言：欲下手炼丹……成丹也。"集解本作"紫霞真人云……"。考分节本及集解本，均据古文本，割裂陈上阳注于其下，文字多有改窜，此处易为"紫霞真人言"，当为误读。

② 第，底本原缺，今补。

③ 意，正理本、全集本、四库本作"言"。

④ 羌，集成本作"韶"。

⑤ 阴阳，集成作"眷属"。

道。仙翁教人以求明师，必参同类，必配阴阳，方可言丹。我紫琼翁初受太虚真人入室语，首问《参同契》为明《易》耶？为行《易》耶？太虚曰："《易》只阴阳两件物事，能明能行，方为圣人。"故《易》曰："西南得朋，乃与类行。"《契》曰："类同者相从，事乖不成宝。"先明之，后行之，圣人也。岂谓后人，或负高妙之良材，不求真师，依按古文，妄意度量：或以韶之石胆炼金，或用辰之砂银烧丹，捣治五金，鈎炼八石，以三黄为同类，净赤铜为辅枢。其石与金，非我同类，安肯合我之气而居我之身乎？昔九江张相，炼丹服食，洞宾悯其好道心切，化一术士，访而救之。张自负恃服丹已久，必可飞升，略不加礼，洞宾顿去。但见座间有诗云："可惜九江张尚书，服药失明神气枯。不思还丹本无质，翻饵金石何大愚？"后果双目不见而终。此辈皆负良材，执滞不回，甘受盲师，误将金石指为同类，耗亡资财，服食烧炼，或至于终身不悟。如彼等人，以管窥天，岂知天地间而有真仙圣师耶？世人纽于惯常，不自卑下博问，不肯拔萃广参，耳隘目低，乌足听观高远之事耶？却乃昂藏称大丈夫，是皆空负高妙之良材，失于自恃自满耳。

三圣前识章第十三

若夫至圣，不过伏羲，始画八卦，效法天地。文王帝之宗，结体演爻辞。夫子庶圣雄，十翼以辅之。三君天所挺，迭兴更御时。优劣有步骤，功德不相殊。制作有所踵，推度审分铢。有形易忖量，无兆难虑谋。作事令可法，为世定此书[1]。素无前识资，因师觉悟之。皓若褰帷帐，瞑目[2]登高台。《火记》六百篇，所趣等不殊。文字郑重说，世人不熟思。寻度其源流，幽明本共居。窃为贤者谈，曷敢轻为书。若遂结舌瘖，绝道获罪诛。写情著竹帛，又恐泄天符。犹豫增叹息，俛仰缀斯愚。陶冶有法度，未可悉陈敷。略述其纲纪，枝条见扶疏。

八章[3]言前却违黄老者，黄帝、老君二大圣。至此详明三圣人之立言垂

---

① 此书，诸本作"诗书"。
② 瞑目，正理本、全集本、集成本作"暝目"。
③ 八章，集成本作"明辨邪正章"。

训，其尊崇前圣后圣之意。回视后之末学，总无所知，妄诞相高，开口谤毁者，其罪当何如哉？经曰："若夫至圣，不过伏羲。"伏羲，亦作庖犠，亦作伏戏。孔子《翼》曰："古者庖犠氏之王天下也，仰则观象于天，俯则取法于地。观鸟兽之文，与地之宜，近取诸身，远取诸物。于是始画八卦，以通神明之德，以类万物之情。"文王结体演爻辞，示西南得朋之妙。何谓十翼以辅之？《易》之书也，伏羲画卦，文王繇辞，周公爻辞，共为二篇曰《正经》；仲尼于《正经》之后，《翼》以十篇，曰《上象传》、《下象传》、《大象传》、《小象传》、《系辞传上》、《系辞传下》、《文言传》、《说卦传》上、中、下十篇，是为《十翼》。本释《易》，乃不曰释，而曰翼者，以辅翼之道也。圣人上祖下法，经自为经，翼之为翼，欲使后之学者，知圣人不敢先于前圣，亦不紊乱正经。传自商瞿，至于费、孟、梁、丘。费之言曰：《象辞》所以解经，乃分二翼于各卦之下。费之《易》行，圣经乱矣。费直不明圣人不先不紊之意，若正经可紊，则仲尼早分而释之矣。费传至郑康成，郑主费也。郑之言曰："《文言传》者，所以释乾坤二卦"，乃移于乾坤上卦之后。至于王弼，王弼主费、郑。弼之言曰：《象传》所以释爻，乃移于各爻辞之后，各添象曰、象曰字。数百年间已三紊乱，既乱正经又失《翼传》，费直作俑，郑、王和之。今之《易》，非《周易》，乃王弼之《易》也。先贤欲复《周易》之《翼》多矣，只如宋李焘、晁说之、欧阳修诸公，皆尝校定《周易》，以为古《易》。焘曰："《周易》十二篇，始紊于费、郑，大乱于王弼，乃复校定，名曰《古易》，极于州学。"晁说之再定《古易》，正经二篇，《十翼》十篇，已亡《说卦》二篇。欧阳修曰："秦火《易》之正经，以卜筮存，是则《十翼》之书，散在人间。"汉文帝广求文字，《十翼》所存唯彖、象、系辞、文言耳。后至汉宣帝时，河上女子掘冢，得《易》全书上之。内说卦中、下二篇，污坏不可复识。如是则《十翼》果亡二翼，后人以序卦、杂卦是《十翼》者，非也。其辞肤浅，后之儒者唯相附和。独程氏有卓然之见，其《遗书》曰：序卦非《易》之蕴，此不合道。后横渠以大匠一斧辩之，更非是，唯程氏知亡二篇也。朱震曰："独乾一卦，是《周易》之本文，弼不敢紊。"朱熹曰："《周易》上、下两篇，经则伏羲之画，文王、周公之辞，并孔子所作之《传》十篇，凡十二篇，中间颇为诸儒所乱，今悉整而正之，定著为经二卷，传十卷，以复孔子之旧。"自熹到今，已二百年，竟不复旧者，其有以夫《易》非《十翼》，则易之道何以明？言辞何以通？变动何以识？制器何以象？为道而不通言辞，则不得情性之感；为道而不知变动，则不得金水之化；为道而不工制器，则不得鼎炉之用；为道而不达吉凶，则不得逆顺之理。《翼》曰：《易》有圣人之道四焉者。此也。是以君子将有为也，将有行也，问焉而以言，其受命也如响，无有远近幽深，遂知来物。夫幽深，乃恍惚杳冥之谓。君子有为、有行，必于恍惚杳冥之中，而遂知来物。非天下之至精，其孰能与于此？仙翁谓十翼以辅之，斯言尽矣。圣人之用功，均沾后世，但恐后学无大福德，无大智慧，不足承当，千般蔽阻，无由见闻。三圣迭兴，制作推度，万世师法。伏惟至道，天生圣哲，奚有自悟？必资师授。纵负聪明，谋虑忖度，如有所障。若有仁贤，研心究竟，忽得师旨，心胸豁然。犹如室中褰去帷帐，分明洞达，一似瞑目，上登高台，何所不见，人不求师，奚自觉悟？倘有所师，先以《参同契》一书辩之，若句句能明，章章洞晓，方是真正；苟有一句懔愕含糊，便难信受。若除此书，谓别有途可成道者，此大诳人。何以故？此书文王、周公、孔子祖述伏羲者也。故仙翁曰"夫子庶圣雄"。万世之下，孰能超乎孔子也哉？且黄帝《阴符》三百，老子《道德》五千，符合不差，惟明此道。是以老祖、天师、葛、许、浮丘诸仙皆从此入，又如紫阳《悟真篇》、缘督子《金丹难问》等书，皆祖《参同》也。参之佛典、道经，俱契于此。若有人曰：某师谁氏，又复师谁，其说如流。问其《参同》，多所不晓，此皆地狱种子，反谓至道不在文书，诳妄盲引。孰知此书，参勘真实，方可下手。况乎《火记》六百，时节爻符，密言妙语，从首至尾，郑重而说。人不熟[①]思求其源流，以顺幽明共居之故。此书为贤者谈，曷肯轻述？果若结舌，道恶乎传？尽露竹帛，又泄天符。犹豫增叹息者，犹乃兽名，此兽性多疑，居山，闻有声，则豫上树，下上非一，故不能自决者，名之曰犹豫。仙翁自说趑趄，涉川畏邻，自增咨叹，俯仰再三，缀撰斯文也。然陶冶后来，有隐露法度，其口诀未可悉陈，但述纲纪，略见枝条耳。

---

① 熟，底本作"孰"，据诸本改。

金丹刀圭章第十四

以金为隄防，水入乃优游。金计有十五，水数亦如之。临炉定铢两，五分水有余。二者以为真，金重如本初。其三遂不入，火二与之俱。三物相含受，变化状若神。下有太阳气，伏蒸须臾间。先液而后凝，号曰黄舆焉。岁月将欲讫，毁性伤寿年。形体如灰土，状若明窗尘。捣治并合之，持入赤色门。固塞其际会，务令致完坚。炎火张于下，昼夜声正勤。始文使可修，终竟武乃陈。候视加谨慎，审察调寒温。周旋十二节，节尽更须亲。气索命将绝，体①死亡魄魂。色转更为紫，赫然成还丹。粉提以一丸，刀圭最为神。

仙翁铺叙到此，方言入室临炉，下手结丹，以入鼎也。上根者，当明是书，最有次第而不泛。《参同》一书，此章大有肯綮。非此一章之详，后人如何下手？修丹之流，未遇师旨，不知是书隐而且奥。观至此章，浑如嚼蜡，无入头处，只得猜为五金八石煅炼之事，到底无功，反怨圣师谩语，诚为可怜。今略泄露，未②释后疑。以金为隄防者，大修行人，参炼九还金丹，须明此金乃西方兑中之金也。先办③真心，求彼兑金，立置坛墠，常加谨护，隄防固济，以待此金之生水也。所生之水，尤当推度而明辨之。要知此水，是先天之水耶？是后天之水耶？若是后天，则水溷浊，不可以炼还丹；若是先天之水，又待其水之清而用之也。诗曰泾清渭浊。盖泾水清而渭水浊也。修丹者，待其泾水之清，优游防闲，不可挠动，故云水入乃优游。此水之清中有真金，周兴嗣曰：金生丽水。清之至也。且要知其斤两轻重而后用之。盖此兑金，必约十五两重者，借近一斤之准则，是云金计有十五也。金重到十五两，则能生丽水矣。何谓水数亦如之？非言水亦十五两，要水与金相称，如十五两之金，必能生多少之水，故曰如之。所以仙翁叮咛，临炉方定其铢两，若十五两之金，已生到五分之水，则水过余而不可用，是云"五分水有余"；若此金初生水到二分时，乃真可用，是云"二者以为真"；即此二分之水，必约十五两之金，是云"金重如本初"；若水已到三分者，亦不

---

① 体，校本作"休"，扫叶本作"体"。
② 未，《道藏辑要》本作"永"，意似更洽。
③ 办，底本作"辨"，据正理本、全集本、四库本、《道藏辑要》本等改。

堪用，是云"其三遂不入"；若金水之数，及时相等，急以二分之火而合之，是云"火二与之俱"。金水火既已相合，则火受金炁，复得水制，结成还丹，乃能变化，而状若神矣。下手临炉之工，莫此为要。是以圣人年中取月而置金，月中测日而听潮，日中择时而应爻，时中定火而行符。何谓行符？古圣先贤，以炼金丹为一大件事也，推度时节，立攒簇法，以一年七十二候簇于一日，以三百六十爻攒于一月，以三十六符计一昼夜，分俵^①十二时中。是一时有六候，比之求丹，止用二候之久；一时有一爻，比之求丹，不要半爻之顷；一时有三符，比之求丹，止用一符之速。所谓单符单决^②者此也，所以黄帝言《阴符》者此也，故曰："人知其神而神，不知不神之所以神"者，此也。修丹仙子，于此一符之顷，蹙三千六百之正气，逆纳胎中。当斯之时，夺天地之造化，窃日月之精华，地轴由心，天关在手，交龙虎两弦之炁，捣金水一体之真，龟蛇盘结于丹炉，乌兔会行于黄道，黑白交映，刚柔迭兴，玉户^③储祥，紫华映日，荧惑守于西极，朱雀炎于空中，促水运金，催火入鼎，伏蒸以太阳之炁，结号黄舆之丹也。夫初炼金水之时，隄防以岁月而计；至于合丹之际，止用一符之工夫。久则毁性而伤丹，一亏则伤寿年矣，是云："岁月将欲讫，毁性伤寿年"。修丹一事，本为延寿登真，若差一发，反伤寿矣。故仙翁诲后学，必要慎密。明窗尘者，比丹之至微也；捣治者，阴阳之交炼也；持入者，保持之而收入也；赤色门，乃乾之户，丹从乾之户而归神室；固塞者，闭息也；际会者，九窍也。皆要坚完而无所失。炎火张于下，昼夜声正勤者，盖阳丹之初到，其中有信，乍得离中之火，昼夜周流，一身百节万神，悉皆听命，正宜勤勤内守，使声寂而意和，炁匀而脉住，丹始凝结。始文使可修者，炼丹之始，用文火而修之。其首尾则皆武火，首用武火以炼己，终用武火以温养，故《鼎器歌》曰："首尾武，中间文"是也。候视加谨慎者，不可自取疏慢，泥丸有云"工夫不到不方圆"是也；审察调寒温者，勿为人物所瞒，紫阳翁曰"调停火候托阴阳"是也；周旋以十二节，终而复始，直待添汞抽铅，铅将尽，汞亦干，七魄已死魂亦变，是炁索命将绝，体死亡魂魄也。景象至此，其色转为紫金赫赤之还丹

---

① 俵，底本作"依"，据校本改。
② 决，分节本、集解本作"诀"。
③ 玉户，正理本、全集本、集成本、《道藏辑要》本作"玉炉"。

也。粉提以一丸，刀圭最为神者，其少如一提之粉，其小如一丸之药。黍大曰丸，其轻如刀圭之匕，言至微也，而其神妙有不可述也。

此章备言下手之功，然细微玄旨，必师口传，孰能依文而成事哉？先贤朱文公欲闻至道，不得师传，酷好此书，迫衰病中答侍郎袁公书曰："《参同》之书，本不为明《易》，乃姑借此纳甲之法，以寓其行持进退之候。"文公该博如此，为无师指，想为纳甲之法。恶知此书直欲明《周易》之道，故曰《周易参同契》。况丹道行持进退之候，并不用纳甲之法。又书云："近者道间，不挟他书，遂得熟玩《参同》，粗能晓其文义。盖向来虽屡看，率以无味弃去，今乃始识头绪，然未得其作料孔穴。"夫玄言密旨，不可思议，文公屡以无味弃去，盲师却要猜量。又云："异时每欲学之，不得其传，无下手处。"则圣贤非师，慧同孔孟，奚自会邪？今人自满自足，妄猜妄为，若视前贤，其罪多矣。使熹得师指授，大明圣人易道，必不固执为卜筮之书也。

水火情性章第十五

推演五行数，较约而不繁。举水以激火，奄然灭光明。日月相薄蚀，常在朔望间。水盛坎侵阳，火衰离昼昏。阴阳相饮食，交感道自然。名者以定情，字者以性言。金来归性初，乃得称还丹。吾不敢虚说，仿效圣人文。古记题龙虎，黄帝美金华。淮南炼秋石，玉阳加黄芽。贤者能持行，不肖毋与俱。古今道由一，对谈吐所谋。学者加勉力，留念深思惟。至要言甚露，昭昭不我欺。

五行数者，金、木、水、火、土，推而为三五一之数。如炼金丹，则以铅、汞、银、砂、土为五行，而配合阴阳，故水能灭火者，谓阴能消阳。日月薄蚀，必在朔望，阴阳二者，盛衰相侵。若阴阳和，两相饮食，则自然有交感之道矣。金与水同名曰情，木与火同字曰性。情居西北，性主东南；东南曰我，西北曰彼。金水之情，自然外来而克木火，木火之性，乃内还而结金丹，是之谓金来归性初，乃得称还丹。是此二句，为《参同》之骨髓也。吾不敢虚说，仿效圣人文者，仙翁得圣人之的旨，复获《古文龙虎经》，依法修炼而丹成，乃撰此书，以训于后。因历叙黄帝之丹成曰金华，淮南之丹成曰秋石，玉阳丹成曰黄芽。丹成冲举，各立一名，无非是此还丹也，无非是先天一气也，无非同类之物也。后人闻金华，即猜为五金；闻黄芽，即猜为八石；闻秋石，即猜为便溺。岂知古圣先贤方便立名，所炼之丹，奚出阴阳之外而别有路耶？此道惟圣人为能勤行，自古迄今，一道而已。三教大圣，必须同类，方可施功，故云："古今道犹一，对谈吐所谋。"除此一途，更无他术。后之来者，勉力深思，求师指示，则知是书昭昭尽露，不我欺矣。上阳子曰：《参同契》三篇，体用不杂，功妙非常。参者，参天地造化之体；同者，资同类生成之用；契者，合造化生成之功。上篇叙炼丹之本末，中篇列细微之密旨，下篇补遗脱之法象。上篇与《龙虎上经》表里义合，世疑《龙虎经》必后人祖《参同契》上篇，述以为经，亦必有上、中、下三经也。若无中、下经，则何以谓之上经？圣人之心，众人岂识？盖上经者，首经之义，此固非凡可测。又况书中有古记题龙虎之句，以是明之，则上古之文何疑？故云《金碧》古文。真人彭晓序谓："仙翁不知师授谁氏，得《古文龙虎经》，尽获妙旨，乃约《周易》撰《参同契》三篇。"又云："未尽纤微，复作《补塞遗脱》一篇，继演丹经之玄奥。"盖仙翁初授真人阴长生之旨，后复师徐从事，由是备悉玄微，《仙传》载详。真一又云："书成密授青州徐从事，徐乃隐名而注之。"是则源流真实奚辩？此书之注何啻百余，惟彭晓、王道为优。如晓得师授受，观其《明镜图》、《参同・序》，亦已详明，而所注此书，尚自碎杂。故有畎浍殊流，妍媸互起之语。王道所释，尤为旷洇。今详《龙虎经》，言虽高古，不若《参同契》之明且诀也。其语幽玄隐妙，非得圣师叮咛下手的[1]，孰敢拟议？如金来归性初，乃得称还丹之下，便接吾不敢虚说，仿效圣人文，则知古圣大贤，非有所师，宁敢虚说也？非师岂成是书也，非师怎合造化也？留此书于世者，圣心道眼也，天梯河筏也，修行人仰赖也。世无此书，则皆趋入旁门邪径，使盲师俗子，架空捏怪，相牵引动，挽入地狱尔。世非此书，则天地之间，无修行之旨，无圣人之道也。已欲成天下之矗矗者，其何以哉？留念深思惟，仙翁其天矣。大凡注书，注者，释也。其书隐奥难见，解释以晓后来。故必得一书之本意，必超前人之心地，明彻洞达，所注过于所作之书，方可注释。否则，彼处又不详，此处又不解，反误却后人智慧，低隘了方来耳目，莫谓后之来者不如今也。倘天

---

[1]　的，正理本、全集本、节要本、集成本、四库本、《道藏辑要》本作"之的"。

生圣哲，欲正救之，则被其浊乱而不得分其清，归其正矣。其他经书尚可，如此书者，伯阳面拜阴、徐二真人，至道之正，其高制雄辞，幽藏奥旨，一字不苟，况以金丹之法之妙，鼎器之穴之用，何啻百件？伯阳止以金来归性初一语皆尽。宋儒未达，不肯明《周易》之道，总看为卜筮之书，暗却羲、文、周、孔神圣之心，黯却乾坤顺逆造化之道，枉屈伯阳踵制玄言之谛。今若不晓露些孔窍，则四圣之心，万世莫伸；大易之道，万世莫明。岂知至要之言甚露，昭昭不我欺之切切也。

《周易参同契分章注解》卷之中

东汉 　会稽魏伯阳撰
元 　　庐陵上阳子注解

阴阳精气章第十六

乾坤刚柔，配合相包。阳禀阴受，雌雄相须。须以造化，精炁乃舒。坎离冠首，光映垂敷。玄冥难测，不可画图。圣人揆度，参序元基。四者混沌，径入虚无。六十卦周，张布为舆。龙马就驾，明君御时。和则随从，路平不邪。邪道险阻，倾危国家。

上篇十四章，炼丹次第、首尾已明；此篇重述细微，逐章条例。乃九还大丹之合用，后学之士，必须深造洞晓，不可依违苟且，恐差毫发则不成丹。上阳子分此中篇为十五章者，列其一十五事也。此章独明阴阳精炁四者。何谓乾刚坤柔？孔子《翼》曰："乾阳物也，坤阴物也。阴阳合德而刚柔有体，以体天地之机，以通神明之德。故夫乾之为德，刚健中正，纯粹之精也；坤之为德，柔顺利贞，君子攸行。"是乾坤配合者，金丹之道也。惟君子为能攸行，小人反是。昔孔子曰：吾未见刚者。或对曰：申枨。子曰：枨也欲，焉得刚？刚之义大矣哉。小人强勉，一时刚健，又岂能中正？既不得中正，又焉能纯粹其精也耶？刚之为物，乾也，动而直，故易知；柔之为物，坤也，动而辟，故易从。易知则有亲，易从则有功，亲则功成，可大可久，此圣贤之德业也。能成位乎刚柔之中者，其金丹之道乎？所以乾阳之德主乎禀与，坤阴之德专乎含受。盖雌雄相须凭精炁，精炁舒布要雌雄。《翼》曰："精炁为物，游魂为变。"为物者，顺行而生，生人生物也；为变者，逆用而成，或佛成仙也。何谓坎离冠首？夫乾刚交坤，乾乃中虚而为离；坤柔承乾，坤乃内实而为坎。是以坎离继乾坤而冠阴阳之首，且得刚柔之正。离中日光，坎中月耀，垂辉于下，玄妙杳冥，难可测识，不可画图。惟圣人为能揆度，而参赞序述其元基，此义与前元精眇难睹，推度效符证意同。何谓四者混沌？盖阴阳精炁四者，包于虚无之窍，乃行六十卦，张布以为舆也。坤为牛，为舆；乾为龙，为马。是乾坤合德，而龙马就驾，天下治平，而明君御时。金液还丹，与是同道，何哉？盖龙为东方木汞，马即南方砂火，龙马得西方之金虎，以生北方玄武之水，故凝精合炁而成形就驾矣。和则随从，路平不邪者，明君之御政，若行于大路，不劳扰于民，和气随时应；稍有不由正路，或更邪佞，以蔽贤嫉能，其国将危矣。故九龄往而国忠进，安史始萌；秦桧用而岳飞亡，燕云莫复。正人心为国者，惟恐国之权不在君；小人只为身者，惟恐国之柄不属己。君子小人，无世不有。君子当和而容小人，小人宜随而从君子，则国无倾危，而天下治矣。比之修炼，以和为先，和则事皆随心而应。《翼》曰："和兑之吉，行未疑也。"事既和矣，必正其心，必诚其意，必防其虞，则无险阻，而不倾丧其丹。毫发之差，可不慎乎？后二十八章，重明四者尤详①。

君子居室章第十七

君子居其室，出其言善，则千里之外应之。谓万乘之主，处九重之位②。发号出令，顺阴阳节。藏器俟时，勿违卦月。屯以子申，蒙用寅戌。余六十卦，各自有日。聊陈两象，未能究悉。立义设刑，当仁施德。逆之者凶，顺之者吉。按历法令，至诚专密。谨候日辰，审察消息。纤芥不正，悔吝为贼。二至改度，乖错委曲。隆冬大暑，盛夏霜雪。二分纵横，不应刻漏③。水旱相伐，风雨不节。蝗虫涌沸，群异旁出。天见其怪，山崩地裂。孝子用心，感动皇极。近出己口，远流殊域。或以招祸，或以致福，或兴太平，或造兵革。四者之来，由乎胸臆。动静有常，奉其绳墨。四时顺宜，以气④相得。刚柔断矣，不相涉入。五行守界，不妄盈缩。易行周流，屈伸反覆。

---

① 按："后二十八章，重明四者尤详。"一句，为底本所无，据正理本、全集本、四库本、《道藏辑要》本补。集成本作"后'四者混沌章'，重明四者尤详。"
② 位，诸本作"室"。
③ 刻漏，诸本作"漏刻"。
④ 以气，诸本作"与炁"。

此章最为入室①之初，防闲细密，炼丹之难，等等如是。圣人特以君子喻之，故《翼》之②《系辞》曰："君子居其室，出其言善，则千里之外应之。况其迩者乎？"又曰："言行，君子之枢机，枢机之发，荣辱之主也。言行，君子之所以动天地也。"又曰："拟之而后言，议之而后动，拟议以成其变化。"上阳子曰：道本无言，非言何由显道？谓无言者，有德之士，言不可以不慎也，况行道修丹之士乎？老子曰："知者不言，言者不知。"故逞干慧，无所知者，其发言论辩，无非求知也。真师则能察其诳妄，浅器必不轻论。紫阳公云："虽鼎镬在前，刀锯加颈，亦不敢言。"若是真实行道之器，恶可不言？且入室采药，切忌轻言。果若不言，则何以得其药之真？泥丸有云："言语不通非眷属，工夫不到不方圆。"仙翁乃引仙圣之言，而又伸之，此谓万乘之主，处九重之室，发号出令，顺阴阳节。言求丹必顺阴阳节候，即一阳来复之际；藏器待时，勿违卦月，言采药必待月现震生，即三日出庚之时。屯以子申，乃生水旺之处；蒙用寅戌，乃火生库之位。其六十卦，各有其日。聊陈二卦，即屯卦也。未能究悉者，仙翁自谓未能尽究详悉。盖玄奥要口授，故经云："非世上之常辞"。上圣已成真人，通玄究微，能悉其意。此言未能究悉者，世无上圣之资，岂能行此道而成真人哉？立义设刑，所以防其欺诈；当仁施德，所以诱其欢心。逆之者凶，顺之者吉，按依法度，申明号令，用须至诚，行宜专密也。谨候日辰者，一年止在一月，一月止有一日，一日止在一时，一时止用一符；察消息者，必要知其兑金所生之水，清浊分数，倘毫厘有差，纤芥不正，必招责怪，贼害丹炉。如此乖错，则阴阳差忒，二至改度，隆冬反为大暑，盛夏而有严霜，春秋二分以纵横，晨昏刻漏而不应，雨阳恣伏，怪异多端。如上咎征，皆喻临炉，一差百错，总因炼已无功，致斯乖变。愚者不责于己，反怨丹经。若是大根，方寸真实，自悔白咎，诚心愈励，精勤不退，　·念通天，自有仙助，临事必成。亦犹孝了诚心，方能感动皇极。心者神之舍，心实则神明自来；言乃心之声，言孚则情性相感。语虽近出己口，声传远播他方；败则招殃，成则致福；事乖则或造兵革，事济则身乐太平。成、败、乖、济四者，皆由人心所为。动静不妄，

---

① 入室，底本作"入学"，据诸本改。
② "故《翼》之"三字，底本无，据诸本补。

必依墨绳。则四时应，炁相求，刚柔和，五行正，大易之道，周流反复，无不顺矣。如上譬喻，要修丹者，专心致志，虑其危殆而谨防之。盖此丹道不特由我，亦由乎天。天若或违，当以财宝精诚感之，不可有逆天道。能顺天道，金丹成矣，故同人先号咷而后笑。《翼》曰："君子之道，或出或处，或默或语，二人同心，其利断金。同心之言，其臭如兰。"同人之卦者，同心之人也。其卦一阴而五阳，夫阴多阳少，则阳为主；阳多阴少，则阴为主。是以同人以孤阴而同乎老阳也。故欲得乎同人之心，必以利而断之，方得同人之言也。是以君子慎密委曲者，惟不妄言，而又托言语以为之阶，成丹之道之难，可不奉顺而谨之乎？

晦朔合符章第十八

晦朔之间，合符行中。混沌鸿濛，牝牡相从。滋液润泽，施化流通。天地神明，不可度量。利用安身，隐形而藏。始于东北，箕斗之乡。旋而右转，呕轮吐萌。潜潭见象，发散精光。昴毕之上，震为出征。阳炁造端，初九潜龙。阳以三立，阴以八通。三日震动，八日兑行。九二见龙，和平有明。三五德就，乾体乃成。九三夕惕，亏折神符。盛衰渐革，终还其初。巽继其统，固际操持。九四或跃，进退道危。艮主进止，不得踰时。二十三日，典守弦期。九五飞龙，天位加喜。六五坤承，结括终始。韫养众子，世为类母。上九亢龙，战德于野。用九翩翩，为道规矩。阳数已讫，讫则复起。推情合性，转而相与。循环璇玑，升降上下。周流六爻，难可察睹。故无常位，为易宗祖。

此章象一月之晦朔弦望，以比炼丹之行爻合符。盖一年十二度，晦朔弦望，天上太阴有十二度，与太阳合璧①；人间少阴有十二度，以隐行看经。此阴阳之正也。惟少阴也，溟滓杳冥，不可度量，圣人测之，优游太极，方拟合符，始可行中，故号先天。天上之太阴，每会太阳，日月合符，月在日之下，日在月之上，月上正日之精光，其光向天，非人可见。亦犹男女交合，男在上，女在下，女为男覆而不可见。当此晦朔，月在日之下，辉光未分，

---

① 璧，底本作"壁"，据诸本改。

比人间之少阴也。太极混沌之时，先天鸿濛之内，经罢符至，初三庚方，微阳将生，阳牡阴牝，相从配合，其中滋液润泽，自然施化流通，天地神明，不可度量也。夫大道者，非圣贤之资则不能运行。《翼》曰："与天地合其德，与日月合其明，四时合其序，鬼神合其吉凶。"金丹之神妙，虽天地不能测度，虽神明不能猜量，何哉？金丹乃先天之炁，圣人善与天地合德，逆施造化以生此炁也；圣人能与日月合明，颠倒用功，以行此炁也；圣人巧与四时合序，以用此炁，而寒暑不相拘；圣人潜与鬼神合吉凶，以成此炁，而鬼神见情状。故天地神明，且不可度量，惟圣人为能也。利用安身，隐形而藏，此何谓也？坤道也。坤之为用，坤宫有土，土制坎水，善利万物如不争者，水之用也，圣人能逆用之，乃得水之利。《易》之用六，利用永贞者，坤之德也。始于东北，箕斗之乡，何谓也？每朔月与日会，必于箕斗之乡。箕斗为艮，艮之为卦，阴侵阳也，号曰鬼路。月每至此而失其明，故曰丧明。有若世人顺行五行，生老病死，寒暑代谢也。旋而右转者，天道左运，日月星辰悉皆右转。月至此乡，必晦而会，如璧如圭，一日、二日，旋而右至于庚方，精光才吐，魄乃生焉。毕月昴日，月借日光，光吐于下，如乾阳初生。坤之下为震，象初三之夕，一阳二阴，乾之长男，得时行道，故三日震动也。初八上弦，一阴二阳，坤之少女，兑受丁火，代坤行道，以主其事，阴阳和平，神明乃生，故曰八日兑行也。三五为望，月全阳辉，故曰：三五德就，乾体乃成。如上爻符，比丹鼎中已得金水，太阴映日，如生精魄，人身象月，而生金丹。鼎中有丹，夕惕若厉，满则慎溢，盛则恐衰。惟圣人为能慎终如始。巽继其统，固济操持，徐运阴符，包裹阳炁；艮主进止，符满下弦，渐结渐凝，天位加喜。抽添铅汞，铅尽汞干。六五坤承，结括终始，铅汞俱化，金丹已成。虽以一月喻其行持，功要十月，方拟成形。功满三年，功高则　纪，在人积行何如耳。若夫大圣人，再造阴阳，推情合性，转而相与，别立丹炉，复造九鼎大丹。亦如璇玑复建于子，比十二爻，周于一月，晦而至朔，朔则届爽，初阳再动于复卦矣，故云："故无常位，为易之宗祖"也。

爻变功用章第十九

朔旦为复，阳炁始通。出入无疾，立表微刚。黄钟建子，兆乃滋彰。播施柔暖，黎蒸得常。临炉施条，开路正光。光耀渐进，日以益长。丑之大吕，结正低昂。仰以成泰，刚柔并隆。阴阳交接，小往大来。辐辏于寅，运而趋时。渐历大壮，侠列卯门。榆荚堕落，还归本根。刑德相负，昼夜始分。夬阴以退，阳升而前。洗濯羽翮，振索宿尘。乾健盛明，广被四邻。阳终于巳，中而相干。姤始纪序，履霜最先。井底寒泉，午为蕤宾。宾伏于阴，阴为主人。遁世去位，收敛其精。怀德俟时，栖迟昧冥。否塞不通，萌者不生。阴伸阳屈，没阳姓名。观其权量，察仲秋情。任畜微稚，老枯复荣。荠麦芽蘖，因冒以生。剥烂肢体，消灭其形。化炁既竭，亡失至神。道穷则返，归乎坤元。恒顺地理，承天布宣。玄幽远眇，隔阂相连。应度育种，阴阳之元。寥廓恍惚，莫知其端。先迷失轨，后为主君。无平不陂，道之自然。变易更盛，消息相因。终坤复始，如循连环。帝王承御，千载常存。

上章言一月晦朔弦望，采炼成丹之象；此章比一年十二月，功行之象。其初得丹，比为复卦，复者，一阳伏五阴也。圣贤攸行此道，则超凡入圣；邪人若行此道，则失命而丧身。文王故曰："朋来无咎，返覆其道。七日来复，利有攸往。"朋来者，有朋自远方来也；无咎者，有益而无损也；返覆其道者，用易之道也，颠倒而行也；七日来复者，月隐其光，七日再吐，亦犹人也，经动七日，而阳初生；利有攸往者，善进而无失。《东京赋》云："日月会于狃者（音闾，尾星也），谓阳将复。"孔子曰："复其见天地之心乎？"世人不知天地之心，老子号此心为"玄牝之门"，云房指此心为"生门死户"。《易》曰："雷在地中复。先王至日闭关，商旅不行，后不省方。"雷乃刚阳，地乃柔阴，以刚阳在柔阴之中，复彼先天之炁。先王至此日，行此道，则闭关而不省，方得专心致志。商旅者，杂泛也；不行者，当绝其杂泛之事，专行其道。故《象传》曰："不远之复，以修身也。"又曰："中行独复，以从道也。"朔旦为复，阳炁始通者，圣人之心一也。复者，先伏而后能复也。阳之始炁，出入相通，且无嫉害。立表微刚者，乾动而直也。黄钟之律，阳月建子。兆者，众庶也，始也。庶物生此阳炁，昔始滋彰。播施柔暖，黎蒸得常者，黎蒸之众，得复柔暖，一阳之炁，皆能复其常道也。上阳子曰：作丹之妙，其要在此，切毋轻忽也。学道已得师诀，须晓三关三候，何也？预营坛壝，先采药物，既得药物，出入相通，行炼己功，柔暖播施，微温直透，此为初关第一候也；临驭丹炉，施条接意，辟开道路，不借不狂，分彩和光，愈低愈下，大吕应丑，日景渐长，是为中关第二候也。大簇律临，仰以成泰，泰之为卦，地上于天，阴若居上，水能润下，阳居于下，火临照上，故咸之《翼》曰："柔上而刚下，二炁感应以相与，止而说。男下女，是以亨利贞。"夫五行颠倒，大地成宝。柔施于前，饶他为主；刚施于后，我反为宾。牡初小往，牝乃大来；金气相胥，阳全乾体。此云"刚柔并隆，阴阳交接"，是为下关第三候也。渐历大壮，结凝还丹；侠列卯门，榆荚归根；刑德相负，昼夜始分。言丹之兆，落在黄庭，以防以养，宜慎宜专。夬之为卦，阴以决别，阳炁既回，金丹怀孕。乾健盛明，金气已纯，阳终于巳。运行阴符，姤承乍包，阳无走逸，阳复得阴，阴为主人。坤之为化，初六履霜，井①底寒泉，阴炁下来，六月为遁，敛精俟时。否届七月，阴阳不通，阴伸阳屈，阳炁内明。八月观象，量察秋情，任畜微稚，若麦之䕫；老枯复荣，若蘖之芽。化气既竭，剥消其形，道穷则返，归乎坤元。一来一往，恒顺承天。此书撰作，深有法度。或序冒头，或括结尾。无冒头者，结尾括之；无结尾者，冒头总之。即如此章，是无冒头而以结尾括之。其首句曰：朔旦为复，复而临，临而泰，泰而大壮，大壮而夬，夬而乾，乾而姤，姤而遁，遁而否，否而观，观而剥，剥而坤，尾却结曰：玄幽远眇，隔阂相连。只此两语，最为简易。玄幽远眇者，阴阳二物，至玄极幽，不可捉摸；至玄极眇，不可思议。而其造化，功倍天地。隔阂相连者，二物间隔，动几万里，若得黄婆以媒合之，则虽至远而至近也。是以两物应度而育种，为阴阳之元。圣人用之而行其道，寥廓恍惚而不可捉摸者，未容度量，圣人推之以逆其用也。先迷失轨，后为主君者，柔顺利贞，君子攸行，先迷失道，后顺得常。此《十翼》之辞也。仙翁引而详之，中言阴为主人，末曰后为主君，皆坤之利，地之道也。无平不陂，道之自然，水之至平，潴为渊陂；畔岸不流，陂若盈科，则水自泛。以水喻道，自然之理。变易更盛，犹

---

① 井，底本作"非"，据诸本及上下文义改。

复至乾；消息相因，如姤至坤。故云："终坤复始，如循连环"也。帝王承御，千载常存者，若帝王能承御乾坤逆顺之道，则千载之寿，亦未为多；若功崇行著，白日升天，亦分内事。昔黄帝一世为民，修世间福，再世乃得为臣，复修出世功德，三世乃得为君。遂捐天下，离弃万机，寻山水幽绝处，得鼎湖之君山，炼此九还大丹，丹成之后，白日乘龙而上升也。即洞庭湖，湖中有山，因黄帝炼丹，号曰君山也。

养性立命章第二十

将欲养性，延命却期。审思后末，当虑其先。人所禀躯，体本一无。元精云布，因炁托初。阴阳为度，魂魄所居。阳神日魂，阴神月魄。魂之与魄，互为室宅。性主处内，立置鄞鄂；情主营外，筑固①城廓。城廓完全，人物乃安。爰斯之时，情合乾坤。乾动而直，炁布精流；坤静而翕，为道舍庐。刚施而退，柔化以滋。九还七返，八归六居。男白女赤，金火相拘。则水定火，五行之初。上善若水，清而无瑕。道之形象，真一难图。变而分布，各自独居。类如鸡子，白黑相符。纵广一寸，以为始初。四肢五脏，筋骨乃俱。弥历十月，脱出其胞。骨弱可卷，肉滑若铅。

此章言人先须养性，乃可修命。且性者何也？乾之物也，人能养之，则乾阳不亏。精从内守，炁自外生，可以炼丹，可以入圣。世人莫知性命两者为何物？或猜性是灵明知觉，或以性为肉团顽心，或认思想识神为性，或指不可捉摸为性，或拟顽空为性，或以令为命，他岂知杳杳冥冥之物为性？又焉知生生化化之门为命？惟只盲猜妄想，怎达圣人之道哉？黄帝曰："天性，人也；人心，机也。君子得之固穷，小人得之轻命。"孔子曰："穷理尽性，以至于命。"孟子曰："存其心，养其性，所以俟天命也，夭寿不贰，修身以俟之，所以立命也。"圣人之道，传至孟子，忒杀分明。《翼》曰："昔者圣人作《易》也，将以顺性命之理。是以立天之道，曰阴与阳；立地之道，曰柔与刚；立人之道，曰仁与义。"上仙云："修性不修命，如何能入圣？修命先修性，方入修行径。"人言释氏修性，道家修命，天下岂有二道哉？是不参

---

① 固，诸本作"垣"。

孟子"存心养性"，修身立命之道。盖欲立命，先养其性；若不悟性，焉能知命？故《中庸》"天命之谓性，率性之谓道"。是以圣人无两心也。此谓将欲养性，延命却期，世人不知何者为养性，洞宾乃以炼丹以晓之；不知何者为立命，张、许乃以炼丹喻之。"惟精惟一，允执厥中"，此养性也；"男女媾精，万物化生"，此立命也；"积精累气"，此养性也；"流戊就己"，此立命也。审思后末者，人负聪慧，执僻不回，谓有生必有死，奚有长生也哉？圣仙与佛，皆天所生，师岂能授，人岂能为？是不审思，甘分守死。当虑其先者，虑即念也。当念我身从何而有？若云父母阴阳之炁所生，则阴阳之炁，必可延命，必可成仙佛矣。故修大丹，与生身受炁之初，浑无差别，但有逆顺耳。仲尼曰："未知生，焉知死？"圣人明性命之所以死生，示阴阳之道，缘何逆顺。故顺而生物者，人也；逆而生丹者，圣也。此之谓"元精云布，因气托初"。何谓阴阳为度，魂魄所居？盖阴阳以魂魄为体，魂魄就阴阳为舍。离为日魂，坎为月魄。魄乃阴中之阳，戊土专之；魂乃阳中之阴，己土直之。魂魄互为室宅，阴阳两相交通。性主实精于内，立置鄞鄂；情主伏炁于外，筑固城廓。城者，何也？承华之包也；廓者，何也？炼丹之室也。当斯之时，乾之性动而直，则精炁合体；坤之情静而翕，为道舍庐。刚而直者，一施则退；柔而化者，布润以滋。丹产于鼎，还返成功。所谓九还者？地四生金，天九成银，龙虎相交，金银之炁，复还鼎中，故云九还；其七返者，地二生火，天七成砂，魂魄相恋，砂火之精，返照鼎中，故云七返；八归者，天三生木，地八成汞，戊己一合，木汞之真，归炼鼎中，故云八归；曰六居者，天一生水，地六成铅，性情相感，铅汞之妙，回居鼎中，故云六居。男白女赤，金水相拘，男属青龙之木，受兑金之炁，炼而返白；女属白虎之金，被离火之精，炼而还赤也。则水定火者，坛壝精严，药物真正，须则其水之多少而抽添之，约其火之老嫩而烹炼之，此时为五行造化之初；上善若水者，水中有金，能生丽水，探其至清，全无挠动，无质无瑕，方能变化，是云上善。道之形象者，男女即道之形，乾坤乃道之象。形与象之中，能生真一之炁，乃不可以尽其形而图其象也。故此形此象，各任化机，分布而居，秉生秉杀，甲乙自东而游，庚辛自西而舍，故云各自独居也。类如鸡子者，还丹有形也；白黑相符者，阴阳得匹也。纵广一寸者，丹结之初，来如黍米之微，渐觉一寸之广，非但神室充裕，暖遍四肢，润泽五脏，筋骨一皆快畅。十月功满，丹已成形，脱去其胞，号曰阳神。阳神之象，乃先天之炁结成，骨故可卷而软，肉比铅华而滑，非若后天之精血，以成人物者，其骨重肉滓不能变化。肉滑若铅，铅犹铅粉，亦曰铅华，俗言水粉，洁白软滑，女妇以此饰面，尚增光彩，况此阳神，乃先天真铅之炁以凝结而成其形乎？此与第六章"内以养己"相应。

二气感化章第二十一

阳燧以取火，非日不生光。方诸非星月，安能得水浆？二炁玄且远，感化尚相通。何况近存身，切在于心胸。阴阳配日月，水火为效征。

阳燧者，阳之物也，其中有炁，故感日而能生火；方诸者，阴之物也，其中有精，故感月而能生水。日月在天之高远，阳燧、方诸之至微，阴阳二炁，尚相感化。况乎人身，真阴真阳，切在心胸，可亲可密，近而易求，安有相通而不感化哉？缘以后之人不得其道耳。人身之阴阳，以比天上之日月；诸燧之水火，以喻人身之精炁。无情之物，尚尔相通；有情有灵，自然交感。且天地间最灵者人也，虽至贱至愚者，皆知阴阳化育之理，不待教令而使之然。一切愚迷，但知顺行以生人物，至于逆用，非师罔通。盖逆用阴阳之道，乃炼精伏炁以成丹也。

此章单明阴阳二炁以相通，感而成造化也。

关键三宝章第二十二

耳目口三宝，闭塞勿发通。真人潜深渊，浮游守规中。旋曲以视听，开阖皆合同。为己之枢辖，动静不竭穷。离炁纳①营卫，坎乃不用聪。兑合不以谈，希言顺鸿濛。三者既关键②，缓体处空房。委志归虚无，无念以为常。证难以推移，心专不纵横。寝寐神相抱，觉悟候存亡。颜色浸以润，骨节益坚强。排却众阴邪，然后立正阳。修之不辍休，庶炁云雨行。淫淫若春

---

① 纳，诸本作"内"。
② 健，集成本、四库本、《道藏辑要》本作"键"。

泽，液液象解冰。从头流达足，究竟复上升。往来洞无极，佛佛被容中。反者道之验，弱者德之柄。耕耘宿污秽，细微得调畅。浊者清之路，昏久则昭明。

　　此章详明炼丹入室之密旨。学者得师口诀，便须诵此章万遍，句句熟^①玩，字字寻详，勿轻易读过去，一字不逗，不能成丹。盖此章乃《参同契》着紧合尖处。其中有不以语言泄露者，上天所宝也。且夫人生于世，性无有不善。及乎年既长，非负上圣之资，介然自守者鲜。淫朋妄友，牵诱于外，声色嗜欲，迷惑于内，六根门头，色色皆爱，日用夜作，件件戕贼。最苦毒者，耳、目、口也。耳听乎声，目视乎色，口嗜乎味。由此之故，福从色败，害随声至，病因口入，梦生醉死，递递何穷？学士多不能成道者，皆被耳、目、口三者，邻朋互诱，泪丧其真。仙翁以耳、目、口为三宝者，遵重而不敢轻放，是用闭塞，勿令发通。入室之际，大用现前，六根大定，方可采炼。真人，即己土也；潜深渊者，用己土去克水以求丹；浮游守规中者，规中名造化窟也，若炼大丹于此一符之顷，切须慎密；浮游者，常静而又常应，暂时不离此；用守者，勤勤内照，诚有所待也。此两句又为《参同契》中合尖处，用一下大斧底工夫相似。是以真仙圣师，所出玄言法语，万世莫能猜之。上阳子因尽泄之者，但愿人人皆明此道而行之也。旋曲以视听者，非蠢然之闭塞也，内能旋曲委宛，微侦而视听之，使戊土之开阖，不隐不瞒，与己土以合同，若吞若啖。己之为性，颠蹶猖狂，必得戊土为其枢辖，是云为己之枢辖。何谓动静不竭穷？盖己之为道，其动也直，其静也专，若善用之，不致穷竭，离氘纳营卫，目光内照也；坎乃不用聪，耳须内听也；兑合不以谈，希言而调息，以顺鸿濛之施化。惟此三者，善于关键，方可缓体处于空房。缓体者，优游而不劳；空房者，严静而不杂。委志归虚无，盖虚无者，氘之所生处也。是曰先天一氘，自虚无中来，要得此氘，必当委曲志虑以求之也。无念以为常，无念二字最为受用。真人潜深渊，无念以应之；浮游守规中，无念以候之；呼吸相含育，无念以致之；三性既合会，无念以入之。能应、能候、能致、能入，其功惟多，故以为常也。证难以推移者，戊之为物号曰白虎，虎之为变，易动难安，若以己土会之，切毋纵横推

　① 熟，底本作"孰"，据诸本改。

移，心或不专，恐生灾异。前云无念，此又云心专不纵横，可不谛思之乎？寝寐神相抱者，心不纵横，又不推移，于斯寝寐之顷，神炁自相抱一。又须常觉而常悟，候其一气之存亡。炼丹之功，用力至此，方自知验。予往昔得师之旨，此段以为甚难，近从大罗山之阴，行此大功，始觉易也。大要修之而不辍休，方能成就其全功也。故仙翁由明采取烧炼之时，不可毫发差忒。自颜色浸以润而下①，句句紧用着，无一句放闲，皆得丹之后，有自然之效，见种种之验。凡修此道者，居五浊恶世，修出世间法，人行之不辍，久则功必成，勿因小魔障，中道而弃之。是云："浊者清之路，昏久则昭明。"证圣成仙，指日可冀，功最神速，故名之曰神丹。

傍门无功章第二十三

世人好小术，不审道浅深。弃正从邪径，欲速阏不通。犹盲不任杖，聋者听宫商。没水捕雉兔，登山索鱼龙。植麦欲获黍，运规以求方。竭力劳精神，终年无见功。欲知伏食法，事约而不繁。

世人好小术，小术不是道。器局若浅小，不可闻大道。道大包天地，道深阔如海。人固不可闻，先被盲师毒。先入言为主，正道无由闻。旁门好采战，弃正从邪径。服药求轻举，欲速阏不通。精竭不养性，犹盲不任杖。借道咨谈辩，如聋听宫商。没水捕雉兔，何不参同类？五行不颠倒，登山索鱼龙。枯坐以求仙，植麦欲获黍。无为若办道，运规以求方。如上种种为，竭力劳精神。若不遇圣师，终年无见功。欲知伏食法，古仙语不繁。伏炁不服气，服气须伏炁。服气不长生，长生须伏炁。斯言真妙诀，以诏高上人。

流珠金华章第二十四

太阳流珠，常欲去人。卒得金华，转而相因。化为白液，凝而至坚。金华先唱，有顷之间。解化为水，马齿琅玕。阳乃往和，情性自然。迫促时

---

① 按："自颜色浸以润而下"，此句底本作"自功始觉以润而下"，据诸本改。

阴，拘蓄禁门。慈母养育，孝子报恩。严父施令，教敕子孙。五行错旺，相据以生。火性销金，金伐木荣。三五与一，天地至精。可以口诀，难以书传。子当右转，午乃东旋。卯酉界隔，主客二名。龙呼于虎，虎吸于精。两相饮食，俱相贪并①。遂相衔咽，咀嚼相吞。荧惑守西，太白经天，杀气所临，何有不倾？狸犬守鼠，鸟雀畏鹯，各得其功，何敢有声？不得其理，难以妄言。竭殚家产，妻子饥贫。自古及今，好者亿人。讫不谐遇，希有能成。广求名药，与道乖殊。

此章分明指示流珠金华为阴阳之二物，复示烧炼之密旨。其间透露，大为详切。至于口诀，难以书传是也。上阳子乃重宣此义，而为偈言：太阳流珠，离有日乌。离宫姹女，非色非妹。太阳隐明，实称乾父。砂中有汞，汞为砂祖。世人缘因，六贼引逼。刜凿流珠，或謕（音嘶，龙所吐涎也。）或逸。金本居兑，寓坎生华。坎之真水，乃克离砂。汞被金水，制伏转变。化为白液，应时烧炼。金返居前，吐华先唱。真土云己，己须神王。己曰地神，涌一玉局。升于高座，暴露双足。金华化水，有顷之间。色如马齿，钟乳琅玕。乾阳为宾，往以求友。阳性阴情，譆（音熙，暖也）相蟠纠。阴被阳迫，阳被阴促。彼促我迫，时阴拘畜。两肾之中，号曰禁门。一阴一阳，一乾一坤。慈母云金，金生坎水。水即金公，水称孝子。严父云木，木生砂汞。子又生孙，子继孙踵。虑不精专，严施号令。五行错王，颠倒克应。铅汞砂银，相据于土。火盛生土，土为金母。火王销金，木畏金刑。金被火伐，木乃敷荣。东南同五，木三火二。西北同五，水一金四。中央戊己，是曰三五。数一至万，兆经垓补。数合天地，蕀（音忙，勉也）感至精。此感彼合，口诀须明。子当右转，若睿若遄。阳金生子，午乃东旋。阴汞生午，包固阳精。卯酉东西，主客二名。金木间隔，相去万里。怀仁怀德，金顺木喜。龙呼虎吸，金恋木仁。一主一宾，饮食相亲。一乌一兔，俱相贪便。一男一女，遂相衔咽。一龟一蛇，咀嚼相吞。南方之神，朱雀荧惑。守占于西，煅炼金德。兑之杀方，慎毋差忒。含储生意，炁曰太白。经行黄道，信归乾户。煞炁一临，生炁自布。犹猫捕鼠，似雀畏鹯。各得其功，何敢有声？不得口诀，奚有猜言？枉耗家产，行诸旁门。邪蹊曲径，采战误真。误

---

① 贪并，诸本作"贪便"，据上阳注文，当作"贪便"。

真罪重，岂顾他贫？自古及今，好者亿人。不遇真师，希有能成。未明阴阳，岂知同类？广求明药，愈耗真炁。金石草木，非类无情，与道乖远，寥隔万程。法则后学，梗概敷陈。备明奥典，得做仙真。

如审遭逢章第二十五

如审遭逢，睹其端绪。以类相况，揆物终始。五行相克，更为父母。母含滋液，父主秉与。凝精流形，金石不朽。审专不泄，得为成道。立竿见影，呼谷传响。岂不灵哉，天地至象。若以野葛一寸，巴豆一两，入喉辄僵，不得俛仰。当此之时，周文揲蓍，孔子占象，扁鹊操针，巫咸扣鼓，安能令苏，复起驰走？

此章乃谓人若遇师，先须审察，睹其端绪，是正是邪，将此《参同契》勘。果是名师，问无不知，略无留滞，若是盲师，十不知九，百端捏怪，引人落草。或以无言是道，或惟打坐观空。问其砂汞虎龙，金木间隔，三日震象，逆用先天，不晓丹经，哑口无对。世之愚夫，但闻何人打坐几年，某人入阛几处，便纷言其有道，他岂知马祖南岳磨砖之诮乎？他岂知阴阳吞啖生杀之理乎？有辈俗子，略记前人口津，日惟说禅，锋辩横论，唤作性宗，指此为道，以愚世人，尤为可笑，彼乌知禅有性哉？何谓性？即乾用九，其动也直，若能了此，即正法眼藏也；何谓禅？即坤用六，其动也辟，若能知此，即涅槃妙心也。禅与性合，以土制铅也；金木相投，以铅伏汞也；仁与义施，以直养炁也。故一阴一阳，《易》之道也；离宫修定，禅之宗也；水府求玄，丹之府也。名虽分三，道惟一尔。睹其三教修养之端绪，皆要同类方能成功。此云以类相况也。何谓揆物终始？当揆度其生人生物，阴阳始终消息之因。是以五行相生相克，一旺一衰，劫劫更易而为父母。上圣至人，所行之道，阴阳而已。其主含储滋液之炁者，坤兑更易而为圣母也；其生禀与生成之妙者，乾震更易而为灵父也。气液凝精，流而成形，以结为丹，如金石之固而不朽也。审察专一，方乃不泄，可得成道。若立百尺之竿而见影，如呼千岩之谷而传响。阴阳自然，影响交感，最为灵验，以合天地造化之至象也。野葛、巴豆，无情之草木，尚尔杀人。文王大圣，周公、孔子庶圣，扁鹊神医，巫咸贤师，蓍、占、针、祷，其毒气不可疗。况乎真阴真阳之炁，同类有情之物，以相匹配，安有不结灵丹者乎？

姹女黄芽章第二十六

河^①上姹女，灵而最神。得火则飞，不见埃尘。**鬼隐龙匿，莫知所存。将欲制之，黄芽为根。物无阴阳，违天背元。牝鸡自卵，其雏不全。**夫何故乎？配合未连。三五不交，刚柔离分。施化之精，天地自然。火动炎上，水流润下。非有师导，使其然也。资使统正，不可复改。观夫雌雄，交姤之时，刚柔相结，而不可解。得其节符，非有工巧，以制御之。男生而伏，女偃其躯。禀乎胞胎，受炁元初。非徒生时，著而见之。及其死也，亦复效之。此非父母，教令其然。本在交媾，定置始先。

注云：河上乃爱河欲海之喻，姹女即自己阴汞之精。何谓灵而最神？以其功能生人，亦能杀人，又能合丹。当寂然不动之时，一灵内养，忽感而遂通之顷，奔骤如神，境动情生，福从色败，意念才起，汞逐火飞，如埃与尘，不可复拾。鬼隐其精，龙匿其形，云散天空，空即是色。此与二十四章"太阳流珠，常欲去人"义同。人谩尔看将过去，故复到此，引而伸之，圣人功盖后世，类多如此。将欲制之，黄芽为根，即前卒得金华，转而相因义同。盖如姹女，因之顺而易失，非彼黄芽之一阳，不能制伏。黄芽即先天之炁，号真一之铅，烧此铅炁，以为根基，其汞自不奔逸，何哉？阴阳配而使然。若也物无阴阳，是违造化之天，背其生物之元。修丹者，不离阴阳，以立根基。倘真一之气既还，丹已成熟，则方跳去阴阳之外。世之愚人，不看丹经，谓修行者必居深山，必先孤处，必弃妻子，必当辟谷，必合无为，必要打坐，以此为道，何其愚哉？若也不用阴阳，不究五行，不辩金木，不知龙虎，不识铅汞，不明坎离，只以无言为可成道。是以此书，力救其弊，历言阴阳匹配，方谓之道。只如牝鸡不雄自卵，覆雏不成，为其孤阴无阳。若欲生雏，当午盛水，曝而温之，假借阳炁，雏乃可全。若不温之，必不生也。夫何故？亦如造化，配合未连，三五不交，刚柔离分，岂成生生之道？是以女人之国无男子，若欲孕，则必择日，一日三时，俯观井底，亦借真水

---

① 河，底本作"何"，据诸本改。

之瓨，是观井中之象以为交感，方能怀妊。所谓阴阳施化之精，天地自然相感之道。若此火炎上，水润下，非有师导，以使其然，资始统正，一气已定。《翼》曰："大哉乾元，万物资始，乃统天。"乾道变化，各正性命。性命已正，安可复改？故曰："观夫雌雄，交姤之时，刚柔相结，而不可解，得其节符，非有工巧制御，必男生而伏，女偃其躯。"此皆极理之论，造化不能移易。岂但生乎？溺而死者，亦必男伏女偃，此非父母教令其然，本在交姤，定置始先。俗眼看来，语似屑屑，本其著书之意，令人洞达阴阳之理，语故频而不烦也。

男女相胥章第二十七

坎男为月，离女为日。日以施德，月以舒光。月受日化，体不亏伤。阳失其契，阴侵其明。晦朔薄蚀，掩冒相倾。阳消其形，阴凌灾生。男女相胥，含吐以滋。雌雄错杂，以类相求。金化为水，水性周章；火化为土，水不得行。男动外施，女静内藏。溢度过节，为女所拘。魄以钤魂，不得淫奢。不寒不暑，进退合时。各得其和，俱吐证符。

坎为水，为月，为中男；离为火，为日，为中女。坎外阴而内阳，中有戊土，以储金水，养其阴魄，为中情，为道义之门，黑中之白也；离内阴而外阳，中有己土，以居砂汞，主其阳魂，为成性，为仁德之体，白中之黑也。月体本黑，受日之化，光彩复舒，两体不亏。阳失其契，契，合也，阴侵阳明。薄蚀者，晦朔之间，月掩日光，正对的射，日体居上，月在日下，暂障日光，此谓阳消其形，阴凌灾生。以比世人不能保守真阳，数为阴所凌烁。若也雌雄得类，颠倒相感，男女相胥，逆求化机。则其兑金，化生坎水，非得真土，则坎之水周流泛滥。离中有火，火能生己土，以制坎水，水不泛矣。是以男之为道，乾刚而外施；女之为德，坤静而内藏。若乾外施，溢度过节，则为坤女之所拘制。魄以钤魂，魄属于兑，魂属于震，震男兑女，阴阳所交。不得淫奢，必使一寒一暑，得其进退，和合有时，不忿不忒，则有雌雄，各吐符证，乃可见其效验者矣。

此章大意在乎周章、溢度，淫奢过节则阴凌而灾生，致仲冬行夏令成隆暑，仲夏行冬令返严寒。即男行而女不随，阳唱而阴不和。阴阳乖错，皆由周章而淫奢也。修丹不易，切毋自轻。昔纯阳翁既得钟离老仙之传，及其入室，累次下工，以未尽善，不即成丹，复蒙玄元崔真人授以《入药镜》，方得洞达。乃作诗曰："因看崔公《入药镜》，令人心地转分明。"厥后用功，旋即成就。后之愚人，专以无为顽空是道，依稀度日，任生任死，此辈为教中大罪人，况敢言修行一事哉？

四者混沌章第二十八

丹砂木精，得金乃并。金水合处，木火为侣。四者混沌，列为龙虎。龙阳数奇，虎阴数偶。肝青为父，肺白为母。肾黑为子，离赤为女。脾黄为祖，子午行始。三物一家，都归戊己。

上阳子曰：夫人之身，最灵而至宝者，精与炁也。《心印经》以为上药，张紫阳以为命宝。仙翁所撰之书，则有同而有异。何谓同？曰"金来归性初，乃得称还丹"，此最简而同也；何谓异？曰乾坤坎离，曰牝牡橐籥，曰开曰阖，曰无曰有，曰阴阳，曰日月，曰玄牝，曰戊己，曰刚柔，曰雌雄，曰斗枢，曰魁罡，曰乌兔，曰魂魄，曰金气，曰神明，曰黄芽，曰河车，曰铅银，曰砂汞，曰浮沉，曰白黑，曰鸿濛，曰恍惚，曰规中，曰枢辖，曰虚无，曰杳冥，曰真人，曰大渊，曰垣阙，曰蓬壶，曰朱雀，曰龟蛇，曰白虎，曰青龙，曰熬枢，曰流珠，曰金砂，曰水银，曰八石，曰黄土，曰两孔穴，曰神德居，曰偃月炉，曰悬胎鼎，曰赤色门，曰明窗尘，曰上下弦，曰文武火，曰丹砂木精，曰河上姹女，曰鄞鄂城郭，曰马齿琅玕，曰禁门，曰刀圭，曰金华，曰秋石，曰情性，曰主客，曰白雪，曰黄舆，曰玄沟，曰河鼓，曰甑山，曰晷影，曰钟乳，曰苍液，曰三五，曰两七，曰铢两，曰爻符，等等名色，如是皆身中之宝。或喻门户，或言神室，或云鼎器，或譬体用，或察形象，或比进退。故易道以乾直坤辟为生死之门户，丹法以鹊桥黄道为往来之路，不离己身之精气耳。此假名而异字。故此章言丹砂木精，得金乃并，又合前太阳流珠，常欲去人，卒得金华，转而相因之义同也。盖谓流珠、谓姹女、谓丹砂，本皆有阴而无阳，以属后天，不能成丹；金与黄芽、金华，乃先天之铅，可炼还丹。故夫丹砂木精，即离中之木火。火之父为东方甲乙之木，以生真精，是谓中女。是以东方甲乙之木与南方丙丁之火，一父一女也。父与其女为阳中之阴，则震木离火为之侣也。黄芽金液为坎中之铅水，水之母乃西方庚辛之金，以孕其液，而为中男。是以西方庚辛之金，与北方壬癸之水，一母一子也。母与其子，为阴中之阳，则兑金坎水以合处也。木火金水，四者混沌，列为龙虎，一东一西。龙居东，其数三，故云龙阳数奇；虎属西，其数四，故云虎阴数偶。木火为侣者，龙从火里出也；金水合处者，虎向水中生也。肝青属木，为火之父；肺白属金，为水之母；肾黑属水，为金之子；离赤属火，为木之女；脾黄属土，四者之祖。子居五行之始，故为一阳之首。金与水，木与火，龙与虎，是谓三物。若此三物交会而作一家，则必藉戊己二土之力，方能成其功用也。

卯酉刑德章第二十九

刚柔迭兴，更历分布。龙西虎东，建纬卯酉。刑德并会，相见欢喜。刑主伏杀，德主生起。二月榆落，魁临于卯。八月麦生，天罡据酉。子南午北，互为纲纪。一九之数，终而复始。含元虚危，播精于子。

青龙属东，白虎属西，此其正也。更历分布者，青龙建纬于西，白虎建纬于卯，是刑德并会，而龙虎欢喜，颠倒相见，故龙虎相见。会合一处，则二物欢喜，以生生为德；若龙东虎西，定位各居，自生自旺，则二物相竞纷扰，以主杀为刑。刑者，阴阳乖错之义，雌雄相见之喻。刑者，五行顺行之谓；德者，五行颠倒之意。刑者阴消其阳，德者阳合乎阴；刑者阴多而阳少，德者阴少而阳多。且如四阳而二阴，二月之卦也。阳长阴退，其阳虽多而有余阴。阳多为德，余阴主杀，是以三春万物并生，而榆荚堕落者。一如人也，年方及壮，一身之中，阳多阴少，日壮一日。却于此时，欲火大炽，其阳虽多，皆为阴消，纵有余阳，不能主宰，百病来侵。将暨阳脱，犹复念念在于欲界，尽力求阴；余阳遇阴，悉皆消脱，卒然而终。此之谓德返为刑也。若是上智，乘其余阳，以为阶梯，急行还丹之道，可复长生，是之谓刑德并会也，是为相见欢喜也。又如四阴[①]而二阳，八月之卦也。阳为阴消，其阴虽多，尚有余阳。阴多为刑，余阳主生，是以三秋万物将零，而蘁

---

① 四阴，底本作"二阴"，据诸本改。

麦乃生。一如人也，年将六十，一身之中，阴多而阳少，日衰一日。若于此时，幸有余阳，而行金丹之道，能令阳复，是谓返老还童也，是谓长生久视也，是之谓刑返为德也。二月子时，斗之魁星临于卯位，罡星临于巳上，位属东南，主生为德；八月戌时，斗之罡星，据于酉地，魁星临于亥上，位次西北，主杀为刑。经云：罡星指丑，其身在未。所指者吉，所在者凶。余位皆然。此喻炼丹之功用也。子南午北者，颠倒五行也。仙圣云："五行顺行，法界火坑；五行颠倒，大地七宝。"所以水火互为纲纪，方能既济也。阳生于一，成于九，阳数至九则极，极则复于一，此谓一九之数，终而复始，含元虚危，播精于子者。丹之神功在此两句。盖虚危之次，日月合璧之地；一阳初生之方，龟蛇蟠结之所。故太一所含先天之元炁，其真精遇子则播施。

此复应前章"子午行始"之义也。世人但闻卯酉为沐浴，岂能明刑德之喻？盖德与生，即半时得药之比；刑与杀，则顷刻失丧之喻。是以入室之际，直须防危虑险，方可炼丹。仙翁比为春旺之时，何物不生，而榆荚死者，德中防刑，生中防杀也；秋肃之候，何物不凋，而蘁麦生者，刑中有德，杀中有生也。是书历历而论，种种而明者，其主意之妙，唯要得先天之炁尔。

君子好逑章第三十

关关雎鸠，在河之洲。窈窕淑女，君子好逑。雄不独处，雌不孤居。玄武龟蛇，蟠虬相扶。以明牝牡，意当相须。假使二女共室，颜色甚姝，苏秦通言，张仪合媒，发辩利舌，奋舒美辞，推心调谐，合为夫妻，弊发腐齿，终不相知。若药物非种，名类不同。分刻参差，失其纲纪。虽黄帝临炉，太一执火，八公捣炼，淮南调合，立宇崇坛，玉为阶陛，麟脯凤脂，把籍长跪，祷祝神祇，请哀诸鬼，沐浴斋戒，冀有所望。亦犹和胶补釜，以硇涂疮，去冷加冰，除热用汤，飞龟舞蛇，愈见乖张。

仙翁直指金丹必须同类药物。一阴一阳，必资交感；一牝一牡，方得化生。倘独居孤处，安得化化之机？若夫众雌无雄，岂有生生之道？欲炼还丹，必求先天一气以成也。此章句语直露，不宜重述。为是书者，乃泄天地造化之机，倅乾坤生育之德，焕日月合明之理，漏阴阳逆施之功。《易》曰：

"与天地合其德，日月合其明，四时合其序，鬼神合其吉凶。先天而天弗违，后天而奉天时。"天且弗违，而况于人乎？主此道者，圣人也；行此道者，神人也。此书在处，天地神祇，日月星辰，雷霆万神，常切扈卫。上贤敬受，诵至万遍，仙真降庭，告以上道；若彼下愚，妄生毁谤，则有神鬼阴录其过，注于黑籍，小则恶病缠身，大则黑司促算，徒为幽冥之鬼，长堕苦海之中，福善祸淫，昭然毋忽。

《周易参同契分章注解》卷之下

东汉　会稽魏伯阳撰
元　　庐陵上阳子注解

圣贤伏炼章第三十一

惟昔圣贤，怀玄抱真。伏炼九鼎，化迹隐沦。含精养神，通德三光。津液膝理，筋骨致坚。众邪辟除，正气长存。累积长久，变形而仙。忧悯后生，好道之伦。随傍风采，指画古文。著为图籍，开示后昆。露见枝条，隐藏本根。托号诸名，覆谬众文。学者得之，韫椟终身。子继父业，孙踵祖先。传世迷惑，竟无见闻。遂使宦者不仕，农夫失耘，商人弃货，志士家贫。吾甚伤之，定录此文。字约易思，事省不繁。披列其条，核实可观。分两有数，因而相循。故为乱辞，孔窍其门。智者审思，用意参焉。

古圣大贤，必明其道，故伏羲、神农、黄帝之书，皆言大道。《阴符》尚存，其经三百一十五字。后人因不明道，乱猜其经，乃谓百言演道，百言演法，百言演术者，聋瞽一世，彼安足知圣人之道哉？盖《阴符》自观天之道，百二十字乃叙道之纲领；自天地万物之盗九十一字，乃下手之用；自瞽者善听一百四字，乃成功之要。是以黄帝鼎湖伏炼九鼎大丹，乘龙上升，却非烧炼金石草木之谓，乃伏先天之炁以成丹尔，故云：伏炼非服炼也。所谓伏炼者，各有其事，如怀玄抱真，化迹隐沦，含精养神，通德三光。如上七者，首事先行，是云炉火，是之谓炼己。若能炼己，则真炁薰蒸，遍于一身，如炉中有火，暖炁似烧，故谓之炉火，故谓之炼己也。津液膝理，筋骨致坚，众邪辟除，正气长存，如上四者，是云伏炁，是之谓炼丹。盖怀玄者，内怀玄一之炁；抱真者，负抱太乙之真；化迹者，韬光藏迹，使人不我知，故知我者稀，则识我者贵。隐沦者，沉隐沦匿，使人不可识。故古之善为士者，微妙玄通，深不可识。含精者，饱含真汞之精以炼己；养神者，外养全体之神以合焉。累功至此，大要通德三光。德者，修行之上事也。修道而不修德，是有阴而无阳；道德全修，阴阳自配。人之修德，自云有德，而实无德，缘以妄想，德不感通。修行之士，德愈深厚，自不想德，天地神明、日月星辰，德皆感彻。如张、葛、许，自积自修，心实罔觊，此为通德三光也。炼己既勤，积德通感，方可伏炼大丹。津液腠理者，津乃玉津，即白雪也；液乃金液，即黄芽也。玉津、金液之腠理于神室之中，则一身之筋骨致坚。众邪者，百骸之阴，皆得辟除。正气乃先天之阳，长存不坏，积累长久，变形而仙，黄帝伏炼九鼎大丹者，此之谓也。《庆会录》云：昔轩辕氏一世为民，再世为臣，三世为君，济世积功，数尽升天。《阴符》而下，列圣相继。载于经者，文王《周易》，明乾坤其易之门，咸恒夫妇之道；孔子《十翼》，明乾动而直，坤静而翕之义；《道德》五千，明有无玄牝之门；子思《中庸》，天命之谓性，率性之谓道；《孟子》养浩然，明至大至刚，以直养而无害。籛铿老彭之比，列风庄鹏之喻，皆由圣贤以至仙也。其忧悯后学好道之士，遂其风采，指画著为图籍，开示后昆。或露见枝条，隐藏本根；或托号诸名，覆谬众文。所谓露见者，累露其大概，如乾坤，其易之门耶是也。至其本根，必资口授，故隐藏耳。所谓托号覆谬者，不可显言，比方借喻，散于群书之内。后之明眼者，既得其文，不遇其人，韫椟而终其身。若是法器之子，公孙继踵可也。有等学人，虽录此文，不得师旨，迷以传迷，引入邪径，竟无见闻，趁走旁门，阴阳不知，五行错乱。泊乎后来修道之流，据此文书，且无口诀。此辈有若士、农、工、商，失其本业。只如宦者求官，无路以登仕版；农夫欲佃，无地而可以耘锄；工艺抱术而莫施；商贾计利而亡本。即如学者，虽有其文，未承师诀，无下手处，谬猜妄行，乌能成道？仙翁恻悯，鋗冶炉开，定录此文，为亿世法。字约而义易思，如真人潜深渊之句；事省而理不繁，有金来归性初之语。披列其条者，即此上篇分十五章，披露阴阳造化、采丹首尾；中篇分十五章，详列分两符候；下篇五章，法象成功。后人睹此所列之条，综核其实，便于观览。其间数目分两，皆有法度，得师一指，依此循习，可以成丹。乱辞者，即托号、覆谬之义；孔窍者，包括玄妙之深。实大劫之梯航，为昏衢之智烛。后圣来贤，审思密用，伏惟大道，非圣莫明，非贤不语。故父不得传子，臣不得献君。圣人之道，岂不传耶？谓恐无德而难承当，或若轻言，后必颠踣，是云：智者审思，用意参焉。

法象成功章第三十二

法象莫大乎天地兮，玄沟数万里。河鼓临星纪兮，人民皆惊骇。晷影妄前却兮，九年被凶咎。皇上览视之兮，王者退自改。关键有低昂兮，害炁遂奔走。江淮之枯竭兮，水流注于海。天地之雌雄兮，徘徊子与午。寅申阴阳祖兮，出入复终始。循斗而招摇兮，执衡定元纪。升熬于甑山兮，炎火张设下。白虎导唱前兮，苍液和于后。朱雀翱翔戏兮，飞扬色五彩。遭遇罗网施兮，压之不得举。嗷嗷声甚悲兮，婴儿之慕母。颠倒就汤镬兮，摧折伤毛羽。漏刻未过半兮，鱼鳞狎鬣起。五色象炫耀兮，变化无常主。濡濡鼎沸驰兮，暴涌不休止。接连重叠累兮，犬牙相错距。形似仲冬冰兮，琅玕吐钟乳。崔嵬而杂厕兮，交积相支柱。阴阳得其配兮，淡薄而相守。青龙处房六兮，春华震东卯。白虎在昂七兮，秋芒兑西酉。朱雀在张二兮，正阳离[①]南午。三者具来朝兮，家属为亲侣。本之但二物兮，末而为三五。三五并与一兮，都集归二所。治之如上科兮，日数亦取甫。先白而后黄兮，赤黑达表里。名曰第一鼎兮，食如大黍米。自然之所为兮，非有邪伪道。山泽炁相蒸兮，兴云而为雨。泥竭遂成尘兮，火灭化为土。若蘖染为黄兮，似蓝成绿组。皮革煮成胶兮，曲蘖化为酒。同类易施工兮，非种难为巧。惟斯之妙术兮，审谛不诳语。传于亿世后兮，昭然自可考。焕若星经汉兮，昺如水宗海。思之务令熟兮，反覆视上下。千周灿彬彬兮，万遍将可睹。神明或告人兮，心灵乍自悟。探端索其绪兮，必得其门户。天道无适莫兮，常传于贤者。

上阳子曰：圣人之道，大包天地，细入微尘。《传》云："至广大而尽精微，极高明而道中庸。"道乃天所秘宝，不显竹帛，惟只口口相传。圣人无可奈何，百般引喻示后。黄帝岐伯之问，始云："精不足者，补之以味；形不足者，补之以炁。"只此一句，尽露金丹。及文王重伏羲之《易》，曰"西南得朋"，此又露补炁之方。孔子又曰："同声相应，同炁相求。"此又指补炁

---

① 离，四库本、《道藏辑要》本作"杂"。

之类。老子则曰："玄牝之门，是为天地根。"此却明补炁之门。《参同契》历历指示药物、鼎炉、斤两、火候，金炁相胥，真人潜深渊之海，最明且切。复于下篇法相比喻，圣圣相传，其揆一也。故金液九还大丹，无非补其一气耳。然补阴必用阳，补阳必用阴，本乎太极之炁，借名金丹。何谓金？何谓丹？谓乾始金，谓坤始丹。乾初太极，金丹于坤；坤初太极，气化为丹。乾金布坤，经却流转，金隐于兑，兑金生水，水初生丹，丹在虎圈，故虎向水中生；虎居于西，若要合丹，先降其龙，龙家于木，化现于离，离有阴火，故龙从火里出。夫龙居东九炁之苍天，青帝籥之，以为真宰，而生万物；虎居西七炁之素天，白帝囊之，以成造化，而产万物。自西至东，数万余里。今仙翁以天地而喻离坎，以金鼎而譬玄沟，河鼓、星纪以比会合，暑影、前却而比乾龙，皇上览视而比顿悟而明了，关键、害炁比收拾而闭塞。以雌雄指子午，以出入指寅申。甑山者，杳冥之门；招摇者，恍惚之户。白虎，乃金之物；朱雀，乃火之金。罗网喻下手也，汤镬比鼎炉也。鼎沸、暴涌，炁之盛也；接连、叠累，足其药也；瓓玕、钟乳，丹肇形像；杂厕、交柱，德合阴阳；青龙处房，入室了事；白虎在昴，得药归炉；朱雀在张，神已合炁。二物，即铅汞也；三五者，簇五行也；一者，坎之水；二者，离之炉。先白而后黄者，白乃金也，黄乃土形；赤黑达表里者，赤乃火容，黑乃铅体。五行全，阴阳会，名为一鼎，其大如黍米，经云：元始悬一宝珠，大如黍米，在空玄之中者此也。自然之所为，是皆阴阳造化，自然感动之道也；非有邪伪道者，非旁门采战，左道邪术也；山泽炁相蒸者，喻金丹乃阴阳之气相蒸而成；泥竭遂成尘者，比真炁入鼎遂结成丹。染黄用蘗、绿用兰，煮皮成胶、曲成酒，喻得金液必成还丹也。同类易施工者，如乾以坤为类，坤以兑为类，则阴阳和而工易施；非种难为巧者，如兑以巽为种，阴以雌为种。二女同居，岂能成造化哉？斯之妙术，明审谛当，实非诳语。传于亿世后者，此书此道，如星之在天，谁不可睹？若水之宗海，岂有异流？虽万亿世，莫能离此道也。详玩熟思，反覆万遍，自感神明告人，或心灵自悟也。圣贤著书，尾必应首，此书上卷首章云乾坤易之门户，至此末章乃直曰："探端索其绪分，必得其门户。是谓原始返终，天道无私，常传贤者。"学道之士宜谛思之。

鼎器妙用章第三十三

此章原接法象之下，缘鼎器亦法象耳。彭真一谓其辞理钩连，字句零碎，置于后，非也。仙圣所述，深有法度，不可轻移。况句皆三字叶韵，又一体法，今依原本正之于此也。

圆三五，寸一分。

此详明三五一之旨。是书凡言三五者：十一章，三五既和谐；二十四章，三五与一，天地至精；二十六章，三五不交，刚柔离分；三十二章，本之但二物，末而为三五。此章以三五一为句首者，使人洞明三五一之旨，则知鼎器有三五之妙，药物有一寸之真，火候正一分之用。圆者，熟也。若能圆明熟达三五一之要，可炼大丹。世人不圆斯旨，只泥鼎器方寸尺度，又何浅哉？仲尼曰："三五以变，错综其数，通其变，遂成天地之文；极其数，遂定天下之象。"《悟真篇》云："三五一都三个字，古今明者实然稀。东三南二同成五，北一西方四共之。戊己自居生数五，三家相见结婴儿。婴儿是一含真炁，达者方能入圣机。"阴阳之数，以炁为主；五行之气，因数而生。故东方青气九，元也，仁也；木德生数三，刚也，精也。《古文龙虎经》曰："变化为青龙。"阳木也。南方赤炁二，亨也，礼也；火德生数二，柔也，血也。《经》曰："丹砂流汞父。"阴火也。阳木生阴火，离为阳中之阴，阴为中女，则离女以震木为父，是木为火侣。其生数二与三，同为一五也，为砂中汞也，为我也，为鼎也。紫阳云"金鼎欲留朱里汞"是也。西方白炁七，利也，义也；金德生数四，雌也，液也。《经》曰："雌阴赭黄金。"阴金也。北方黑气五，贞也，智也；水德生数一，雄也，气也。《经》曰："雄阳翠玄水。"阳水也。阴金生阳水，坎为阴中之阳，为中男，则男以兑金为母，是金与水同处。其生数一与四，同为一五也，为水中金也，为彼也，器也。紫阳云"玉池先下水中银"是也。中央黄炁，一己也，神也；土德生数五，戊也，信也。老子曰："杳杳冥冥，其中有精；其精甚真，其中有信"是也。戊己合成圭，二五之精，妙合而凝者，金丹凝结也。是之谓三五一也，是之谓鼎器也。三五一总合而成九数，以还东方青气之元数九，是之谓九还大丹也。

口四八,两寸唇。

四与八合十二,又加两,足一十四。十四者,是天上月之初圆,月圆为纯阳。以其阳纯,方能生一阳之金精于鼎之内也。口与唇,为金气相胥之门户,是谓鼎之口、器之唇也,是谓二七一十四也,是之谓七返之妙义也。世人不明仙翁妙谛,藏妙中之妙,有意外之意。其见"口"与"唇"二字,直欲求鼎器之尺寸者,乌知金液大丹,法乾坤为鼎器,欲比量金丹鼎器之尺寸者,是比量乾坤也。且不知将何丈尺比量乾坤?抑不知从何下手而比量也?彼乌知炼丹法象,以天地为炉,以阴阳为火,此谓之炉火。即如人身一小天地,以一身为炉,精炁为火,却非五金八石之炉火鼎器者也。

长尺二,厚薄均。

尺二者,一年十二月也;长者,年年有十二月也;厚,太过;薄,不及也。修行人要知每年有十二月,月月有金水相生之时。鼎器厚,则有望远之嫌;鼎器薄,则有衰弱之患。均者,所以调之、摄之。调摄者,审之候之也。故先哲以一年七十二候,攒簇于一日,一时之内有六候,则一候有三符,止用一符之速,是谓符候。厚薄均,调摄不差一发,方许炼大丹也。

腹齐三,坐垂温。

腹者,丹鼎之内室也;齐者,与月齐光也;三者,必皆初三日也;坐者,待也;垂者,至也;温者,阳炁动也。何谓与月齐光?盖天上月,号曰太阴,每月初三日,晡生一阳之光于庚申之上,以象震卦。震者,微阳乘二阴也。丹鼎亦然。人间之鼎器,号曰少阴,亦每月初三之夕,生一阳之炁于壬癸之乡,以象复卦。复者,一阳伏五阴也。何谓坐垂温?修行者,已得鼎器,遇其初三之夕,必坐而候之,待其火炁垂至,不寒不燥而温然,此其阳炁欲动,急可炼丹也。

阴在上,阳下奔。

阴乃器中之水,阳乃鼎中之火。水上火下,水火既济;阴上阳下,地天泰也。紫阳云饶他为主我为宾是也。

首尾武，中间文。始七十，终三旬。二百六，善调均^①。

首行武火，炼己之时也；尾行武火，温养之日也；中间却行一符之文火，以炼丹也。始七十，积己之功最难为也；终三旬者，言温养之际，尤当慎也。七十又三旬，并二百六，总三百六十，乃四九之圆数，一周之日足也。比三百六十日，以七分之日炼己，以三分之日温养。如以一年温养，则先三年炼己，惟中间炼丹之文火，止要半个时也，故谓善调匀。其炼丹用半个时中一符文火，却不在七十与三旬，并二百六之列。学者当详首、尾、终、始四字，则中间文在外而不相干也。世人每见七十与三旬之语，皆为三分文，七分武，岂悟丹经藏机，不敢直吐者也。若洞晓一符之顷为得丹之候，则中间文自融会矣。

阴火白，黄芽铅^②。两七聚，辅翼人。

地二生火，天七成砂，此阴火之成数，是一七也；天一生水，地六成铅，此黄芽之合数，是一七也；以铅火之数合，两七聚也。两七一十四也。以此十四之铅火，会于鼎器之中，其功辅翼于人而成丹也。

赡理脑，定玄升。子处中，得安存。来去游，不出门。渐成大，性情纯。却归一，还本原。善爱敬，如君臣。至一周，甚辛勤。密防护，莫迷昏。途路远，复幽玄。若达此，会乾坤。刀圭霭，净魄魂。得长生，居仙村。乐道者，寻其根。审五行，定铢分。谛思之，不须论。深藏守，莫传文。

此段浅近，言得药之士，更无怠荒，暂时不离，勤勤咐嘱。句句明白，不必再释。若丹已成，婴儿渐大，不妨行九载向上之功也。

御白鹤，驾龙鳞。游太虚，谒仙君。录天图，号真人。

此系丹成道备，行满成功之事。然功高德重，则效验有不能尽述者。缘夫至道，上天所宝，善根上智，勤行不怠。性命双修，形神俱妙，与道合真，德重功高。一如懋赞之辞，谒仙君而号真人也。人人可以作此大功德，

---

① 均，集成本作"匀"。
② 铅，集成本作"银"。

成此大自在，勿以事难而自弃，勿以缘浅而不修。老子、张、葛亦人尔，非天上落下的；释迦、达磨亦人尔，非地下涌出的。坚心勇猛，事皆易成，志士修行，深思勉力。

补塞遗脱章第三十四

《参同契》者，敷陈梗概。不能纯一，泛滥而说。纤微未备，阙略仿佛。今更撰录，补塞遗脱。润色幽深，钩援相逮。旨意等齐，所趋不悖。故复作此，命《三相类》，则大易之情性尽矣。

乙（浮右）	丁（文火）	己物	辛（世银）	癸（真铅）	五位相得
三木	二火	五土	四金	一水	
甲（沉左）	丙（武火）	戊药	庚（世金）	壬（真汞）	而各有合

大易情性，各如其度。黄老用究，较而可御。炉火之事，真有所据。三道由一，俱出径路。枝茎华叶，果实垂布。正在根株，不失其素。诚心所言，审而不误。象彼仲冬节，竹木皆摧伤。佐阳诘贾旅，人君深自藏。象时顺节令，闭口不用谈。天道甚浩广，太玄无形容。虚寂不可睹，匡廓以消亡。谬误失事绪，言还自败伤。别序斯四象，以晓后生盲。

此章补塞遗脱，中存口诀，隐而不露。注者到此，当体获麟之意。况其戒云："闭口不用谈。"又云："言还自败伤。"一举双明，其意远矣。是书有大解脱，有大神通。若得闻是书，蛇虎不能伤；得诵是书，疫痢不敢作；得明是书，地狱不拘摄；得行是书，天堂自快乐。是书在处，空中常有金光交射，虚空生白，人若见之，延寿六六，供养信受，其福无边，况坚修而勤行乎？

自叙启后章第三十五

会稽鄙夫，幽谷朽生。挟怀朴素，不乐权荣。栖迟僻陋，忽略利名。执守恬淡，希时安宁。晏然闲居，乃撰斯文。歌叙大易，三圣遗言。察其旨趣，一统共论①。务在顺理，宣耀精神。神化流通，四海和平。表以为历，万

---

① 论，集成本作"伦"。

世可循。序以御政，行之不繁。引内养性，黄老自然。含德之厚，归根返元。近在我心，不离己身。抱一毋舍，可以长存。配以伏食，雄雌设陈。挺除武都，八石弃捐。审用成物，世俗所珍。罗列三条，枝茎相连。同出异名，皆由一门。非徒累句，谐偶斯文。殆有其真，砾砢可观。使予敷伪，却被赘愆。命《参同契》，微览其端，辞寡意大，后嗣宜遵。委时去害，依托丘山。循游寥廓，与鬼为邻。化形而仙，沦寂无声。百世而下，遨游人间。敷陈羽翮，东西南倾。汤遭厄际，水旱隔并。柯叶萎黄，失其华荣。吉人相乘负，安稳可长生。

上阳子乃重宣此义，而说偈曰："安稳可长生，长生无劫年。大道难思议，还丹岂变迁？火炼金为体，土克水为圆。初伏十六两，咽吞上下弦。常配以伏食，归根而还原。草木非同类，金石皆弃捐。审用窥造物，世俗珍此铅。清净得真修，殷勤蕲自然。上圣宝金经，积功善结缘。烹炼玄元始，太上命精延。刀利高嵯峨，育帝摄上玄。泥丸耀神辉，赫赤复八骞。大罗齐玉京，丹凤回蹁跹。洞章振九都，鬼魔咸首愆。杨枝甘露浆，铺叙聆真诠。浩灵布元梵，劫劫金口宣。斋戒诵一遍，积逮沉疴痊。七遍至九遍，乾坤逆回旋。百遍至千遍，奏名玉帝前。万遍不辍休，火里生金莲。种名无色界，给君度^①大千。金童散天华，玉女掌琼筵。灵风响层霄，梵烟盈芝田。五老勒箓籍，四协较宸篇。景霞荫羽盖，太清浮紫烟。渺渺龙汉上，铨功诣瑛^②鲜。亿劫亘绵绵，金光焕万丈。神霄九阳会，洞妙高上仙。"

附录：

《周易参同契分章注》三卷（《四库全书》提要）
（浙江巡抚采进本）

元陈致虚撰。致虚字观吾，自号上阳子。年四十，始从赵友钦学道，讲

---

① 度，底本作"庶"，误。据诸本改。
② 瑛，底本作"英"，据诸本改。《度人经》云："龙汉瑛鲜"。

神仙炼养之术。其说以金丹之道，当以《阴符》、《道德》为祖，《金碧》、《参同》次之。又称丹书多不可信，得真诀者要必以《参同契》、《悟真篇》为主。所作《醒眼诗》有云：端有长生不死方，常人缘浅岂承当。铅银砂汞分斤两，德厚恩深魏伯阳。盖于伯阳之书尤所研讨也。此乃所作《参同契注》，凡分为三十五章，与彭晓注本分九十章者不同。又谓晓以《鼎器歌》一篇移置于后为非，仍依原本置之法象成功章之后。其所疏解，亦皆明白显畅。近时李光地注《参同契》，谓诸本之中惟《汉魏丛书》所载朱长春本为最得古意。今以朱本相勘，惟首篇乾坤者易之门户云云，不立章名，故自乾坤设位以下只分为三十四章，视此较少一章，其余章次悉与此本相同。盖朱本即钞此本而去其注，光地未考其渊源也。

——出清《四库全书总目》

第三编

悟真篇三注

薛道光、陆墅、陈上阳　注

《悟真篇》序

嗟夫，人身难得，光景易迁，罔测短修，安逃业报？不自及早省悟，惟只甘分待终，若临期一念有差，堕三途恶趣，则动经尘劫，无有出期。当此之时，虽悔何及？故老释以性命学开方便门，教人修种以逃生死。释氏以空寂为宗，若顿悟圆通，则直超彼岸，如其习漏未尽，则尚徇于有生；老氏以炼养为真，若得其要枢，则立跻圣位，如其未明本性，则犹滞于幻①形。其次《周易》有"穷理尽性至命"之辞，《鲁论》有"毋意必固我"之说，此又仲尼极臻乎性命之奥也。然其言之常略，而不至于详者，何也？盖欲序正人伦，施仁义礼乐有为之教，故于无为之道未尝显言，但以命术寓诸易象，性法混诸微言尔。至于庄子推穷物累逍遥之性，孟子善养浩然之气，皆切几之。迨夫汉魏伯阳引《易》道交姤之体，作《参同契》以明大丹之作用；唐忠国师于《语录》，首叙老庄言，以显至道之本末。如此岂非教虽分三，道乃归一。奈何后世黄缁之流，各自专门，互相非是，致使三家宗要，迷没邪歧，不能混一而同归矣。且今人以道门尚于修命，而不知修命之法，理出两端：有易遇而难成者，有难遇而易成者。如炼五芽之气，服七曜之光，注想

---

① 幻，底本作"幼"，据校本改。

按摩，纳清吐浊，念经持咒，噀水叱符，叩齿集神，休妻绝粒，存神闭息，运眉间之思，补脑还精，习房中之术，以致服炼金石草木之类，皆易遇而难成。以上诸法，于修身之道，率多灭裂，故施功虽多，而求效莫验。若勤心苦志，日夕修持，止可辟病免其非横，一旦①不行，则前功渐弃，此乃迁延岁月，必难成功。欲望一得永得，还婴返老，变化飞升，不亦难乎？深可痛伤。盖近世修行之徒，妄自执著，不悟妙法之真，却怨神仙谩语，殊不知成道者皆因炼金丹而得，恐泄天机，遂托数事为名。其中惟闭息一法，如能忘机绝虑，即与二乘坐禅颇同。若勤而行之，可以入定出神。奈何精神属阴，宅舍难固，不免长用迁徙之法。既未得金汞返还之道，又岂能回阳换骨、白日而升天哉？夫炼金液还丹者，则难遇而易成，须要洞晓阴阳，深达造化，方能追二气于黄道，会三性于元宫，攒簇五行，和合四象，龙吟虎啸，夫唱妇随，玉鼎汤煎，金炉火炽，始得玄珠成象，太乙归真。都来片饷工夫，永保无穷逸乐。至若防危虑险，慎于运用抽添；养正持盈，要在守雌抱一。自然复阳生之气，剥阴杀之形。节气既周，脱胎神化，名题仙籍，位号真人，此乃大丈夫功成名遂之时也。今之学者，有取铅汞为二气，指脏腑为五行，分心肾为坎离，以肝肺为龙虎，用神气为子母，执津液为铅汞，不识沉浮，宁分主客？何异认他财为己物，呼别姓为亲儿？又岂知金木相克之幽微，阴阳互用之奥妙？是皆日月失道，铅汞异炉，欲望结成还丹，不亦难乎？

　　仆幼亲善道，涉猎三教经书，以至刑法书算、医卜战阵、天文地理、吉凶死生之术，靡不留心详究。惟金丹一法，阅尽群经及诸家歌诗论契，皆云日魂月魄、庚虎甲龙、水银丹砂、白金黑锡、坎男离女，能成金液还丹，终不言真铅真汞是何物色？又不说火候法度、温养指归。加以后世迷徒恣其臆说，将先圣典教妄行笺注，乖讹万状，不惟紊乱仙经，抑亦惑误后学。仆以至人未遇，口诀难逢，遂至寝食不安，精神疲悴。虽询求遍于海岳，请益尽于贤愚，皆莫能通晓真宗，开照心腑。后至熙宁二年己酉岁，因随龙图陆公入成都，以夙志不回，初诚愈恪，遂感真人授金丹药物火候之诀，其言甚简，其要不繁，可谓指流知源，语一悟百，雾开日莹，尘尽鉴明，校之仙

---

① 一旦，底本与扫叶本作"一日"，据《道藏辑要》本、《道藏》本、《道藏道书》傅金铨本改。

经，若合符契。因念世之学仙者十有八九，而达真要者未闻一二。仆既遇真诠，安敢隐默？謦所得成律诗九九八十一首，号曰《悟真篇》，内七言四韵一十六首，以表二八之数；绝句六十四首，按《周易》诸卦；五言一首，以象太乙之奇；续添西江月一十二首，以周岁律。其如鼎器尊卑、药物斤两、火候进退、主客后先、存亡有无、吉凶悔吝，悉备其中矣。及乎编集既成之后，又觉其中惟谈养命固形之术，而于本源真觉之性，有所未究，遂援佛书及《传灯录》，至于祖师有击竹而悟者，乃形于歌颂诗曲杂言三十二首，今附之卷末，庶几达本明性之道，尽于此矣。所期同志者览之，则见末而悟本，舍妄以从真。

时皇宋熙宁乙卯岁旦天台张伯端平叔序

《悟真篇注》始末

道光禅师在毗陵水由寺，有碑可考。道光姓薛，名式，字道源，陕府鸡足山人也。尝为僧，法号紫贤。云游长安，留开福寺，参长老修岩，修岩与道眼因缘，金鸡未鸣时，如何没这音响？又参僧如环，如何是超佛祖之谈？糊饼圆陀陀地。因桔槔顿有省悟，有颂曰："轧轧相从响发时，不从他得豁然知。桔槔说尽无生话，井底泥蛇舞拓枝。"二老然之。自是顿悟无上秘密圆明真实法要，机锋迅捷，宗说兼通，积有年矣。一日，复悟如上皆这边事，辩论纵如悬河，不过是说禅谈道兀坐，饶经亿劫，不能养命长生，惟达磨、六祖先已得法，犹必抵东土以求成道，祖已悟性，然必参黄梅以求传法，二公所为岂止如是哉！且复雅意金丹修命之道，必有秘妙处，尽力参访。

崇宁丙戌岁冬，寓郿县青镇，听讲佛寺。适遇凤翔府扶风县杏林驿道人石泰字得之，年八十五矣。绿发朱颜，神宇非凡。夜事缝纫，道源察焉，心因异之，乃试举张平叔诗曲为问，得之曰："识斯人乎？吾师也。"因语其故，曰："平叔先生，旧名伯端，始游成都，宿天回寺遇异人，改名用成，授以丹诀。后因泄漏妄传获谴，成州太守怒，按以事，坐黥窜。由邻境，会大雪，与护送者俱饮酒村肆。吾适在肆，既揖而坐，见邀同席，于是会饮。酒酣，问其故，一一具告。泰念之曰：'邻守，故人也，乐善忘势，不远千里。'平叔曰：'能迁玉趾，有因缘可免此行。'护送者亦许之。乃相与之邻，一见获免。平叔谓得之曰：'此恩须报，予平生学道，先所得闻，今将丹法用传于子，可依之修炼以成道。'泰再拜，受付嘱。"

道源既闻得之说是语已，即发信心，稽首皈依，请因受业，卒学大丹。得之悉以口诀真要授之，既而戒之曰："此非有巨室外护，则易生谤毁，可疾往通邑大都，依有力者，可即图之。"

道源弃僧伽黎，幅巾逢掖，来京师，和光混俗，以了大事。方知此书句句开明，言言透露。惜乎世人不得真师开悟，猜疑讪诲。靖康之初，道源撰《复命篇》，祖述此书，以晓后学。今四十余年，意欲隐去，方见叶文叔以意猜注，不得口诀，道源恻焉。今特推广其意，为之注解，明白真要，洞阐玄机，法事备悉，表里焕然，余蕴无留藏矣。后之览者，得以寻详，释其疑惑，不俟咨问，能自了了，所以成平叔先生之志也。然而道源既注此书，垂世传道，亦将缄默，自此隐矣。且不敢显名注之，但云无名子，若祖经云"无名天地之始"之义。

方来有获斯文者，宜加秘密，此书上天所宝，在在处处，自有神明营卫护持。若有志士，信道明真，言行无玷，审是修行，然后付焉。金玉堆里不可与焉，父子至亲亦勿与焉。盖轻泄妄漏，身则受殃，门户有灾，子孙不祥，岂止如是，又将祸延七祖，永不受生，切戒毋忽。

乾道五年乙丑岁中秋日前孙复式书，后二十八年阳生日，商丘老圃全是翁元王真一再拜缮录

《悟真篇注》序一

正人行邪法，邪法悉归正。邪人行正法，正法悉归邪。噫，金丹之道，大概如此，苟差之毫厘，则失之千里。是道者，一阴一阳之道也。得其一，则我命在我，身外有身，与天齐年，享其永寿。百姓日用而不知之，皆流于情伪爱欲之归矣。夫物不得阴阳则不生，何哉？必竟阴阳合而然也。但有生仙生人之分尔，仙师所谓逆为丹母，顺为人者，此也。其法至简至易，凡夫俗子信而行之，神仙亦可必致，况上士乎？丹经垂救后世，多以譬喻为辞，不截然而直指者，非秘咨也。盖患世人信不能及，反兴谤毁，故是此道凿凿，可以出生死。且如《龙虎上经》云："磁石吸铁，隔碍潜通。"何况万物

配合而生。《参同契》云："物无阴阳，违天背元。牝鸡自卵，其雏不全。"学者须要察认仙师此意，还且说个甚么？

仆自幼潜心此道，亦有年矣。道不负人，天其怜我。获遇圣师一语，方知妙在目前。参诸丹经，洞然明白。审一身之中所产者，无非汞尔。盖于六欲七情之场，醉生梦死之境，易于走失，犹汞之性难制伏也。若非得真铅制之，使其交媾，结成圣胎，将见春而秋，朝而暮，日复一日，斲丧殆尽。至于四大不起，可不痛欤？是篇诗云："休施巧伪为功力，认取他家不死方。壶内旋添延命酒，鼎中收取返魂浆。"又曰："须知死户为生户，莫执生门号死门。若会杀机明反复，始知害里却生恩。"作丹之要，于此二诗可见其底蕴八、九矣。贤哉，紫阳真人之用心也。惜乎世人，宜假而不宜真，当面错过而谁肯认错？悲夫！仆既得师一诀，而粗知绪余，更无别道以加此矣。而所难者，力薄志劣则不能行。尝观古人抱朴子，得此道二十年，家无儋石之蓄，不得为之，徒有长叹，三复此语，实可悲哉！此道只是知行两途，不可同日而语。如杏林真人授道光禅师，且嘱之曰："可疾往通邑大都，依有力者，方可图之。"后道光禅师领旨如教，弃僧伽黎，幅巾缝掖，复俗以了其事。详而质之，可无疑矣。

仆不自愧，僭以愚得，于此书下一注脚，语虽草率，而旨意甚亲。万一贤明同志，见而豁然默悟，了此妙道，何异如仆之所得也。苟有识见卑污，根器凉薄，素溺于名相之人，妄意窃谤为三峰采战之术者，是所谓孔子不得不哭麟，卞和不得不泣玉。呜呼，惟祖师神明鉴之。

后裔子野陆墅序

《悟真篇注》序二

形以道全，命以术延，此语尽备金丹之说。南华老仙云："鱼相忘于江湖，人相忘于道术。"老子曰："上德无为，而无以为。下德为之，而有以为。"上德者，内丹之不亏，故以道全其形；下德者，外丹之作用，故以术延其命。若求天仙，须兼而修。何谓道？亦如治国也。天下太平，国家无事，此圣人上德之道，行无为之化，虽有智士良将，无所用之；何谓术？若天下扰攘，兵役叠起，苟无智士良将，岂庸人所能致治哉？即如人身初生，神气浑全，复以道而养之，则籛铿之寿，信不为多，此人之上德也。倘年壮气盛，与嗜欲俱，若非外丹之术，曷延其命？深斯道者，则道为体，术为用，假术以成其道者，犹借良智以安其国。然吾所谓术者，则非小伎也，乃天地阴阳造化生生之道也。如顺则生人生物者，是后天地之道；逆则成仙成佛者，是先天地金丹之道。此所谓术也。故列圣相传，必师其术，以神其道，伏羲、周、孔之《易》术也。故曰："一阴一阳之谓道。"孔子曰："慎斯术也以往，其无所失矣"。释云佛法者，法即术也。是以《华严合论》云"一切巧智术增悲"。妙道曰黄老之术，盖言黄帝、老子皆以此成道也。三教一家，实无二道。天台紫阳真人《悟真篇》诗词歌章，明示金丹之术，以全久视之道。故真人自叙云："黄老悲其贪著，乃以修生之术顺其所欲，渐次导之。"子野《序》亦云："正人行邪法，邪法悉归正"者。此皆深得其旨。其用则精气神，其名则云金丹，吐露泄尽，世无知音者。况道光禅师及陆真人解注，极为明白，而一切人，不参其阴阳造化，有必不可外之者，乃指为旁门，甚而云三峰采战之术者，岂不惜哉！

　　道之不行也，有三焉：上根法器者，不遇真师，遂入空寂狂荡，一也；中庸之士，愚执无师，谬妄猜臆，二也；下士愚人，逐波随流，不信有道，三也。如叶文叔、袁公辅辈，臆度妄注，却引仙经古语证之，竟至玉石不分，果有何益？致虚首闻赵老师之旨，未敢自足，后遇青城老仙之秘，方知阴阳造化，顺则人、逆则仙之理，无复更议。至如象月出庚、阳生火候之奥，青城之训，为最的而易行。今不敢秘，乃于《悟真篇》每章之下出数语者，则薛、陆所藏余蕴，更为申之，使后来人不迷^①于疑网。

　　噫！世之信道而行者鲜，如欲解金丹之旨，未有若此《悟真篇》之亲且切矣。上有纯阳、海蟾之面授也，我重阳、丹阳诸老仙之语，一与是合。况杏林、道光、泥丸、紫清代相授受，皆以是而证仙道。世固稔闻而厌听，此虽三尺童孩，亦知世有神仙之术，时人乃多讪谤者，抑不思之甚邪？且青城翁授仆真诀，既而嘱曰："后必有王侯大人，求师于子。夫道不可禁秘，又不可妄泄。孰能审知？吾有一验法，颇得其情实，今以授子，可沙里淘金去也。"

---

① 迷，底本作"述"，据校本改。

仆承师授，寝食若惊，首授田侯^①至阳子，遍游夜郎、邛水、沅芷、辰阳、荆南、二鄂、长沙、庐阜、江之东西，凡授百余人，皆只以道全形之旨。至于以术延命之秘，可语者百无一二，非仆所敢靳也，彼器有利钝尔。因书于此，使闻道者各宜勉旃。妙矣哉！虽有拱璧，以先驷马，不如坐进此道。

金环山北紫霄绛宫上阳子观吾陈致虚序

　　上阳子，姓陈名致虚，字观吾，宋末元初人。师缘督子得遇道妙，著有《金丹正理》^②十卷，《道德经偈》八十一首，《参同契分章注解》，其他诗歌论著甚夥，神仙中之铮铮者。

---

① 傅金铨本作"候"，从《道藏》本、扫叶本。
② 校者按：《金丹正理》十卷，当为"《金丹大要》十卷"之误。因《金丹大要》十卷收录在明涵蟾子编辑之《金丹正理大全》之中。

《悟真篇三注》卷上

宋张紫阳真人张伯端平叔　撰

紫贤真人薛道光　注

子野真人陆墅　注

上阳子陈致虚　注

七言律诗一十六首

（以准二八一斤之数）

一

不求大道出迷途，纵负贤材岂丈夫？

百岁光阴石火烁，一生身世水泡浮。

只贪利禄求荣显，不顾形容暗悴枯。

试问堆金等山岳，无常买得不来无？

道光曰：难莫难于遇人，易莫易于成道。今也现宰官长者之身，结大道修丹之友，炼一黍米于霎时之中，立地成道，此易莫易于成道也；然纡紫怀金，门深似海，有道之士，望望然而去之，此难莫难于遇人也。易莫易于遇人，难莫难于成道。今也百钱挂杖，四海一身，凤植灵根，亲传大道，然龙虎之缰易解，刀圭之锁难开，得药忘年，炼铅无计，此又遇人之易而成道之难也。安有二事俱全哉！正好密扣玄关，千载一时，十洲三岛者邪。仙翁游成都，遇青城丈人，得金液还丹之妙道，惊叹成药之难，故作是诗，结缘丹友。末章曰：试问堆金等山岳，无常买得不来无。辞意切迫，虽有拱璧以先驷马，不如坐进此道。仙翁远矣，高山流水，落落知音。

子野曰：道不负人，人自负道。

上阳子曰：从古圣贤，尊道贵德。何谓道？先天一气之造化也；何谓德？积功累行以成圣也。古之上士，必先积德；古之圣人，必先闻道。未有不闻道而称圣，未有不积德而曰贤。既曰贤矣，却不积修妙道者，则与凡流同归，泯灭而已矣，是不得名为大丈夫。百年荣显，光阴如电，金玉堆里，难免无常。且功如韩信，富过石崇，愈危身弃生，但殉名而殉货，以自戕其躯。故圣云：道之真，可以治身，其绪余以为国家，其土苴且以治天下。是以积德曰贤，积财曰愚。愚而且富必业重，贤而且贫必罪轻。信夫，天道好还者也。仙翁悯世愚人贪财积业，故作是书，首以此诗讽劝世人，崇修至道也。

二

> 人生虽有百年期，寿夭穷通莫预知。
> 昨日街头犹走马，今朝棺内已眠尸。
> 妻财抛下非君有，罪业将行难自欺。
> 大药不求争得遇？遇之不炼是愚痴。

道光曰：麟凤不世出，神仙不常见，有能空梦幻泡影之身，可脱生老病死之苦，为人间稀有之事。道上逢师，师边得旨，下手速修，犹太迟也。仙翁作是诗，末章且曰："大药不求争得遇，遇之不炼是愚痴。"其叮咛恳切如此，吾侪未闻道即已，既已闻道遇人，岂容痴坐。宜结一时之黍米，守抱九载之胎仙，心藏太虚，神游八极，露紫云之半面，应仙职于玄都，毋使许君专美晋代①。

子野曰：知之非难，行之为难，妙矣哉！

上阳子曰：经云："夫人上寿百岁，中寿八十，下寿六十。"除忧患死丧，一月之间，不过四、五日而已。一世之人，尽贪名利，为可长享，岂顾死期至哉！仆每叹世之愚人，一身之外，急于妻子，百计富贵。一旦身殁，妻适他人，并以富贵为后夫所有，孰肯思前夫方在地狱受业报也。故仙翁云："妻财抛下非君有，罪业将行难自欺"者，恻悯之至矣。但欲世人修道，以出轮回。多少负志自高之士，已遇真师直指大道，乃欲待其功名志满，方炼金丹。忽忽天不与年，悔何能及，岂非愚痴乎？噫，未闻者，急求师；已闻道者，即求药。人之寿夭不可预知矣。实念之，实念之，顿除执著，更不愚

---

① 代，底本作"伐"，据校本改。

痴，信受奉行，岂不贤且智乎？

三

学仙须是学天仙，惟有金丹最的端。

二物会时情性合，五行全处虎龙蟠。

本因戊己为媒娉，遂使夫妻镇合欢。

只候功成朝北阙，九霞光里驾翔鸾。

道光曰：仙有数等，阴神至灵而无形者，鬼仙也；处世无诸疾恼而寿者，人仙也；飞空走雾，不渴不饥，寒暑不侵，遨游海岛，长生不死者，地仙也；形神俱妙，与道合真，步日月无影，入金石无碍，变化无穷，隐显莫测，或老或少，至圣至神，鬼神莫能知，蓍龟莫能测者，天仙也。阴真君曰：若能绝嗜欲，修胎息，存神入定，脱壳投胎，托阴阳生化而不坏者，可为下品鬼仙也；若受三甲符箓，正一盟威，上清三洞妙法，及剑术尸解之法而得道者，皆为南宫列仙，在诸洞府修真得道，乃中品仙也；若修金丹大药成道，或脱壳或冲举者，为无上九极上品仙也。丹法七十二品，欲学天仙，惟金丹至道而已。此盖无中生有，采天地未判之前，炼混元真一之气，非后天地生五金八石、朱砂水银、黑铅白锡、黄丹雄黄、矾粉[①]秋石、草木灰霜、雪水渣滓煮伏之类，及自身津精气血液有中生有等物也。惟真一之气，圣人以法追摄于一时辰内，结成一粒，大如黍米，号曰金丹，又曰真铅，又曰阳丹，又曰真一之精，又曰真一之水，又曰水虎，又曰太一含真气。人得饵之，立跻圣位，此乃无上九极上品天仙之妙道，世人罕得而遇也。吾侪今得大道，断念浮华，凝神碧落，毋为中、下之图，当认无上九极上品天仙之位。且真一之气，生于天地之先，混于虚无之中，恍惚杳冥，视之不见，听之不闻，搏之不得，如之何凝结而成黍米之珠哉？圣人以实而形虚，以有而形无。实而有者，真阴、真阳也，同类有情之物也；虚而无者，二八初弦之气也，有气而无质。两者相形，一物生焉。所谓一物者，真一之气，凝而为一黍之珠者也。经曰："元始悬一宝珠，大如黍米，在空悬之中"者，此其证也。圣人恐泄天之机，以真阴、真阳取喻青龙、白虎，以两弦之气取喻真

①　矾粉，《道藏》本、《道藏辑要》本、《道藏道书》傅金铨本作"矾粉"。

铅、真汞也。今仙翁于诗曲中，复以龙之一物，名曰赤龙、曰震龙、曰天魂、曰乾家、曰乾炉、曰玉鼎、曰玉炉、曰扶桑、曰下弦、曰东阳、曰长男、曰赤汞、曰汞银、曰朱砂鼎、曰离日、曰赤凤，皆比类青龙之一物也；又以虎之一物，名曰黑虎、曰地魄、曰兑虎、曰坤位、曰坤鼎、曰金炉、曰金鼎、曰华岳、曰前弦、曰西川、曰少女、曰黑铅①、曰偃月炉、曰坎月、曰黑龟，皆比类白虎之一物也。又以龙之弦气，曰真汞、曰姹女、曰木液、曰青娥、曰朱里汞、曰性、曰白雪、曰流珠、曰青衣女子、曰金乌、曰离女、曰牝龙、曰真火、曰二八姹女、曰玉芝之类，一物也；又以虎之弦气，曰真铅、曰金翁、曰金精、曰水中金、曰水中银、曰情、曰黄芽、曰金华、曰素练郎君、曰玉兔、曰坎男、曰雄虎、曰真水、曰九三郎君、曰刀圭之类，一物也。二物会时情性合者，即龙虎也。青龙在东属木，木能生火，龙之弦气为火，曰性，属南方，谓之朱雀也；白虎在西属金，金能生水，虎之弦气为水，曰情，属北方，谓之玄武也。火木金水合龙虎情性，通四象，会中央，功归戊己土。丹者，土也。此之谓真五行全。戊己为媒娉者，木在东而金在西，两情相间隔，谁为媒娉？惟有黄婆能打合，牵龙就虎作夫妻。戊己属土，谓之黄婆。龙虎虽处东西，黄婆能使之欢会。金木虽然间隔，黄婆能使之交并。两者异，真一之气潜；两者同，真一之气变，真人自出现，此外药法象也。丹熟人间，功成天上，九霞光里，两腋风生。非夙植灵根，广垂②阴骘，其孰能语与于此哉！

子野曰：天仙非金丹不能成，且道金丹是何物？咦，分明元是我家物，寄在坤家坤是人。所言二物者，何物也？我与彼也。彼我会，则情性和而五行备。龙虎，即情性而已。且道这个"会"字如何会？所谓"有用用中无用，无功功里施功"。咦，竹密不妨流水过，山高岂碍白云飞。戊己，乃中也。中者，得其正位。戊己者，烹十也。彼我之意相合，则夫妻之情欢悦而得矣。苟阴之意虽欲求阳，而阳之意未欲求阴，则阴阳抗衡，不相涉入，则物不生矣。所以戊己为生物之乡，生物系乎意也。真土无位，真意无形，神哉神哉！

---

① 黑铅，底本作"朱砂"，据《道藏》本、《道藏辑要》本改。
② 垂，《道藏》本、《道藏辑要》本作"施"。

上阳子曰：道光谓仙有数等，有鬼仙、人仙、地仙、神仙①、天仙，而阴真君又分上中下三品仙者，皆欲明天仙之为高上。盖天仙，除金丹之道，则余无他术矣。金丹乃阴阳之祖气，即太极之先，天地之根也。所谓二物者，一乾一坤也，一有一无也，一性一情也，一离一坎也，一水一火也，一日一月也，一男一女也，一龙一虎也，一铅一汞也，一窍一妙也，一玄一牝也，一戊一己也，一乌一兔也，一精一气也，一龟一蛇也，一彼一我也，一己一身也，一金一木也，一主一宾也，一浮一沉也，一刚一柔也，一剑一琴也，一阴一阳也，皆云二物。乾坤为二物之体，阴阳为二物之根，龙虎为二物之象，男女为二物之名，铅汞为二物之真，彼我为二物之分，精气为二物之用，玄牝为二物之门。惟先天混元真一之气，乃产于二物之内。故夫一阳者，本乾也，因贪痴之后，乾之一阳乃寄于坤之中，交而成坎；故一阴者，乃坤也，因错乱之后，坤乃破乾之全体，损而成离。则离中之物，惟汞而已；坎中之物，却名曰铅。铅从白虎而生，故曰虎之弦气；汞从青龙而出，故曰龙之弦气。龙因象木，木能生火，故曰龙从火里出；虎因象铅，铅为金祖，金能生水，故曰虎向水中生。名之者，物之体也；用之者，物之所产之物也。故云二物会者，一情一性之交会也，一乾一坤之欢会也，一阴一阳之还会也，因会方能有合。戊己为媒娉者。媒者，所以通两家之消息；娉者，所以专②一时之过送。然有内亦有外，在外者，即泥丸翁云言语不通非眷属之谓也；在内者，戊己为乾坤之门户，为阴阳之去来，为龙虎之起伏，为男女之媒娉，以其铅西汞东，间隔千里，若非戊③己两相媒娉而会合之，则何由得产真一之气哉！夫妻者，却非世间之所谓夫妻也。世之夫妻，以生男生女为喜，以损精神为乐，因之而有恩爱，因之而有生老病死苦，以相缠绊，所以经云：父母取其恩，妻妾取其爱，儿女取其形者，皆因牵制于爱欲之场，不能割断于富贵之域。为圣人则能相时而用，不将不迎。年壮而育妻子者，续纲常也，及乎四十而不惑不动心者，不为爱欲之所制也。金丹之言夫妻者，独妙矣哉！又有内外，又有数说：以虎而嫁龙，外也；以坎而适离，外也；以震男而求兑女，外也。至于以铅合汞，内也；以气而合神，内也；

---

① 神仙，底本无，据《道藏》本、《道藏辑要》本补。

② 专，《道藏辑要》本、《道藏》本作"传"。

③ 戊，底本作"也"，据校本改。

以有而入无，内也。皆无男女等相，又能以苦为乐，亦无恩爱留恋，且以割舍为先。交媾只半个时，即得黍米之珠，是以不为万物不为人，乃逆修而成仙作佛者，此为金丹之夫妻也。虽然家家有之，而非自家所有者，盖其见之不可用也。欲若求之，大要法财，必于神州赤县者，为其用之不可见也。夫欲修此金丹，必先炼己以待阳生之时，若无炼己之功，则二物虽会，媒娉虽合，夫妻虽真，将见铅至而汞失应矣。上古高仙圣师，必炼此金液大还丹，而后白日腾空，如黄帝之鼎湖，张、葛、许之飞升，此但世所知者，而其不知者亦岂胜言哉！故《传》曰：略记飞升者三万余人，拔宅者八百余家。此皆金丹之道得仙，而又能积功累行，岂有不翔鸾而朝北阙者乎？

四

　　此法真中妙更真，都缘我独异于人。

　　自知颠倒由离坎，谁识浮沉定主宾？

　　金鼎欲留朱里汞，玉池先下水中银。

　　神功运火非终旦，现出深潭日一轮。

　　道光曰：此道至神至圣，至尊至贵，至简至易，玄之又玄，妙中之妙，举世罕闻。仙翁出乎其类，独传深旨。王冲熙真人曰："金丹之道，举世道人无所许可，惟平叔一人而已。"泰山河海，丘垤行潦，何敢望焉？离☲为阳而居南，所以反为女者，外阳而内阴，是谓之真汞；坎☵为阴而居北，所以反为男者，外阴而内阳也，是谓之真铅。后诗云：日居离位翻为女，坎配蟾宫却是男。此言坎之男、离之女，犹言父之精、母之血，日之乌、月之兔、砂之汞、铅之银、天之玄、地之黄也。此类者，皆指龙虎初弦二气也。颠倒主宾者，阳尊高而居左曰主，阴低下而居右曰宾。离为火，火炎上，火与木之性俱浮为阳，故云主也；坎为水，水流下，水与金之性俱沉为阴，故云宾也。此常道也。今也离反为女，坎反为男，是[①]主反为宾，而宾反为主。又道中取二弦颠倒之意为主宾，非取常道之主宾也。金鼎者，金为阴物也，鼎中有至阳之气，是阴中有阳之象，白虎是也；玉池者，玉为阳物也，池中有至阴之气，是阳中有阴之象，青龙是也。砂中汞，龙之弦气也；水中银，虎

---

　　① 是，底本作"之"，据校本改。

之弦气也。修丹之士，若欲以虎留恋龙之弦气，必先驱龙就虎，然后二气氤氲，两情交合，施功煅炼，自然凝结真一之精气也。运火者，火乃二弦之气。且是一昼之首，为六阳之元，故曰旦。圣人运动丹火，有神妙之功，不半个时中，立得真一之精一粒，大如黍米，现在北海之中，光透簾帏，若深潭现出一轮之赫日也。非终旦者，明一时中，金丹立成。此外药法象也。

子野曰：我本离而反阴，彼本坎而反阳，上下反常，故称颠倒。彼铅而沉，沉乃降；我汞而浮，浮乃升。以汞制铅，彼为主而我为宾矣。《入药镜》云："铅龙升，汞虎降。"微哉微哉！经云："口为玉池太和宫。"金鼎，喻我；玉池，喻彼。欲我身中之汞住，复得玉池之银制之，则不致飞走。银，即铅也。火即阴阳之气，合而内行，内行则温而和，所以能融物之真，使其交媾。阴阳之气不合，即非火矣。今之学者，以一息不间为之行火，抑何谬哉？殊不知一息不间者，阴符也。何哉？二数属火，一数属水，合则为二，不合则一，其妙在乎积阴之下，一阳来复之时也。所以火必以候继之，其理明矣。学者知其奥而运用之，则阳气回于丹田之中，发生光华，如深潭之有日也，其功岂不神哉！

上阳子曰：妙之一字，夫谁肯信？异于人者，世人迷于爱欲，我却于爱欲之中而有分别。何谓分别？圣人以离坎颠倒而用之，谓之水上火下；以乾坤颠倒用之，谓之地上于天；以夫妇颠倒而用之，女上男下。浮沉者，火炎木浮而在上为主，水降金沉而在下为宾，此乃人道也，此为世间法也，此谓顺五行也；今焉火木虽浮使之就下而反为宾，金水虽沉使之逆上而反为主，是谓之仙道也，是出世间法也，是为水火既济也，是为颠倒五行也。金鼎、玉池，道光所注不出颠倒之机，而又失"欲留先下"之义。子野以金鼎喻我，玉池喻彼，此却合紫阳翁之意。何哉？缘自己之津精气血液者，朱里汞也，不可令其走逸，故云"欲留"。如彼之华池灵液、丹井甘泉者，水中银也，即先天一点真阳之气，故云"先下"。又欲留者，但令其住而不令其去，要取于人而不失于己；先下者，彼到而我待之，铅至而汞迎之，坎动而离受之，金丹之道，先要明此"欲留先下"四字之旨。运火非终旦者，火必得其温和而运用之。故《参同契》云："发火初温微，亦如爻动时。"纯阳翁云："中宵漏永，温温铅鼎，光透簾帏。"盖万物化生之初，其受阴阳之气只霎时中，况此修仙之道，其炼先天之气，又为迅速。故佛云"如露亦如电"

者，谓其至精至微而功甚疾，为不可久也，久则有损而亏神功。若得此先天真铅，归于悬胎室内，岂非深潭之现红日也哉！

五

虎跃龙腾风浪粗，中央正位产玄珠。

果生枝上终期熟，子在胞中岂有殊？

南北宗源翻卦象，晨昏火候合天枢。

须知大隐居廛市，何必深山守静孤？

道光曰：此言内药法象也。夫真一之精造化在外，曰金丹，又曰真土，吞入腹中，即名真铅，又名阳丹。此言虎即金丹也。龙者，我之真气也；风浪者，我之真气自气海而出，其涌如浪，其动如风；中央正位者，即丹田中金胎神室也，乃结丹凝气之所；玄珠者，婴儿也，又曰金液还丹。夫金丹者，先天之一气交结而成，为母为君为铅，故谓之虎也；己之真气，乃后天而生，为子为臣为汞，谓之龙也。金丹自外来，吞入腹中，则己之真气自下元气海中涌起，似风浪翕然凑之，如臣之为君、子之为母，其相与之意可知矣。龙虎交合神室之中，结成圣胎，若果之在枝必熟，若儿之在腹必生，十月功圆，自然脱胎神化而无方矣。南北者，子午也；宗源者，起首之初也；晨昏者，昼夜之首也。子时为六阳之首，故曰晨；午时为六阴之首，故曰昏。晨则屯卦直事，进火之候；昏则蒙卦直事，进水之候。一日两卦，始于屯蒙，终于既未，周而复始，循环不已，故曰翻卦象。《参同契》云："朔旦屯直事，至暮蒙当受。昼夜各一卦，用之依次序。既未至晦爽，终则复更始"是也。一日两卦直事，一月计六十卦，一卦六爻，并乾坤坎离四卦，计三百八十四爻，以应一年及闰余之数。乾之初九，起于坤之初六。乾之策^①三十有六，六爻计二百一十有六。坤之初六，起于乾之初九。坤之策二十有四，六爻计一百四十有四，总而计之三百六十，应周天之数。日月行度，交合升降，不出卦爻之内。月行速，一月一周天；日行迟，一年一周天。天枢者，斗极也。一昼夜一周天，而一月一移也。如正月建寅，二月建卯是也。故曰：月月常加戌，时时见破军。上士至人知日月盈亏，明阴阳上下，行子

① 策，底本作"应"，据《道藏》本、《道藏辑要》本、《道藏道书》傅金铨本改。

午符火。日有昼夜数，月应时加减，然后暗合天度，故曰合天枢也。至道至妙，妙在于斯。坎离升降，生产灵药，始结黄芽。金丹大药，家家自有，不拘市朝。奈何见龙不识龙，见虎不识虎，逆而修之，几何人哉？片饷之间，结成一珠，大如黍米，将来掌上看不得，吞入腹中莫语人。

子野曰：风浪粗者，二气交感之景象也。交感后，风恬浪静，采得药归中宫，如黍米一粒，从微至著，积以成胎，温之养之，终于成熟。如果生枝上，子在胞中而无别也。中央正位，乃黄庭也，黄庭即中丹田。南北宗源者，南为离是我，北为坎是彼，取坎中之爻，复我离中而成乾，故曰翻卦象。火见前注。候者，朝屯暮蒙之序，朝而屯，暮而蒙，则晨昏动静，自然符合天机也。

上阳子曰：龙者，离中之阴；虎者，坎中之阳。降我家之龙，则汞不至于逃逸；伏彼中之虎，则能得彼中之铅华。风浪粗，是内外火候之法象，切须慎之。在外，则临炉之时，不恣不失；在内，则得丹之后，保养无亏。仙翁以一点真阳而比虎者，言虎之为物最为难制。故《易》之《履·辞》曰："履虎尾，咥人，凶。"言履之不得其道则反咥人，亦如狂风巨浪之中，唯恐倾丧。则于采药之时，牢把一念，犹"外观其形，形无其形；远观其物，物无其物"之义。却能迎之以意，则玄珠产于丹田中矣。翻卦象者，坎居上而离居下，是为水火既济；乾在下而坤在上，是为地天泰；兑处上而震处下，是为泽雷随；艮居下而兑居上，是为泽山咸也。天枢者，斗罡也。金丹之妙，在天应斗之枢，在身立人之极，寂然不动，感而遂通者，此也。释氏乃号金刚。至人体此而早求丹。此丹在人类中而有，在市廛中而求，所谓神州赤县者，乃大药所产之处，固非深山大泽所出，亦非名山洞府所有。何哉？山高则寡阳，泽穷则孤阴。有辈愚人，言及修行，便谓深山兀坐，穷谷独居可也。噫，岂知达磨、马祖之所为哉？马祖未修大药而枯坐求佛，是有磨砖之讥；达磨已向长芦而入室下工，是向少林冷坐。修之与行，各有时耳。故我师云：静坐一件，是得丹之后事也。未能大隐市廛，何必深山守静孤乎？仆每兴念及此，未尝不为之长叹。大概此章道光为已得外丹，而但言内药法象，故云："金丹自身外来，吞入腹中，则己之真气自下元气海中涌起，似风浪翕然而凑之"等语。而子野则云风恬浪静，又似相戾。仙师之意，各出其说者，皆欲学人慎思而明辨之，精修而熟行之。临炉之际，景象自现。既得真一之铅，归入神室，唯当守讷。犹果在枝而待时熟，子孕胞中以待气全，时熟气全，自然神化。

六

人人本有长生药，自是迷徒枉摆抛。
甘露降时天地合，黄芽生处坎离交。
井蛙应谓无龙窟，篱鹦争知有凤巢？
丹熟自然金满屋，何须寻草学烧茅？

道光曰：甘露黄芽，皆金丹之异名；天地坎离，乃龙虎之法象。天地之气氤氲，甘露自降；坎离之气交会，黄芽自生。龙虎二弦之气相交，金丹自结矣。此般至宝，家家自有，以其太近，故轻弃之，殊不知此乃升天之灵梯也。近世学者，多执旁门非类，孤阴寡阳，有中生有，易遇难成等法而治诸身。不知斯道简而易成，有如井里之蛙、篱间之鹦，莫知有凤巢龙窟也。黍米之珠既悬，天地之金可掬，经曰："地藏发泄，金玉露形。"此其证也。吁，寻草烧茅，穷年卒岁，呜呼老矣，是谁之愆？

子野曰：且道长生是何物？咦，子子孙孙因顺去，逆来永寿叹谁知？黄芽甘露，俱是药名；天地坎离，其实人也。天地合，坎离交，则药生矣。凡夫愚子不知此道，甘分待终，如蛙鹦不知有龙窟凤巢也。

上阳子曰：只前三诗已尽还丹之妙，此章又出甘露降之旨，太切也。金丹之宝，人人有之，家家有之，愚者迷而不觉，中常之士偶或闻之，亦不信受，反为谤毁。《易》之《泰》卦曰："地上于天，泰。"又曰："天地交而万物通，上下交其志同也。"且一阳之气下降而一阴之气上腾，则雨甘露；若真水润下而真火炎上，则结黄芽。要知甘露黄芽，即先天一气。此气才至，即结成丹。然上下不交，则其志不同；天地不合，则此气不降；阴阳非类，则黄芽不产。仙翁显言甘露降者，使人知乎天地交泰之义；而坎离交合，则使知水火既济之道。嗟乎，世人见闻不广，若井蛙篱鹦，安有远大之见也，乌足得知玄牝之门，以降甘露而生黄芽。又乌得知龙窟凤巢为能呈瑞哉？但以眼前非类，如寻草烧茅等事，大可笑也。岂不闻纯阳翁云："可惜九江张尚书，服药失明神气枯。不知还丹本无质，反饵金石何太愚？"谛观此语，可不慎与？世人禀天地至清之气而生，故皆可以明圣贤之道，奈何有贤与愚、贫与贱之分，又况复遇盲师引入旁门者乎？

七

> 要知产药川源处，只在西南是本乡。
> 铅遇癸生须急采，金逢望远不堪尝。
> 送归土釜牢封固，次入流珠厮配当。
> 药重一斤须二八，调停火候托阴阳。

道光曰：药在西南，收归戊己。采及其时 ①，下功有日。夫西南是坤方，白虎之地也。又坤方亦月生之处，故曰本乡。月是金水之精也，上下两弦金水合气而生。是以金丹药物生产川源之处，实出于坤地。铅遇癸生者，时将子也；金逢望远者，月将亏也。"月之圆，存乎口诀；时之子，妙在心传。周天息数微微数，玉漏寒声滴滴符。"此真人口口相传之密旨也。奈之何旁门纷纷以圭丹为铅金，用天癸时采取，有同儿戏。叶文叔又有"坤纳癸"之语，又可笑也。陆思诚作序云："此诗传者多谬以铅为若字，以金为如字，甚失仙翁旨意。"岂知铅与金，即金丹也，此皆未遇真师，妄自穿凿。陆公发其端，救愚卤 ② 之失，秘其源，恐竹帛之传。吾侪亲授玄旨，当自知之。如或未然，空玄之中，去地五丈，黍米之珠，殊不易得也。饵丹归黄庭土釜之中，宜固济则胞胎不泄。运火龙流珠之汞以配之，则灵胎乃结也。乌肝八两，兔髓半斤，两个八两，合成一斤，故曰"药重一斤须二八"也。火实无火，托阴阳之气以调运之尔。

子野曰：药出西南是坤位，欲寻坤位岂离人？分明说破君须记，只恐相逢认不真。癸者，药也。迎其药之将生，则急采之，方可用，苟迟则药已生质矣。若质一生，则为后天之物，所谓"见之不可用"也。此时水源至清，有气无质，一日仅有一时也。《入药镜》云："一日内，十二时。意所到，皆可为。"正此时也。金逢望远，喻采药失时，药气过矣，如望后之月，日亏一日，谓之不堪尝。鉴本自明，因尘蒙而遂晦；铅珠独露，缘癸积而渐藏。尘去则鉴体依然，癸尽则铅华仍见。铅当急采，恐癸水渐渐而复生，金亦如

---

① 采及其时，《道藏》本、《道藏辑要》本作"采取有时"。
② 愚卤，《道藏》本作"鱼鲁"，《道藏辑要》本作"鲁鱼"。

之。借鉴尘昏昏而为喻，采得癸生之药，入于丹田，则当牢固封闭，毋令渗漏以走灵药。次用自己之阴汞，配合为一，以结圣胎。封闭之法，《参同契》云；"离气纳荣卫，坎乃不用聪。兑合不以谈，希言顺洪濛"之谓也。又云："汞日为流珠。"而阴阳相停则圣胎结。若失为偏枯，所谓毫发差殊不作丹也。圣胎既结，非得火候调停，岂能冀其成也？

上阳子曰：《易》云："西南得朋，乃与类行。"西南为坤同类之地，铅所由产药，在彼而生。兑乃代坤，抱阳成坎，兑之初癸是为真阳，真阳初动，乃曰癸生。天地以七日而来复，复，子也；太阴以三日而出庚，庚，金也；人身以三日而看经，经，铅也。癸动而后生铅，铅之初生，名曰先天真一之气，此气号曰金华。言铅言癸而不言水者，取其气也。铅生于癸后，阳产于铅中，采此真铅，借云炼丹，其功只半个时，此合大造化也。故一月止有一日，一日止有一时。夫此一时，最不易得也，以其天地合德，日月合明，生生化化之真机。逆而修之，超凡入圣，故仙翁以"癸生急采"为最切，送归土釜，配以流珠，调其火候，以成圣胎。仆今泄天地之机者，欲明仙翁切切之意，上士于此有悟，则宜勤行而勿疑。其中调停火候细密之旨，在人尽心而力行，深究其妙。老子曰："微妙玄通为上士。"

八

休炼三黄及四神，若寻众草更非真。
阴阳得类归交感，二八相当自合亲。
潭底日红阴怪尽，山头月白药苗新。
时人要识真铅汞，不是凡砂及水银。

道光曰：三黄四神，金石草木，皆后天地生滓质之物，安能化有形而入丁无形哉？经曰："外物不可成胎，缀花安能结子？"真一之气，生于天地之先，杳杳冥冥，不可测度。因二八相当之物，合而成亲；氤氲交感之中，激而有象。同类者，无情之情，不色之色，乌肝八两、兔髓半斤是也。潭者阴也，日者阳也；山者阳也，月者阴也。潭底日红者，阴中之阳也，纯阳无阴气。阴怪灭者，乃是虎之初弦之气也，谓之红铅也。山头月白者，阳中之阴也，乃龙之初弦之气也。初弦新嫩，比药苗新也，谓之黑铅也。圣人以此二物于一时辰中，造化成一粒阳丹，结在北海之中，赫然如日，光透簾帏，即时采吞入腹，点我阴汞，则一身阴邪之气悉皆消灭，亦如晓日之状，自东海而升，赫然照耀，阴怪灭也。己之阴汞在内丹田峰顶，乍禀①阳丹之气，渐渐凝结，其芽微嫩，药苗新也。亦如月之朔旦，与日相交，乍禀太阳之气，三日日没之时，则吐微光于西方庚位，状若蛾眉，其光新嫩，药苗新也。寓意于内外二药之象也。夫外之真铅真汞，即龙虎初弦之气；内之真铅真汞，即金丹也。时人要识真铅真汞即此是也，余外非真道。此二真物，能化有形入于无形为仙子也。凡砂凡汞，莫与比伦矣。经曰：阳中之阴名曰姹女，阴中之阳名曰金公，此乃壶中夫妇，紫府阶梯，悟之者神仙现在目睫，迷之者杳隔尘沙。

子野曰：金丹乃真阴真阳交姤而成，非外药之可为也。类字正紧要，阴阳之合在于得类，非其类则徒以为也。所以《参同契》谓："类同者相从，事乖不成宝。燕雀不生凤，狐兔不乳马。"二八相当者，在于得人，得人则药物无亏耗，鼎器无渗漏之意②也。药在下田③，为火煅炼，如日在潭，一身之中，阴气尽为销铄也。月白药苗新者，水中金初生之时。山头月，喻其坎当居上之意，所以成既济之道。《契》云："关键有低昂兮，害气遂奔走。江湖之枯竭兮，水流注于海。"《鼎器歌》云："阴在上，阳下奔。"神哉神哉！非真师的传者，何故以私意猜度而至此邪？汞是我家元有物，铅是他家不死方。若以凡砂水银是，猜量到底枉猜量。

上阳子曰：三黄如硫、雌、雄，四神如矾、砂、铅、汞，仙翁以得类指示④后人，抑已以深切。盖金丹非金石草木，只要真阴真阳，故云得类。类者，如天又以地为类，如月必以日为类，如女必以男为类，如汞必以铅为类也。二八为一斤之数，又云十五者，月之圆也。《契》则云："两七聚，辅翼人。"皆直指同类之数相当者，不先不后，不多不少，不大不小，不争不怒，不隐不瞒，不惊不疑，皆要相当，方可交合。而结丹潭底者，即伯阳翁云真人"潜深渊"之意。一念坚凝，驱除万虑，则阴怪自灭。山头者，仙翁每喻玄门为昆仑山也。若水清月白，即得新生之灵药，此药非凡砂、水银，是真

---

① 禀，底本及《道藏道书》傅金铨本作"凛"，据扫叶本、《道藏》本、《道藏辑要》本改。

② 意，《道藏辑要》本、《道藏》本作"患"字。

③ 下田，底本、扫叶本作"下曰"，据《道藏道书》傅金铨本改。《道藏》本、《道藏辑要》本作"下丹田"。

④ 示，底本作"汞"，据校本改。

铅、真汞，即灵父、圣母之气。彼凡父、凡母之气，顺故成人；此圣父、圣母之气，逆故生仙生佛也。

九

> 阳里阴精质不刚，独修此物转羸尪。
> 劳形按引皆非道，服气餐霞总是狂。
> 举世谩求铅汞伏，何时得见虎龙降？
> 劝君穷取生身处，返本还元是药王。

道光曰：阳里阴精，己之真精是也。精能生气，气能生神，荣卫一身，莫大乎此。油枯灯灭，髓竭人亡，此言精气实一身之根本也。奈何此物属阴，其质不刚，其性好飞，日逐前后便溺、涕唾汗泪，易失难擒，不受制炼。若不得混元真一之丹以伏之，无由凝结以成变化。若或独修此物，转见尪羸；按引劳形，皆非正道；餐霞服气，总是狂徒。设若吞日精月华，光生五内，运双关于夹脊，补脑还精，以至尸解投胎、出神入定，千门万法，不过独修阳里阴精之一物尔。孤阴无阳，如牝鸡自卵，欲抱成子，不亦难乎？钟离曰："涕唾精津气血液，七般灵物总皆阴。若将此物为丹质，怎得飞身上玉京。"一身之中，非唯真精一物属阴，五脏六腑俱阴无阳。分心肾为坎离，以肝肺为龙虎，得乎？用神气为子母，执津液为铅汞，得乎？此至愚之徒，执此等以治身，而求纯阳之证，悲哉！《参同契》曰："去冷加冰，除热用汤。飞龟舞蛇，愈见乖张。"又曰："使二女共室，颜色甚姝。令苏秦通言，张仪结媒。发辩利舌，奋舒美辞。推心调谐，合为夫妻。弊发腐齿，终不相知。无过以女妻女，以阴炼阴，胡为乎而化生者哉！导引按摩，炼气餐霞，皆是小术，止可辟病。一旦不行，前功俱废。"《参同契》云："阴道厌九一，浊乱弄元胞。食气鸣肠胃，吐正吸外邪。昼夜不卧寐，晦朔未尝休。身体日疲倦，恍惚状若痴。皆是狂为，去道远矣。"真龙、真虎，二八是也；真铅、真汞，二弦之气是也。此道至简不繁，至近匪遥，但学者坚执后天阴气旁门非类，以为龙虎、铅汞，是致差殊。胡不思仙翁直指"二物所产川源"之处，身从何生？命从何有？返此之本，还此之元，颠倒修之，即得真龙、真虎自降，真铅、真汞自伏。非药中王，其孰能与于此哉！或者以混元圭丹拟议圣道，譬如接竿点月，不亦远乎。后天地生有形有质者，皆非至药，盖形而下者，非先天之道也。

子野曰：《易》云："男女媾精，万物化生。"始我之有此身也，亦由父母媾精而生。倘有父无母，有母无父，身从何有哉？作丹之要，与生身意同，但有逆顺之不同尔。顺则生人，逆则生丹，逆顺之间，天地悬隔。

上阳子曰：《契》云："是非历藏法，内视有所思。阴道厌九一，浊乱弄元胞。诸术甚众多，千条有万余。"彭真人曰："世人不违大道之宗元，而趋旁门曲径，此属多般，皆为左道，乖讹天理，愦乱至真，明违黄帝之文，全失老君之旨。本期永寿，反尔伤生。"叹曰：只为世人执己而修，则千条百径，无非旁门者矣。仙翁垂悯，直言穷取生身处，岂不忒露天机？此正合钟离翁云："生我之门死我户"之义。大哉，上贤说到下稍，无人承当，何哉？缘为世人因业识中而来，却又因业识中而去。一阳奔失，形虽男子，而身中皆阴。若执一己而修，岂能还其元而返其本？既不能还元返本，又将何而回阳换骨哉？是以大修行人，求先天真铅，必从太初受气生身之处求之，方可得彼先天真一之气，以还其元而返其本也。此为男子修仙之道如此。女人修仙，则以乳房为生气之所，其法又简。是以男子修仙曰炼气，女人修仙曰炼形。故女修炼先积气于乳房，然后安炉立鼎，行太阴炼形之法，其道易成者，良有妙旨。宣和中，洞宾游吴兴，见一妓张珍奴，色华美，性淡素。虽落风尘，每夕沐浴更衣，炷香告天，求脱去甚切。洞宾作一士访之，珍奴见其丰神秀异，殊敬。尽欢，士飘然而去。明日又至，如是往来月余，终不及乱。张珍奴曰："荷君之顾甚久，独不留一宿馨枕席之娱，岂妾鄙陋不足以奉君子邪？"士曰："不然，人贵心相知，何必如是哉！且汝每夜告天，实何所求？"珍曰："失身于此，又将何为？但自念奴入是门中，妄施粉黛，以假为真。歌讴艳曲，以悲为乐，本是一团臭脓皮袋，借伪饰以惑人，每每悔叹世之愚夫，不自尊贵，过我门者，睹我如花，情牵意惹，留恋不舍，非但丧财，多致身殒。妾虽假容交欢，觉罪愈重，惟[1]昕夕告天，早期了脱。"士曰："汝志如此，何不学道？"珍曰："陷于此地，何从得师？"士曰："吾为汝师可乎？"珍奴即拜扣，士曰："再来乃可。"遂去。珍日夜望，不至，深自惆怅，因书曰："逢师许多时，不说些儿个。安得仍前相对坐，懊恨韶光空

---

① 惟，底本作"虽"，据《道藏》本、《道藏道书》傅金铨本改。

自过。直到如今，闷损我。"笔未竟，士忽来，见所书，续其韵曰："道无巧妙，与你方儿一个。子后午前定息坐，夹脊双关昆仑过。恁时得气力，思量我。"珍大喜，士乃以太阴炼形丹法与之。珍自是神气裕然，若大开悟，不知密有，所传尤多，珍亦不以告人。临别作《步蟾宫》云："坎离坤兑分子午，须认取自家宗祖。地雷震动山头雨，要洗濯黄芽出土。捉得金精牢固闭，炼庚甲，要生龙虎。待他问汝甚人传，但说道，先生姓吕。"珍方悟是吕先生，即佯狂丐于市，投荒地密修其诀。逾三年，尸解而去。修行一事，不问男女，若勇猛心坚，成道必矣。

十

> 好把真铅著意寻，莫教容易度光阴。
> 但将地魄擒朱汞，自有天魂制水金。
> 可谓道高龙虎伏，堪言德重鬼神钦。
> 已知寿永齐天地，烦恼无由更上心。

道光曰：真铅，即金丹也。地魄在外药，则白虎是也；在内药，即金丹是也。天魂在外药，则青龙是也；在内药，则己之真精是也。朱汞在外药，则龙之弦气是也；在内药，则己之真气是也。汞金在外药，则虎之弦气是也；在内药，则金丹是也，又谓之水中银。此皆比喻内外二事之药也。但日已过，命则随灭。吾侪著意寻思[①]，速炼金丹以超生死。但将白虎擒龙，自有青龙制虎。二气相吞而产金丹，复将此丹擒己真气，真气亦恋金丹而结圣胎。外之真龙真虎既降，则内之龙虎自伏；内炼神魂鬼魄既圣，则外之神鬼自钦。非道隆德备之士，孰能与于此哉？体化纯阳，寿同天地，逍遥物外，自在人间，万念俱空，何烦恼之有？

子野曰：地魄乃铅，天魂乃汞，以铅制汞，在彼我尔。

上阳子曰：著意寻真铅，即纯阳翁云："便下手速修犹太迟。"从古圣师，皆欲学者急早下工入室，真铅一物，最不易寻。贫者患无财，有财患无地，有地患无物，有物患无侣。侣者，外护也。著意寻之者，先聚法财而后择地。故仙翁曰始之有作无人见之句，若不得其善地，则人见之而不可用也。

---

① 寻思，《道藏》本、《道藏辑要》本作"寻师"。

仆向未入室之前，不甚注意于此。及至入室之际，乃兢兢著意寻择，方知多有难能之事，甚费苦辛。因知著意寻之，犹不易得。况于世人，得师一诀之后，又只懷愣时光，岂知年迈日衰，容易老死而已。地魄即所寻之物，天魂即我家所积之汞也。东海之龙能制西江之水，西山之虎能炼我家之魂，魂魄媾精，乾坤比寿，济人接物，德益重而鬼神钦。炼己虚心，道愈高而龙虎伏，阎浮之诸尘漏尽，烦恼更无，仙家之真乐非常，得大自在，唯方便第一之积功也。

十一

> 黄芽白雪不难寻，达者须凭德行深。
> 四象五行全藉土，三元八卦岂离壬？
> 炼成灵质人难识，消尽阴魔鬼莫侵。
> 欲向人间留秘诀，未逢一个是知音。

道光曰：龙之弦气曰黄芽，虎之弦气曰白雪，大药根源，实基于此。其道至简，其事匪遥，若非丰功伟行，莫能遭遇真师，指受玄奥也。"道自虚无生一气，便从一气产阴阳。"曰龙曰虎，龙木生火，虎金生水，木火金水，合成四象。四象合而成大丹，大丹之成实本于土，土无定形，分位四季四时，不得四季真土，则四序不行，造化何生焉？是以"四象五行全藉土"也。壬者，水也，即真一之气。生于天地之先，变而为阳龙阴虎，合而成丹。丹者，土也；龙，木也；虎，金也。谓之三性、三元，不离真一之水变也。八卦者，真一之气，一变为天，曰乾为父，二变为地，曰坤为母。乾以阳气索坤之阴气，一索而生长男曰震，再索而生中男曰坎，三索而生少男曰艮，此乾交坤而生三阳；坤以阴气索乾之阳气，一索而生长女曰巽，再索而生中女曰离，三索而生少女曰兑，此坤交乾而生三阴。皆不离真一之水变也，故曰"三元八卦岂离壬"。非唯三元八卦不离真一之精，自开辟以来，凡有形质者，莫不由此而成变化也。真一子曰："精乃天地之髓，阴阳之根，水火之本，日月之宗，三才之源，五行之祖，万物赖之以生成，千灵承之以舒惨，至于天地高厚，洞府名山，玄象幽虚，神仙圣众，风雨晦朔，春夏秋冬，未兆之前，莫不因此铅气产出而成变化也。"修丹之士，得真一之水者，万事毕矣。真一之水，以法化之，为真一之黍米，吞归丹田，运火十月，烁尽群阴，化为纯阳真一之仙，阴魔恶鬼逃遁无门。善根种而灵骨生，灵骨生而仙可冀。灵骨之生，善根之种也。不于一生二生、千百亿无量生中，种诸善根，安得才出头来，飘飘然有出尘气象。噫，走鬼行尸，自谓一瓶一钵，便欲登仙。神仙中人不易得也。胡不扪己之心，与平凡之心有以异乎？我之仙事，未有涯也，必也广大变通，以道为己任，独高一世，鹤立鸡群，人笑我为迂疏，我知我非凡辈，赤松、赤精乃吾友，蓬莱、方丈是吾家。自然遭遇至人，传授至道，结合心友，密炼黍珠。仙翁欲向人间留秘诀，奈何子期之不遇，怎生得个如我般人也？

子野曰：黄芽者铅之精，白雪者汞之气，欲求之者，非有德行不可得也。土者戊己，壬者真一之水，生物之祖气也。

上阳子曰：黄芽、白雪，皆混元杳冥之中所产真一之气。前言真铅要著意寻，此言黄芽白雪不难寻者，为凭德行故也。愚徒见此二诗，似相矛盾，岂知此道无德行者终不成丹。谚曰："言清行浊休谈道。"若知道而不积德，却如鱼之无水，灯之无油，若何而成还丹哉！四象五行、三元八卦多端名色，终不可无真一之壬水。我黄房公赞纯阳老仙云："鼎攒乎四象五行，药按乎三元八卦。赤凤吐南方之髓，乌龟合①北海之精。"亦指此也。皆祖于纯阳诗，曰："鼎随四季中央合，药逐三元八卦行。"同一意也。真仙圣师，虽慈悲引导，实存乎人行尔。此丹一成，玉帝加赞，天地万灵，莫不钦仰，故号无上至真灵宝妙化九还金液大丹。昔元始天尊说《度人经》："玄座空浮，悬一宝珠，大如黍米"者是也。释名大乘般若九品莲台光明藏、大如意妙法灵感牟尼宝珠。昔灵山会上，龙女所献者，此也。其贵重无可称述，岂世人所能识哉！丹成则身圣，阳神出现，号为真人。阴魔鬼贼化为护法神，身中青龙白虎、朱雀玄武、三魂七魄、三元九宫、八部八景、五脏八识皆化为神，二万六千精光化为神兵矣。仙翁当时欲以口授秘诀与人，然一世鲜有信受奉行者。噫，拜师于缰锁之下，杏林之后，未之闻也。

十二

草木阴阳亦两齐，若还缺一不芳菲。

---

① 合，《道藏》本、《道藏辑要》本作"含"。

初开绿叶阳先倡，次发红花阴后随。

常道即斯为日用，真源反此有谁知？

报言学道诸君子，不识阴阳莫乱为。

道光曰：草木未生之初，含孕至朴，及其甲拆，禀一气以萌芽，故抽一叶以象一气，次分两叶，以象阴阳，次两叶中复抽一叶，以应三才。过此以往，渐渐长茂，春生绿叶，夏长红花，此阳气使然也。秋肃而结实，冬杀而复本，此阴气使然也。阴阳两齐，化生不已，若其缺一，则万物不生也。真一子云："孤阴不自产，寡阳不自成。"是以天地氤氲，万物化醇，男女媾精，万物化生。此常道，只斯为日用也。真源返此者，有颠倒互用之玄机，学者苟不自明，反笑我者，乃自蒙蔽尔。

子野曰：金丹之道，与草木阴阳亦同。譬如草木才感阳气，即时发生芽蘖，后必以花卉相继而开，花谢则结实于中。犹人得此一点真阳之气，其真阴自此混然成胎。阴阳相胥之意大率如此，这些阴阳日用之常道。但其阴阳反处，是则昧矣，此所谓百姓日用而不知也。

上阳子曰：天生二物曰动植，根为植，足为动，莫不禀乎阴阳二气。草木为植，乃无情之物也，亦趁阳春而生长结实。人物为动，乃有情之形。若非阴阳二气，则以何为生育？夫人为物最灵者，禀天地之正气而生，而反不知阴阳盛衰逆顺之道也。仆今泄露到尽处 ① 也，盖顺则为凡父、凡母，逆则为灵父、圣母。凡父、凡母之气顺则成人，谓之常道；灵父、圣母之气则成丹，是曰真源。返此者，男反为女，而女反为男也。不得真师，乱为何益也？

十三

不识玄中颠倒颠，争知火里好栽莲？

牵将白虎归家养，产个明珠似月圆。

漫守药炉存火候，但安神息任天然。

群阴剥尽丹成熟，跳出凡笼寿万年。

道光曰：以人事推之，男儿固不能有孕，火里固不可栽莲。然神仙有颠倒之妙，辄使男儿有孕，亦从火里栽莲。夫日为离为男，反为女；月为坎是

---

① 处，此字据《道藏》本、《道藏辑要》本补。

女，却是男。此颠倒也。二物颠倒而生丹，却将此丹点己之汞而结圣胎，即是男儿有孕，岂非颠倒颠乎？龙虎是真一之精，变为二物，分位东西，实同出而异名也。真一之精属汞，为青龙，在东。白虎本是真一精之子，寄体在西，其家在东。仙翁曰：金翁本是东家子，送在西邻寄体生。认得唤来归舍养，配将姹女作亲情。故此诗之意言曰：牵将白虎归家，以青龙结为夫妇，以产明珠。其言似月圆者，修丹之法，先取上弦西畔半轮月，得阳金八两，次取下弦东畔半轮月，得阴水半斤。两个半轮月，合气而生丹，故得金丹一粒似月圆也，此外药法象也。及得此丹吞入己腹中，谓牵此白虎，归己腹中，配以我汞，然后运阴符阳火煅炼而成金液还丹，一粒亦重一斤，此内药法象也。似月圆者，盖运火之卦，一卦有六爻，六十四卦计三百八十四爻，象一斤三百八十四铢也。又外药法象似月圆者，《参同契》云："上弦兑数八，下弦艮亦八。两弦合其精，乾坤体乃成。二八应一斤，易道正不倾"是也。仙翁指示月圆之意，要使后之学者洞晓造化之旨也。分内外二八之数，不可一概而论之也。火者，非世之凡火，乃元始祖气也，亦无药炉可守也。青霞子云："鼎鼎非金鼎，炉炉非玉炉。火从离下发，水向坎中符。三姓既会合，二物①自然拘。固济胎不泄，变化在须臾。"高象先云："天地氤氲男女媾，四象五行随辐辏。昼夜屯蒙法自然，何必孜孜看火候。"此自然炉火也。但安神息，调法文武，策符漏刻，不得分毫差忒，不半个时，立得丹饵。饵后复依进退阴符阳火，运用抽添，防危虑险，十月功圆，剥尽群阴，体化纯阳，跳出凡笼，寿万年也。此方为金液还丹，未能入妙，更须抱元九载，使气归神，方为九转金液大还丹也。

子野曰：阴阳颠倒者②，阴中有阳，阳中有阴；火里栽莲，火中有水，阴中有阳，杀中有生也。白虎，金精也，白喻其质，虎喻其难伏。金精元是我家之物，有生以来，走在彼处。今翻认著，用力牵归，如月如珠，药之象也。得药而后温养之法：安神定息，任其自然而已，非所谓守定药炉，朝添汞半斤，暮换八两也。

上阳子曰：阴阳有颠倒之机，金丹有返还之术。火里栽莲，以坎而实

---

①　二物，底本、《道藏道书》傅金铨本、扫叶本作"二味"，据《道藏》本、《道藏辑要》本改。

②　此五字底本、《道藏道书》傅金铨本、扫叶本无，据《道藏》本、《道藏辑要》本补。

离。白虎为难制之物，为太乙所含之气。牵将归者，以伏其气。明珠为丹，既已得丹，运己汞调神息以养之。庄子云："真人之息以踵。"广成子云："丹灶河车休矻矻，鹤胎龟息自绵绵。"此为神息也。待其阴尽阳纯，以成真人，超凡入圣也。

十四

三五一都三个字，古今明者实然稀。
东三南二同成五，北一西方四共之。
戊己自居生数五，三家相见结婴儿。
婴儿是一含真气，十月胎圆入圣机。

道光曰：木数三居东，火数二居南，木能生火，二物同宫，故二与三合而成一五也；金数四居西，水数一居北，金能生水，二物同宫，故四与一合而成二五也；戊己本生数五，是三五也。三五合而为一，故曰三五一也。自古迄今，能合三五一而成丹者实稀也。一者丹也，即彼之真一之气，乃先天地之母也。我之真一之气，乃天地之子也。以母气伏子气，如猫捕鼠而不走失也。子母之气相恋于胞胎之中，以结婴儿也，所谓太乙含真一气也。如人怀胎，十月满足，自然降生，圣胎功圆，自然神圣，故曰十月胎圆入圣机。

子野曰：三五一者，金木水火土五行之数也。一者太极也，五行不合则各其性，合则复为一太极。人能以五行合而为一，则复为混沌，婴儿有兆矣。所谓三家相见之义，其妙如此。十月数周，时至气化，自然符合先圣之机也。

上阳子曰：天三生木，地二生火，火数二，木数三，三与二同性，统为一五。木家为东，法象为龙，龙之气为汞火，居于南，法象为朱雀。木生火，是木为体，火为所生之气，故木火为一家。然阳中之孤阴，所以异名曰玄、曰无、曰妙者，以其有木有火，而无金水戊土也。天一生水，地四生金，金数四，水数一，一与四同情，统为一五。金家为西，法象为虎，虎之气为铅水，居于北，法象为玄武。金生水，是金为体，水乃金所生之气，故金水为一家。然皆阴中之寡阳，所以异名曰牝、曰有、曰窍者，以其有金有水，而无木火己土也。天五己土，地十戊土，戊土居坎，己土居离，戊己分则二土之数十，戊己合则二土成圭而数五。土家于中央是为一五。总而言三五。震木离火同性为一家，龙为震户，汞产于中；兑金坎水同情为一家，虎为兑门，铅生于内；离己坎戊同根为一家，朱雀玄武相合而生物，是云三家。龙与朱雀意主生人，虎与玄武意主杀人，此世间法。若欲出世间法，则必颠倒制之，功归戊己二土也，何哉？金虽恋木慈仁，而内怀从革之情，无由自合；木虽爱金顺义，而内怀曲直之性，岂得自媒？欲使媒合，功在二土，以通其好。且戊土生金，则欲金气发旺而相胥；己为木克，则先炼己珍重以求金丹。若不炼己待时，则不能常应常静。炼己既熟，却与戊合，戊己一合则金木会，金木会则龙虎交，龙虎交则三五合一，三五合一则三家相见，三家相见则铅汞结，铅汞结则婴儿成，婴儿成则无非此一气。佛祖云："乾坤之内，宇宙之间，中有一宝，秘在形山。"此即是太乙含真气之妙。是以五行分而各得其道，五行合而生一气，一气结而为婴儿，婴儿出而成真人矣。

十五

不识真铅正祖宗，万般作用枉施工。
休妻谩遣阴阳隔，绝粒徒教肠胃空。
草木金银皆滓质，云霞日月属朦胧。
更饶吐纳并存想，总与金丹事不同。

道光曰：真铅之要，二八为宗，余皆非道，枉施功尔。《破迷歌》云："休妻不是道，阴阳失宗位。休粮不是道，死去作饿鬼"也。王真人曰："学人免强① 辞妻妾，不念无为无不为。"盖道体法自然，一切妄作，乌可与金丹同日而语哉！

子野曰：休妻绝粒，干甚么事？草木金银，有质之物；云霞日月，外邪客气；吐纳存想，皆出妄为。俱非真铅制真汞之义，去金丹之道远矣。

上阳子曰：真铅，乃灵父、圣母之气。若非此气，将何入室而施功？夫人生天地间，禀凡父之精、凡母之血而有其身。故修仙做佛之道，不外乎此。而所异者，须要灵父、圣母，方为真铅。何谓灵？常应常静之谓灵，逆施造化之谓灵；何谓圣？太极初分之谓圣，虎不伤人之谓圣。有此灵圣，方知真铅之祖宗也。人之一身，止有许多精气，泄漏至尽，身何能存？若保爱之，则身健而命延。又得真铅而炼之，岂不仙乎？世人若无明师决破真铅一

---

① 免强，《道藏》本、《道藏辑要》本作"刚强"。

物，虽行尽三千六百诸多旁门，徒自费力，若望其成功，奚可得哉？

十六

万卷仙经语总同，金丹只此是根宗。

依他坤位生成体，种向乾家交感宫。

莫怪天机都漏泄，却缘学者自迷蒙①。

若人了得诗中意，立见三清太上翁。

道光曰：万卷丹经，至当归一。皆依坤母生成之理，逆而修之，种在乾家交感之宫。仙翁于此泄尽天机，学者皓首迷蒙②，不肯近取诸身，以明至道，炼一黍米而宾于天也。

子野曰：他为坤位，我是乾家，藉彼坤中生物之气，自种灵根于家园之下，以成胎矣。

上阳子曰：金丹之妙，不出铅汞二物为根宗也。世人为不知金丹之有根宗，则不知内外二丹之妙。夫安炉立鼎，外也；乾家坤位，外也；离己坎戊，外也。金精木液，内也；红铅黑汞，内也；先天一气，内也。唯此先天一气，虽曰在内，而从外来。故仙师有依他、种向之密旨。《参同契》云："丹砂木精，得金乃并。"又云："太阳流珠，常欲去人。卒得金华，转而相因。"无非是此铅金一物，但依世间男女生成之法，而逆种于乾宫。故真一子③云："更为男女，递作夫妻"者，此也。真仙圣师慈悲，开谕接引当来，用心至溥，然不免泄尽天机，学者奚可怀愚蒙之浅见，起执迷之妄想，多生谤毁，惑乱仙经。岂知一失之辱，万劫莫赎，切宜三思，谛观谛受。咦，世人若不迷蒙，个个可办此事。伏惟此书，在在处处，有百万神兵拥护，岂可忽之？一切学仙道伴，因缘遭逢，得遇此书，时加敬仰，信受奉行，勿生惊疑，勤而行之，立跻天仙之位也④。

---

① 迷蒙，底本作"述蒙"，据校本改。
② 迷蒙，底本作"述蒙"，据校本改。
③ 子，底本作"千"，据校本改。
④ 按："勿生"至"之位也"一句，底本、《道藏道书》傅金铨本、扫叶本均无，据《道藏》本、《道藏辑要》本增补。

《悟真篇三注》卷中

宋张紫阳真人张伯端平叔　撰

紫贤真人薛道光　注

子野真人陆墅　注

上阳子陈致虚　注

七言绝句六十四首

（以象八八六十四卦之数）

一

先把乾坤为鼎器，次抟乌兔药来烹。

既驱二物归黄道，争得金丹不解生？

道光曰：经云："日月本是乾坤精。"圣人以乾坤为鼎器，日月喻药物。乾坤，即真龙、真虎也；日月，即龙虎之弦气也。魏公曰："鼎鼎原无鼎，药药原无药。"圣人假名托象立喻，其要妙在真一之精归于黄道也。黄道即中宫，金丹凝结之处也。

子野曰：我为乾鼎，彼为坤器，乾坤覆合，则驱二物之气会于中宫，加以进火养符，毫发无差，金丹安得不生？

上阳子曰：鼎器者何也？灵父、圣母也，乾男、坤女也；药物者何也？灵父、圣母之气，乾男坤女之精。驱此二家之物，归炼于神室中，以成灵丹。黄房公曰："手握乾坤，口吞日月"者是也。

二

安炉立鼎法乾坤，煅炼精华制魄魂。

聚散氤氲成变化，敢将玄妙等闲论。

道光曰：积诸阳气为天曰乾，在上而不润下；积诸阴气为地曰坤，在下而不炎上。此天地不交也，不交则焉能造化而生万物哉？盖天虽至阳而中有一阴之气，故能降地；地虽至阴而中有一阳之气，故能升天。天地二气氤氲，万物化醇。以此二气交合而成变化也。金丹之道，安炉立鼎，煅炼精华，以制魂魄，莫不取法于天地也，以类交结而成造化。《子母歌》云："情交无用药，气合无用语。"金丹以二气同类而成，始自无中生有，复自有中生无，无形而能变化无穷，此乃天机也。

子野曰：安炉立鼎，法效天地，地天交则泰，天地不交则否。至于氤氲变化之妙，其旨微矣。

上阳子曰：炉鼎是彼我，乾坤是男女，灵父、圣母所媾之气曰精华、曰华池神水，以此变炼于凡父母躯壳之中以成丹，效天地之造化矣。

三

休泥丹灶费工夫，炼药须寻偃月炉。

自有天然真火候，不须柴炭及吹嘘。

道光曰：或有人指两肾中为偃月炉，谁肯自认已错，更将错路教人。吁，错之甚也。偃月炉之形，仰开如偃月样，北海是也，元始祖气存焉，于中有自然真火，何用柴炭吹嘘之有？

子野曰：叶文叔指两肾为偃月炉，是不知也。谬注于世，误人甚矣。

上阳子曰：纯阳翁云："曲江上，见月华莹净。"此即偃月炉也。佛祖云"西江"，皆此一窍而矣。

四

偃月炉中玉蕊生，朱砂鼎内水银平。

只因火力调和后，种得黄芽渐长成。

道光曰：偃月炉，阴炉也，中有玉蕊之阳气，即虎之初弦之气；朱砂鼎，阳鼎也，中有水银之阴气，即龙之初弦之气。金丹以此二弦之气，调停和合之功，种得一粒黄芽，结成黍米之珠也。

上阳子曰：偃月炉中玉蕊生，即阴中之阳，坎中之水也；朱砂鼎内水银平，即阳中之阴，离中之火也。阴阳二气相生，黄芽方结成丹矣。

五

咽津纳气是人行，有药方能造化生。

鼎内若无真种子，犹将水火煮空铛。

道光曰：咽津纳气，世人多行之，殊不知皆后天地生至阴之物，非先天之气。夫先天真一之气，混于恍惚杳冥之间，难求难见，圣人以法伏之，变炼成丹，此气是名真种子。经曰："伏气不服气，服气须伏气。服气不长生，长生须伏气。"故得杳冥中精、恍惚中物，以此变炼成丹，服归丹田中，则万化自生矣。故云"有药方能造化生"也。此真种子也。若无真种子，空铛水火，妄作施为。

子野曰：真种子，即真铅也。《契》云："植禾当以黍，覆鸡用其卵。"

上阳子曰：物无阴阳，安能生产？人无真种，岂有妊娠。咽津纳气，一己之阴，孤阴不产，独阳不生。阴阳若真，方得真种。咦，妙矣哉！

六

调和铅汞要成丹，大小无伤两国全。

若问真铅是何物？蟾光终日照西川。

道光曰：驱龙则汞火飞扬，驾虎则铅光闪烁，氤氲造化，一粒黍米，先天之气结成。龙大虎小，阳尊阴卑之义，何伤之有？金丹因上下两弦金水结成，号曰真铅。蟾光者，金水之精；终日照西川者，与日交光之旨也。象阴阳交合之义。西者金也，川者水也，金水生于西方也。圣人以八月十五夜，合金水之气，结真一之精，故云"蟾光终日照西川"。

子野曰：求铅伏汞之法，要在调和，使无太过不及之患，太过则恐伤彼，不及则恐不结丹。大小者，言阴阳也，《易》曰："小往大来。"蟾光照西川，水中有金也。

上阳子曰：乾之长男曰震，言大也，主产汞；坤之少女曰兑，言小也，主产铅。震兑调和，何伤之有？两国全者，彼既无亏，我亦济事。真铅生于兑，兑位乎西者也。

七

未炼还丹莫入山，山中内外尽非铅。

此般至宝家家有，自是愚人识不全。

道光曰：龙不在东溟，虎不在西山。天上尚且无，山中岂得有？家家自有，逆而修之，还丹可冀。

子野曰：夫已失而复得者谓之还，已去而复来者谓之返。作丹之要，非铅不可，此铅家家有之，惜乎人不识也。

上阳子曰：世人但见一段奇山秀水，则众皆言此地可修行，古今多少人误了也。岂知大川幽谷所有者，木石麇鹿而已，是皆非类，不可煅炼大还丹也。若炼还丹，必求同类，若求同类，大隐市廛。仙翁前律已云何必深山守静孤之句，至此同题①此意，可谓深切。此般真铅家家有之，人人见之，只为梦生醉死之场，依稀过了。噫，未遇真师，谁人识得？

八

竹破须将竹补宜，抱鸡当用卵为之。

万般非类徒劳力，争似真铅合圣机？

道光曰：竹器破矣，用金木之类补之可乎？若欲器完，必以竹补之；鸡将覆矣，以土石之类抱之可乎？若欲翼生，必以卵覆之。陶真人曰："竹破须竹续，木破须木补。屋漏以瓦盖，人衰以类主。若修天仙，必求同类，方合圣机。"《参同契》云："同类易施工，非种难为巧。欲作伏食仙，当以同类者。"盖人禀天地之秀气，托同类之物孕而有之，故真铅为母气，我精为子气，岂非同类至妙者乎！是皆合至圣之真机、自然之妙旨也。

子野曰：紫阳真人说到这里，可谓步步向前。

上阳子曰：从来神仙不肯分明说，说得分明笑杀人。崔公《入药镜》也只三字义。

九

用铅不得用凡铅，用了真铅也弃捐。

---

① 同题，《道藏》本作"在题"，《道藏辑要》本作"再题"。

此是用铅真妙诀，用铅不用是诚言。

道光曰：凡铅者，即后天生滓之物；真铅者，即真一之气。夫人之元阳真气日逐飞散，无由凝聚以结圣胎。圣人炼真铅，取而服之，凝结成砂，日逐运火，渐渐添汞，汞气渐多，铅气渐散，添汞减铅，其妙如此。十月火足，六百卦终，铅气飞浮，如明窗①中射日之尘，片片飞浮而去。九载抱一，铅气飞尽，只留得一味干水银也。铅尽汞干，化为金液大丹，体变纯阳，与天齐寿，故曰用了真铅也弃捐。用铅不用之说，岂虚言哉？学者问道至此，则知师恩难报，当盟心于天日之下，誓当成道，以答师恩。若负师恩，如负天日也。

子野曰：用铅之法，如捕鱼兔之筌蹄，鱼兔赖筌蹄而得之。既得，则筌蹄无用矣。亦如铅池煎银，银出不用铅矣。知此义者，则知用铅之妙诀。

上阳子曰：老子《经》云："天地无全功，圣人无全能，万物无全用。"深明斯旨，则知用了真铅并弃之义。

十

虚心实腹义俱深，只为虚心要识心。
不若炼铅先实腹，且教守取满堂金。

道光曰：虚心则无我，万物皆空清，其天君也。实腹则炼铅干汞，毋摇其精，精者汞也。守汞以实其腹，腹实则金玉满堂。一者丹也，抱一以虚其心，心虚则一尘不立。方其虚也，则炼铅以制之；及其实也，则抱一以空其心。心空则形神俱妙，与道合真。修丹之士，若炼铅金，毋摇汝精，精竭则还丹不成矣。

子野曰：心虚则念净，一尘不立；腹实则丹成，四大牢固。念静丹成，形神俱妙，以道合真，皆此心虚实腹而成也。

上阳子曰：炼己功勤，则心虚而能应物；烧丹药熟，则腹实而乃全神。虚心常应，腹实常静，常应常静，常清静矣。今人已精气斲丧殆尽，为不识心，仙翁教守取满堂金，方为返本还元也。

---

① 窗，底本、扫叶本、《藏外道书》傅金铨本作"聪"，此处据戴起宗《悟真篇注疏》改。《道藏》本，《道藏辑要》本无"如明窗射日之尘，片片飞浮而去。九载抱一"一段。

十一

梦谒西华到九天，真人授我指玄篇。

其中简易无多语，只是教人炼汞铅。

道光曰：我如来云：惟此一乘法，余二即非真。金丹之道，除汞铅之外，别无妙法，旁门万千，无一成就，叫人宜精玩《指玄篇》也。

子野曰：高象先云：日夕思真，不觉魂升玉京，上帝怜之，命西华太乙夫人指示金丹，故其篇有曰："乾坤阴阳之门户，乾道男兮坤道女。时人不识真阴阳，茫茫天下寻龙虎。"又云："叔通从事魏伯阳，相将笑入无何乡。准《连山》作《参同契》，留为万古丹经王。"其言甚多，只是叫人明真龙、真虎，炼铅制汞而已。叔通，姓淳于。①

上阳子曰：志于道者，神仙中人也。虽一寝一息之间，未尝暂忘，故梦寐中常与真仙上圣往来，何也？天无私亲，亲于有德。

十二

道自虚无生一气，便从一气产阴阳。

阴阳再合成三体，三体重生万物昌。

道光曰：道本虚而乃有形之气，气本实而乃无形之形，有无相制，则一生也。然又一生二，二生三，三生万物。万物莫不负阴而抱阳，冲气以为和。方其未形，冲和之气不可见也。及其既形，清气为阳，浊气为阴，二气氤氲，两情交媾，曰天、曰地、曰人，三物生焉。《易》曰："天地氤氲，万物化醇；男女媾精，万物化生。"是以圣人探斯之赜②而知源，穷斯之神而知化，故能返本还元，颠倒陶镕，逆施造化，贼天地之母气以为丹，盗阴阳之精气以为火，炼形返归于一气，炼气复入于虚无，故得身与道合，微妙圆通，变化无穷，隐显莫测，号曰真人。

子野曰：一生二，二生三，三生万物，即圣胎之真身，虽千百亿化而无穷。故《金丹四百字》云："一载生个儿，个个会骑鹤。"泥丸翁云："一载胎

---

① 校者按：本首之道光注与子野注疑误植。即"我如来云"一段注当属陆子野之注解，而"高象先云"一段注文则为薛道光注解（即翁葆光），因"高象先云"一段注文与《道藏》中《悟真篇注释》及戴起宗疏《悟真篇注疏》之翁注相同，所以此段注题名陆子野注疑系误植。

② 赜，底本、蜀本作"迹"，据《道藏》本、《道藏辑要》本、扫叶本改。

生一个儿，子生孙兮孙又枝。"皆发明三生万物之义。

上阳子曰：道生一气，一气生形，形中又含始气，是为先天真一之气也。此先天气顺则成人，逆则成丹。逆则男子怀胎，顺则女人有孕。此章专为修行丹成，阳神出胎，再造阴阳，复为以上事，故云"三体重生万物张"也。

十三

坎电烹轰金水方，火发昆仑阴与阳。
二物若还和合了，自然丹熟遍身香。

道光曰：坎电者，水中之火，谓之阴火，即虎之弦气。金水方者，西北乾方，即龙是也。西北又是天门，谓之玄门。此言虎以阴中之火照烁乾龙，龙即发昆仑之火应之。二物之火相并和合了，则真一之精自然凝结，即时采取，百骸俱理而香美矣。《参同契》云："金砂入五内，雾散若风雨。熏蒸达四肢，颜色悦泽好。须发皆变黑，更生稚齿牙。老翁复壮丁，耆妪成姹女。"岂非真香满身乎？既饵之后，复运阴符阳火，进退抽添，不失其时，金液还丹自然成熟，满身增辉，香且美矣。此言内外二丹法象也。

子野曰：坎电者，水火也。金水为坤方，水火交击于坤方，采丹归己，自然一道真一气直透顶门，与身中阴气混合，遍体生香。香生乃丹熟之验矣。

上阳子曰：坎电者，乃彼铅气发生之时，我即乘其时至，发昆仑之火应之。所谓一月止有一日，一日止有一时者此也。香透丹田，一身调畅，目明体健，得丹之效也。

十四

离坎若还无戊己，虽合四象不成丹。
只缘彼此怀真土，遂使金丹有返还。

道光曰：《契》云：坎戊月精，离己日光。离己象龙之弦气，坎戊象虎之弦气。戊己真土，分居二位。龙虎若无二土之气，安能合并而使四象会于中央以成丹哉？

子野曰：乾坤坎离，四象俱备，若非戊己配合，则欲返者不得返，还者不得还。

上阳子曰：四象即乾坤日月，乾坤乃坎离之体，日月乃坎离之象，戊己乃坎离之门。妙在彼此怀真土，何用意太切！若非两家各以彼此二土合之，则一气何由而往来？金丹何由而还返也？《老子》云："玄牝之门，是为天地根"者，即彼此二土也。

<h2 style="text-align:center">十五</h2>

日居离位翻为女，坎配蟾宫却是男。

不会个中颠倒意，休将管见事高谈。

道光曰：日中乌属阴，故为离女；月中兔属阳，故为坎男。谈不到此，以管窥天。莫测其高深，亦徒见其愚而已。

子野曰：离坎颠倒，见律诗注。

上阳子曰：离外阳而内阴是有外而无内，坎内雄而外雌是有内而无外，皆不得纯阳。以坎配离，是云颠倒。今时学人不肯苦志求师，唯记前人几件公案，入广众中喃喃不住，恃其机锋敏捷，以逞干慧。不思讹了舌头，把做何用？饶他悬河之辩，反为入道之魔，愈见学卑识浅，又安能具大方之眼，而拜师于缰锁之下哉？太上曰："知者不言，言者不知。"我太虚李真人得丹之后，闻寺讲经，潜众听之，出而叹曰："他们说得是行不得，我们行得又说不得。"仙翁怜悯此徒利口误身，故曰"休将管见事高谈"也。

<h2 style="text-align:center">十六</h2>

取将坎位中心实，点化离宫腹内阴。

从此变成乾健体，潜藏飞跃尽由心。

道光曰：☲离外阳而内阴，☵坎外阴而内阳，移内阳点内阴，即成☰乾健之体。此喻金丹是至阳之气，号曰阳丹，结在北海之中，以法取来，点己之阴汞，化为纯阳之体，然后运火抽添，进退俱由我心运用也。或者以圭丹为坎中一画，此后天地生滓秽之物，何敢比先天之道也。抽铅添汞之法，灼然见于是矣。

子野曰：坎中之阳乾也，乾动而陷于地以成坎，乾却为离。修炼之法，当于坎中取其一阳，归还于离而复纯阳，则修丹之法，能事毕矣。

上阳子曰：漆园庄老仙云："鸿蒙、云将，谋报浑沌之德，日凿一窍，七日而浑沌死。"夫世之人，假父母一点真阴、真阳而有此身，浑浑全全，无一亏欠。及乎二八之年，方得养就纯阳之全体而已。鸿蒙、云将者皆至，六贼日戕于外，七情夜残于内，岂知纯阳交阴则亏全体而成离，纯阴负阳则夺一气而成坎，一切常人殆尽而已。大修行人，取坎还离，是为金丹之道也。

十七

震龙汞自出离乡，兑虎铅生在坎方。

二物总因儿产母，五行全要入中央。

道光曰：汞为震龙属木，木生火，木为火母，火为木子，此常道之顺五行也；如朱砂属火为离，汞自砂中生，却是火反生木，故曰儿产母也，此五行之颠倒之术也。铅为兑虎属金，金生水，金为水母，水为金子，此常道之顺五行；如黑铅属水为坎，银自铅中生，却是水反生金，故曰儿产母也，此五行颠倒之术也。太白真人曰："不言银者，铅中银谓之真铅。"中央者，下丹田大中极也。太白真人曰："五行颠倒术，龙从火里出。五行不须行，虎向水中生。"二物互相生产而成四象，会中宫，合五行而结丹也。

子野曰：大概明儿产母之道。

上阳子曰：震为乾之长男，替父之志而行道；兑为坤之少女，代母之位而行道。震兑合而虎龙降，离坎交而铅汞产，饵丹归于中央神室也。

十八

月才天际半轮明，早有龙吟虎啸声。

便好用工修二八，一时辰内管丹成。

道光曰：仙翁所以指云月半轮者，但发明二八两半轮之数，取喻龙虎也。此道妙用却在一时辰中，分作六候，只于两候中金丹立成。尚余四候，别有妙用，不可尽言。此皆天机，难书竹帛，口传心授是也。愚者不得真师，却言药成于一时，非止用一时辰者。盖匹夫茫然不知所归，私意揣度，亦何谬甚。若云非止用一时辰，是将疑以日辰，奚为至简至易之妙也。此道非人间世上可得而闻者，要须大德大善，方许参求。谨按《大丹火记》曰：圣人下工之际，造炼之初，盗混元一周天之气，夺三千零七十三万年正气之数，聚于乾坤之鼎，会于生杀之舍，天地之数夺尽，日月之数夺尽，龙虎之数夺尽，阴阳五行之数夺尽，生成之数夺尽，擒在一时辰中，制造圣丹一粒，大如黍米，其重一斤，至灵至圣，至尊至贵，为天地之元精，作一身之主宰。可谓贼天地，盗阴阳，宇宙在乎手，万化生乎身。得成至真仙子，宾于上帝。我祖师有言：一时辰内管丹成，岂虚言哉！此其验也。

子野曰：药生之时，如月出庚，而至丁乃上弦金半斤之气候，斯时阴阳相逢，易于交结。至于十五，三阳圆照东方甲，则月已一轮升天，即合二八气候。学者知其时而修炼，则此一时之中，金丹可成。

上阳子曰：月才天际，月初受日之微阳。虎啸癸生，虎旺，先天之始气，时来易失，炉损难全。紫阳老仙说到这里，一步紧一步，唯恐后人之不仙也。愚夫浊子，终日谈道，以盲引盲，既不知龙吟虎啸为何物？又不知用工在一时，懵然无所知，却谤老仙之语三峰采战之术，可怜此徒只管罪深去了。且道这一时是甚么时？咦，莫向天边寻子午，早从身上数坤申。

<h2 style="text-align:center">十九</h2>

华岳山头雄虎啸，扶桑海底牝龙吟。

黄婆自解相媒合，遣作夫妇共一心。

道光曰：华岳，乃西山月出之地，以象虎，雄虎乃虎初弦之气，阴中之阳，故曰雄虎；扶桑，乃东海日出之所，以象龙，牝龙乃龙初弦之气，阳中之阴，故曰牝龙。二物间隔东西，黄婆能使之交合，结为夫妻，以产黄芽。

子野曰：坎上离下，调以中和之意，则虎龙相爱如夫妇。黄者中也，婆者女之终称，故无妒忌而能媒合。黄婆之义，中和尽焉。

上阳子曰：山头雄虎危而难伏，海底牝龙险而难降，非有大力量、大勇猛之士，安能驾驭哉！即如金丹是一个至阳之气，居于恍惚不测之内，危而难得，险而难收，自非积德重厚，炼己纯熟，安能施功而得之哉！且道如之何得他共一心？咦，若贪天上宝，须用世间财。

<h2 style="text-align:center">二十</h2>

西山白虎正猖狂，东海青龙不可当。

两手捉来合①死斗，化成一块紫金霜。

---

① 合，《道藏道书》傅金铨本、《道藏》本、《道藏辑要》本均作"令"。

道光曰：海蟾翁云："左手捉住青龙头，右手挐住白虎尾。一时将来入口吞，思量此物甚甘美。算来只是水中金，妙达玄机真要理。"此言外象。愚者未闻至道，将两手作两兽，又非也。

子野曰：西山白虎，坎中金情；东海青龙，离中木性。二物狞恶猖狂，不易擒捉，若得法制之，则彼此和合而化成丹。这个死字极有深理，谚云：欲求生富贵，须下死工夫。

上阳子曰：虎有伤人之理，要思所以伏之；龙有奔逸之患，要思所以降之。且道云何降伏？云何死斗？咄，耳口目三宝，闭塞勿发通。真人潜深渊，浮游守规中者是也。

二十一

赤龙黑虎各西东，四象交加戊己中。
复姤自兹能运用，金丹谁道不成功？

道光曰：东方赤龙之弦气也，名曰姹女；西方黑虎之弦气也，名曰金公。二物即砂中汞、铅中银也。赤龙黑虎，合两弦之气，交南北东西，皆归戊己，名曰刀圭，一粒如黍米，光明烜赫，透入昆仑山，八水俱朝会，然后进阳火于复卦，退阴符于姤[1]爻，自然运用抽添，莫不头头中度，而于金丹之道指日成矣。

子野曰：龙东虎西，所以间隔，欲使相逢，须凭戊己。既得虎龙交姤，产成紫金之丹，养火于复姤之功矣。

上阳子曰：我赵老师父因见一人，尽日谈道，每谓曾遇高人发明，师即前拜而问曰："道不敢问，且道龙虎为何物？"人曰："龙虎在汝身。"师曰："作何状？"人曰："肝肺是也。"师曰："汝当入拔舌地狱受报去，更莫向世间误赚人。"今紫阳翁指示龙虎二物忒杀切了，夫我之物为龙，彼之物为虎，有彼我之分，是云"各东西"。龙之头为己，虎之门为戊。龙虎因之而交会，复姤因兹而运用，金丹得之而成功。咦，知之非难，行之为难。

---

① 姤，底本作"媾"，据校本改。

二十二

先且观天明五贼，次须察地以安民。

民安国富当求战，战罢方能见圣人。

道光曰：五贼者，在天为五星，在地为五岳，在神为五帝，在隅为五方，在人为五脏、五音、五气、五姓，在物为五行、五色、五金、五谷、五味是也。经云："天有五贼，见之者昌。"人能见此而逆修之，则"宇宙在乎手，万化生乎身"。察地之理，先须安民，民为邦本，本固邦宁。圣人以身为国，以精为民，以火为臣，以丹为君也。丹火相须，君臣庆会，则天下平治，乐民之乐，则一身之国富矣。吾侪以此心观天，擒五贼而逆修之，盗阴阳而运化之，真一之精可夺，而干己之阴汞，精固气全，求战必胜而见圣人，所以运火无殆，十月功圆，脱胎神化而为真一仙子矣。

子野曰：天者，心也。五贼者，心中具五行之性，五行各一其性，则互相戕贼，我之元气皆为贼矣。金主怒，木主喜，水主顺，火主炎，土主静，此五行之性。能见此五贼者，则心无杂念，体若太虚。民安国富者，一身之谓也。身中精气神，人民也。精全气壮，谓之民安；四大康健，为之国富。国富而战，克捷矣。倘此心妄想不除，此身之根本不固，盗贼蜂^①起，精耗气散，以此而战，则必殒身而已，何可得见圣人乎？此章正是修身炼己筑基事业。

上阳子曰：金丹之道，先须炼己，使神全气盛也。七情不动，五贼不乱，六根净尽，精难摇动，此为贼不打贫家。丹道之言五贼者，即眼、耳、鼻、舌、意为天之五贼，色、声、香、味、触为世之五贼，爱、欲、贪、嗔、痴为内之五贼。天之五贼不谨于内，则内之五贼蜂起；世之五贼不除于外，则天之五贼豸生。是以眼见色，则爱起而贼精；耳听声，则欲起而摇精；鼻闻香，则贪起而耗精；口尝味，则嗔起而走精；身意遇触，则痴起而损精。五者日夜戕贼于身，其精能有几何？精一去则神气随之丧矣。修行之人，以身为国，以精气为民。精不动摇谓之民安，神气充裕谓之国富。以求丹为战敌，以先天一气为圣人。炼己者，去五贼之害，而先宝精养气，然后可以战胜而得先天真一之气。仙师以战为喻者，使人恐惧修省。愚者不明炼

---

① 蜂，底本作"锋"，据校本改。

己去贼之害，观此求战、用将、轻敌等语，指为三峰采战之说，至于结不可解。咦，愚者自愚，贤者自贤。

二十三

用将须分左右军，饶他为主我为宾。
劝君临阵休轻敌，恐丧吾家无价珍。

道光曰：此篇明火候作用也。将者，火也，左为文火，右为武火。夫运火自子至巳六辰为阳，象春夏发生之德也，故为文火居左，谓之阳火；自午至亥六辰为阴，象秋冬肃杀之刑也，故为武火居右，谓之阴符。夫主为阳而雄，好争也；宾为阴而雌，好静也。饶他为主我为宾，即是守雌而不雄也，好静而不争也，此虑险防危之意也。喻如宾之见主，进退恭谨，而不敢妄动也。兵法曰"以逸待劳"，又曰"致人而不致于人"，此之谓也。夫运火者，道之用存乎火，火之用存乎人。先定刻漏，以分子午；次按阴阳，以为化基。搬六十四卦于阴符，鼓二十四气于阳火。天关在手，地轴由心。回七十二候之要津，攒归鼎内；夺三千六百之正气，辐辏胎中。谨戒抽添，专精运用，虑其危，防其险，不使顷刻参差、分毫差忒，故得外接阴阳之符，内生真一之体。苟或运心不谨，节候差殊，致使姹女逃亡，灵胎不结，还丹无价之宝失矣。故云临阵休轻敌，而不可慎者乎？

子野曰：以军将为喻者，盖兵乃凶器，善用可全性命。若轻战易敌，必致败亡。采药之际，当以彼我分为左右军伍，我为左军，彼为右军，动用周旋，端谨诚肃，无令一毫犯其严令，庶可保全无失丧也。

上阳子曰：左为我，右为彼。饶他为主我为宾者，彼居上而我在下，彼欲动而我欲静也。仙师言求丹乃以军敌为喻者，盖霎时间，稍有不谨，即所败失，可轻易乎？金丹九还，唯只半个时中，造化争驰，虎龙交战，夺天地主宰之造化，夺太极未分之造化，夺乾坤交媾之造化，夺阴阳不测之造化，夺水火既济之造化，夺五行战克之造化，夺万物生成之造化，聚于顷刻，而求一点先天真气，以炼成丹，其可不谨惧哉！故此章专喻外丹法象。若得外丹，神仙之能事已毕，是戒临阵休轻敌也。修行之士，做得这一著出来，方云难事。还丹只此实为最难，故如来云："世尊说此难事，是为甚难"者此也。若稍轻敌，七情六贼，有一不防，则吾家一粒至精之宝丧矣，安可轻敌乎！

二十四

火生于木本藏锋，不会钻研莫强攻。

祸发只因斯害已，要须制伏觅金公。

道光曰：经曰："火生于木，祸发必克。"精生于身，情动必溃。不会钻研，祸斯害已。吕真人曰："火发七户密牢关，莫教烧破河车路。"此要须制伏觅金公也。

子野曰：木中有火，乃本来已抱此杀气矣。倘其一发，则木必焚。盖此生杀之机，隔一线之地。百姓昧此，皆流于淫荡邪僻之归矣。圣人察其火之将发，以水制之，则火不能为害也。

上阳子曰：木喻此身，火喻精气，锋比爱欲，钻研比修炼。夫人藉父母精气而有此身，日夜长大，而精气复生乎我之身矣。至于年壮，我之精气且盛，而爱欲之祸至矣，不可得而制伏。若欲制伏，必得先天真铅方可。然而不得其真师指示真铅端的、次第，切莫强为也。

二十五

金公本是东家子，送在西邻寄体生。

认得唤来归舍养，配将姹女作亲情。

道光曰：金丹作用法象，有阳中之阴，复阳而又阴者；有阴中之阳，复阴而又阳者。又有内药阴阳，外药阴阳；内三性，外三性；内五行四象，外五行四象。又有内外阴阳互用法象，反反覆覆，不可名状，但默识心知可也。吾侪亲承玄旨，不可蹉跎过，如不遭逢真旨，莫能洞晓其端。仙翁作诗重重发明者，举一隅斯足也。

子野曰：此章与前取将坎位中心实义同。

上阳子曰：震是东家西是兑，若求兑位莫离人。如此方是认得真，不可作容易唤来。既能唤来，最紧关是归舍一节。噫，件件是难底勾当，奚敢妄为？又安敢妄说？世有一等地狱种子，开口便云说禅说道，赚到老死犹不知悔，又岂能解圆悟禅师之语哉！圆悟云："脚根不廓尔，无禅之禅，谓之真禅，如兔子怀胎；顶门上照耀，无道之道，谓之真道，似蚌含明月。"此岂不是"认得唤来归舍"之妙乎！

二十六

姹女游行自有方，前行须短后须长。
归来却入黄婆舍，嫁个金公作老郎。

道光曰：姹女，汞也，谓之汞火。游行有方者，前行是外药作用，一时中用两候，故云"须短"也；后行是内药作用，一时中用四候，故云"须长"也。有此两用，故曰"自有方"。圣人下工炼金丹之初，运汞火不出半个时辰，立得真一之精，大如黍米者吞服，曰"前行须短"也；及夫服丹之后，又运己汞，火却有十月之功，故曰"后须长"也。黄婆为内象，即金胎土釜是也。金公，即真铅也；老郎，即纯阳之象也。

子野曰：姹女，己之阴汞。前顺去，后逆归。顺去则片饷之间陷溺于彼，逆归则自下即上周流一身，落中宫与真铅合而结圣胎。

上阳子曰：姹女，是己之精。游行有方者，精有所行之熟路，常人精每亏少，但凡交感，激挠一身之骨格，搅动一身之精髓，情欲才动，心君亦摇，三尸搬于上，七魄摧于下，方得精自两颈而上，由五脏升泥丸，与髓同下，自夹脊双关至外肾交姤，此为五浊世间法，此谓游行自有方，此为常道之顺也。金丹则不然，行颠倒之法，持逆修之道。大修行人，炼己纯熟，身心不动，魂魄受制，情欲不干，精气满盈如骤富之家，何处不有金玉？待彼一阳初动之时，先天真铅将至，则我一身之精气不动，只于内肾之下就近便处，运一点真汞以迎之，此谓"前行短"也。真铅既渡鹊桥之东，汞与铅混合，却随真铅升辘轳三车，由双关夹脊上入泥丸，遍九宫，注双目，降金桥，下重楼，入绛宫冶炼。此为游行自有方，此为"后须长"也。然后还归黄庭神室，交结成丹，此谓归来却入黄婆舍而嫁金公也，此为颠倒五行而逆修也。及温养十月，以成真人，与天齐寿，是谓老郎。仙师[①]说得次第明白如此，诸家所注皆略而不详者，莫敢泄漏故也。仆愿天下人、愿后世万万人，皆以此而成仙作佛，仆亦甘受漏泄之咎，真仙圣师在上，天地神明鉴之。

---

① 仙师，底本、《道藏道书》傅金铨本、扫叶本均作"先师"，据《道藏》本、《道藏辑要》本改。

二十七

纵识朱砂与黑铅，不知火候也如闲。

大都全藉修持力，毫发差殊不作丹。

道光曰：金丹造化，全藉丁公，毫发差殊，失之千里。圣人传药不传火，从来火候少人知。

子野曰：虽识得真铅真汞，不知火候，圣胎不结，何哉？盖火性暖，故能融物之真，使其交媾，若无火，则铅自铅、汞自汞，各不交矣。

上阳子曰：鼎器药物，仙师诗中发泄到尽处，唯火候不留于文者，盖必要师传。若不得真师口传，虽知药物，丹亦无成。且火候次第自有数节，岂愚人妄猜者所能知也。

二十八

契论经歌讲至真，不将火候著于文。

要知口诀通玄处，须共神仙仔细论。

道光曰：《火记》六百篇，篇篇相似，出入贯串，与天合度。天之所秘，慎莫传之，获遇真师，莫容卤莽，仔细究竟。

子野曰：火候丹中要，非师勿妄猜①。

上阳子曰：有外火候，有内火候。古仙上圣，丹经万卷，不指火候者，莫敢泄天宝也。仆今指出内外火候，愿后来学人，个个成仙也。魏伯阳翁云："三日月出庚"，外火候也；崔公曰："天应星，地应潮"，外火候也；纯阳翁曰："正一阳初动，中宵漏永，温温铅鼎，光透簾帏"，外火候也。这般题出，太似分明。广成子曰："丹灶河车休矻矻，鹤胎龟息自绵绵"，内火候也；仙师诗曰："谩守药炉看火候，但看神息任天然"，内火候也；"未炼丹时最难得"者，是外火候也，此乃有为有作，立基之事。内火候则已得丹，但任天自然，乃大休歇、大自在无为之功也。

---

① 此首陆子野注，底本、《道藏道书》傅金铨本、扫叶本均无，据《道藏》本、《道藏辑要》本补。

二十九

八月十五玩蟾辉，正是金精壮盛时。

若到一阳才起处，便宜进火莫延迟。

道光曰：八月十五，是金水气旺之日；一阳来起复，乃天上之子时。内、外二火工夫，宜疾进也。

子野曰：金精壮盛，如八月十五夜月，月为金，金旺在酉，八月建酉，故以此喻。此时进火炼之，无待其过而衰也。

上阳子曰：水清金旺，天上之蟾朗正辉；铅遇癸生，人间之药物可炼。正是一阳初动，便莫迟延，毋令铅鼎渐亏，空劳神思。仙师此诗，特言外火候也如此。

三十

一阳才动作丹时，铅鼎温温照幌帏。

受气之初容易得，抽添运用切防危。

道光曰：一阳子时造丹，鼎内真铅得火锻炼，光透簾帏。一时之中，得之甚易，及乎在内，却有十月之功，运用抽添，有防危虑险也。[①]

子野曰：学者趁一阳动而作丹，铅鼎光生，真气易得，及退藏于密，尤当谨慎抽添。

上阳子曰：崔公之《入药镜》云："受气吉，防成凶。"意同也。

三十一

玄珠有象逐阳生，阳极阴消渐剥形。

十月霜飞丹始熟，此时神见也须惊。

道光曰：金液还丹者，杳杳冥冥，其中有精，恍恍惚惚，其中有物。恍兮惚兮，其中有象。盖自冬至进以阳火，逐一阳生而生真精；夏至退阴符，剥至十月，还丹始熟，脱胎神化，为纯阳之仙，岂惟万神宾伏而已。

子野曰：玄珠者，得药之象。药不能自生，须感阳气而生，自微至著，阳极阴消，十月数周，大丹成就。

---

① 校者按：此注与翁注不同。

上阳子曰：此言内丹法象，抽添温养之事。《金丹大要》书中所言"抽添温养"工夫甚详。

三十二

前弦之后后弦前，药物平平气象全。
采得归来炉里煅，煅成温养自烹煎。

道光曰：月至三十日，阳魂之金散尽，阴魄之水盈轮，故纯阴黑而无光，法象坤☷，故曰晦。此时与日相交，在晦朔两日之间，日月交合，同出同没。至于初二日，感阳光而有孕，渐渐相离。至初三日，日没即月现一阳于坤方，蛾眉于庚上，于纯阴轮中生一阳光，即魄中生魂，法象震☳，此时人身金气初生，药苗新也。至初八日二阳生，法象兑☱，此时魄中魂半，其平如绳，故曰上弦。弦前属阳，弦后属阴，阴中阳半，得水中之金八两，其味平平，其气象全。十五日三阳备，法象乾☰，此时阴魄之水消尽，阳魂之金盈轮，是以团圆纯阳而无阴，故云月望。夫阳极则阴生，十六日轮生一阴，魂中魄生，法象巽☴。渐渐缺至二十三日，二阴生，法象艮☶，此时魂中魄半，亦平如绳，故曰下弦也。弦前属阴，弦后属阳。阳中阴半，得金中之水半斤，其味平平，其气象全。圣人采此二八，擒居造化炉中，烹炼温养，以成还丹。仙翁此章叮咛反覆，使自己烹煎者，良有意也，妙哉！

子野曰：前弦后、后弦前，乃日月合璧之后，太阴将复生魂之时，此时药材正新，得其平平之味，急采归己，与身中阴汞凝结。始于温养，终于烹煎，此丹熟自然之事。

上阳子曰：仙翁诗意，惟欲指示三日药生一时，使修炼者亦如太阴，领览太阳初生之气，以成金丹。薛、陆所注[①]意同。或者以前弦为上弦，以后弦为下弦者，非也。

三十三

长男乍饮西方酒，少女初开北地花。
若使青娥相见后，一时关锁在黄家。

---

① 注，底本、《道藏道书》傅金铨本作"著"，据《道藏》本、《道藏辑要》本、扫叶本改。

道光曰：震为长男，即龙也；兑为少女，即虎也。北地①，即阴物，花即阴气，谓之阴火。青娥即姹女，龙之弦气，谓之汞火。修丹之士，驱龙乍来就虎，虎开阴户之花以就龙，龙即动汞火，与白虎交见之后，一时封锁会于黄家，以产金丹而成真人②。

子野曰：三日生魂，如震阳生坤下。金水本坤之阴气，震为来复，食其坤之阴气，故喻长男乍饮西方酒。震来之地，乃兑之位，此地得其阳生，消其阴气，故喻少女初开北地花。开即发之意，花乃阴气。前有次发红花阴后随之句同。青娥即木汞。只此一时，坎离交姤，采药归己，封锁中宫也。

上阳子曰：酒饮西方，男女有东西之位；花开北地，人身辨南北之称。道光已露出于前，陆公复泄之后，闻者受者，信之慎之。

三十四

兔鸡之月及其时，刑德临门药象之。
到此金砂宜沐浴，若还加火必倾危。

道光曰：二月为德，八月为刑。时当沐浴，不宜加火，则恐倾危也。

夏氏曰：物极必反，理势然也。故乾之上九，纯阳之极也，圣人必以亢龙有悔戒之。况金生于巳，旺于酉；木生于亥，旺于卯。是兔者，卯之木；鸡者，酉之金也。金主刑，木主德。刑德临门者，卯酉为二八之门，乃日月出入之路，阴阳昼夜之分也。大道既以阴阳日月为主，才到卯酉极旺之地，便当沐浴。以专气致柔，无为恬淡，使冲和元阳充塞天地之间，此心无外，自然与太虚同体，所谓百骸俱理证无为。若加添炎火，则药物走失，必倾危矣，正是抽添运用要防危也③。

子野曰：炼丹之法，阳则进阳火，阴则养阴符。随其消长，不可易之也。兔鸡之月，卯酉春秋平分之时，阴中有阳，阳中有阴，故于此时不敢进火，但以真气薰蒸而为沐浴，保其危险。《契》云："八月麦生"，阴中有生

---

① 北地，底本、《道藏道书》傅金铨本作"北坤"，据《道藏》本、《道藏辑要》本、扫叶本改。
② 此注与《道藏》题名翁葆光《悟真篇注释》注解相同。
③ 按：所谓夏氏注，系录夏宗禹《悟真篇讲义》之注解，诸本皆有，唯《道藏》本无此。

气；"二月榆死"，阳中有杀气也。

上阳子曰：刑为杀，德为功；刑为危险，德为保养。既得金砂在鼎，须要温养保扶。紫清真人尚有"烟气满寥泬"之叹，可不慎乎！

三十五

日月三旬一遇逢，以时易日法神功。
守城野战知凶吉，增得灵砂满鼎红。

道光曰：太阳太阴，一月一合，圣人则之，故移一月之候在一日之中，又移一日之候在一时辰内，搬运符火，守城则沐浴罢功，野战则虎龙交姤。神功者，进火之度，抽添进退，虑险防危，无忽无怠，故得灵砂凝结也。苟或阴阳错乱，日月乖戾，外火虽动，内符不应。必要进火退水，知吉知凶，旋斗历箕，暗合天度，自然灵胎密就，神鼎增辉也。

子野曰：太阴太阳，一月一度合璧。修炼之法，以时易日，而交离坎。时乃晦尽朔来，药生之时，即非寻常之时也。

上阳子曰：一年十二度月圆，月月有阳生之日；一月昼夜三千刻，刻刻寻癸生之时。野战则采铅，守城惟温养。要知凶吉，方得成功也。

三十六

否泰才交万物盈，屯蒙二卦禀生成。
此中得意休求象，若究群爻谩役情。

道光曰：冬夏二至，为一阴一阳之首；子午二时，为一日一夜之元。圣人运动阴符阳火，协天地升降之道，日月往来之理。攒簇四时八节、二十四气、七十二候，环列于鼎中，而生真一之体。故托诸卦象，分擘于一月三旬之中，以阐玄机，以明火候。若执而用爻象者，非也。但屯蒙为众卦之首，以象作用生成之始，造化禀受之源。故朝以屯，暮以蒙也。子时为坎卦，至丑时变一爻为节卦，至寅时变二爻为屯卦也。午时为离卦，至未时变一爻为旅卦，至戌时变四爻为蒙卦也。否泰运用，阴降阳升，二月春分之节，阳气升到天地之中，阴阳相半，不寒不热而温和，故为泰卦①，亦如月之上弦气候也。此时阴阳自然相交，圣人不进火候，谓之沐浴。八月秋分阴阳之节，阴气降到天地之中，阴阳相半，不热不寒而凉，为否卦②，亦如月之下弦气候也。此时阴阳自然交结，圣人不进火候，亦谓之沐浴，斯亦法象如此，何劳执诸卦爻哉！

子野曰：阴阳一交，则万物生生而无穷。使其交者，火候也。朝屯暮蒙，乃行火之纲领，学者知之，则其余卦象，皆自然而然。

上阳子曰：天地未通为否，阴阳已交为泰。屯禀生成之始，蒙受育养之功。此言内丹之道也。

三十七

卦中设象本仪形，得象忘言意自明。
后世迷徒唯泥象，却行卦气望飞升。

道光曰：卦者，火之筌蹄也。魏伯阳作《参同契》，演《易》象以明丹道，喻乾坤为鼎器，象己腹中灵胎神室，又以坎离为药物，象灵胎中铅汞也。乾坤为众卦之父母，坎离乃乾坤之真精，故以四卦居于中宫，犹灵胎之在丹田。处中以制外，故以四卦不系运毂之数。其六十卦分在一月之中，搬运符火，始在屯蒙，终于既未，周而复始，如车之轮运转不已。一日两卦直事，三十日六十卦足，并乾坤坎离四卦，共六十四卦，总三百八十四爻，以象一年及闰月，余三百八十四日，象金丹二八一斤之数，一斤计三百八十四铢，此皆比喻设象如此。苟明火候，则卦爻为无用。学者反泥此而行卦气，劳形苦思而望飞升者，不亦悲乎！得鱼忘筌，得兔忘蹄，若反执此筌蹄为鱼兔，去道远矣。

子野曰：先师借《易》卦阴阳为喻，不过行自己造化。若泥象执文，按图索骥者，去道远矣。

上阳子曰：丹道喻乾坤为鼎器者，使知男女龙虎；喻坎离为药物者，则知铅汞是虎龙所产之物。世人执为《易》之辞，不明卦之用。苟明卦之用，

---

① 泰卦，底本、《道藏道书》傅金铨本、扫叶本作"大壮卦"，误。据《道藏》本、《道藏辑要》本改。

② 否卦，底本、《道藏道书》傅金铨本、扫叶本作"观卦"，误。据《道藏》本、《道藏辑要》本改。

不知《易》之道。欲明《易》之道，道在身中，不属卦气。

三十八

天地盈虚自有时，审能消息始知机。

由来庚甲申明令，杀尽三尸道可期。

道光曰：夫天地上下，相去八万四千里，冬至之日，地中有一阳升，一日之中，升四百六十六里零二百四十步，五日为一候，升二千三百三十三里零一百二十步。三候为一气，升七千里，三气为一节，其卦属泰，即立春之日也。升二万一千里，二节为一时，计九十日，阳气上升共前四万二千里，正到天地之中，是时春分之节，其卦属壮①，阴中阳半，其气变寒为温，万物发生之时也。自此而后，阳气升入阳位，亦如前升九十日，通前共一百八十日，为夏至之节，阳气共升八万四千里而到天，是时阳中之阳，为纯阳乾卦也，其气变温为热，万物茂盛之时，其阳盈满天地之间，故曰盈也。阳极则阴生，故夏至一阴自天而降，亦如前十五日，阴气下降七千里，三气为一节，至四十五日，立秋节，阴气下降二万一千里，其卦属否，二节为一时，就九十日，阴气下降，共前四万二千里，正到天地之中，是秋分之节，其卦属观，阳中阴半，其气变热为凉，万物结实之时也。自此而后，阴气降入阴位，亦如前，渐降九十日，共前一百八十日，为冬至节。阴气共降八万四千里而到地，是时阴中之阴，为纯阴坤卦也，其气变凉为寒，万物收藏之时也，故曰虚也。天地盈虚，因月而见，月从日生，以月晦朔为冬至。初三日震庚，月华生光，以两日半三十时当为一气之候，初八日兑丁上弦，应春分之节，阴中阳半也。至十五日乾甲周满，阳魂盈轮，纯阳无阴，故曰盈也，比夏至之节，月华盈轮为纯阳。十六日巽辛，一阴生也。二十三日艮丙下弦，应秋分之节，阳中阴半也。三十日坤乙，消尽明光，阴魄盈轮，纯阴无阳，比冬至之节也，故曰虚也。圣人能消息天地盈虚之机，移一年气候在一日之中，以初一日一阳之生为冬至，二日半当一月气候，至上弦时，阴中阳半，即春分也；至十五日，得四月节气，月光圆满为纯阳之气盈轮，故曰盈。十六日一阴生，为夏至，至下弦时，阳中阴半，即秋分也；三十日，得

---

① 壮，即"大壮"卦。

十月节候，月尽黑为纯阴，阴气满轮，故曰虚。终而复始，循环不已，圣人运动阴符阳火，一依天地盈虚循环升降，周而复始，依约六十四卦，法庚甲圆缺之理，亦犹人君申明号令，戮尽阴尸，道可期也①。

子野曰：学者见天地盈虚消息之理，则而行之于己，趁其申明生庚满甲之令，朔后望前，采取天地盈时之气，归于身中，炼而成丹，则尸鬼乌得不灭哉！

上阳子曰：潮来则盈，潮去则虚，此天地之盈虚；月满则盈，月缺则虚，此日月之盈虚；春生夏长，秋敛冬肃，此四时之盈虚；气旺则盈，气散则虚，此人身之盈虚；癸生则盈，望远则虚，此金丹之盈虚。长春真人云："犹气掬之气，气实则壮，气馁则虚。"气之盈虚，最要人能消息用之，学者下工之初，先去三尸六贼，炼得心如太虚，六根净尽，方可入室而炼大丹。

三十九

要得谷神长不死，须凭玄牝立根基。
真精既返黄金室，一颗灵光永不离。

道光曰：阴阳不测之谓神，感而遂通，如谷应声，故曰谷神。夫神因气立，气因精生，精能生气，气能生神，故神气为一身主宰，一身为神气之府。形不得神而气不生，神不得气而精不生，神气精不得形则不能立，三者相须，始有生也。若学长生，根基须凭玄牝。玄牝既立，然后长生可致。万物莫不由此二物而生，因此二物而死，实为天地之根，五行之祖，阴阳之元，万化之基。圣人凭此以成外丹，藉此以就内药，故得真精返于黄金之室，变为一颗灵光，化身为气，化气为神，形神俱妙，与道合真，隐显莫测。真精者，乃华池中神水之真金也，又名金胎；神室者，乃丹田混元宫，中有真一之精，在天为天一之水也。

子野曰：谷者，养也；玄牝者，阴阳也。人欲养神长生，必须凭此阴阳既济，而后则金精复归我之中宫，如一颗明珠长存也。

上阳子曰："谷神不死，是为玄牝。玄牝之门，是谓天地根。"此老子之言，仙师再为后人明之。立根基者，盖玄牝乃人身出入之门户，金丹由此而修合。夫修行人，先要洞明玄牝之旨，是阴阳媾精之处，方得一颗灵光之珠也。

---

① 按：此注与《道藏》本略异。

四十

玄牝之门世罕知，休将口鼻妄施为。

饶君吐纳经千载，争得金乌搦兔儿？

道光曰：玄牝之门，是为天地根。举世学人莫能知此，非遇真师指示，孰能晓哉？自开辟以来，非此玄牝二物，安能生万物哉？内外二丹，从此而立，圣人秘之曰偃月炉、悬胎鼎也。金乌，即金丹也。以金丹制己之阴汞，似猫捕鼠，如鹰搦兔，不能逃遁。或者以两肾中间混元一穴为玄牝，非也。盖玄牝乃二物，岂可通作一物言之？若无此二物，何以造化万物？岂可指凡体一穴而通论哉！又以口鼻为玄牝者，尤可笑也。

子野曰：前章只说得"玄牝"二字，再于此章发明一门字，其理深妙。门者，出入往来之所，阴阳交会之地，非得心传口授之真，何可强猜而知之乎？

上阳子曰："玄牝之门"四字，自老子指出之后，后来仙师真圣，得以下手而炼大丹。愚人以口鼻为玄牝，以吐纳为是道，如斯谬戾，何由得乌兔交合哉？

四十一

异名同出少人知，两者玄玄是要机。

保命全形明损益，紫金丹药最灵奇。

道光曰：《经》云："无名，天地之始；有名，万物之母。"又云："两者同出而异名。"方其无，真一之气不可见，故为天地之始；及其有也，真一之珠现空玄中，故为万物之母。在天曰离为汞，在地曰坎为铅，其本则一，其用则异。"同谓之玄，玄之又玄。"上士至人，执此两者之玄机，以明损益，以治诸身，则形可全而命可保。所谓损者，五行顺而常道有生有灭是也；所谓益者，五行逆而丹体常灵常存是也。吁，神圣哉！紫阳①紫金之药，隐为天地之始，显为万物之母，故曰"紫金丹药最灵奇"。当知仙翁嗟叹不尽之意也。

子野曰：一气分为阴阳，故有异名，然皆从太极生，故曰"同出"。此阴阳修炼之要机，保我之命，全我之形，无损于彼，有益于我，神哉！水中

---

① 紫阳，《道藏》本、《道藏辑要》本作"纯阳"。

之金乎！

上阳子曰：异名者，有无也，窍妙也，始与母也，玄与牝也。此阴阳交合之所，金丹化生之处。上善之士，必先悟此两者，然后可炼紫金丹也。

四十二

始于有作人难见，及至无为众始知。
但见无为为要妙，岂知有作是根基。

道光曰[①]：筌蹄方在手，莫我知也。夫到岸不须船，十目我瞠视。凡圣杂市朝，鱼龙混同渠。懊恨世间人，对面不相识。

子野曰：采药行火得无为乎？但知无为，不知有作，何以结丹？

上阳子曰：到老无为，如何得药？入室采铅，是云有作。大隐市朝，又谁知觉。欲成匡廓，先立鄞鄂。得一黍珠，方是不错。九载坐忘，无为功博。行满三千，与众共乐。若只无为，不先有作，此乃愚夫，自相执著。殷勤数语，以诏后学。

四十三

黑中有白为丹母，雄里怀雌是圣胎。
太一在炉宜慎守，三田聚宝应三台。

道光曰：铅中取银，即为丹母；朱里取汞，即是圣胎。二物感化，结在炉中。精明气候，恪守规中。分毫无差，故得三性聚会，结成丹宝，上应三台也。

子野曰：黑中白是水中之金，即坎中之阳气。人能采此真阳之气，结而成胎，所谓雄里怀雌也。采药之际，当以太乙主人为念，倘不慎守，人欲横流，则丧吾珍宝，主人得不为之异乎？

上阳子曰：黑中有白，乃阴中有阳，外丹法象；雄里怀雌，乃阳中有阴，内丹法象。太乙在炉，尤宜慎守，则三田之宝聚矣。

---

① 此注与《悟真篇注释》注解同。

四十四

恍惚之中寻有象，杳冥之内觅真精。
有无从此自相入①，未见如何想得成？

道光曰：恍惚中有物者，龙之弦气也；杳冥中有精者，虎之弦气也。二弦之气，恍恍惚惚，杳杳冥冥，视之不见，听之不闻，真一之气，灵而无形。真一子云："无者，龙也；有者，虎也。无者，汞气也；有者，铅金也。无因有激之而成象，有因无感之而有灵，故得黍米空玄，霞光耀日也。"兀兀思存，尘埃心地，难与共言矣。

子野曰：炼金丹者，须于杳冥恍惚之内，得其真精有象，始可了事。若未得师传，不可以智识猜度。

上阳子曰：经云："恍兮惚兮，其中有物；惚兮恍兮，其中有象；杳兮冥兮，其中有精。其精甚真，其中有信。"金丹之道，斯言尽矣。仙师再提出，可谓甚亲甚切，倘非言传心授之真，何必枯坐存想？

四十五

四象会时玄体就，五行全处紫光明。
脱胎入口身通圣，无限龙神尽失惊。

道光曰：四象五行会时，与真一之精结成黍米，紫色光明，密运于内，将来脱胎，入口通神，天地龙神尽失惊也。

夏氏曰：四象者，青龙、白虎、朱雀、玄武也；五行者，金、木、水、火土也。大道虚无，以金丹为玄妙。金丹虽妙，不过攒簇五行，和合四象也。四象一会，则玄体必就；五行既合，则丹光自明。非曰存心之火、想肾之水也，亦非曰肝为龙、肺为虎也。天生人物，人生灵宝，五行攒于此，四象合于此，苟行玄机，烹成大药，脱胎入口，超凡入圣，无限龙神，尽皆惊畏。②

子野曰：十月数周，圣胎完具，遍身通圣，神明得不惊乎？

上阳子曰：一得永得，自然身轻，到此功满丹灵，方是大丈夫也。

---

① 入，底本作"相"，据校本改。
② 夏曰，诸本皆有，唯《道藏》本无。

四十六

华池宴罢月澄辉，跨个金龙访紫微。

从此众仙相见后，海田陵谷任迁移。

道光曰：华池宴罢，得丹成功，脱胎神化，肌肤若冰雪，绰约若处子，御气乘云，遨游八极，饱观尘世，海变桑田也。

子野曰：华池，乃产药之地。宴罢则采药已足，是圣胎完备，身外有身，朝元谒帝，蓬莱仙岛，无所往而不可。

上阳子曰：华池，即曲江，即坎宫之户。金丹由是而成，功圆到此，天仙之位也。此章亦紫阳仙师自颂，以诏后世。盖仙师，乃紫微天宫之仙是也。

四十七

要知金液还丹法，须向家园下种栽。

不假吹嘘并著力，自然丹熟脱真胎。

道光曰：此道甚近，家园自有，宜急下工。若非其类，愈求不得；若得同类，又何著力之有？①

子野曰：药采他家，而归自己家园下栽培，以至成熟，自然之妙，非用人力也。

上阳子曰：还丹之法，盖家园自有。金花种子，自可栽培，不须炉火吹嘘，功成丹熟脱胎。方外道人，圆顶禅衲，要知家园之妙在朝市间。维摩、傅大士辈，皆得此园而下种，故如来号之曰"给孤独园"也。

四十八

休施巧伪为功力，认取他家不死方。

壶内旋添延命酒，鼎中采取返魂浆。

道光曰：修真之士，多执非类巧伪之法，施功于己，安有成就？晚学不肯下问于人，若悟他家有不死之药，能于鼎中采取返本之阳丹，腹内添延命之铅火。二物者，乃修身之至宝，不死之良方也。

子野曰：此道乃真阴、真阳逆合，而盗其杀机中之生气尔。即非三峰采

---

① 此道光注与《悟真篇注释》同。

战，其他巧伪淫荡之术。酒与浆，皆神水也。

上阳子曰：前云"家园下种"，此云"他家不死"，岂非两物乎？延命酒、返魂浆二者，即真精真气。经曰："仙人道士非有神，积精累气以为真"是也。

四十九

雪山一味好醍醐，倾入东阳造化炉。

若过昆仑西北去，张骞始得见麻姑。

道光曰：雪山，喻白色，西方金之象，比金丹一粒，味若醍醐，饵归丹田造化炉中。昆仑在海水中，我身之昆仑，本在下元海水中生出，状若昆仑，故曰昆仑山，实在发火之处。昆仑顶有门名曰玄门，又曰天门，又曰命门，在西北乾位。张骞象乾卦，又象真汞，为阴火；麻姑象坤卦，又象真铅，为阳火。言发火自昆仑玄门而入，则鼎内真汞始得见真铅而有变化。方其真铅内融，真火外接，坤策变乾策，阴水返阳符，两火交通，铅汞结合，神仙之道，根本于斯。张骞乘槎至月宫，遇女宿，喻其阴阳相会之意。

子野曰：醍醐，乃坎中金液，取归离中，离即我也。然后运之，由尾间经泥丸，自腹中至丹田，与身中阴汞混合为一矣。

上阳子曰：雪山，乃至阴之地，阴中有阳，故云"好醍醐"。经云"醍醐灌顶"者，此也。倾入者，他反居上也。我属东，故云"东阳"。我之玄门，曰造化炉。昆仑、张骞，道光已解。昔①佛在雪山修行者，即此是也。因有其地而名之，故多假②名以象物尔。

五十

不识阳精及主宾，知他那个是疏亲？

房中空闭尾间穴，误杀阎浮多少人？

道光曰：钟离翁云："四大一身皆属阴，不知何物是阳精？"盖阳精是真一之精，乃至阳之气，号曰阳丹。己之真气属阴，为一身之主，以养百骸。

---

① 昔，底本、扫叶本作"者"，据《道藏》本、《道藏辑要》本、《道藏道书》傅金铨本改。

② 假，底本、扫叶本作"故"，据《道藏》本、《道藏辑要》本、《道藏道书》傅金铨本改。

及阳丹自外来，制己之阴汞，即是阳丹返为主，而己之阴汞返为宾也。二物相恋，结成金砂，自然不飞不走，然后加火锻炼，遂成还丹也。故阳丹在外谓之疏，己之阴汞在内谓之亲。返此疏亲以定宾主，即成道也。迷徒不达此理，却行房中御女之术，强闭尾闾，名为炼阴，以此延年，实抱薪救火。《阴符经》云："火生于木，祸发必克。"可不慎乎！

子野曰：阳精实坎中之金，虽从外来，本身内之物，惟有同出异名之一间耳。

上阳子曰：阳精虽是房中得之，而非御女之术。若行此术，是邪道也，岂能久长？故佛云："是人行邪道，不能见如来。"倘非真师指示阳精之路，则诸旁门，皆为邪道。世之盲师，以采阴三峰御女之术，转相授受，所谓以盲引盲，及腊月三十夜到来，反怨丹经虚诳，终不回思自己错谬，故仙翁直露此诗。

五十一

万物芸芸各返根，返根复命即常存。
知常返本人难会，妄作招凶往往闻。

道光曰：经云："万物芸芸，各归其根。归根曰静，静曰复命。复命曰常，知常曰明。不知常，妄作凶。"夫人未生之前，冥然无知，混乎至朴。及其生也，禀以阴阳，受之父母。圣人立法，逆而修之，夺先天一气以为丹母，贼阴阳始气以为化基，炼形返入于无形，炼气复归于至朴，炼神而与道合真，故云返根复命即常存也。能知常道而返其本者，圣人也，是以长生；不知常道而妄作者，群迷也，是以招凶。

子野曰：万物如草木之类，犹能归根返本，以历岁月。人为万物之灵，动至死地，反不能如草木也。此道乃归根返本之道，却非寻常妄为而招凶也。

上阳子曰：万物有归根之时，至人明长生之理。草木遇阴之极则归其根，待春而复茂。世人气血将衰，须求归根之道，可以回老，可以返婴，可以长生。噫，归根即还丹也。常者，乃常俗之世法①，备②诸常俗世法，深深

---

① 顶批云：不知常，妄作凶。
② 备，《道藏辑要》本作"修"。

密密，方能返本还源，是为知常。所以大隐市廛者，要人不能识也。倘机事不密而为之，是以妄作而招凶谤。故达磨远来东土，求成佛者，欲避凶而远谤也；六祖禅师隐于四会猎人中者，亦避凶而求成佛；后道光禅师既得石真人传，无奈之何，只得复俗，依有力以了兹事；我重阳帝君，居活死人墓以成道；太虚真人，往武夷七月；长生真君，往洛阳三年。古人波波吒吒，只为此事。今时学者，偶记前贤一言两语，以为是道，尽日谈论。又有一辈小慧之人，不参仙圣所为，乃谤修行之事，曰："世谓生，必有死，安有久视之道？"此乃地狱种子，甘分轮回。次有执著之辈，因人略指旁门小径，便云能行。既不遇真仙至人，又不知归根复命，又不知出世间法，亦不知同类是何物。倘或知之，且能韬晦于常俗中，了其有为之大事，却无忌讳而妄为者，岂不招乎凶殃哉？故经云："知常曰明，不知常，妄作凶。知常容，容乃公"是也。

五十二

欧冶亲传铸剑方，镆铘金水配柔刚。
炼成便会知人意，万里诛妖一电光。

道光曰：欧冶铸剑，天帝遣神女为之侍炉，制以金水，配以柔刚，剑成诛妖，如一电光间，其灵异如此。圣人铸剑功[①]亦如之，以天地为炉冶，以阴阳为水火，配以五行，制以神气，炼成宝剑，能曲能直，能柔能刚，能善能恶，能圆能方，心有所思，意有所适，飞扬诛斩，一电光尔，此乃自然神剑也。修丹之士，若无此剑，犹取鱼兔而乏筌蹄也。仙翁托欧冶之事而言之，实玄珠之罔象也。

子野曰：炼丹采药，全凭慧剑降魔诛妖。倏忽变化，瞬息万里，慧剑若无锋利，妖魔岂不为害乎？

上阳子曰：要铸此剑，非用凡金凡铁。盖此神剑，乃天地之根，阴阳之骨，内斩三尸，外诛凶恶。愚者以此剑杀其身，圣人以此剑飞其神。旌阳使五仙童女戏剑，诛斩妖蛟；洞宾以三清宝剑，精灵灭迹。在佛亦云"金刚宝剑"，实成仙佛之器尔。

---

① 功，底本、扫叶本作"珠"，据《道藏》本、《道藏辑要》本、《道藏道书》傅金铨本改。

五十三

敲竹唤龟吞玉芝，鼓琴招凤饮刀圭。

近来透体金光现，不与凡人话此规。

道光曰：竹乃虚心之物，无情之义也；琴乃乐之正音，和谐之义也。龟，即黑虎；凤，即赤龙。龙之弦气，曰玉芝；虎之弦气，曰刀圭。言龙虎是无情之物，而能交媾，故曰敲，犹两物相敲击之意。龙虎相交为夫妇，是以和谐，故曰鼓琴。龙虎交，则二弦之气相吞相唼，炼就还丹，透体金光，玄黄灿烂，风生两腋，跳出人间。①

子野曰：玉芝、刀圭，皆药之异名。药生坎中，坎有乾阳，乾为金为玉，故喻为玉芝、刀圭。敲竹鼓琴，乃阴阳相求之和声。竹则虚心，应而无欲；琴则正音，和而不乱。此声之感，非寻常邪僻、情伪、郑卫之音。唤龟招凤，所谓本乎天者亲上，本乎地者亲下。《入药镜》谓之"上鹊桥、下鹊桥"之义。又离为禽，为南方朱凤，喻坎招离，翕受其药。离即我也。

上阳子曰：竹是中通外直之物，为其不直则敲之，要其能应于物。琴乃徽弦相和之意，为其不和则调之，庶能克济所事。玉芝即乾龙，刀圭为坤物。唤龟属我，招凤属彼。若非太和，则他安能招我凤乎？修行之人，卦气已过，竹不应物，可不击乎？击即敲也；琴若不和，可不调乎？调即鼓也。是以七十、八十至百二十岁，皆可还丹，是此道也。中人常士，乌可语此？邪师妄人，乌能知此？此非真仙圣师，盟天口授，孰得而知之乎？昔我紫琼公常侍太虚真人，偶一辩士求见，曰："敲②竹唤龟吞玉芝，敢问我师如何是唤龟？"太虚曰："唤龟我当语汝，我且问你如何是敲竹？"辩士曰："上上关捩。"太虚曰："我不问上上关捩，且说如何是敲竹？"辩士曰："密密深机。"太虚曰："你这言句，是长连床上学来底，作将去与天下人论辩者，我这里不是你唤龟处。"其人不悟，令紫琼拖出。后问紫琼曰："汝知敲竹否？"曰："寂然不动，感而遂通。"曰："汝知唤龟否？"曰："礼下于人，必有所得。"曰："适来辩士，何以不言？"紫琼曰："彼未得师，强猜不得。"太虚复诫曰："知之非难，行之为难也。"

---

① 此注与《悟真篇注释》同。

② "敲"，底本、扫叶本作"见"，据《道藏道书》傅金铨本、《道藏辑要》本改。

五十四

药逢气类方成象，道在希夷合自然。

一粒灵丹吞入腹，始知我命不由天。

道光曰：有物混成，先天地生，圣人强名之曰混元真一之气，视之不见，听之不闻，搏之不得，圣人以同类二八初弦之气，感而遂通，降成灵丹，象空玄之中一粒宝珠，取而饵之，立干己汞，化为纯阳之体，与天齐年。朝元子曰："死生尽道由天地，性命元来属汞铅。"岂非我命在我所为不在天邪？

子野曰：道自是道，清净为要；药自是药，得类乃成。若求非类，徒劳心力。

上阳子曰：《易》云："西南得朋，乃与类行。"若二阳同处，则成亢旱，岂有情性相感哉？二阴同室则必争，安得阴阳相类哉？盖阴从阳方为类，铅投汞方为药。药化为丹，丹化为神，形神俱妙，与道合真，是谓命在我也。

五十五

赫赫金丹一日成，古仙垂语实堪听。

若言九载三年者，尽是推延款日程。

道光曰：金丹大药，下工不逾半个时，立得服饵。此言一日者，圣人促一年气候在一月之中，又以一月气候移在一日之中，复以一日作用移在一个时辰之内，故通言一日。仙翁曰"以时易日法神功，此取此半个时也。"金丹入口，立跻圣地。如此之妙，奚可以九载三年而迁延岁月，以款日程也哉？

子野曰：作丹之法，大要汞与铅合，则片饷之间，丹头即结。但究铅生之时，斯时也，万物萌芽，有气无质，水源至清，妙矣哉！且道这时是甚么时？咦，今年初尽处，明日未来时。

上阳子曰：炼丹之法，要知他家活子时也。非天下之至妙，孰能与于此哉？

五十六

大药修之有易难，也知由我亦由天。

若非积行修阴德，动有群魔作障缘。

道光曰：魔障在彼，修持在我。阴德既宏，灵丹可冀^①。

子野曰：金丹之道，古人以万劫一传，非等闲之细事。道既高，魔必盛^②，非以阴德相扶，恐有挫志之患。

上阳子曰：前云"我命不由天"，是造化之妙在乎我。此章言"由我亦由天"，盖修还丹，须要先积阴德。夫施与不求报，阴德也；积善无人知，阴德也；不迫人于险，阴德也；暗中作方便，阴德也。夫修行人，自己阴德未充，鲜不为外魔所攻。若能回思内省，发大忍辱精进，则魔障化阴德。经云："彼以祸来，我以福往；彼以怨来，我以德报。"皆阴德之盛，驱魔之功也。

五十七

三才相盗及其时，道德神仙隐此机。
万化既安诸虑息，百骸俱理证无为。

道光曰：天地以四时盗万物，故有荣枯而不能长荣；万物以五味盗人，故有生死而不能长生；人以五行盗万物，故有存毁而不能长存。三盗既宜，三才既安。是以有生有死，有荣有枯，有存有毁，有物有我，纷纷而起，循环无端，此乃自然之道。若能混此三盗为一，返其机而动之，逆其时而食之，则百骸俱理，而万化自安，诸虑自息，是无为之道证矣。

子野曰：盗者，使人不知不觉而窃其所有之谓。修炼之法，窃天地之机，盗杀中之生气尔，得其理，则百骸自安。

上阳子曰：盗者，非世俗之所谓盗也。是金丹之法，盗其先天先地一点真阳之始气，以炼还丹。此乃道高德重，神仙中人，方能隐用此机。而非逸德殄行，庸常之人所可知之，偶或知之，非疑则惑，何哉？无德故也，故云道德神仙隐此机。

五十八

《阴符》宝字逾三百，《道德》灵文满五千。
今古上仙无限数，尽从此处达真诠。

---

① 校者按：此注与《悟真篇注释》及《悟真篇注疏》意同而辞稍异。
② 胜，《道藏》本、《道藏辑要》本作"盛"。

道光曰：二经为群经之枢辖，诸子之机纽也。

上阳子曰：《阴符》、《道德》，丹经之祖书，上仙皆藉之为筌蹄，修之成道。然其旨意玄远，世薄人浇，不能达此，故仙师作《悟真篇》，使后学者一见了然，易于领悟，而行之尔。是知《阴符》、《道德》、《悟真篇》三书同一事也。

五十九

饶君聪慧过颜闵，不遇真师莫强猜。
只为金丹无口诀，教君何处结灵胎？

道光曰：昔黄帝参广成子而授道，老子感元君而授道，尹真人拜太上而授道，祖天师感太上而授道，许真仙礼谌母而授道。抱朴子真人幼学道，年六十，历览万书，知齐十哲，慧过颜闵，莫能自悟，后遇郑思远真人授之口诀，方敢下手修炼大丹。上圣高真祖师神仙，皆以口口相传，心心相授。今仙翁自云："囊以至人未遇，口诀莫逢，遂至寝食不安，后至熙宁己酉岁，以夙志不回，初诚愈恪，遂感真人授以金丹药物火候之诀。"正所谓指流知源，语一悟百。又《契》云："著书于竹帛，又恐泄天符。若遂结舌暗，绝道获罪诛。"是不敢秘，亦不敢泄也，隐在诸丹经中，但要真师指示而已。后序云："此《悟真篇》中，所歌咏大丹药物火候细微之旨，无不备悉。好事者夙有仙骨，观之则智慧自明，可以寻文解义，如此乃天之所赐，非某之辄传也。"然万万学人，未闻一二也。今道源又加注释，然而又不敢漏露轻泄，吾侪既学道，自当不耻下问，若耻下问，则去道远矣。欲求道，须勤下问，切莫强猜。千经万论，惟布枝条，至道不繁，独传心印，未遇真师，强猜不得①。

子野曰：非师口②传真要，则从何处而下手③？

上阳子曰：九流百家，一应等术④，皆可留之纸上，或可以智慧猜晓而

---

① 按："千经万论"至"切莫强猜"为底本、扫叶、《道藏道书》傅金铨本所无，据《道藏》本、《道藏辑要》本补。

② 口，底本作"日"，据校本改。

③ 顶批云：只为丹经无口诀，教君何处结灵胎？万卷丹经，尽是讲理，不书口诀，故曰："口诀安能纸上名。"

④ 等术，《道藏》本、《道藏辑要》本作"艺术"。

知。惟独金丹一事，非得真师逐节指示，不可强以意会。或者得师略言鼎器，而不知药生之时，亦不成丹；既知药物，而不知火候，亦不成丹；既知火候，而不颠倒，亦不成丹；既知颠倒，而不知炼己细微，亦不成丹；既知炼己细微，而不知法财两用，亦不成丹。崔公《入药镜》云："差毫发，不成丹。"噫，世之愚人，恃其机锋，欲以言语疑会；恃其聪慧，欲以心领意会。或因邪僻而行采战，或只枯坐自谓无如此等，所为非但无益于身，及反为法门之罪人也。仙师慈悲甚至，诗句迫切，沾丐后来者多矣。

六十

了了心猿方寸机，三千功行与天齐。
自然有鼎烹龙虎，何必担①家恋子妻？

道光曰：此言甚切，何故不知返也？

上阳子曰：天地之功，春生夏长，秋收冬藏，万物荣枯，星宿迁斡，造化运转，只三百六十日，为一始终之成功也。修行之人，制驭心猿，涤洗方寸，收宝珠于爱河之内，只半个时辰，还丹于神室之中，几三千日，功倍②造化，德伏鬼神，岂非功行与天齐乎！

六十一

未炼还丹须速炼，炼了还须知止足。
若也持盈未已心，不免一朝遭殆辱。

道光曰：若未③炼丹，急须下手，时不待④人。既炼丹毕，抱一守成，面壁九年，斯道弘矣。⑤

上阳子曰：未炼还丹，急须炼之。若已炼丹，急须去之。佛云："道成之后，丹房器皿⑥，委而去之。"若不去之，则心境现前，恐有殆辱之患。紫清

---

① 底本作"瞻"，据《道藏辑要》本改。

② 倍，《道藏》本、《道藏辑要》本作"备"。

③ 未，底本作"文"，扫叶本作"要"，据《道藏》本、《道藏辑要》本、《道藏道书》傅金铨本改。

④ 待，底本、扫叶本作"得"，据《道藏》本、《道藏辑要》本、《道藏道书》傅金铨本改。

⑤ 此注与翁注不同。

⑥ 器皿，底本作"器血"，据校本改。

白真人云："半夜忽风雷"，此其证也。是以达磨去长芦而入少林冷坐者，无一朝之患也。

六十二

须将死户为生户，莫执生门号死门。
若会杀机明反覆，始知害里却生恩。

道光曰：阴阳五行，顺之则生，逆之则死，此常道也；不生之生则长生，不顺之顺则至顺，此丹道也。若能明此，则害里生恩，男儿有孕也。

上阳子曰：诗云：明门户，急重修。个①人若达此理，明生死之机，识颠倒之用，知返还之妙，转生杀之户，以苦为乐，以忍取恩，何忧其不仙乎？

六十三

祸福由来互倚伏，还如影响相随逐。
若能转此生杀机，反掌之间灾变福。

道光曰：阳主生曰福②，阴主杀曰祸。阴消则阳长，阳极则阴生，互相倚伏，此常道也；若以生杀之机，逆而修之，反掌之间，灾中变福，害里生恩，男儿有孕，此丹道也。

子野曰：所谓五行顺行，法界火坑；五行颠倒，大地七宝。

上阳子曰：造化在吾掌握，祸福由我而修持。顺则生人，逆则生丹。世人为不知转生杀之机，是以轮回而无了期。又乌知成佛作仙之道，止一反掌间尔。

六十四

修行混俗且和光，圆即圆兮方即方。
显晦逆从人莫测，教人争得见行藏？

道光曰：被褐怀玉，和光同尘，剖破藩篱，无我无人。《老子》曰："和其光，同其尘。"和同天人之际，实修行之秘要。

---

① 个人，《道藏》本、《道藏辑要》本作"今人"。
② 福，底本作"祸"，据校本改。

子野曰：外圆而内方者，是有为也。道之所为，奚可令人见之乎？

上阳子曰：先^①师广大慈悲，非特以金丹之秘开悟后人，并以世间法终始叮咛，何其切也。夫金丹之最难者，混俗也；要深不可识者，和光也；虽有妙用而不露锋芒者，方圆应世也；潜搬造化而不显圭角者，孰知行藏也？凡此数者，实为大修行之上事。道光得杏林之语，即弃僧伽黎复俗，以了大事，岂非混俗乎？六祖得五祖之言，入于猎人之中，无人知觉，岂非混俗乎？我太虚真人，得黄房公妙旨，去隐武夷，七个月方成道，岂非和光乎？今者黄缁之流，圆其顶而衲其衣，鬅其鬐而方其巾，此岂知吾有大患为吾有身之圣训乎？又安知此身之相，反为入室之大患邪？所以大隐市廛者，使人不可得而测度。修出世间法者，要人不得而知行藏。故老子曰："迎之不见其首，随之不见其后。"又曰："惟不可识，故强为之容。"明达到此，回视愚夫俗子，欲以机锋巧诈、剽识淫荡而求道者，远之又远。大修行人，工夫至此，可不三复是诗，以求成道乎？

五言八句一首

（以象太一含真气之妙）

女子著青衣，郎君披素练。

见之不可用，用之不可见。

恍惚里相逢，窈冥中有变。

一霎火焰飞，真人自出现。

道光曰：女子，乃龙之弦气，号曰木姬，生于青龙，故云"著青衣"也；郎君，乃虎之弦气，号曰金郎，生于白虎，故云"披素练"也。有质可见者，乃后天滓质之类，故可见不可用。无质不可见者，初弦之气，恍恍惚惚，杳杳冥冥，故可用不可见。惟混元真一之气，生于天地之先，居于恍惚之中，出于杳冥之内，氤氲磅礴，通灵变化，此无中生有也。真人者，金丹也。圣人移一年之气候攒在一时辰内，又于一时辰中作六候，只于二候之中，运火煅炼，立得真一之气，结成一粒，现在北海之中，如黍米，岂非一霎时中？火功一止，真人出现，此道妙矣。非遇真师真传口诀，其孰能与于

---

① 先师，《道藏》本、《道藏辑要》本作"仙师"。

此妙哉？

子野曰：女子著青衣，木汞也；郎君披素练，水金也。阴阳和合，彼此以形质未露之气，交于杳冥恍惚之中，庶乎可用。倘形质既兆，则为后天不可用矣。

上阳子曰：此诗八句，括尽一部丹经之妙用。首句见震家事，谓汞属我；二句是兑宫事，谓铅属彼。三句则生人物矣，四句乃以炼丹，五句为入室下工，六句乃防危杜险，七句即丹成九转，八句谓行满三千。仙师传流此诗者，惟欲指出先天混元真一之气，即太乙所含之初气，学者可不求师乎？

《悟真篇三注》卷中终

《悟真篇三注》卷下

宋张紫阳真人张伯端平叔　撰

紫贤真人薛道光　注

子野真人陆墅　注

上阳子陈致虚　注

西江月十二首

（以象十二月。西者，金之方；江者，水之体；月者，丹之用。）

一

内药还同外药，内通外亦须通。

丹头和合类相同，温养两般作用。

内有天然真火，炉中赫赫长红。

外炉增减要勤功，妙绝无过真种。

道光曰：《夷门破迷歌》云："道在内来，安炉立鼎却在外；道在外来，坎离铅汞却在内。"此明内外二药也。外药者，金丹是也，造化在二八炉中，不出半个时，立得成就；内药者，金液还丹是也，造化在自己身中，须待十个月足，方能脱胎成圣。二药作用虽略相同，及其用功火候，实相远矣。吾侪下工，外药和合丹头之际，龙虎交战之时，金木相啖，水火相激，分毫不可差忒，差忒大药不就。内药和合丹头之际，最须防危虑险。内药虽有天然真火，在土釜之中，赫然长红，亦须外炉勤功加减，抽添运用，令无差忒，以至危殆也。然内外真火，变化无穷者，实藉真铅之妙绝也。此物偏能擒汞，不使飞走。近叶文叔不达此理，却言内药以真火烹炼，外药须假凡火增减。呵呵，盖未得师指示，以管见窥天。殊不知二药内外虽异，其用实一道也。所以有内外者，人之一身，禀天地秀气而有生，托阴阳陶铸而成幻相，故一身之中，以精气神为主，神生于气，气生于精，精生于神。修炼之士，若执此身内而修，无过炼精气神三物而已。然此三者，皆后天地所生，纯阴无阳，以此修持，安能化形于纯阳而出乎天地之外邪？钟离翁云："涕唾精津气血液，七般灵物总皆阴。"又曰："独修一物是孤阴。"真一子曰："孤阴不自产。"《参同契》曰："牝鸡自卵，其雏不生。"圣人知己之真精乃后天地生，而属阴，难擒易失。是以采先天之一气，以真阴真阳、二八同类之物擒在一时，炼成一粒，名曰至阳之丹，号曰真铅。此造化却在外，故曰外药。却以此阳丹擒自己阴汞，犹猫捕鼠尔。阳丹是天地之母气，己汞乃天地之子气，以母气伏子气，子母相恋，岂非同类乎？其造化在内，故曰内药。仙翁曰："药逢同类方成象，道在希夷合自然。"真一子曰："未有天地混沌之前，真铅得一而生，以渐生天地、阴阳五行。"《参同契》曰："先天地生，巍巍尊高。"此皆证金丹是先天地之一气也。以先天阳丹，点化己之阴汞为纯阳，更假阴阳符火，运用抽添，十月功足，形化为气，气化为神，神与道合，升入无形，变化不测，故能出乎天地之外，立乎造化之表，提挈天地而陶铸阴阳，却不为阴阳陶铸者，是先天一气使之然也。其妙如此之绝，故谓妙绝无过真种。安可以后天至阴之气类而为内药邪？安可用后天地生凡铅凡汞、凡砂凡银、非类滓质之物而为外药邪？学道之士，研穷本始，精究邪正，毋惑诳邪，诈装高道以误后来，有如此者，永堕三途。

子野曰：内丹之道，与外药炉火之事颇同，大概汞非铅则不能伏。知外事者，内亦易知。

上阳子曰：修行之人，先须洞晓内外两个阴阳作用之真，则入室下工，成功易矣。内药则一己自有，外药则一身所出；内药不离自己身中，外药不离色相之中。内药只了性，外药并了命。内药是精，外药是气。精气不离，故云真种。性命双修，方证天仙也。

二

此道至神至圣，忧君分薄难消。

调和铅汞不终朝，早睹玄珠形兆。

志士若能修炼，何妨在市居朝。

工夫容易药非遥，说破人须失笑。

道光曰：金丹入口，立跻圣地，岂非至神至圣乎？煅炼只半个时辰，立得金丹形兆，岂非至简至易乎？家家自有，不拘市朝，岂非至近乎？以其至近，是故说破令人失笑也。得之者，只恐无功无德，忘师背道，不足以胜其妙。

子野曰：金丹之事，为其至灵，故称神圣。其所以为灵者，如立竿见影、呼谷传声之谓，非其他虚幻渺茫之行。是此金丹惟铅与汞，铅从他出，汞向己生。才办肯心，玄珠有象，工夫容易，何必名山大泽以煅炼哉？

上阳子曰：还丹之道，功在降龙伏虎，盗夺天地造化，是以神妙；寂然不动，感而遂通，是为灵圣。闻而遂信，受而勤行者，大根上器也。闻而大笑诽谤者，无分薄福也。铅汞交而玄珠兆，是名金丹。此金丹朝市家居、日用夜作，本自具足，无所拘执。世之愚人乃谓修行者，必居深山，必远市朝，必出妻弃子，必孤坐无为，方为修道，彼岂知真阴真阳之用哉？

三

白虎首经至宝，华池神水真金。
故知上善利源深，不比寻常药品。
若要修成九转，先须炼己持心。
依时采取定浮沉，进火须防危甚。

道光曰：首者，初也。首经，即白虎初弦之气，却非采战圭丹之术。若说三峰二十四品采阴之法，即是诽谤大道，九祖永沉下鬼，自身见世恶报也。道不可毁，犹天之不可阶而升也。若夫真一之气，在天曰真一之水，在虎曰初弦之气。若炼在华池，名曰神水。此乃真金之至宝，皆不离真一之精，流历诸处，故曰种种之异名，以其能成就造化。经曰："上善若水。"盖真一之水，生于天地之先，故曰上善。其利源甚为深远，却不比寻常后天地生滓质之物。九转为九年，在十月胎圆之后作用，即达磨面壁九年之功。若欲修九转之妙者，先须炼己，以定浮沉，以分宾主。依时采取，守雌不雄，方免危殆。运火十月，自然形化为气，气化为神，抱元守一，九载功成，形神俱妙，与道合真，圣人强名曰"九转金液大还丹"也。

子野曰：男子二八而真精通，女子二七而天癸降。当其初降之时，是首经邪？不是首^①经邪？咦，路逢侠士须呈剑，琴遇知音始可弹。神水即首经

---

① 首，底本、《道藏道书》傅金铨本、扫叶本作"守"，据《道藏》本、《道藏辑要》本改。

也。老子曰："上善若水，善利万物。"真人以首经神水为喻，言其利生之功，非其他丸散之外药。九转乃火数周足、丹熟之时，欲得九转丹成，持心炼己为要。

上阳子曰：白虎为难制之物，倘用之而得其道，岂无伤人之理？首经为难得之物，倘求之不失其时，必有天仙之分。只此白虎首经，强名先天一气。仙师太忔漏尽，薛、陆注之太详，世之愚人，若指为采战之说，或谓圭丹之术者，则祸及于身。学者若知三日月出庚之旨，方许求华池神水之用。还丹之道，修之则易，炼己最难。故仙师戒人先炼己，即纯阳翁云："还丹在人，先须炼己待时。"何也？盖火为最灵之物，人所不能测度者，火却先知，犹灯蕊焉。凡火尚灵，况真火乎？真火即己汞，必先炼此真火，降此真龙，使无奔逸，从我驱用，然后可以制伏白虎，而得至宝之真金。圣师用心至此，惟恐后人不能炼己，则时至临炉，顷刻之功，不得一粒至宝，反至危困。修行之人，先当究意炼己之功也。

四

　　若要真铅留汞，亲中不离家臣。
　　木金间隔会无因，须仗媒人勾引。
　　木性爱金顺义，金情恋木慈仁。
　　相吞相啗却相亲，始觉男儿有孕。

道光曰：此言木金法象也。家臣，即己之真气也。己之真气因真铅而凝结金丹，金丹因己汞而有神功。二物相须，两情相恋，乃能变化通灵。铅为金在外，汞为木在内，二物间隔，须仗黄婆制造成丹，吞入腹中，与己汞配合，亦仗黄婆勾引。二物既和合了，交接阴符阳火。木性爱金顺义，金情恋木慈仁，内外金木，二性恋爱，其金情正直刚烈，木性柔顺慈悲①，情性自爱自恋，相吞相啖，结为夫妇，以产婴儿，在我腹中，故云有孕。此道妙矣，倘非慈悲利物济人阴德之士，则万世难遇也。

子野曰：汞出自家，非铅不伏；铅生坤宫，所以间隔。欲其汞铅相会，

---

①　按："内外金木"至"柔顺慈悲"一段，底本、扫叶本、《道藏道书》傅金铨本均无，据《道藏》本、《道藏辑要》本补。

非媒不可。媒者，合阴阳之用。物之生乎，一气者最亲，虽彼此间隔，而互相慕恋，不可废弃。所以木之性①，不得不爱金；金之情，不得不恋木，何哉？为其同出乎一气故也。若非洞晓阴阳，深达造化，其孰能与于此哉？

上阳子曰：真铅在造化窟中而生，真铅居造化身中而生。不能持心炼己则汞走，不能依时临炉则铅飞。家臣者，即己汞。若炼之熟，则能随我之意而后用之。木虽爱金顺义，非媒②则不得其欢心；金虽恋木而多情，非媒则不能以自达。媒既通好，则③已结欢，自相吞啗，而男子怀胎也。若不怀之以德，惠之以仁，则临事焉能随我之所用者哉！

五

二八谁家姹女？九三何处郎君？

自称木液与金精，遇土却成三姓。

更假丁公煅炼，夫妻始结欢情。

河车不敢暂留停，运入昆仑峰顶。

道光曰：二八阴数，姹女即我之真汞也，又曰木液；九三阳数，郎君即阳丹也，又曰金精。二物交会丹田土釜之中，即成三姓也。丁公者，火也。河车者，水也，即阴阳符火，日夕运转不停而河车流转不已之义也。此言铅汞二物在土釜中，须凭火功于内煅炼，夫妇始结欢情。是以阴符阳火不得暂停，诸般气候，妙在一心，运自昆仑顶注入，温养灵胎，以成金液还丹也。

子野曰：汞属阴，故云二八姹女；铅属阳，故云九三郎君。汞乃木之液，铅乃金之精，得土为媒，三姓交媾，加以丁火炼之，则铅汞融结，夫欢妇合。火性炎上，丹为火气下蒸，则河车自然有路，飞上泥丸也。

上阳子曰：姹女即离宫之汞，郎君乃坎中之铅，土乃合二为一之物，金木得土方能媾结，河车运入于昆仑峰顶④矣。

---

① 性，底本、扫叶本作"生"，据《道藏》本、《道藏辑要》本、《道藏道书》傅金铨本改。

② 媒，《道藏》本作"财"。

③ 则，《道藏》本作"财"。

④ 顶，底本作"盲"，据校本改。

六

七返朱砂返本，九还金液还真。

休将寅子数坤申，但看五行成准。

本是水银一味，周流遍历诸辰。

阴阳数足自通神，出入岂离玄牝？

道光曰：九还七返者，不离天地五行生成之数。世人以寅子数至坤申，为九还七返者，谬也。返者，返本，还者，还元。天一生水，地以六数成水，居北积坎阴之气为真水，故曰六居；地二生火，天以七数成火，返南孕离而生砂，故曰七返朱砂返本；天三生木，地以八数成木，居东处震而为汞，故曰八归；地四生金，天以九数成金，还西化兑而为金，故曰九还金液还真；天五生土，地以十数成土，居中变而为丹也，故曰金丹。不出乎金木水火土而成，故曰但看五行成准也。水银为汞，即真一之气结而成精。一变为水在北，二变为砂在南，三变为汞在东，四变为金在西，五变为丹在中。此丹非天地不生，非日月不产，非四时不全，非五行不就，非总数不成。是以遍历诸辰，阴阳数足，自然变化通神也。

子野曰：火乃七数，金乃九数，金火相胥，作丹之要。金非火不还，火非金不返。《龙虎上经》云："丹术著明，莫大乎金火。"此之谓也。水中金，故称水银。内丹之成，不出此一味尔。得其妙，则自然经历诸辰，时至气化。要知欲得之妙，非藉玄牝不可得也。

上阳子曰：朱砂为汞，金液为铅，金来归性，是曰还丹。本来只是先天一气，生于造化泉窟，故号水银。非此一味至宝之物，何以结丹？又非玄牝为之根本，去来何由出入而变化哉？

七

雄里内含雌质，负阴抱却阳精。

两般和合药方成，点化魄仙魂圣。

信道金丹一粒，蛇吞立变龙形。

鸡餐亦乃化鸾鹏，飞入真阳清境。

道光曰：雄里雌，是龙之弦气；阴抱阳，乃虎之弦气也。二物交合，灵丹自结，吞入腹中，点化阳魂，以消阴魄。一粒如黍，鸡餐蛇吸，亦化龙鹏，药之神圣如此。

子野曰：阳中有阴，阴中有阳。阴阳相交，魂灵魄圣。

上阳子曰：我虽外雄，其中唯雌；我虽外白，其内唯黑。彼之阴中，返抱阳精，以阳精点阴，大药方成。万物得此灵药，皆能变化，而况于至人乎？

八

天地才经否泰，朝昏好识屯蒙。

辐来辏毂水朝宗，妙在抽添运用。

得一万般皆毕，休分南北西东。

损之又损慎前功，命宝不宜轻弄。

道光曰：运火之始，用工于屯蒙，休工于既未。日夕搬运符火，入于鼎中，如车之轮，辐辏于毂，若百川水，朝宗于海，运用抽添，妙化如此。一者，真一之精也。一气生阴阳，阴阳生四象，四象生五行，五行生万物，俱是真一之气变也。故真一之精，为天地之父母，阴阳之宗祖，四象之元，五行之根，万物之基。得此之一，则万事毕矣。损之又损，方能尽得一之妙。盖一之有象，运阴符阳火以制之也。既得一，吞归五内，如前运阴符阳火，以慎前功，虑险防危，不可轻动，恐失命宝玄珠也。

子野曰：阴阳既合，乃行火候。辐辏毂者，乃得药之功。斯时混沌，复为一太极，不必分南北西东之限，但当照顾关防，念头差动，慎其前功。倘怀一时之兴浓，则忘却平日之辛苦而废大事，所以道不宜轻弄。

上阳子曰：大修行人，当思学道炼丹之难，只此一粒之丹，甚不易得。费尽万苦千辛，方能得之。既得之后，侥幸全此命宝，更宜闲居幽处，温养以调。损之又损者，念欲灰而志欲奋，功欲勤而景欲忘。其未得丹之时，行真个神仙之行。若已得丹之后，怀全无所得之心，则一切事物不关心君，而无危险，直全功成火足而不怠也。

九

冬至一阳来复，三旬增一阳爻。

月中复卦朔晨潮，望罢乾终姤兆。

日又别为寒暑，阳生复起中宵。

午时姤象一阴朝，炼药须知昏晓。

道光曰：冬至一阳生，为复卦，每三十日又增一阳爻，为临卦，为泰，为大壮，为夬，至四月六阳为纯乾，乃阳火之候也；阳极则阴生，夏至一阴生，为姤卦，每三十日增一阴爻，为遁卦，为否，为观，为剥，至十月六阴为纯坤，乃阴符之候也。阴极则阳生，周而复始，此一年之火候也。圣人移一年火候在一月之中，朔旦复卦，两日半增一阳，至十五日为纯乾。十六日一阴生，为姤卦。故曰望罢乾终姤兆。以阴初萌，故为之兆。又将一月之候移于一日之中，分为寒暑温凉四时之气，故以中夜子时一阳生为复卦，午时一阴生为姤卦，阳火阴符，抽添运用进退，亦依天地四时，阴阳升降之道，不得毫发差忒。炼药须知昏晓者，昏晓乃阴阳之首也。

子野曰：冬至初，一阳来复，喻身中药生之时。此时于一月终，见此气候，所以云三旬增一阳爻者，月中之复卦也。自复至乾，乾满而姤，姤即药过之时，金逢望远之候。日又别为寒暑，言一日之内炼药气候。半夜子时为复卦，日中午时为姤。学者炼药，须要明其心中一阳之时，天地一阳之时，毫发无差，金丹可望矣。

上阳子曰：冬至潮候，乃天地之造化；铅见癸生，乃人身之造化。天地一阳复而万物发，人身一阳生而真铅现。此时不采不炼，则过时混浊，药物不真。既得一粒之丹，与自己真汞既济而成乾，乃行阳火，姤巽承领阴符，日运己汞，包固阳精，故曰姤象一阴朝。向这里，又须师指口授也。

十

不辨五行四象，那分朱汞铅银。

修丹火候未曾闻，早便称呼居[1]隐。

不肯自思已错，更将错路教人。

误他永劫在迷津，似恁欺心安忍？

道光曰：丹经万卷，妙在《参同》。又《鼎器歌》，金丹之髓，举世学人莫能晓解。倘或遇盲师指示旁门非类，便有脱漏之想；未得吐故纳新之方，

---

[1]　居，底本、扫叶本作"后"，据《道藏》本、《道藏辑要》本、《道藏道书》傅金铨本改。

便有飞云走雾之兴。自高自是，模范于人。己既不知悔悟，误他亦溺迷津。亏心失行，明招恶报。况又谤诽前文，诈生议论，安忍此哉！

子野曰：《论语》云："中人以上，可以语上也；中人以下，不可以语上也。"

上阳子曰：铅汞砂银土，为还丹之五行；乾坤坎离，为造化之四象。火之为物，最异最灵，炊薪笑而占客来，爆灯花而卜财喜。凡火尚犹如此，真火尤为灵通，故能生佛生仙，功夺造化。却缘愚子未遇真师，不知世有还丹之道，但以空无狂荡，锋辩矫诈，瞀诱时人，错到了处，不肯回思失行，不以罪福关心。仆自闻师训后，凡见此辈，即欲提醒，使归正道。奈无知浅识之徒，癖而难海。噫，庄仙云："其人天且劓者，真至言也。"

十一

德行修逾八百，阴功积满三千。
均齐物我与亲冤，始合神仙本愿。
虎兕刀兵不害，无常火宅难牵。
宝符降后去朝天，稳驾鸾车凤辇。

道光曰：九载抱一，行满功成，道成德备，物我俱忘，何畏乎刀兵虎兕？天降宝符，身飞玉阙，此大丈夫功成名遂之时也。

子野曰：始因有作，终于无为。无为境界，真仙所居。

上阳子曰：修行之人，勤修德行，广积阴功，任他魔障百端，惟以功行为务，存心如此，虽有宿冤，自然消散，岂有刀兵虎兕之害哉？功成之日，伺诏飞升。若张天师、许旌阳、葛仙翁，皆成道之后，白日升天。今人乃谓神仙因宿世布种，积劫修来，非人可学，又惑之甚。彼岂知葛仙翁六十岁后，方得闻道，其勤苦有不可述者，而后道成。噫，老子云："古之善为士者，微妙玄通，深不可识。"妙矣哉！深不可识者，炼大丹之时，行有为之道。唯其深不可识，故得行逾八百，功满三千也。

十二

牛女情缘道合，龟蛇类禀天然。
蟾乌遇朔合婵娟，二气相资运转。
本是乾坤妙用，谁能达此深渊？

阴阳否隔却成愆，怎得天长地远？

道光曰：牛郎织女，一岁一交；太阴太阳，一月一合。龟蛇以类，蟠虬相扶，皆阴阳二气使之然也，实为大道之根本。金丹大药作用一般，盖真一之气杳然无形，若不得二八阴阳二气相交，焉降格兆形于黍米哉？既得丹饵之后，不得阴阳符火氤氲，焉能变化金液还丹哉？《参同契》曰："关关雎鸠，在河之洲。窈窕淑女，君子好逑。雄不独处，雌不孤居。玄武龟蛇，蟠虬相扶。以明牝牡，竟当相须。理之所在，夫复何疑？"颠倒修之，宇宙在乎手。真一子曰："孤阴不自产，寡阳不自成。"须假牝牡合气，方能有胎仙之道也。天地所以能长且久者，阳交阴合，自然之道也。天不降，地不腾，四时不序，万物不生。仙翁于此章再三致意，深于道者，以意会之。

子野曰：牛、女，天之二星，每遇七夕，假鹊桥会合。龟、蛇，地下之物，亦能交媾。日月遇朔合璧，是皆一阴一阳相求之道。作丹之妙，若以孤阴寡阳而无配，得不乖乎？

上阳子曰：牛女为星宿，蟾乌为日月，龟蛇甲 [①] 类，亦必阴阳二气，而后相资之运转。今人乃以孤阴寡阳，深山兀坐，以为修道，而欲长生，何其大谬？岂知阴阳否隔，则不成造化，而况修金丹之道乎？

又一首

（以象闰月）

丹是色身至宝，炼成变化无穷。

更能性上究真宗，决了无生妙用。

不待他身后世，见前获佛神通。

自从龙女著斯功，尔后谁能继踵？

道光曰：此道正是我达磨祖师西来底意，祖祖相传，皆此道也。故六祖出曹溪一派，马祖指为西江水，无非此意。但后之人无心行道，唯以口谈，佛祖无可奈何，柱杖棒喝，百端譬喻，使上人者行其道，中器者悟其性，下根者诵其言，随人所适，盖欲世人先存其性，然后修命。存性，即玉液炼己

---

① 甲，底本作"用"，据《道藏》本、《道藏辑要》本、《道藏道书》傅金铨本改。扫叶本作"之"。

之功；修命，即金液还丹之道。愚者却谓我教禅宗，一言之下，顿悟成佛，此乃诳惑迷愚，安有是理哉！要知金丹即我教中最上一乘之妙。①

子野曰：丹是色身至宝，只斯一语，说尽大丹之旨，何用多为。

上阳子曰：如来妙色身，从凡世色身中来，是以金丹至宝，不在深山穷谷，当于世间法中求之。此丹一成，变化无穷，先要自性究达，方可为佛子以上事。故道光云："修性即炼己，修命即还丹。"此非时人修来生福，直要今生即成佛果。昔世尊灵山说法，五千人退席，唯一龙女于世尊前，献一宝珠，证佛成道也。

七言绝句五首
（以象铅汞砂银土之五行）

一

饶君了悟真如性，未免抛身却入身。

何似更兼修大药，顿超无漏作真人。

道光曰：我如来法门，悟性为先，然非上乘之妙义。金丹之道，得药为上，然必明心见性为先。若以悟性为成佛，万无是理。若不炼性而求药，恐致险危。又曰：大用未现前，大法未明透，一毫渗漏，抛身入身，若圆明照了，兼修金丹，道成十极，号曰真人。夫按摩吐纳，谓之旁门；以己合人，谓之金丹。金丹出于自然，旁门出于使然。金丹以日月为本，出于庚金之方，会于坎水之元，金水相投，结成造化，谓之金丹。

子野曰：《易》云："穷理尽性，以至于命。"是为性命同修，是为一阴一阳之道。若止悟性，未能了命，是为偏阴偏阳之疾，而有抛身入身之患矣②。

上阳子曰：世人不知仙师末后多举释氏之说者，要人必须性命兼修，后人反谤其成道之后，终须参佛，何其狂哉！彼了真如性而不能修丹者，不能成佛也。故首序云："闭息一法，与坐禅颇同，若勤而行之，可以入定出神。

---

① 按：此注与翁注不同。

② 按：陆注与戴起宗《悟真篇注疏》本首之疏同。

奈何精神属阴，宅舍难固，不免长用迁徙之法，既未得金汞返还之道，又岂能回阳换骨、白日而升天哉？"故抛身入身者，难免无漏；修命之道，直入无形。大药者，修命也。性命双修，形神俱妙，与道合真矣。

二

投胎夺舍及移居，旧住名为四果徒。
若会降龙并伏虎，真金起屋几时枯？

道光曰：真金起屋，何枯之有？经云："枯骨更生，皆起成人。"而况黍米之珠者邪？鄙哉投胎夺舍，是四果之徒，转阴灵之鬼尔。降龙伏虎，是还丹之妙。

子野曰：金丹之道，一得永得，身外有身，隐显莫测，与投胎夺舍顽空之辈不同。

上阳子曰：四果如须陀洹、斯陀含、阿罗汉、阿那含是也。投胎夺舍，如五祖之投周氏胎者，犹可望再世而修，缘有道心，为能不昧故也。否则一失人身，则万劫轮回矣。

三

鉴形闭气思神法，初学艰难后坦途。
倏忽纵能游万国，奈何屋旧却移居。

道光曰：鉴形闭气，思神之法，初学甚难，及其习熟，坦然无碍，瞬息之间，遍游万国，其英爽灵妙如此。奈何其形属阴，易敝难固，不免投胎夺舍者也。凡此数事，皆道教之旁门尔。依此修行，不能见如来[1]。

子野曰：此言出阴神之法，有屋旧移居之苦，与阳神金丹之道不同。

上阳子曰：闭气养息，一阴而已，饶经万劫，终落空亡，此非道也。《洞宾传》载：一日，洞宾化作一道人游庐山开元寺，见僧法珍坐禅二十年，颇有戒行。道人问曰："坐可了道乎？"珍曰："然。"道人曰："佛戒贪嗔痴为甚，方其坐时，谓无此心，及其遇物，不能暂忘，偶著于爱，则四种心纷然莫御。若欲端坐，先炼其心，既能炼心，须伏其气。既能伏气，虽终日睡

---

[1] 按：从"凡此数事"至"不能见如来"，底本及诸本皆无，据《道藏》本补。

眠而道在其中，岂专在坐乎？"珍尚未悟，道人乃与珍历法堂，见一僧方酣寝，道人谓珍曰："此僧平日何所为？"珍曰："打坐积功，以求成佛。"道人曰："我与子少坐于此，试观此僧坐功。"良久，珍见睡僧顶门出一小赤蛇，长三寸许，缘床自左足至地遍游，遇涕唾食之，后循上尿器中饮而去。乃出轩外，度小沟，绕花若驻玩状。复欲度一小沟，以水溢之而返。道人当其来处，以小刀插地迎之，蛇见畏缩，寻别径至床右足，循僧顶门而入。睡僧遽惊觉，问讯道人及珍曰："我适一梦，与二子言之。初梦从左门出，逢斋供甚精，食之。又逢美酒，饮之。因褰裳度门外小江，逢美女数十。复欲度一小江，水骤涨不能往，遂回。逢一贼，欲见杀，走从捷径，至右门而入，遂觉。"道人与珍大笑而去，谓珍曰："以床足为门，以唾涕为供，以溺为酝，以沟为江，以花木为美女，以刃为贼。人之梦寝幻妄如此，人以坐功而求道成佛，可乎？"珍曰："为蛇者何？"道人曰："此僧性毒，每多嗔恨，薰染变化，以成蛇相。他日暝目，即受生于蛇矣。可不惧哉！吾吕公也，见子精诚，故来教子。"珍遂随往，不知所终。世之兀坐修佛者，视此岂不愧乎？

四

释氏教人修极乐，只缘极乐是金方。

大都色相唯兹实，余二非真谩度量。

道光曰：借问瞿昙是阿谁？原在西方极乐国。调和二八产金精，丈六金身从此得。若人空此幻化身，亲受圣师真轨则。掌握真金一饷时，始信仙家常咫尺。道无彼我，唯一而已。

子野曰：金者，万物之宝，愈炼愈刚，旷劫不坏。释称曰大觉金仙者，即金丹之道也。

上阳子曰：极乐者，无去无来，不生不灭，直须搅长河为酥酪，倾醍醐以注顶，即释氏之金丹也。经云：唯有一乘法，余二即非真。仙师指色相中修行者，唯此金液还丹之道，余则无地[①]可成佛也。

---

① 地，《道藏》本、《道藏辑要》本作"他"。

　　俗语常言合圣道，宜向其中细寻讨。

　　若将日用颠倒求，大地尘沙尽成宝。

　　道光曰：真铅真汞，不离日用之间。颠倒修之，大地俱成至宝也。古歌云："朝朝只在君家舍，日日随君知不知？"

　　子野曰：颠倒之机，前卷悉以露尽。石中岂无玉，还他识宝人。

　　上阳子曰：日用常行是道。先哲云："日用与夜作一般。"大修行人，须向其中细细寻论穷究，得仙师指其造化，方知尘沙可以成宝矣。

　　四序花开四照亭，风吹香气喷香馨。

　　劝君采取当时节，莫使娇红取次零。①

　　陆子野曰：四序花开，何时无药？四照亭，喻花开之得地，人宜赏焉。过期失赏，则花衰落而无复见娇红之妙也。花之颜色多，而独以娇红为喻者，信有深旨。所以丹经云："伏丹阳，事迥②别，须向坎中求赤血"者是也。娇之一字，又岂偶然之字也？康节先生有诗云："美酒饮教微醉后，好花看到半开时。"其旨皆同也。

读《周易参同契》

　　大丹妙用法乾坤，乾坤运兮五行分。五行顺兮常道有生有灭，五行逆兮丹体常灵常存。一自虚无兆质，两仪同一开根；四象不离二体，八卦互为子孙。万象生乎变动，吉凶悔吝兹分。百姓日用不知，圣人能究本源。顾易道妙尽乾坤之理，遂托象于斯文。否泰交则阴阳或升或降，屯蒙作则动静在朝在昏。坎离为男女水火，震兑乃龙虎魄魂。守中则黄裳元吉，遇亢则无位而尊。既未慎万物之终始，复姤昭二气之归奔。月盈亏应精神之衰旺，日出没合荣卫之寒温。本立言以明象，既得象以忘言。犹设象以指意，悟其意则象

---

　　① 按：此诗底本及校本均无，因其系陆子野注，故据《道藏》本《悟真篇注疏》卷七录入，以供参考。

　　② 事迥别，原本作"事迥然别"，衍一"然"字，据"赠白龙洞刘道人歌"删。

捐。达者惟简惟易，迷者愈惑愈繁。故之修真上士读《参同契》，不在乎泥象执文。

道光曰：阳主生，阴主死，一生一死，一去一来，此常道顺理之自然者也。圣人则之，反此阴阳，逆施造化，立乾坤为鼎器，盗先天一气以为丹，以丹炼形，入于无形，与道冥一，道固无极，仙岂有终？冬至之日，地下有一阳之气上升，为复卦，人之元气亦如之，故进阳火。至正月阴阳之气相半，自然相交，为泰卦，人之元气亦然。故曰否泰交则阴阳或升或降也。圣人移此一年气候于一月三十日中，以两日半计三十辰，以当一月，故自月之一日以后，太阳之光初萌，为复卦用事；至上弦初八日，月明一半，金水平分，为泰卦用事；至十六日以后，月渐亏为姤卦用事；至下弦二十三日，月阴阳一半，金水平分，为否卦用事，故曰月亏盈精神之盛衰。又移此一月气候，归一日十二辰中，子时一阳生，故人之肾中有一阳纯精之气上升，进阳火，为复卦；午时一阴生，故人之心中有一阴至神之气下降，退阴符，为姤卦，故曰复姤昭二气之归奔也。夫子时起阳火，子为六阳之首，故为朝，用屯卦直事；午时起阴符，午为六阴之元，故为昏，用蒙卦直事，故曰屯蒙作则动静在朝在昏也。一日一夜，两卦直事，三十日计六十卦，屯蒙为六十卦之始，既未为六十卦之终，终而复始，始而复终，故曰既未慎万物之始终也。夫修金丹，先以真阴真阳之物立为炉鼎，然后诱太极一气为丹，太极之气苟不以真阴真阳之物而诱之，则不能降灵象，是以《参同契》立乾坤二卦为炉鼎，分坎离为药物，处于中宫，其余诸卦[①]分在一月三十日内，以运符火。故乾坤者，龙虎也；震兑者，夫妇也，魂魄也；坎离者，铅汞也，水火也，男女也，情性也。触类而长之，则不可胜纪矣。原其至当而言之，无过比喻真阴真阳之二物也。以此二物合气于中宫黄道之室而成丹，故曰：守中则黄裳元吉也。既得丹饵，非真火无以育其圣胎，是以运元阳之气为火。火无定位，周流六虚，故曰："遇亢则无位而尊"也。夫日出为昼，日没为夜，圣人运动符火于一日一夜之中，分擘阴阳寒暑之气，外应天符，内合荣卫，消长一身，抽添运用，温养子珠，故曰日出没合荣卫之寒温也。夫天一生水，在人曰精；地二生火，在人曰神。人之精神荣卫一身，当与天地阴阳、

---

① 卦，底本作"非"，据校本改。

四时五行之气运行不息也。以上皆魏真人以金丹之道，至简至易，敷扬秘要，故假《易》卦，意寓于言，俾学者悟其意以晓其言。苟得金丹秘要，则乾坤坎离、震兑龙虎、情性魂魄、铅汞水火之类，皆可忘言矣；苟明运火真机，则屯蒙既未、复姤否泰、卦象爻铢皆可无用矣。此仙翁恐学者读《参同契》，不晓真人之意，惟只泥象执文，而不知捐象忘言之意，故作此以示同徒，其仁慈济物如此。虽然自非至人口诀，然亦未易以蹈其壶奥之万一也。

张紫阳赠白龙洞刘道人歌 ①

宋　李简易　注

兔走乌飞两曜忙，始闻花发又秋霜。徒夸篯寿千余岁，也似云中一电光。一电光，何太急，百年三万六千日。其间寒暑互煎熬，不觉红颜暗中失。纵有儿孙满眼前，都成恩爱转牵缠。及乎精绝身枯杇，谁解教君暂驻延？既无计，不免将身随水逝。但看古往圣贤人，几个解留身住世？身住世，也有方，只为时人误度量。竞向山中寻草木，伏铅制汞点丹阳。点丹阳，事迥别，须向坎中求赤血。取来离位制阴精，

坎坤体，离乾体，乾以阳交坤而成坎，所谓流戊也；坤以阴交乾而生离，所谓就己也。万物妊娠于子，乾坤壬癸会于北方，故曰坎宫。坎宫即坤宫也。西南是本乡，非未申之位也，元气从此而生。赤血者，即是身中一点阳精，又曰阳铅，实先天一气耳。经曰：卓哉，真铅天地之先，是为真铅也。离位者，即乾宫是也。知时采取此阳铅，以制离位之阴精。阴精即阴汞也，木液也。二物交结而成内丹，即非世间砆砂、水银、五金八石、草木有形之物。

匹配调和有时节。

药味平平，金水各半。黄婆媒合，婚冠相求。贵在知其时节也。

时节正，用媒人，

《参同契》曰："晦至朔旦，震来受符。"是一阳初动之时也。当斯之时，

---

① 底本无，据《道藏辑要》本补。

牝龙吟、雄虎啸，得媒人即自交合。媒人即黄婆也。古歌曰："三四同居共一室，一二夫妻为偶匹。要假良媒方得亲，遂使交游情意密。"紫阳曰："本因戊己为媒娉，遂使夫妻镇合欢。"又曰："须假媒人勾引。"石真人云："阿谁知运用？大意要黄婆。"然则黄婆为真土，真土即黄婆。当雄雌交会之时，刚柔相结而不可解，非黄婆不能也。实为还丹之枢纽，金水之提防。黄中通理，正位居体，美在其中而畅于四肢①。黄婆、真土已见其大概矣。

金公姹女结亲姻。

金公姹女，见下文释。结亲姻，即是投铅合汞。

金公偏爱骑白虎，

金公，铅也。抱天一之质，本从月生而寄位于西方庚辛金，而出于坎位，故曰"虎向水中生"，即铅中银、黑中白、水中金也。《参同契》曰："金为水母，母隐子胎。水者金子，子藏母胞。"又曰："被褐怀玉，外在狂夫。"乃真铅也，实先天之一气耳。

姹女常驾赤龙身。

姹女，汞也。汞负正阳之气，本从日生而寄质于东方甲乙木，而出于离宫，故曰龙从火里出，即沙②中汞、雄里雌、太阳流珠也。《参同契》曰："汞日为流珠，青龙与之俱。"又经曰："赤髓流为汞，姹女弄明珰。"乃真汞也，木液是矣。

虎来静坐秋江里，龙向碧潭奋起身③。

秋江即是西江，碧潭即是东海。真龙见真虎，则一起一伏，两相饮食，俱相吞④并。

---

① 而畅于四肢，此五字《道藏》本无。
② 沙，《道藏》本作"砂"。
③ 奋起身，《道藏》本作"奋身起"。
④ 吞，《道藏》本作"贪"。

两兽相逢战一场，波浪奔腾如鼎沸。

古歌曰："青龙逐虎虎寻龙，赤禽交会声噏噏。"是龙争虎战，水激火发，鼎沸暴涌。颠倒受制时，有婴儿之声。

黄婆丁老助威灵，

石真人云："黄婆双乳美，丁老片心慈。龙虎相交战，东君总不知。"黄婆，见前释。丁老，乃文火也。阴真君曰："我为世上道无穷，不知只伏婴儿心。"真漏泄天机也。

撼动乾坤走神鬼。

古歌曰："圣人夺得造化意，手搏日月安炉里。微微腾倒天地精，攒簇阴阳走神鬼。神鬼即天魂地魄。"

须臾战罢云气收，

云收雨散万籁静，返掌中间灾变福。

种个玄珠在泥底。

《复命篇》曰："夜来浑沌颠落地，万象森罗总不知。"乃一点落黄庭也。黄庭，即中宫黄房也，玄关也，喻如泥底也。紫阳曰："一时辰内管丹成"，为一日之丹就也。日添一粒黍米大，渐渐成玄珠也。黄帝赤水求玄珠，非罔象无由得之，是此珠也。罔相，无思无虑也。

从此根芽渐长成，时时灌溉抱真精。

三谷子曰："立基一百日，温养以周星。"但当保精啬神，水自滋、火自养，待其气足。

十月脱胎吞入腹，不觉凡躯已有灵。

紫阳又曰："一粒灵丹吞入腹"，又曰脱胎，又曰通神圣。《参同契》曰："金砂入五内，雾散若风雨。"既是内丹，如何又曰入腹、入口、入五内？后人疑此，便为外丹。殊不知无质生质，乃谓还丹。真一子所谓，首采天地真一混沌之气而为根基，继取乾坤精粹潜运之踪而为法象，循坎离否泰之数而为刑德，盗阴阳变化之机而成冬夏。阴生午后，阳发子前，故以乾坤为鼎器，以坎离为药物，余六十卦为火候，烹炼温养，潜夺造化，如果生枝上，子在胞中，十月火候气足，则倏尔而蜕神入真胎，与天相毕矣，故云入口、入腹、入五内。《参同契》曰："类如鸡子，白黑相符。纵广一寸，以为始初。"四肢五脏，筋骨乃俱。弥历十月，脱出其胞。可谓无质生质，身外有身。恋故躯则困在昏衢，出泥丸则纵横天地。名题仙籍，位号真人，乃大丈夫功成名遂之时也。

此个事，世间稀，不是等闲人得知。凤世若无仙骨分，容易如何得遇之。得遇之，宜速炼，都缘光景急如箭。爱取鱼儿须结罾，莫只临渊空叹羡。闻君知药已多年，何不收心炼汞铅？莫教烛被风吹灭，六道轮回莫怨天。

此语警刘仙，且教其收心炼汞铅。以此见内丹须自己内炼，非假外药分晓。

近来世人多诡诈，竞著布衣称道者。问他金木是何般？噤口不言似害哑。

金情因铅而育，木性因汞而凝。铅汞相投，而情性自相恋也[1]。修丹不知此，不可与语还丹矣。

却云服气与休粮，别有门庭道理长。君不见，《破迷歌》里说，太一含真法最强。

旁门小法，千条万绪，于金液还返内丹之道，了无干涉。所谓如何却是道？太乙含真气。五星连珠，日月合璧也。内丹从此而结，法身从此而出，别无第二门也。

莫怪言辞甚乖劣，只教世人无鉴别。惟君心与我心同，方敢倾怀为君说。

恩阅丹经，《悟真篇三注》上中下三卷之外，仍有补遗一卷，而末载紫

---

[1] 按："金情"至"相恋也"一段，《道藏》本无。《道藏》本云："金木，见《指要》中'金木交并'释云。"校者按：所谓《指要》即指《玉溪子丹经指要》中的《悟真篇指要》，其有"金木交并"一则，专论金情木性、铅汞相制之理。故高时明删原注而节《悟真篇指要》之语以替之。

贤真人题跋数语，所谓《白龙洞刘道人歌》一篇者，乃存目而无其文也。遍考新旧刻本，经久不获，似为阙典。遂博收《道藏》至称字函第十册，得玉溪子李公讳简易者，注解此《歌》颇详。愚玩味再三，喜而弗寐，盖数百年放失之遗文，今幸重列于故处，何愉快能踰此耶？遂缀片语于简末，以识岁月云。

天启壬戌岁孟春吉旦，复初道人高时明薰沐稽首拜题

《悟真篇》后序

切以人之生也，皆缘妄情而有其身，有其身则有患，若其无身，患从何有？夫欲免夫患者，莫若体夫至道；欲体夫至道，莫若明夫本心。故心者，道之体也；道者，心之用也。人能察心观性，则圆明之体自现，无为之用自成，不假施功，顿超彼岸。此非心镜朗然，神珠廓明，则何以使诸相顿离，纤尘不染，心源自在，决定无生者哉？然其明心体道之士，身不能累其性，境不能乱其真，则刀兵乌能伤，虎兕乌能害，巨焚大浸乌足为虞。达人心若明镜，鉴而不纳，随机应物，和而不唱，故能胜物而无伤也。此所谓无上至真之妙道也。原其道本无名，圣人强名；道本无言，圣人强言尔。然则名言若寂，则时流无以识其体而归其真，是以圣人设教立言，以显其道。故道因言而后显，言因道而反忘。奈何此道至妙至微，世人根性迷钝，执其有身而恶死悦生，故卒难了悟。黄老悲其贪著，乃以修生之术顺其所欲，渐次导之。以修生之要在金丹，金丹之要在乎神水华池，故《道德》、《阴符》之教得以盛行于世矣，盖人悦其生也。然其言隐而理奥，学者虽讽诵其文，皆莫晓其义，若不遇至人授之口诀，纵揣量百种，终莫能著其功而成其事，岂非学者纷如牛毛，而达者乃如兔角也？

伯端向己酉岁，于成都遇师授丹法。当年且主公倾背，自后三传与人，三遭祸患，皆不逾两旬。近方忆师之所戒云："异日有与汝解缰脱锁者，当宜授之，余不许。"尔后欲解名籍，而患此道人不知信，遂撰此《悟真篇》，叙丹药本末，既成，而求学者凑然而来，观其意勤，心不忍秘，乃择而授之。然而所授者，皆非有巨势强力，能持危拯溺、慷慨特达、能仁明道之士。初再罹祸患，心犹未知，竟至于三，乃省前过。故知大丹之法至简至易，虽愚

昧小人得而行之，则立超圣地。是以天意秘惜，不许轻传于非其人也。而伯端不遵师语，屡泄天机，以其有身，故每膺谴患，此天之深戒如此之神且速，敢不恐惧克责。自今以往，当钳口①结舌，虽鼎镬居前，刀剑加项，亦无复敢言矣。

此《悟真篇》中所歌咏大丹药物火候细微之旨，无不备悉。好事者凤有仙骨，观之则智虑自明，可以寻文解义，岂须伯端区区之口授之矣。如此乃天之所赐，非伯端之辄传也。如其篇末歌颂谈见性之法，即上之所谓无为妙觉之道也。然无为之道，齐物为心，虽显秘要，终无过咎。奈何凡夫缘业有厚薄，性根有利钝，纵闻一音，纷成异见，故释迦文殊所演法宝，无非一乘，而听学者随量会解，自然成三乘之差。此后若有根性猛利之士，见闻此篇，则知伯端得达磨六祖最上一乘之妙旨，可因一言而悟万法也。如其习气尚余，则归中小之见，亦非伯端之咎矣。

时元丰改元戊午岁仲夏月戊寅日张伯端平叔再序

《悟真篇》者，紫阳真人成道之后作，而授石杏林之文也。若夫药物、火候、运用抽添在于诗中，尽其玄旨矣。外有《西江月》词一十二首，《赠白龙洞刘道人歌》一篇，《读周易参同契》一章，及歌颂乐府等续集于后，名曰《悟真篇外集》。尽性至命，了生死，超阴阳，悉备于此矣。虽老君、世尊复出传道授人，亦无过此书之妙也。

紫贤薛道光跋

---

① 口，底本作"日"，据校本改。

第四编

太上洞玄灵宝元始无量度人上品妙经注解

《太上洞玄灵宝元始无量度人上品妙经注解》序

太乙含真气，实为妙道仙宗。《灵宝度人经》，是谓洞玄上品。生育天地，阖辟阴阳，造化得以运行，元功恃而溥博。昭悬日月，旋斡星辰，普殖神灵，化生品汇者也。在《道德经》，以无为为先，有为为次。上德者，无为也；下德者，有为也。上仁者，无为也；上义者，有为也。此《度人经》则以有为为首，无为为终。玄座空浮者，有为也；冥慧洞清者，无为也。璇玑玉衡，一时停轮者，有为也；十方肃清，河海静默者，无为也。故说经周竟十遍，而枯骨成人，有功曹上奏诸天，则万神朝礼。三十二天、三十二帝，示祖劫之化生。诸天隐讳，诸天隐名，恐天人之泄慢。泄慢则祸及七祖，勤行则位登仙翁。万劫不传，上天所宝。何为灵宝？气谓之灵，精谓之宝。寂然不动，感而遂通，曰灵；上无复祖，唯道为身，曰宝。气合而精聚，曰上品。神交而道合，曰度人。则知灵宝者，精气也。精气者，汞铅也。汞铅者，阴阳也。阴阳者，离坎也。离坎非得有为之道而既济之，则何由凝结而成黍米之珠哉！

厥夫人之初生也，以无合有，盗窃天地纲缊真一之气，以冒赋其形也。孕毓十月，脱胎去蒂，日浆夜乳，然后形全而神王，神全而精粹，精盈而至和之气盛塞。先哲云："气全者不思食，神全者不思睡，精全者不思欲。"当此之时，号曰纯阳。夫纯阳者，乾也。上士于此而行上德无为之道，内修外功，则魔王敬形，便得神仙。惜夫末学道浅，不乐仙道，是以保真者少，迷惑者多。乃沉于醉生梦死之场，炽于欲海爱河之地，则向来所禀天地真一之气，潜奔而寓于坤矣。继此而往，坤乃乘乾之一阳而为坎，乾因坤破亏一阳而为离。审兹欲从爱起，爱逐情生，情随境乱。况夫喜怒哀乐，虑叹变慹，日夜相代乎！前与物相刃相靡，宁知物来无穷，我心有际之说乎？是以仙道难固，鬼道易邪，运应灭度，身经太阴，轮回无期，可胜悲悯。至人仙子，获遇真师，顿悟人道者，心谅不由他，却于一气潜亏之时，早行灵宝度人之道以复之。且复者何也？即"下德有为"之道，即"上义为之"之道，即"元始悬珠"之道，即"流戊就己"之道，即"降龙伏虎"之道，即"炼铅干汞"之道，即"金液归真，形神俱妙"之道也。领悟到此，方信地藏发泄之妙，金玉露形之功。全其本年，咸得长生，过度三界，飞升太空，皆分内事，况积德而建功者乎！

寻详是经，元始天尊于龙汉初，天地始分，玉字且出，乃撰此经。时以紫笔书于空青之林，字皆广长一丈，以授玉晨道君。玉晨授玄一真人，玄一授天真皇人。皇人细书其文，以为正音，秘而藏之。轩辕时，皇人与太清三仙王会峨眉山，黄帝再拜问道，皇人授以五牙三一之文，并《度人经》上卷。黄帝修之上仙。后帝营于牧德台，皇人授以《本章》《玉历章》。西汉元封间，西王母以上卷并二章授武帝，始成全经。东汉时，太上降授干吉，增《灵书上篇》，并《太平经》一百五十卷。桓帝时，老君降蜀，授天师《度人》《北斗》诸经箓千余卷。昊时，太极真人于会稽上虞山，授太极左宫仙翁葛玄《度人经》，增《灵书中篇》。郑真人思远授抱朴子葛洪经本，又增《灵书上下篇》《太极真人后序》，即今之全本。晋王纂遇道君赐此经，及诸经数十卷。元魏时，寇谦之居嵩山修行，感太上授此经，并余经六十余卷。经之流世，人知念诵祷祈，而不知有还丹久视之道存。自政和御注，继以薛幽栖、严东启、成玄英、李少微诸家注释。又宝庆初，萧观复述《度人内义丹旨》，是皆研心究竟者也。

仆以缘遇师真，授以金液大还火符之秘，欲与世人尽谙此道，乃注《道德经》《金刚经》，述《金丹大要》，既而参以道用、世法，分注此经。又引前哲所论善者证之。庶几规祸福者，知勤诵而向善；超造物者，知修行而登真。噫！世人皆知悦生而恶死，既知恶死，则必思所以逃其死者。今乃不然，知恶死已，却埋身于名利嗜欲之场，而不知悔，是愈急其死也。既知悦生，必思所以求其长生久视之道者。今乃不然，知悦生已，却不求真师指示长生返还之旨，唯只瞎走傍门，盲行邪径者，是愈促其生也。山间林下，城邑智人，既知诵念此经，宜求经中有金丹永世之捷径者。盖太上以灵宝之道而度人者，直欲世人行此道也。果能进修勤行，则上游上清无色之境，梵行必矣。

至元丙子中秋金螺山北紫霄绛宫上阳子陈观吾序

《太上洞玄灵宝无量度人上品妙经注》卷上

上阳子陈观吾注

上阳子曰：太，唯道最大；上，天地独尊。洞，无所不通；玄，其妙难述。灵，变化莫测，感而遂通。宝，难得之物，人所珍爱。无量，岂可猜量；度人，从凡入圣。上品，天下无双；妙，含灵毓秀之物。经，河筏天梯之用。总而释曰：最尊极贵，通灵变化，先天真一成丹之正道。如上乃为大根上士者说，是谓道用。夫经有道用、有世法。道用者，依之修行而登仙；世法者，精勤诵念而求福。若以世法释之，则太上者，巍巍尊高之称。洞玄，乃三洞品级，有洞真、洞玄、洞神，谓元始洞达至真玄一之道。灵宝者，此玉宸道君受元始玄一之气化生，位尊灵宝之号。无量度人者，元始自浩劫以来，化生诸天，生成万有，世人由之而得度者，算喻莫及。上品者，三十六部万八千篇道藏，四十万卷之多，必以此经为首。妙者，不可名言。经者，道之正路。此世法之说也。若大修行人，道用与世法并行，以道用而隐世法，以世法而全道用，是为性命兼修。世谓释氏修性，道家修命，虽贤与智，亦执此说。又岂知此经性命混融，形神俱妙哉！上阳子只得泄露天机，将此经性命体用，题而出之。太，性之体，命之应，即造化主宰。上，命之体，性之用，能化生诸天。洞，真性之所同。玄，工用之隐奥。灵，乃性之变化。宝，乃命之所产。无量，非泛常能知。度人，人须人而度。上品，天下无二道，同类易施功。妙者，一阳初动，万物皆春。经者，有物有则，修行之径。如此暴露，岂不直截。《混元实录》：老君于龙汉劫，分身教化，出真文于中天大福堂国、南极赤明国、东极浮黎国、西极西那国、北极郁单国。五国之内，皆禀灵宝之教。西化胡王，王问曰："何谓道？"老君曰："乃太上灵宝，生于天地之先，大无不包，细无不纳。天得之以清，地得之以宁，神得之以灵，物得之以生，人得之以形。"人若修之，便得神仙，飞步玉京，故曰《太上洞玄灵宝无量度人上品妙经》。

颂曰：太上端居太极先，本于父母未生前。

度人须要真经度，若问真经癸是铅。

道言：昔于始青天中，碧落空歌，大浮黎土，受《元始度人无量上品》。元始天尊，当说是经，周回十过，以召十方。始当诣座，天真大神、上圣高尊、妙行真人、无鞅数众，乘空而来，飞云丹霄，绿舆琼轮，羽盖垂荫，流精玉光，五色郁勃，洞焕太空，七日七夜。诸天日月星宿，璇玑玉衡，一时停轮。神风静默，山海藏云，天无浮翳，四气朗清。一国地土，山川林木，缅平一等，无复高下。土皆作碧玉，无有异色，众真侍座。

上阳子曰：以世法言，此乃叙说经之由；以道用看，浑是先天玄一大丹之妙道言。《老子》曰："有物混成，先天地生，字之曰道。"夫道本无言，假言以显道之用，故曰"道可道，非常道"。以世法释，则道君演说经义，直曰道言。以道用释，则道自溟涬之前而成太极，太极在窈冥之中而分阴阳，阴阳既成形之后，而为性命，性命当发越之际，乃曰神气。神气因混沌之破，则名铅汞。铅汞行戊己之门，是为玄牝。故玄牝为天地之根，此之谓道。遵道而用，斯之谓言，故经首直曰"道言"。"昔于始青天中"。昔，太极之先；始青天，万物之始。碧落空歌，造化之端；大浮黎土，物所由产。受《元始度人无量上品》，行此玄一大丹之事。此以道用言。若世法义，昔，当初。始青天，乃东方第一天，在种民天之上，有碧霞遍满，是云碧落。天中有气，荡为神风，振响若空洞之歌，其下有国，曰大浮黎。《内义》曰："太浮黎土。"示人造化之端，物生于土，终于土。《阴符经》云："火生于木，祸发必克。知之修炼，谓之圣人。"木中有火，发而不制，则灰飞烟灭，无复本性。能制之者，虽火刑木烬，可聚而为土，则本性存矣。始青天，木之方也。碧落空歌，火之象也。大浮黎土，土之本也。土，为还丹之基。还丹者，返本还元之道。经曰："致虚极，守静笃，万物并作，吾以观其复。夫物芸芸，各归其根，归根曰静，静曰复命。"此乃返还之理。在《易》之复卦曰："复其见天地之心乎！"天地者，阴阳之体；心者，明其所用。天动地静，阳动阴静。天动极而阴生，地静极而阳生。盖剥䷖于上而复䷗于下，动静消长，所以见其心。人亦然尔。复之为卦，一阳在五阴之下，其体震下坤上。震，木者，始青之天，木生火，碧落空歌也。火生土，故坤土者，大浮黎土也。土为造化之本，而土生金，名为空气金胎，实先天之祖气也。元始天尊。元，玄也；始，一也；天，一气之最上；尊，万有之极称。道用即法身之祖气，亦云"本来面目，不坏元神"。故《丹经》云："元始天尊即是我。"当说是经，当其时而说之。道用是经，即真铅也。老君谓文始先生曰："子能知一，万事毕。"又曰："一者是铅，铅为君；二者是汞，汞为臣。"若铅不真，其汞难亲。若铅是亲，不失家臣。"周回十过，以召十方。"世法，天尊说经，招真召灵。周者，遍告；回者，普召告召，理行十方。诣座，道用则丹有九还十月之功。始当诣座者，金丹就室也。大修行人，入室下工，"追二气于黄道，会三性于元宫"，回七十二候之要津，簇三千六百之正气，岂非"天真上圣，无鞅数众"？攒归丹鼎，辐凑金胎，岂非"乘空而来"？以神合气，以气炼形，岂非"飞云丹霄，羽盖垂荫"？金华耀彩，银精吐辉，岂非"流精玉光，五色郁勃，洞焕太空"者乎？以世法言，则天尊神通感召，奚止如是哉！七日七夜，夫天地大化，十月纯阴而无阳，至十一月属子，子虽有阳而未回，又七日而阳初复，此天地之阴阳也。月遇十五而圆，至二十七夜，月中黑而无阳。至后月初三申时，月之一阳复生于庚，此日月之阴阳也，皆以七而复。天一生水，地六成之，此五行之七数也。金丹之道，攒簇之数，一时有六候，一候管五日。当采药之时，止用一候半，亦七日七夜。《易》曰："刚柔者，昼夜之象也。"先贤曰："刚柔，一气之往来也。"人之呼吸，一气之往来也。夫一吸一呼，是为一息。一息之间，分阴阳，呼而明为阳，吸而晦为阴。七窍之呼，七日也；七窍之吸，七夜也。金母功行，天机不动，神凝目定，脉住心停，故云"七日七夜，诸天日月星宿，璇玑玉衡，一时停轮"。息不出入，即"神风静默"；气无升降，为"山海藏云"。妄缘俱净，犹"天无浮翳"。六根大定，曰"四气朗清"。道用至此，乃见性命混融之妙矣。"一国地土。"世法，即浮黎土；道用，则一身也。人以身为国，以精为民，以气为主，以神为帅。山川林木，具在身中。真静湛然，是即"缅平一等，无复高下"矣。性如玉之莹洁，何异色之有哉!《内义》曰:"土,性情也。"性虚化而生神,存于室中,曰戊土。气感激而有情,摄于釜内,曰己土。戊己既交之后,神怡气寂,性复情冥,如色之碧无瑕,如玉之真不杂,故曰"土皆作碧玉,无有异色"也。心目内观真气,三魂归体,七魄归真,心君一宁,万神听命,故云"众真侍座①"。此皆道用之有为。若以世法义释,则天尊威力感化天神地祇,日月星宿,随机赴感,景象如此也。

颂曰:碧落空歌最妙音,大浮黎土向坤寻。

流精洞焕神风静,湛寂微阳炼五阴。

元始天尊玄座浮空五色师②子之上,说经一遍,诸天大圣,同时称善。是时一国,男女聋病,耳皆开聪。说经二遍,盲者目明。说经三遍,喑者能言。说经四遍,跛痫积逮,皆能起行。说经五遍,久病痼疾,一时复形。说经六遍,发白返黑,齿落更生。说经七遍,老者反壮,少者皆强。说经八遍,妇人怀妊,鸟兽含胎,已生未生,皆得生成。说经九遍,地藏发泄,金玉露形。说经十遍,枯骨更生,皆起成人。是时一国,是男是女,莫不倾心,皆受护度,咸得长生。

上阳子曰:以道用言,元始天尊,元神也。紫清白真人云:"此神即非思虑神,可与元始相比肩"是也。《内义》曰:"玄座,神室也;空浮,法身也。"五色,乃妙化之气;师子,即心知。元神在室,运心摄气,法身虚寂,心知明妙。神之御气,心以象师,得非天尊道相乎?又岂非我之真性乎?则玄座空浮,乃湛寂真静而又常应常静。人之最难降者,心也,性也。经云:"人神好清而心扰之,心好静而欲牵之。"神即真性,心静而神自清。入室之工,降心如降猛兽。前哲以铅汞而比龙虎者,谓其难制伏也。纯阳云:"温温铅鼎,光透帘帏。造化争驰,虎龙交媾,进火工夫牛斗危。"况师子,为百兽之王,空浮而坐于其上,稍有怠慢,亦危之甚。东海青元真人曰:"必先降伏而座其上,犹虚其心,外其形,道斯能应,始为超脱之本。""说经一遍,诸天大圣,同时称善。"夫修玄一至真灵宝大还丹之士,万圣敬护,诸

① 座,《道藏辑要》本作"坐"。
② 师,《道藏辑要》本作"狮",下同。

天所祟，魔王保迎，鬼神钦仰，况得预经座，岂不称善？以道用言，则行道一遍，身中之神，皆得快畅也。一国男女，聋病耳皆开聪。二遍盲者目明，三遍喑者能言，此以世法观之似浅。若以道用晓之，其理最切。何以故？一切常人，不能静听养气，收视存神，故耳为声所惑，目为色所乱，口为味所役，久而不悟，终亦必盲聋喑哑至矣。《老子》曰："五音令人耳聋，五色令人目盲"者是也。大修行人，听于无声，久而愈聪；视于无形，久而愈明。口不杂味，久而愈爽。况入室之际，我之五官，当云何而恐惧戒谨哉？魏真人曰："耳目口三宝，闭塞勿发通；真人潜深渊，浮游守规中"者，此也。四遍，跛痾积逮，皆能起行。比世人不知修道，如跛者不能行。痾者，缠也；积，习也；逮①，及也。以其下愚，缠于俗染，积习所及故尔。今言能起行者，能起志而修行也。五遍，久病痼疾，一时复形。世有信道之士，心多不坚。不信道之人，其怀不信之心，反坚如金石，百计不能回其心使之信道，此为久病痼疾。忽然一旦信道，行之不疑，是谓一时复形。说者，有以坎为耳而开聪，离为目而目明。又有以震惊为开聪，离丽为目明，何不超脱？夫经之流世，实存道尔。非真履之践之器识，奚可以语是哉？六遍，发白返②黑，齿落更生。血盛则发益，精裕则齿坚。七遍，老者返壮，少者皆强。若先天玄一之气复，则老者返婴而返壮矣。若至真之气全，则少者皆强矣。《老子》曰："比于赤子，骨弱筋柔而握固，未知牝牡之合而峻作。"岂非少者皆强之义！八遍，妇人怀妊，鸟兽含胎，已生未生，皆得生成。说经九遍，地藏发泄，金玉露形。说经十遍，枯骨更生，皆起成人。此道用与世法两存。世法，则依经云云，不必复赘。道用，则修金液还丹之士，未得先天一气，则一身皆阴。若离中虚，岂不谓之妇人乎？紫阳真人曰："日居离位翻为女，坎配蟾宫却是男"者，此也。既得金液归鼎，上下则守以朱雀、玄武，左右则守以白虎、青龙，岂非鸟兽含胎乎？皆得生成者，金鼎之胎完气足。地藏发泄，金玉露形者，形神俱妙。枯骨更生，皆起成人者，真人出现，身外有身，千百亿化也。《内义》曰："鸟兽含胎者，砂含汞质，象类怀胎。"汞遇铅而凝结，气遇形而混合；已结之气，日益壮盛；发生之气，又

---

① 逮，《道藏》本作"之"。
② 返，底本作"反"，校者改。

复混凝，不随物散，长养圣胎，故曰"已生未生，皆得生成"。又九遍者，地四生金，天九成之。还西兑方为金，乃坤兑合而金成于土。盖铅归土釜而成宝也。《参同契》曰："金来归性初，乃得称还丹。"所谓一气还元也。夫天一生水，始因空气金胎而生，未见金质。地四生金，犹为化机，至此则还元复性，居于中宫，是为丹体而有玄象。中宫，土也。土为地，金母居其中，故曰"地藏发泄，金玉露形"。汉天师序《金液神丹经》云："神仙之趣，要妙之言，无理之至理，不然之大然。"已具载于渊宗，非一毫之所宣。太上亦复畅此冲虚妙道者也。"是时一国，是男是女，莫不倾心。"一国，乃一身；男女，即阴阳。倾心者，以类相感，犹言先天之气，与后天气合而成丹，功圆气足，故云"皆受护度，咸得长生"。如上所释，皆属道用。若从世法，不释已详。

颂曰：玄座空浮五色师，盲聋暗跛病皆离。

地藏泄时金玉露，飞空夺得锦标儿。

道言：是时，元始天尊说经一遍，东方无极无量品至真大神、无鞅之众，浮空而至。说经二遍，南方无极无量品至真大神、无鞅之众，浮空而至。说经三遍，西方无极无量品至真大神、无鞅之众，浮空而至。说经四遍，北方无极无量品至真大神、无鞅之众，浮空而至。说经五遍，东北无极无量品至真大神、无鞅之众，浮空而至。说经六遍，东南无极无量品至真大神、无鞅之众，浮空而至。说经七遍，西南无极无量品至真大神、无鞅之众，浮空而至。说经八遍，西北无极无量品至真大神、无鞅之众，浮空而至。说经九遍，上方无极无量品至真大神、无鞅之众，浮空而至。说经十遍，下方无极无量品至真大神、无鞅之众，浮空而至。十遍周竟，十方无极天真大神，一时同至。一国男女，倾心归仰，来者有如细雨密雾，无鞅之众，迮国一半，土皆偏陷，非可禁止。于是元始悬一宝珠，大如黍米，在空玄之中，去地五丈。元始登引天真大神，上圣高尊，妙行真人，十方无极至真大神，无鞅数众，俱入宝珠之中。天人仰看，唯见勃勃从珠口中入。既入珠口，不知所在。国人廓散，地还平正，无复欹陷。元始即于宝珠之内，说经都竟，众真监度，以授于我。当此之时，喜庆难言。法事精悉，诸天复位。倏欻之间，寂无遗响。是时天人遇值经法，普得济度，全其本年，无有中伤。倾土归仰，咸行善心，不杀不害，不嫉不妒，不淫不盗，不贪不欲，不憎不嫉。言无华绮，口无恶声，齐同慈爱，异骨成亲。国安民丰，欣乐太平。经始出教一国，以道预有至心，宗奉礼敬，皆得度世。

上阳子曰：此道用，与世法两存。世法，则天尊说经，感召十方无极众真。东方梵监须延天等震宫卯位，是无鞅众。南方郁单无量天等离宫午位，西方灵化梵辅天等兑宫酉位，北方洞元化应声天等坎宫子位；东北高虚清明天等艮宫寅方，东南波罗尼密不骄乐天等巽宫巳方，西南寂然兜术天等坤宫申方，西北上上禅善无量寿天等乾宫亥方，上方九霄上清玉真三十六天等，下方无色界、色界、欲界三十二天等，以至三元九地无鞅之众，俱会始青天浮黎土，听元始天尊说经也。十者，极数而言。以道用，则十者，是天地生成之数，戊己二土合而成十，天地合而万物交，阴阳合而万物生，铅汞合而金丹成。当采药之时，簇三千六百之正气，回七十二候之要津，分三百八十四爻，聚五星二十八宿；鼓二十四气之阳火，行六十四卦之阴符；三魂卫形，七魄归体，身中万二千神，一时听命，是为十方无鞅之众，浮空而来，一时同至。男女倾心归仰，是阴阳二气混合。细雨密雾，乃真气薰蒸。《参同契》曰："金砂入五内，雾散若风雨。"土皆偏陷，土即戊己二土，戊己是玄牝之门。采药之际，龙争虎斗，金木间隔，一失防遏，必致走丧。盖得之在我则彼失，我失则彼得，故云偏陷。当是时也，唯至圣神人炼己纯熟，方能禁止其偏陷之失①。宝珠如黍之小，容众真勃勃而入。以世法见，岂不神通？道用视之，无黍米大。元始悬一宝珠，大如黍米，在空玄之中，去地五丈，此明道用。宝珠空玄，神与道合，去地五丈。地皆言土，土即戊己。金丹从戊己而结，既已结丹，离而去之。戊土，已隔西天，己土尚离五丈，此须口传，不可显露。回视五丈之下，皆五浊恶世矣。说者以宝珠去地五丈，比心去脾五寸为喻，是最愚谬。或以宝珠为性，五丈为五行之数；或以丹田到玄关为说，岂知祖气成化胎仙之妙？元始登引众真，俱入宝

---

① 张三丰《张三丰全集·大道论》曰："大修行人，欲求先天外药，必炼己以待阳生，用神气炼成慧剑，采金水匀配柔刚。古人采药进火，全凭此物。除七情之患，去五贼之害。若无炼己以去贼之患害，则不能常应常静，魂魄焉能受制？情欲岂不相干？若要入室施功，临炉下手，则外火虽动，而内符不应，只因刚柔未配，以此慧剑无锋，群魔为害，心神不宁，欲念杂起，故乃逐境飘流，致使汞火飞扬，圣胎不结。如使炼己纯熟，则心无杂念，体若太虚，一尘不染，万虑皆空，心死则神活，体虚则气运，方许求一阳之道、二候之功。还丹容易，炼己最难。"

珠，元神一定，万神总归，契虚合无，升玄入妙。青元真人曰："道之微妙，本于虚无。"天真之身，岂有容碍？不免同时混淆，所以悬珠应变，示无形者还于无物。登者起而举行，引者指示化导。天人仰看，成真得道者，随入珠口。若天人有累，未可偕行。既入珠口，不知所在。此皆元始示现神化金丹之道，从无入有，以有归无；混合百神于一心，敛藏万有于一息，则天人异见，岂得而知珠内妙化哉！"说经都竟，众真监度，以授于我。"紫阳真人云："白虎首经至宝，华池神水真金。"又云："相吞相啖却相亲，始觉男儿有孕。"谛观此语，岂非说经都竟乎，又岂非以授于我乎？当此之时，喜庆难言。情性两下圆明，今日欣庆受度。"法事粗悉，诸天复位。"法事者，有为之事。经云："上义为之而有以为。"《大藏般若》云："丹成之后，委之而去。"则诸天复位，其理可见。诸天既已复位，则达磨亦入少林冷座。这般指出了，诸学仙子，宁不为之庆快！"倏欻之间，寂无遗响。"倏欻，言至疾也。凡息为略，一略有五倏欻。一倏欻间，不容眨眼，此世法之言。尔若道用，则"倏欻之间"四字，莫容易看过一字，须要惺惺始得。夫炼金液大丹，其事最疾，故丹经以年中取月，月中取日，日中取时，时中取候，候中取刻。盖攒七十二候于一日，则一时分为六候。炼丹之顷，不用二候，犹一时不要半个时，已得还丹也。故须菩提问世尊云："是事疾否？"世尊云："是事甚疾。"而"遗响"之义，尤须详明。这个"寂"字，受用不尽。是时天人遇值经法，普得济度。此当作道用释。天人当分两说，经法亦是两义。何以故？盖有财[1]者施财，法者施法。又有药者施丹，闻经者施法。是以经法两明，法财双扣。皆云两者，谓之天人，谓之经法，则天人全乾坤之体，经法全大丹之用。各全其本年，而咸无中伤。《内义》曰："得之者，知其神而爱之，明其气而宝之，方谓之全。"倾土归仰，咸行善心，不杀不害者，当以世法释。人无有不善，皆因物欲所蔽，昧其本来，是以恶日长而善日消也。今者得遇经法，则皆回光返照，返本还元，而行其本来之善心矣。《书》云："闻其声，不忍食其肉。"夫念想见闻，皆谓之杀。折伤一切曰害，毁人良能曰嫉，恨彼富贵曰妒，不绝妄想曰淫，取于非义曰盗，好爱无厌曰贪，见物起念曰欲，谤毁胜己曰憎，疑忌正直曰妲，虚言诈诞曰华绮，语不

---

① 财，《道藏辑要》本作"材"，误。

规检曰恶声。十恶之业，唯淫欲为诸业之首。修行之士，先当屏绝。长春真人对太祖皇帝，且以欲为第一戒①。《太微灵书》，以欲为十败之首。修行之法无他，但能真实绝欲，余皆易事耳。世以绝欲为甚难者，此乃愚痴之见，却不知其法甚易，但人自未试也。试者，即炼己之事。初学之士，试于无人之境，独行独卧，仍戒饮酒，日则以丹经常玩，夜则以清净存心。眼前既无境乱，内则妄念悉除。稍有魔障，愈坚其心。外则不令饥渴，内则常加滋补，如此半年一载，待其精气内固，则自不思欲矣。若欲念未除，是精尚不全，更当固之。《丹经》云："神全者不思睡，气全者不思食，精全者不思欲。"直至言也。精既全，又能长保长守，方可以炼还丹。人试行之，即见其效。盖无人境处，习炼己者，谓之小隐；小隐若定，方可大隐市尘。傥外绝境而内念不除，见境即动，此非真履实践，皆是言清行浊，总为地狱种矣。夫绝欲之士，上圣每加阴护，鬼神暗中钦仰，丹道自然成真。昔紫虚元君与茅真君，校勘天下真仙得失之事，其中顿落者四十七人，复上者才二人，勘其欲心未绝故也。欲罪若无，十业俱弭，齐同慈爱，物我兼容，异骨成亲，自利利他，国安民丰，欣乐太平。国，身也。民，身中之精气也。昔老君授干吉《太平》之要曰："夫人天付之神，地付之精，中和付之气。"人能宝精去欲，固气爱神，内则身得长生，外则国致太平。况有诸内必形于外，了性则身清净，了命则丹圆成。内则性命双修，外则善行彰著，福国安民而欣乐太平矣。经始出教，一国以道，预有志心，宗奉礼敬，皆得度世。《内义》曰："人禀道气而生，是心宁无有乎？"盖由耽著幻妄，迷昧昏蒙，一遇经法，此心复明。谓如今之指出丹体，乃本来之物，非昔无而今有，虽得之于闻道之后，实先有于闻道之前，故曰"预有志心"。青元真人曰："宗奉此经，以求济度。"礼者，礼事此经，如父如母，如师如长，畏爱之间，惟恐慢易。敬者，敬重此经，如金如宝，如珠如玉，爱惜不舍，惟恐失之。既尽四心，皆获度世而长生矣。

颂曰：宝珠如黍在空悬，上圣高尊总现前。

珠口且容无鞅众，方知经力妙玄玄。

---

① 丘处机《玄风庆会录》："学道之人，首戒乎色。……贪欲好色，则丧精耗气，乃成衰惫。……但能节欲，则几于道矣。"张三丰《大道论》："欲求还丹，必先绝欲。欲求绝欲，必勤杀机。勤于杀机者，刻刻有灵剑在手，外欲乍乘，急须就起杀机，勿容纵意，久久纯熟，对境无心，即可行反本归根之道。"

道言：元始天尊说经中所言，并是诸天上帝内名隐韵之音，亦是魔王内讳，百灵之隐名也。非世之常辞。上圣已成真人，通玄究微，能悉其章，诵之十过，诸天遥唱，万帝设礼。河海静默，山岳藏云，日月停景，璇玑不行；群魔束形，鬼精灭爽，回尸起死，白骨成人。至学之士，诵之十过，则五帝侍卫，三界稽首，魔精丧眼，鬼妖灭爽，济度垂死，绝而得生。所以尔者，学士秽气未消，体未洞真，召制十方，威未制天政。德可服御地祇，束缚魔灵，但却死而已，不能更生。轻诵此章，身则被殃。供养尊礼，门户兴隆。世世昌炽，与善因缘。万灾不干，神明护门。斯经尊妙，独步玉京。度人无量，为万道之宗。巍巍大梵，德难可胜。

上阳子曰：天尊说经中所言，以世法释。三十二天帝讳，即诸天上帝内名隐韵。如青天魔王巴元丑伯等，即魔王内讳。无英公子、桃康、合延之类，即百灵隐名。青元真人曰："夫灵宝为道气之祖，度人为万法之先。"元始含蕴妙道，出法度人，流散文言，制成音律，非下世文章之比。中下之仙，不可眑^①其篇目。惟上圣真人，深造道妙，始能通玄究微。以道用释是经，即还丹也。《老子》曰："名可名，非常名。"经中所言，上帝内名隐韵之音者，太乙真人《破迷歌》云："如何却是道，太乙含真气。"太乙岂非内名乎？先哲云："乾坤之内，宇宙之间，中有一宝，秘在形山。"此即隐韵之音。正阳真人曰："生我之门死我户。"此即魔王内讳。伯阳真人曰："真人潜深渊。"佛祖曰："坐上有一无位真人。"此即百灵之隐名。如上皆至玄甚微，非上圣之士躬亲践履，修行成真得道，常人乌能通达而究竟哉？"通、究、悉"三字之义，奚可略而不详！通者，通其经意；究者，究其丹道；悉者，悉其火候。只此三事一理，就中多少玄微。且如《丹经》所言药之内名者，日魂月魄，庚虎甲龙，水银朱砂，红铅黑锡，黄芽白雪，姹女婴儿，金液流珠，华池神水，交梨火枣，凤髓龟精，此皆药之内名。又如乾坤鼎器，坎离匡廓，玄关一窍，太乙神炉，神室黄房，混元丹鼎，悬胎偃月，金鼎玉炉，此皆鼎器之隐讳。又如阴阳火候，太易子癸，复震屯蒙，母隐子胎，刀圭媒聘，攒簇时节，情性主宾，白黑雌雄，朔望弦气，颠倒浮沉，抽添沐浴，烹炼温养，斤两爻符，脱胎换鼎，此皆火候之隐名。又如恍惚窈冥，先

---

① 眑，《道藏辑要》本作"盼"。

天太极，初三成震，月现庚申，西南得朋，首经至宝，文武逆顺，至日闭关，擘裂鸿蒙，凿开混沌，建立鄞鄂，创造鼎炉，以有入无，流戊就己，防危^①杜险，复命归根，龟息踵息，千百亿化，此皆还丹隐韵之音，无非玄一祖气之妙。学者必须明师通玄究微，精达深晓，是请上圣方能悉其章也。诵之十过者，既言还丹之成功，道高德隆之喻。若其庸人，不明说经之义，直以念诵十过，而妄希求诸天遥唱，万帝设礼，如经所言者，必无是理。若修还丹，功成道备，则其灵应岂止如是哉！《内义》曰："万帝设礼者，庄子所谓澹然无极，而众美从之。"天地之德，圣人之道者也。河海，比爱河苦海也。人心被妄幻所有，则爱从情出，苦从识至。若修金丹，要德合天地，道同圣真，则爱河静息而苦海渊默矣。山岳藏云，《黄庭经》曰："五岳之云气彭亨"，即五藏云气，真人之息深深，则五藏气盈，如山岳之藏云也。日月，两目也。景，光也，神也。真人神不外驰，目虽视物而凝然不动，故曰停景。璇玑，斗极也。人心象之极者，旋而不移，视而察之，乃若不动。真人者，任其自然，心须应物而湛然常寂，故曰不行。群魔纷纭，万绪惑乱，我心既任其自然，则应之若无事，故曰束形。鬼精，三尸也。三尸不去，道必难成；能体纯素，三尸自绝，故云灭爽。回尸起死，白骨成人。丹成之士，非特独善其身，更宜推功及物，济死度生。《净明经》云："吾丹既成，变化自在。所不足者，上帝之诏未至，于是积功以期真命焉。"吴真君猛起于庆于已亡，岂非回尸起死乎？至学之士，勤苦精进，无退转也。五帝，五藏之神，肝魂、肺魄、心神、肾精、脾意。此五者，若人恬澹，则神定魂清，意安魄宁，精不走失。若人躁竞，则神疲魂浊，意乱魄散，精遂溃耗。夫人非不欲安而寿，而日应酬，神稍^②疲倦，则三尸九虫作我蟊贼，是以丹田之真为其所扰。精进之士，必尸虫消绝。五藏之神，各安其职，故曰侍卫也。三界，三尸也。乃人身三部阴浊昏邪之气，属三徒之界。上尸彭踞，居人头；中尸彭踬，居人肠；下尸彭蹻，居人足。凡人嗜欲贪淫，种种不善，皆尸鬼所使。庚申等日，则诣天曹，言人罪过，毫发不遗。欲人速死，彼则欣跃。葛稚川曰："子能绝三彭之仇乎？"古仙诗曰："穷尽世间无限法，除非

---

① 危，《道藏辑要》本作"微"，误。

② 稍，《道藏辑要》本作"消"。

丹药杀三尸。"紫阳真人曰："由来庚甲申明令，杀尽三尸道可期。"此乃销恶成仁，化顽从善，被我制伏，护我修行，故曰稽首也。魔精丧眼，鬼妖灭爽。魔精有只眼而形不可见，鬼妖有精爽而体不具。一切常人，醉生梦死，皆为妖魔所害，而反以为乐者，何也？六欲七情之未除故也。大修行人，七情俱忘，六根尽净，则魔精丧其瞎眼，而变为慧眼，鬼妖灭其精爽，而化出神通。上根之器，精进坚固而行之者，虽垂死将绝，犹可延其生，况年壮而气裕者乎？青元真人曰："万缘纷起是内魔，灾苦所逼为外魔。内魔不绝是曰精，七情六欲是谓鬼。"恼乱颠倒，障我道德，此所谓妖。至学之士，心无退转，彼皆不得而为此妖魔之障矣。初学者，虽无内想，然外境卒至，此心即乱，奚可炼丹？故经云："尔者学士，秽气未消"也。淫欲之人，不能清净自知，体有秽气。若见修行之人，急当回避，毋触忤其真气，以招殃祸。而初学之人，欲念不除，则体亦秽，气不能洞达真道，又焉能召制十方？虽积小善寸功，未能临制上天七政之辰。盖金丹之士，所行与天地合德，与日月合明，天罡所指，斗极居前也。若修丹未成，则威未制天政，此名初仙；若未能修行，而积德重厚，此名地仙，其德止可伏御地祇也。束缚魔灵者，以其不明先天妙道，唯存想行符，役驱神鬼，又常吸呼阴户鬼气，是名鬼仙。如上积行不倦，亦可延寿，故曰"但却死而已，不能更生"。此形体以久视长生，倘一旦不行，祸难即至也。知此道而不行，又轻与人妄论，是谓"轻诵此章，身则被殃"。《内义》曰："金丹之要，全在精勤调燮。"精则必明，勤则必成。首则勤于采取，次则戒于持盈，以俟鼎器圆成，药物全备，则运符进火，添抽汞铅，时晷相符，节候无爽，故得阴阳气足，离坎珠圆，神化成真，长生久视。若乃情躁心怠，妄作谩为，纬候相差，符节不应，则隆冬大暑，盛夏严霜，姹女逃亡，赤龙奔逸。神精既失，金液难求，气索体羸，形衰身殁。

供养尊礼，虔心供养，日夕尊礼真仙圣师，而又修行笃敬，外则宅舍昌盛，内则身心安宁。动与吉会，神明护门。高象先日夕思真，不觉魂升玉京，上帝怜之，命西华太乙夫人指示金丹诀。其篇有曰："乾坤阴阳之门户，乾道男兮坤道女。时人不识真阴阳，茫茫天地寻龙虎。"观此则门户宅舍，在吾身也。斯经尊妙，独步玉京。《七签·经教部》云：夫三洞者，是一乘之妙旨，三景之玄言。了则上圣可登，悟则高真斯陟。龙章凤篆，显至理之良诠；玉简金书，引还元之要术。况斯经，为三洞之冠，故云"独步玉京"。从古至今，仙真上圣，未有不由是而修证者，万法千门，靡不出此。巍巍荡荡，非可以名言思议。

颂曰：内名隐讳不堪论，无位真人号独尊。

了得内名须受用，方知劫劫镇长存。

道言：凡诵是经十过，诸天齐到，亿曾万祖，幽魂苦爽，皆即受度，上升朱宫。格皆九年，受化更生，得为贵人。而好学至经，功满德就，皆得神仙，飞升金阙，游宴玉京也。上学之士，修诵是经，皆即受度，飞升南宫。世人受诵，则延寿长年，后皆得作尸解之道。魂神暂灭，不经地狱，即得返形，游行太空。此经微妙，普度无穷，一切天人，莫不受庆。无量之福，生死蒙惠，上天所宝，不传下世。至士赍金宝，效心盟天而传，轻泄漏慢，殃及九祖。长役鬼官，侍经五帝，玉童玉女，各二十四人，营卫神文，保护受经者身。

上阳子曰：十过以成数，言经功圆成，诸天齐到。青元真人曰：亿曾万祖，乃无始以来舍身受身所育父母，乃祖乃先，幽滞魂灵，久拘苦爽，悉获受度，上升朱宫。南方丹天世界，有南昌上宫，宫有朱陵之府，府有流火之庭，乃炼化度仙之所。获超升者，经由此宫，受三火大炼锻，炼五浊秽形，以王晖之光炼其气质，以黄华之水灌荡尸形，然后内孕灵真，随其报化而遂更生。炼度之格有三：上学三年受度，中智九年，下学二十四年。格皆九年者，总以中格言之，此世法释也。若以道用，当求于身。十过者，则十月之理。诸天齐到者，万神混归元一。亿曾万祖，乃父母假合之物。幽魂苦爽，即有身之后昏浊之气。皆即受度，上升朱宫。乃炼化假合昏浊之气，超入清净光明之域，受化更生，得为贵人。谓融炼假合昏浊之气，俱化阳神，更生真气，万神为一神，万气为一气，长养圣胎也。学士到此地位，已得神全气足，延年长生。所谓仙者，尚未可言。而好学至经，功满德就，皆得神仙。若进修内功，成就外行，方可言仙。内功者，火候脱胎，神化之道。外行者，济人利物，如汉天师区别人鬼，葛仙翁济度幽魂，许真君诛剪蛟妖是矣。经云："学者虽守道，不作功德，亦不能得道。""若内丹成，积修外行，则功满德就，飞升金阙，游宴玉京，真不虚也。上学之士，修诵是经，皆即受度，飞升南宫。上学者，闻道勤行也。《老子》曰："上士闻道，勤而行之。"盖勤则有功，即飞升南宫也。世人受诵，则延寿长年，后皆得作尸解之道。世人，乃常俗之流。紫阳真人曰："大丹之法，至简至易，虽愚昧小人得而行之，亦跻圣位。"尸解有四种：一者兵解，若嵇康寄戮于市，淮南托刑于狱。二者文解，若次卿易质于履，长房假形于竹。三者水火解，若冯夷溺于大川，封子焚于大树。四者坐解，视其已死而足不青，皮不皱，目光不毁，屈伸从人，名太阴炼质，肉过百年不朽，更起成人。《真诰》云："尸解仙不得御华盖，乘龙登太极，但不死而已。"故云"魂神暂灭，不经地狱，即得返形，游行太空"也。说者，谓尸解者。目莹骨轻，精血不变，投其尸于名山大川，百年之后，化生珠玉也。此经微妙，普度无穷，一切天人，莫不受庆。以道用释，此经即至宝也，即金液也。微妙，即白虎也，即两七也。魏真人《参同契》："两七聚，辅翼人。"以此经微妙之功，顺则生物，逆则成丹，广济有情，普度无穷矣。一切天人，大修行者，以天人分两义，犹金丹分龙虎二物，莫不受庆。天人以法药兼施，故皆受庆。经功圆满，丹道成真，岂特身被长生之恩，偕祖弥①蒙超升之惠。上天所宝，不传下世。此从世法释。青元真人曰："上真朝奏，必啸咏此篇。"天实宝爱，不传下世。因后圣君坚请，以保甲申洪灾，所以圣圣相传，不及凡俗。唯至士赍金宝，效信质心，盟告诸天，方可传授。何则？人之爱者，唯金宝。金为坚刚之物，太上设此，使人舍己所爱，破悭吝心，以此舍心回向，表其心诚，坚如金石。若泄妄传，殃及九祖矣。"侍经五帝，玉童、玉女，各二十四人。"此道用释。经者，祖气也。五帝妙化五行之气，童女二十四人，是合内外二景，真神真气，营卫丹体，保护受经，圆成大丹也。昔许旌阳炼还丹，乃感上帝，遣五仙童女持剑而下，旌阳日与之戏剑，后乃成道，岂非保护受经者身乎！

颂曰：上天所宝不轻传，若得亲传可上天。

金宝效心何所贵，此经微妙福无边。

道言：正月长斋，诵咏是经，为上世亡魂断地逮役，度上南宫。七月长

---

① 弥，《道藏辑要》本作"祢"。

斋，诵咏是经，身得神仙，诸天书名，黄箓白简，削死上生。十月长斋，诵咏是经，为国王帝主、君臣父子、安镇国祚，保天长存，世世不绝，常为人君，安镇其方，民称太平。八节之日，诵咏是经，得为九宫真人。本命之日，诵咏是经，魂神澄正，万气长存，不经苦恼，身有光明，三界侍卫，五帝司迎，万神朝礼，名书上天，功满德就，飞升上清。

上阳子曰：如世法，则正月长斋，诵咏是经。正月为一岁之始，四孟之首，乃天官上元大庆之月。精思不替曰长，守心戒慎曰斋，是谓正月长斋。口念声扬曰诵，行坐长吟曰咏，是为诵咏是经。青元真人曰："正月为四始之首，天地通泰，万物更生之时。"乘天官考校之格，长斋诵经，度上世亡魂，断绝地司连逮之苦，度上南宫也。道用则为进火之月、采药之时，皆为身中修行下工之旨。《内义》曰："正月属寅。"修丹采药，以寅申为起伏之候。寅乃阳起之候，欲于申时行功，则于寅时先守，以至申时施用。长斋者，清心也。诵经者，摄气也。清心摄气，是为采药。上世亡魂，乃身中积阴之气。阳气虽从子上发生，一阳在五阴之下，至于寅时，犹阴阳相干，阴上阳下，郁而未畅，故曰逮役。至于申时，以法薰蒸，阳气奋发上腾，入于离宫，得不谓之"断地逮役，度上南宫"乎？盖经中所言朱宫，或言南昌上宫，或言朱陵，或言南宫者，皆离宫也。离必以坎为应，故张真人曰："取将坎位中心实，点化离宫腹内阴"是也。七月长斋，诵咏是经，身得神仙。七月属申，乃阳伏之候。欲于寅时行功，则于申时先守，至于寅时运汞投铅，鼎中成宝，亦名采药，亦铸鼎器。阳气日盛，阴气日消。所谓纯阴，鬼也。纯阳，仙也。阳气既壮，即得仙之渐，功满气足，神化脱胎，真人出现，故曰身得神仙。得道之士，酆岱落其死籍，移注仙籍，膺图受箓，乃获上升，故曰"诸天书名，黄箓白简，削死上生"也。十月长斋，诵咏是经。《内义》曰："采药足备，铸鼎圆成，预先十月入室，调和神气。"去冬至十五日为始，谨存神于肾间，谓之筑固灵根。使根源本始，神气俱生。身，犹国也。神为身之主，气为神之臣。神满气盈，百骸俱理，丹成质蜕，久视长生，骨肉同飞，形神俱妙，一如经之谓矣。八节之日，诵咏是经，得为九宫真人。八节，八卦也。入室运符进火，以冬至日子时为首起火，神存在肾。阳火运行，其神随逐而进。肾中，根也。神室，带也。自根至带，根带相连，结胎成果。一举三时。自子至丑，自丑至寅，金火逼逐，归还神室，金丹渐结。应冬至、立春节，属坎、艮卦。至卯时沐浴，辰时进火，至巳，金火逼逐，还至髓海。应春分、立夏节，属震、巽卦。阳火至极，午时运符，至未至申，金水推运，从双关鹊桥入室，包固玄珠。应夏至、立秋节，属离、坤卦。至酉沐浴，戌亥运符，真气归源，一阳来复。应秋分、立冬节，属兑、乾卦。周而复始，循环不已。盖促一年之功，于一日之内，以应八节。凡此运用，阳火阴符，皆归中宫，长养圣胎。十月气足，宝鼎功成，脱胎神化，是为真人。夫八卦环列，外实中虚，丹体居中。《易》曰："八卦成列，象在其中。"此其所以为九宫真人也。又世法释，八节之日，是太乙司命领诸官吏，纪录世人罪福功过，有功则举，有过则罚。其日诵经，乘保举之格，为九宫真人。本命之日，诵咏是经，魂神澄正，万气长存。人身三魂，一魂居直，本属宿宫；一魂居地府，一魂居形内，七魄常在身。七魄使人昏淫，三魂喜人为善。遇本命日，魂神降体就尸，合同循环，归降不绝，则生人安隐，灾病不生。本日清净身心，不酒不色，更衣焚香，诵经习善，坐不睡眠，即得魂与魄合。魂属阳，魄为阴。阴阳相和，道气内降，命根坚固，身体清安。若以酒色昏乱形体，魂归一见，去身七步之远，取合不能，秽恶冲射，魂乃复去。七魄因魂不能来合，则其阴气愈盛，鼓舞得志，肆情恣欲矣。若三度昏乱，魂不得合魄者，则阳衰阴旺，七魄与阴鬼交通，但思淫乱。夫七魄各有名，曰尸狗、伏尸、雀阴、吞贼、飞毒、除秽、臭肺。尸狗主贪，伏尸主食，雀阴主淫，吞贼主偷，飞毒妄想，除秽败善，臭肺主一切烦恼，以其不善，故名亦恶。人但念头不正，即便引入邪道，耽滞酒色，游梦众恶，污浊秽行，迷乱多睡，耗精疲神，丧气多病，恼乱至死，彼却纾快。若于本命之日，精心行善，诵经行道，每每不倦，有进无退，善功彻天，则如经之应感，功满德就，则飞升也。许真君《灵宝净明度人经法》有十毋忘。其中最切者，毋忘刚洁。谓人刚则有守，不行淫邪；洁则戒行，不贪饮食。不淫则不损身之精神，戒食则不杀物之性命。故夫饮酒好色而诵经论道者，其罪最重。此皆世法释也。

若言道用，尤有妙理。夫本命之日，是采药入室之日，是还元返本之日，是归根复命之日。故一年之内，止有此日，此日之中，唯在一时；一时之间，只用二刻，是攒簇之法也。攒七十二候于一日，簇三万六千正气于一时，比一时得六候，止用二候诵经炼丹，则一时中尚余四候，别有妙用，须在心传，此为本命之日也。彭真人曰："初则全无形质，一如鸿蒙混沌之中，既经起火运符，便应元年滋产，此为本命之日，受气之初。"《参同契》曰："冠婚气相纽，元年乃芽滋。"《内义》曰："若火候毕行，脱胎神化之道。"圣胎存于髓海之中，以周星六十日为期。本命一周，以合周星之数，忽然如霹雳之声，天门裂开，圣胎脱出，凡蜕为仙，长生不死，魔王保举，诸天奉迎，功备德隆，飞腾可待。李昌龄曰："功者，日用之谓；德者，日新之谓。"苟能闵闵然如农夫之望岁，汲汲然如商贾之营财。今日积德，明日累功，所谓地仙三百善，行之只在一年；天仙一千三百善，行之只在四年。第人虽行，多至中废，为心不坚故也。紫虚元君曰："傅先生少好道，入焦山石室七年，忽遇太极真人，授以木钻，使穿一磐石。戒曰：'石透，吾当度汝。'石厚五尺余，傅穿之不息，积四十七年，石忽穿透，太极真人果来度之。"此心坚之至，况诵经行道而精进者乎！

颂曰：三月长斋诵是经，诸天上圣为书名。

人知本命咏经日，日用之间颠倒行。

道言：行道之日，皆当香汤沐浴，斋戒入室，东向叩齿三十二通，上闻三十二天，心拜三十二过。闭目静思，身坐青黄白三色云气之中，内外翳冥，有青龙、白虎、朱雀、玄武、师子、白鹤罗列左右，日月照明，洞焕室内，项生圆象，光映十方。如此分明。密咒曰：

贪罗郁罗，符无苏陀。太冲太极，阴阳包和。

出有入无，入生出死。鬼神莫测，变化自然。

元始混气，玄中之玄。上干有终，下洞大渊。

诵之一遍，沉痾自痊。炼魂浴魄，真阳自全。

斋戒礼诵，万过飞仙。无上秘咒，受命绵绵。

重宣心咒，贪罗洞明。玉清上极，梵气氤氲。

分灵布气，降注付身。形神俱妙，与道合真。

臣身得道，七祖飞升。垂如金格，统摄万灵。

急急如元始玄都律令。

无上玄元太上道君，召出臣身中三五功曹、左右官使者、侍香金童，传言玉女、五帝、直符、直日香官，各三十二人，关启所言。今日吉庆，长斋清堂，修行至经，无量度人，转经受生，愿所启上彻，径御无上三十二天元始上帝至尊几前。

毕，引气三十二过，东向诵经。

上阳子曰：此经实修行之旨，示祖气之真，所以直言行道之日而不曰诵经之日者，要知经即丹也，丹即道也，道即经也。非道则不出经，非经则不出丹，非丹则不成道。一定之理，更无别途。此当以道用与世法通释。夫行道有二，有内行道，有外行道。今先指外行道，沐浴斋戒，严设坛墠，烧香诵经，步虚朝赞，为外行道。东海青元君曰：以五香水持咒洗身，此外沐浴；大行梵气，周回十方，以至中理五气，混合百神，是内沐浴。斋者，非止禁茹荤秽，且先屏绝淫欲。盖斋心可以防患，戒性可以消灾。入室者，入靖绝尘，身心专注，可与神灵交通。东向为长生之方，召集生气，叩齿之法，左为天钟，右为天磬，召仙灵也。中为天鼓，朝奏上圣。心拜者，身形不动，专意存礼。闭目者，收视内观，气乃凝寂。青为玄一之气，黄乃元一之气，白乃始一之气。三色之义，取法三清，坐而存之，神明自见。内景外境，翕然冥合。次存青龙，自肝出，居左。白虎自肺出，居右；朱雀自心出，居前；玄武自肾出，居后。师子白鹤，各以六数存之，自六腑而出，分左右。左目化为日轮，现紫赤之光九重；右目化为月轮，现黄白之光七重。与身相去三尺，光明焕烂，射入鼻中，通脑后，入金华宫，结成圆光，大如车轮，以前青、黄、白三色相间，是为九色圆象。以此光明，遍照十方，然后念前密咒。密者，不出声也。咒毕，关告如前。关告毕，东向端坐，存所出身中四兽等神，在前听法闻经，然后出声朗诵，不得杂想接谈间断经法，如对君父，无少懈怠，务在感通彻天也。此乃外行道，皆世法之当然。若以内行道，则是道用。其事迥别，何以故？世人看经，只看过了，不知经中是一大修行，教指人行此经中之道，故云行道之日，而不言看经之日。修炼内丹，则有入室下工，故云入室东向，而不言登坛。升堂者，皆修还丹之说。盖经者，敬也。天尊说经，令下愚之人知所归敬，则心向善，不作非为，存神养气，可以无灾。若不沐浴斋戒，更衣入室而诵者，反招殃谴。若上士至人，则行经中之道，故云行道之日。经即道，道即丹，修丹方有入室之事，故云"入室东向"。凡炼还丹，先须炼己存心，故云沐浴。有道之士，先绝欲想，故云斋戒。愚人不知此事，却乃高声念将过去。何谓行道？曰：修还丹也；何谓还丹？曰：必须师指。故纯阳真人曰："不因师指，此事难知。"老君曰："吾非圣人，学而得之。"故学丹必先求师，不可妄自猜说。既得师传，先须炼己。何谓炼己？曰：去欲念，养精气。故纯阳曰："先须炼己待时。"既能炼己，须结丹友，以为外护。刘海蟾云："个事非常事，寻人未得人。"陈泥丸云："若无同志相规觉，时恐炉中火候非。"既得其侣，先寻炉鼎。《悟真篇》云："先把乾坤为鼎器，次抟乌兔药来烹。"既得炉鼎，然后择日。何谓择日？紫阳真人曰："铅遇癸生须急采。"又曰："甘露降时天地合。"即此是也。得其日，又得其时。已须行卦气。故《悟真篇》曰："取将坎位中心实，点化离宫腹内阴。"所以叩齿三十二，心拜三十二者，还六十四卦也。闭目静思者，伯阳真人曰："耳目口三宝，闭塞勿发通。真人潜深渊，浮游守规中"也。身坐青、黄、白三色云气之中者，我师缘督子曰："先天一气，自虚无中来。"青气是汞，白气是铅，黄气是土。以其汞铅未合，藉土合之。紫阳《自序》云："追二气于黄道，会三性于元宫。"攒簇五行，合和四象，龙吟虎啸，夫唱妇随，方知内外翕冥，四兽罗列，日月照明，洞焕室内，项生圆象，如此分明。密咒者，大音希声之谓。此之谓行道，此之谓诵经，此之谓内外二景。炼丹既就，然后关告，而身中魂魄皆化为神矣。

　　颂曰：入室之功却妄情，诵经行道早修行。

　　传言玉女先关启，三十二天次第升。

《元始无量度人上品妙经注解》卷上

《太上洞玄灵宝元始无量度人上品妙经注解》卷中

上阳子陈观吾　注

　　上阳子曰：经者，道也，敬也。道则遵之而行，敬则守之勿失。世知所敬者，三宝也。夫三宝，实妙道之宗，以道用释，则曰身中三宝；以世法释，则曰教中三宝。其身中三宝，有二事也。曰教中三宝，有二说也。今言教中三宝，曰道、经、师三宝。有今科、古科三宝，此二说也。道乃元始玄一之祖气，以生天地、人物，是为道宝。经乃玉晨道君演元始玄一之道，为万世梯筏，是为经宝。师则老君降授张天师经箓，以传世流教，是为师宝。教之源流，实遵天师，而亦有二说也。故教中，以前三宝为今科，以后三宝

· 354 ·

为古科，而其号称亦异。此世法化俗之说。若言道用，则是身中三宝，有二事也。元始玄一至真之精曰天宝，亦曰道宝；上清金液先天之气曰灵宝，亦曰经宝；混元无极至真之神曰神宝，亦曰法宝。此身中之三宝，非此三宝，不能还丹，不能做佛，不能成仙。而《三宝大有金书》言天宝、灵宝、神宝，皆分气而化，亦身中之三宝。若论还丹金液之道，则身中三宝又有二说。神、气、精为内三宝，耳、目、口为外三宝。能尊其外三宝而不妄动，则内三宝方结还丹而成胎婴也。故夫真文宝符、龙章凤篆、玉笈金书、三洞奥典、三十六部万八千篇，皆出于三宝中，曰经。所以经即丹也。即先天之一气也。此《度人经》，乃玉晨道君演元始之道，以授玄一真人，玄一授天真皇人，天真皇人依道君所传，书而成文，以为经。故每章以"道言"置首，唯本章与"玉历"二章不题"道言"，乃皇人直以元始之道而书之，然皆道君之所授。今人以有"道言"者为序，无"道言"者为经，非也。有诵二章而不诵前经者，尤非也。前标《太上洞玄灵宝无量度人上品妙经》者，皇人所标也。此则直标《元始无量度人上品妙经》者，道君所标也。然经之源流，所传亦别，而诸经皆出于道君，故道君为经宝。经体道而行，道因经而用。若论金液还丹，则经先丹而行，丹后经而用。借经表丹，则曰先天无上灵宝九还金丹。假道说经，则曰《元始无量度人上品妙经》。

颂曰：元始先天神气精，玄功无量最神灵。

度人度我须人度，上品丹方是妙经。

元始洞玄，灵宝本章。上品妙首，十回度人。百魔隐韵，离合自然。混洞赤文，无无上真。元始祖劫，化生诸天。开明三景，是为天根。上无复祖，唯道为身。五文开廓，普植神灵。无文不光，无文不明。无文不立，无文不成。无文不度，无文不生。是为大梵，天中之天。郁罗萧台，玉山上京。上极无上，大罗玉清。渺渺劫仞，若亡若存。三华离便，大有妙庭。金阙玉房，森罗净霭。大行梵气，周回十方。中有度人，不死之神。中有南极，长生之君。中有度世，司马大神。中有好生，韩君丈人。中有南上，司命司录。延寿益算，度厄尊神。回骸起死，无量度人。今日校录。诸天临轩。

上阳子曰：此章浑是道用。元始，太极未分，先天之祖气。洞玄，三洞玄奥，万法之真宗。灵宝本章，性也，有也，体也，命之应也，玄之根也。

《老子》曰："有物混成，先天地生。"是以能生物、生人也。上品妙首，命也，无也，用也，性之应也，牝之门也。紫阳真人曰："白虎首经至宝，华池神水真经。"以其能生佛、生仙也。回者，复也，还也。在经则曰"十回度人"，在丹则曰"九还金丹"。此经所以为三洞之冠者，在一"度"字也。求仙作佛，必先明"度"字，方能复此元阳真气，以结还丹。百魔隐韵，身中六根八识、三魂七魄、三部八景、二十四神，未知行道之人，皆为其汨乱心君，引归欲界，故曰百魔。今既修炼大丹，则百魔受制，更无恼试，离合自然。盖还丹之道，虽曰有为，而非强为。一离一合，皆出造化之自然。《悟真篇》曰："二物会时情性合，五行全处虎龙蟠"者，此也。混洞赤文，即本来之真性，不坏之元神。青元真人曰："元为万物之根，立乎大象之首，运化而无穷。始为恍惚之初，在乎万化之先，独尊而变迁。"洞玄，洞观玄一，化度天人。灵宝，在天曰灵，在世曰宝。本章，具载修真合道之本。上品，独得其玄，方便设教。妙首，众妙之首，万法之宗。天地虚妙而清，阴阳同妙而纯，日月含妙而明，五行合妙而精，万物尽妙而真。《内义》曰："上品妙首，金液还丹，无上妙道之冠。"十回度人，十月之功，度世为仙。百魔隐韵，丹之异名。离合自然，喻金木间隔，复能互并，水火相克，复成既济，自然而成造化。混洞赤文，万物之本源，众生之真性，一气之祖，万神所宗。《西升经》曰："虚无生自然，自然成大道。"夫道者，无形无体，即先天一气，而化生万物，为天地造化之本。修金丹者，体循造化以虚无自然。先天真一之气，名曰空气。金胎，生金母而作丹基。此气，父母未交之前，与混沌同体，故曰混洞。父母媾精之后，此气歘然感附，谓之阳精。喻为银矿，名曰元神，藏在坤宫，故谓之性，即本来面目。未生之前，谓之阴金。已生之后，谓之阳铅，是为五金之母。《参同契》曰："径指天地之灵根，将为药祖。"明示阴阳之圣母，用作丹基。天地混沌之先，此气结而成玉字，故曰赤文。乃无上可上，至真妙道，故曰无无上真也。元始祖劫，化生诸天元气，始气于祖劫初，化分三气，而生三天，曰清微天、禹余天、太赤天。三天之气，化分九气，而生九天，曰始青天、青元天、始丹天、太丹天、始素天、大素天、始玄天、大玄天、青微天。九天梵气，化分而生九霄九天，曰大霄晖明流光素景天、青霄元真宝曜天、碧霄总生开灵传道天、绛霄太平应化道主天、丹霄中极至妙变空天、玉霄皓元威德耀晶天、琅霄飞青元关传济天、紫霄合景双阙化身天、神霄玉清妙景大有天。九霄梵气化分，下生九天，即生神九天。一、南方郁单无量天；二、西北禅善无量寿天；三、东方梵监须延天；四、西南寂然兜术天；五、东南波罗尼密不骄乐天；六、北方洞元化应声天；七、西方灵化梵辅天；八、东北高虚清明天；九、中央无想无结无爱天。又生大罗上清玉真三十六天，下生四种民天。种民天之下，一百三十五万八千里，生无色界四天；无色界之下，三十六万里，生色界一十八天。色界之内，有轻尘六天，细尘六天，粗尘六天。色界之下，三十万里，生欲界六天。欲界之下，五百二十亿万里，化生五亿诸天，八圆世界。四种民天之上，布日月星辰，主持万物，故曰开明三景。人之生，亦类是也。父精母血，包于母腹。精血未凝，如珠似露；凝结之后，生形五瓣，头与四肢。男子先生左肾，次右命门。女则反是，本性继种于两肾之间。妙化之气，自然生发，次则上生两瞳神水，以至化生五脏六腑、九窍百脉、筋骨齿发，气足形金，脱胎而生。故老君曰："天地媾精，阴阳布化。"一月为胞，精血凝也。二月为胎，形兆胚也。三月阳神，为三魂，动以生也。四月阴灵为七魄，静镇形也。五月五行分五脏，以安神也。六月六律定六腑，用资灵也。七月七精开七窍，通光明也。八月八景神具，降真灵也。九月宫室罗布，以定精也。十月气足，万象成也。故神布气满，三万六千关节，根源本始，一时生神。此为化生诸天，开明三景，是为天根。《本起经》曰："夫道得三乃成，故三合成德。"道不满三，诸事不成。以内言之，则曰铅、汞、砂，直指其物，则我真性并日用妙化、阴阳二气合而成三。上无复祖，唯道为身。《老君化胡经》曰："道者，元气虚无。"天地从之，而生万物，资之而形，皆祖气之妙化。在道则曰金丹，故曰"上无复祖，唯道为身"也。"五文开廓，普植神灵。"在丹则一气复，而变造五行，五行具而成金胎；在经则玉字出，而结为赤文，五文具而植神灵。五行者，铅、汞、砂、银、土。天一生水，坎中藏铅；地二生火，离中产砂；天三生木，震龙主汞；地四生金，兑虎体银；天五生土，中宫结丹。道非此不光，文非此不明，身非此不立，丹非此不成，气非此不度，药非此不生，是为大梵天中之天。大梵者，先天气凝而五行大备。天中之天者，身中有身也。"郁罗萧台"，脑际也。"玉山上京"，泥丸也。"上极无上"，泥丸之上。"大罗玉清"，太玄也。太玄内秘一机，名曰月高奔，神化脱胎之要。《黄庭经》曰："高奔日月吾上道，乃见玉清虚无老。"渺渺劫仞，至高至尊，若亡若存，即张真人云："视之不可见其形，及至呼之又却应。"三华离便，顶颠属南。南本三数，顶为华盖，又曰圆盖。南属离，离为午位。三华，为金华、玉华、九华。内丹已结，而顶有三华。大有妙庭，即上丹田，乃百关总会之穴。金阙玉房，日宫为金阙，左目也；月宫为玉房，右目也。森罗，星宿也。言日月星宿列布，而一身九窍灵澄。大行梵气，即先天妙气。周回十方，言妙气营卫，金胎神室，温养大丹。如上皆道用略注。尚有至妙之妙，心传方可。内景既露，外景须明。今复释以世法，庶几贤愚各具眼目也。混洞赤文，自混沌之气结而成赤文，文字既出，而妙经行；妙经行，则祖气具。在人身，散分于物类之内，是曰"无无上真"之谓也。元始祖劫，化生诸天。元始以道祖而镇大劫，以祖气而化生诸天。祖气分三气，而隶大罗三清之界，故曰"开明三景"。要知此气，遇大劫而不坏，故曰"是为天根"。此气即太极之始气，而生天、生地、生五行、生人物已，故曰"上无复祖"。道之在人身，亦犹气之在天地间，故曰"唯道为身"。赤文立，而五文开廓；经法行，而普植神灵。世无经文，则不能光明，不能成立，不能自度。自生是经，为大梵极品之音，天中之天，即三清大罗圣境。大者，覆盖万天；罗者，包罗三界。中有玉京山，周回八万里，下与昆仑对立。山有郁罗萧台，台有七宝城。上极无上，有玉清殿，又有三华离便之宫，大有妙庭，皆天尊宴息之所。金阙玉房，瑶池翠水，森森列布，皆凭梵气周回运转，故得久而长存。此中有度人不死之神，即元始分化之号。南极长生君，即朱陵大帝，治太微垣，司火炼之事。度世君主，阳九百六之变。司马君主，灭邪却试。好生君，即青华之别名，主诠校。韩君，主南昌品秩学人。司命司录，主功过予夺。延寿益算，主增注年命。度厄尊神，主消平厄难，回骸起死。君主升度死魂，飞尸登晨。今天尊说法，临集帝轩，校图检录，品度学人，如人身与玉京无异。金阙玉房，丹田泥丸，冥然列布，若一身神气充满，则长生不死之神居其中，亦如玉京之梵气周回而无坏。

颂曰：玉京山上郁罗台，上品经诠演十回。

普植神灵行梵炁，三华离便五文开。

东方无极飞天神王长生大圣无量度人，南方无极飞天神王长生大圣无量度人，西方无极飞天神王长生大圣无量度人，北方无极飞天神王长生大圣无量度人，东北无极飞天神王长生大圣无量度人，东南无极飞天神王长生大圣无量度人，西南无极飞天神王长生大圣无量度人，西北无极飞天神王长生大圣无量度人，上方无极飞天神王长生大圣无量度人，下方无极飞天神王长生大圣无量度人，十方至真飞天神王长生度世无量大神，并乘飞云，丹舆绿辇，羽盖琼轮，骖驾朱凤，五色玄龙，建九色之节，十绝灵幡。前啸九凤齐唱，后吹八鸾同鸣。师子白鹤，啸歌邕邕，五老启途，群仙翼辕。亿乘万骑，浮空而来，倾光回驾，监真度生。

上阳子曰：十方飞天大圣，皆元始道气分形。东方讳总，南讳飞，西讳云，北讳无镜，东北讳梵，东南讳那郁，西南讳度仙，西北讳钁气，上方讳瑛，下方讳落。一曰十方长生大圣，一曰十方救苦天尊。奉元始命，掌十方三界校量功德，开度无量，总括生死，陶铸学人。藏经载八方诸天，皆有无极大千世界。东方无极诸天安大堂乡大千纳善世界，南方无极诸天宛黎城境大千弃贤世界，西方无极诸天福堂洲大千咸行世界，北方无极诸天郁单野大千清静世界，东北无极诸天福集都大千长安世界，东南无极诸天元福田大千用贤世界，西南无极诸天延福乡大千仁静世界，西北无极诸天福德野大千延贤世界，上方上清玉真三十六天玄都无极世界，下方黄曾三十二天八圆无极世界。无量大神，主监得道、长生、度世之事。青元真人曰："舆辇轮盖，皆阳精之气所成；凤鹤龙鸾，乃阴精之气所化。"上圣之人，具真常之道，呼吸合散，随意现前。阴阳气谐，如歌似曲，皆气所为，并非外物。人若还丹功成，阴魔亦化阳神，元气一呼，万神咸听，五脏神灵，各随方色自现。舆辇仪卫来迎，百骸众神前导，后从升举朝元，与此无异。五老启途，东方青灵始老，姓关，讳开，字灵威仰；南方丹灵真老，姓洞浮，讳极炎，字赤熛弩；中央元灵元老，姓通班，讳元氏，字含枢纽；西方皓灵皇老，姓上金，讳昌开，字曜魄宝；北方五灵玄老，姓黑节，讳灵会，字隐侯局。十方大圣，道位高尊，乃感五老启途，而群仙翼辕，亿乘万骑，浮空而来，然皆法身之神。《丹经》有曰："神御气，气留形。"倾光回驾，玉光飞云，回旋天尊之法座，领监众真，较度君品。以丹言，则倾光回驾，乃坎离既济，阴阳已交，真神化生，温养胎室，故曰监真度生。

颂曰：无极天真集蕊宫，丹舆绿辇御浮空。

倾光回驾群仙庆，阳长阴消妙化功。

诸天丞相，南昌上宫，韩司主录，监生大神，执箓把籍，齐到帝前。随所应度，严校诸天。普告三界，无极神乡，泉曲之府，北都罗酆，三官九署，十二河源。上解祖考，亿劫种亲，疾除罪簿，落灭恶根，不得拘留，逼合鬼群。元始符命，时刻升迁，北都寒池，部卫形魂，制魔保举，度品南宫。死魂受炼，仙化成人。生身受度，劫劫长存。随劫轮转，与天齐年。永度三涂，五苦八难，超陵三界，逍遥上清。

上清之天，天帝玉真无色之境梵行。

上阳子曰：此道用、世法，两事俱明。世法，诸天丞相，天天各有丞相，一云即大罗神公。南昌即丹天世界，上宫即朱陵火府。韩司宫中丈人，即司命也，主炼度文籍之事。主录，乃天中宰协特宸主录，勒籍之司监生，主生魂铸魄也。太上说经，各持录籍，齐到帝前，校其应受度者，或宿名玄图，骨相合仙；或修斋奉戒，功德积感；或敬奉三宝，善功彻天；或供养师宝，为三官所称。名在诸天者，各为严行考校，据功量品，随其高下，应受升度也。以道用，则执箓把籍，元始气分而阴阳判，三才既立而文籍生。《内义》曰：显诸仁，则为录籍；藏诸用，则为阴阳。若幽明无录籍，功罪何所记？天地无阴阳，造化何由成？故帝前，即中宫神室。帝之所御，四海辐凑；神之所舍，万气混凝。喻阴阳交会于中宫神室，故曰"执箓把籍，齐到帝前"。天尊说经，的非虚言，欲人行其道耳。修学之人，且当改过迁善，守戒防淫，去诈息机，清心寡欲。嗟夫！世人逐末忘本，贱命轻身。英雄豪杰者，为功名所役；聪明特达者，为进取所羁；衣食富足者，为营计所笼；贫穷困乏者，为口体所累。其纵有有出尘之士，只乐逸豫，以为清净无为是修行，误矣。如此，何能得阴阳交会于神室哉？随所应度，金丹之道，一得永得，随功受报。十分工夫，有十分受用，一或灭裂，其报亦灭裂。虽所修至密，所为莫知，然渺渺大罗之天，无不严校而纪录者。普告三界者，欲界、色界、无色界，亦天、地、水三界也。无极神乡，十方无极世界，亦三界神庭庙社。泉曲之府者，北有大海，人身则号为泉曲。其秽恶黑腥，莫测边际，为江海之要府，停录罪魂。北都罗酆者，太极之初，清气上为圆盖；半清半浊之气在中，为人物。重浊之气，凝为罗酆，在北阴之癸，山高万余里，周回数千里。上参碧落，下际风泉，黑郁之气，盘礴其中。山有六天洞宫，一曰纣绝阴天宫，二曰泰杀谅事宗天宫，三曰明晨耐犯武城天宫，四曰恬照罪气天宫，五曰宗灵七非天宫，六曰敢司连宛屡天宫。每宫各有魔王主之，人能持此六宫名，常生敬畏者，则魔王保举，削落罪名。三官九署。三官，为三元。上元在山之阿，去天为近，天官领之，主校功录善，升降品秩。中元在山之左，地官领之，中有灵狱，主治罪魂，为追呼之府。下元在山之右，去风垒近，水官主之。下有九囚大狱，寒水之庭，主治重罪鬼囚。九署，为九垒，土皇九令之司。设有天上三官。上元天官，隶玉清境，置三宫九府三十六曹，官僚皆气化为之，总主上真玉虚高皇上帝与诸天帝圣，及世男女生命、录籍罪福、学道仙籍。中元地官，隶上清境，置三宫九府四十二曹，官僚皆世人有功高德重者为之，总主五岳诸真得道神仙、九地土皇、八极诸灵官。下元水府，隶太清境，置三宫九府四十二曹，官僚皆世人积善建功者补充，总主水帝河海九江水府，及人民生死功过仙薄。三元各有三宫，九府为九署也。十二河源者，一切水际，分治罪魂之所。天尊说经，使为学人，上解祖考，亿劫种亲，削除三恶罪根，更不拘留，乘元始九龙符命而升迁也。北都寒池者，酆都洞阴之境，有朔单郁绝之都，五气天君主之。九地之中，北阴天君主之。九水之中，大溟水帝主之。总号北都。中有三界大魔、五帝、考官、巨天力士，勾校罪魂之神。夫人生为阳魂，死为阴魄。若魂魄散乱，莫可执持，令其部卫形魂，使不散坏，乃得制魔保举，度品南宫。度品者，若积诸善根，则受炼仙化；若无功过，受度人身；若修行至经，功满则生身，劫劫长存，永度三涂。三涂者，一、天涂，色欲门，上尸道；二、人涂，爱欲门，中尸道；三、地涂，贪欲门，下尸道。此为在世三涂。如地狱、鬼趣、傍生，为阴界三涂也。五苦者，色累苦心门，爱累苦神门，贪累苦形门，华竞苦精门，身累苦魂门。夫学仙者，被此三涂五苦所遏，故云八难。若能度之，便超三界也。若论还丹，则普告三界，三丹田也。无极神乡，一身万神之所，泉曲之府，即欲海也。北都罗酆，乃爱根也。学人不去爱根，则汩没于欲海。三官九署，即身中三元九宫。十二河源，人身有十二爱河之源。上解祖考，人为妄想所迷，嗜欲所汩，昏浊沉滞，不得清明。如人祖祢，拘滞鬼群之化。修炼者，要万气朝生门，百神守死户，疾除罪薄，顿除欲想，落灭恶根，永绝妄缘，则出类拔萃，更不逼合于鬼群。元始符命，即先天之真气。符者，窍也，汞也，阳中之阴，龙之弦气也。命者，妙也，铅也，阴中之阳，虎之弦气也。经云："常无欲以观其妙，常有欲以观其窍。"故先哲云："书符不知窍，反被鬼神笑。"《老子》曰："窈兮冥兮，其中有精；其精甚真，其中有信。"此信，即符信也。此为元始符命，其以元始真气，符合命门之祖气。何哉？夫人之身，禀元始祖气而生，至于盛壮，蹶趋于醉梦之场，而此气奔失。若修行人，先炼阳中之阴，以留真汞，次炼阴中之阳，以求真铅，一时刻中凝结成丹，则可飙升迁矣。北都，即性根，蕃生真汞。寒池，即命门，蕃生真铅。当此铅汞交姤，性命混融，直须把握一念，部卫形魂。若形全魂复，脉住气停，还丹始结，故能制魔保举，度品南宫。所谓枯槁形骸，将死之魂，受此铅火炼度，得神仙妙化之道，以成真人矣。生身受度，天尊显此一句，证出还丹之旨。盖此经，非只为死者言，乃修行人生身受此真气以度。且生身，则阴阳可全，而造化可掬，学人能以有生之身，倒用五行，修此大丹以成高仙，则劫劫长存，随劫轮转，与天齐年，永度八难之苦，超欲界、色界、无色界，凌四种民天，而逍遥上清。薛幽栖曰："上清有三十六天，天帝皆道齐元始，位列玉清。"故云玉真在无色之境之上，出造化之外，凭梵气而行，出入无间。非如三十二天，在乎三界之内也，故曰梵行。

颂曰：天帝玉真六六天，丹成道备与齐年。

形神俱妙经功满，劫劫长存位上仙。

他本，有以此天帝名讳作《元始灵书上篇》者，非也。殊不知《天公经》云：大罗天自有《灵书上篇》，并观觉郁襜龙篆正文。在《灵书中篇》前，蜀本或置于下篇，亦非也。青元真人曰："当从《天公经》。"是矣。

东方八天

元始积九阳梵气以成。六天为欲界，二天为色界。天帝冕服皆青。

太皇黄曾天

异号净天，或称睹史。色黄，次奎璧。人修十善功，凡一根净者，生此天。释云"四天王天"。

帝郁褴玉明。

正音，开玄摄明天帝，内讳郁褴帝魔，隐音玉明。四字秘天之紫极宫，主长生箓。

太明玉完天

或称胜妙天，色绿，次壁。人修二十善功，二根净者，生此天。释云"忉利天"。

帝须阿那田。

正音，保玄道灵天王，内文须阿，隐音那田。四字秘天之紫房宫，主度魂更生。

清明何童天

异号光天，色黑，次室。人修四十善功，三根净者，生此天。一作河童。释云"夜摩天"。

帝元育齐京。

正音，明生九真天王，隐讳元育真人，内文齐京。四字秘天之九晨宫，主布政教。

玄胎平育天

异号梵天，或称忉利。色赤，次危，人修六十善功，四根净者，生此天。释云"兜率陀天"。

帝刘度内鲜。

正音，飘翰默然天帝，隐名刘度内鲜。四字秘天之元景宫，主召魔举仙。

元明文举天

或云化乐，色苍，次虚。人修八十善功，五根净者，生此天。释云"乐变化天"。

帝丑法轮。

正音，开生舒天帝，内文丑，异号法轮。三字秘天之广寒宫，主通行元气。

上明七曜摩夷天

异号化乐，谓欲乐之极。色黑，次女。人修一百善功，六根净者，生此天。释云"化化自在天"。

帝恬愭延。

正音，延虚明天帝，内音恬愭，隐号延。三字秘天之太阴宫，主开度幽难。

虚无越衡天

或云初梵，色碧，次牛。天人六根虽净，尚拘色尘，乃升此天。释云"初禅梵众天"。

帝正定光。

正音，镜无翘天帝，内文正定光。三字秘天之大玄宫，主无上道。

太极蒙翳天

或云上梵。色紫，次斗。天人一粗尘净，升此天。亦号初禅天。释云"梵辅天"。

帝曲育九昌。

正音，阿难净明天王，隐号曲育，总文九昌。四字秘天之玄都宫，主炼度朽骸。

南方八天

元始积三阳梵气，以成八天，属色界。四天为粗尘，四天为细尘。青冕，赤旒，朱服。

赤明和阳天

或号少光，色白，次箕斗。天人二粗尘净，升此天。亦号初禅天，释云"大梵天"。

帝理禁上真

正音，治安保仙天王，隐号理禁上真。四字秘天之长明宫，主炼仙成真。

玄明恭华天

或云光音。色黄，次箕。天人三粗尘净，生此天。亦号二禅天，释云"少光天"。

帝空谣丑音

正音，飞音气灵天帝，内文空谣丑音。四字秘天之东华宫，应化一切。

耀明宗飘天

或云无量光。色绿，次尾。天人四粗尘净，生此天。亦号二禅天。释云"无量光天"。

帝重光明

正音，翘真英天帝，总号重光明。三字秘天之浩元宫，主劫终学仙之人。

竺落皇笳天

异号初净。色青，次心。天人五粗尘净，生此天。亦号二禅天，释云"光音天"。

帝摩夷妙辩

正音，难玄明天帝，隐讳摩夷，内音妙辩。四字秘天之清玄宫，主魔试学人。

虚明堂曜天

异号严净。色赤，次房。天人六粗尘净，尚有细尘，生此天。释云"少净天"。

帝阿邵娄生

正音，弥论玄明天帝，隐音阿邵，梵号娄生。四字秘天之重华宫，主度学人。

观明端靖天

异号遍净。色苍，次氐。天人一细尘净，生此天。亦号三禅天，释云"无量净天"。

帝郁密罗千

正音，朗观曜明天帝，隐文郁密，内号罗千。四字秘天之光华宫，主开度天人。

玄明恭庆天

或号无量净。色黑，次亢。天人二细尘净，生此天。亦号三禅天，释云"遍净天"。

帝龙罗菩提

正音，威清道玄飞天，内音龙罗帝君，隐号菩提。四字秘天之开阖宫，主得道人。

太焕极瑶天

异号福爱胜。色碧，次角。天人三细尘净，生此天。亦号四禅天，释云"福生天"。

帝宛黎无延

正音，洞真永观天王，内文宛黎无延。四字秘天之帝康宫，主教学人。

西方八天

元始积七阳梵气以成。二天为色界细尘天，六天为轻尘天。青冕、金旒、白服。

元载孔升天

或云快乐。色紫，次轸角。天人四细尘净，生此天。亦号四禅天，释云"福受天"。

帝开真定光

正音，开光竟真帝君，内音开，隐讳真定光。四字秘天之延命宫，主炼魂。

太安皇崖天

异号极乐。色白，次轸。天人五细尘净，生此天。亦号四禅天，释云"广果天"。

帝婆娄阿贪

正音，腪莫阿魂天君，隐音婆娄帝魔，内讳阿贪。四字秘天之开明宫。主度善人。

显定极风天

或云广乐。色黄，次翼。天人细尘虽净，尚余轻染，生此天。亦号四禅天，释云"无想天"。

帝招真童

正音，回翘威天君，秘号招真童。三字秘天之大赤宫，主度有善功之魂。

始皇孝芒天

或云上妙。色绿，次张。天人一轻染净，升此天。释云"无烦恼天"。

帝萨罗娄王

正音，君华大权玉真，隐文萨罗娄王。四字秘天之大丹宫，主披夜开幽。

太皇翁重浮容天

或云色究竟天。色青，次星。以色尘渐除，故云色究竟。二轻染净，升此天。释云"无热天"。

帝闵巴狂

正音，惠威光帝君，内文闵巴狂。三字秘天之华盖宫，主召魔集真。

无思江由天

或号最上妙。色赤，次柳。天人三轻染净，升此天。释云"善见天"。

帝明梵光

正音，郎明法元帝君，内号明梵光。三字秘天之明堂宫，上升度善魂。

上揲阮乐天

或号自在。色苍，次鬼。天人四轻染净，升此天。释云"善现天"。

帝勃勃监

正音，郁无真星天帝，内文勃勃，内号监。三字秘天之运灵宫，品类天人。

无极昙誓天

异号大自在，亦云不还。色黑，次井。天人五轻染净，升此天。释云"色究竟天"。

帝飘弩穹隆

正音，飞天虚英天魔，内文飘弩天君，隐讳穹隆。四字秘天之中无宫，主度仙。

北方八天

元始积五阳梵气以成。四天为无色界天，四天为种民天。青冕、白旒、皂服。

皓庭霄度天

异号不空。色碧，次参井。天人轻染虽净，尚余结习，升此天。释云"无边空处天"。

帝慧觉昏

正音，无清明帝君，内音慧觉昏。三字秘天之琼瑶宫，主拔度学人。

渊通无洞天

异号大不空。色紫，次参。天人色尘都忘，但有心识，升此天。释云"无边识处天"。

帝梵行观生

正音，洗权道光天君，内音梵行，隐讳观生。四字秘天之真元宫，主度学人。

太文翰宠妙成天

异号非想。色白，次觜。天人心识两忘，气观渐妙，升此天。释云"无所有起天"。

帝那育丑瑛

正音，灵薰慧光帝魔，内文那育丑瑛，四字秘天之灵幽宫，主统理之事。

太素秀乐禁上天

异号非非想。色黄，次毕。天人结习渐忘，气观转妙，升此天。释云"非非想天"。

帝龙罗觉长

正音，阳威曜清天帝，内文龙罗觉长。四字秘天之九灵宫，主领录魔王。

太虚无上常融天

异号不动。色绿，次昴。天人结习顿忘，渐入神观，升此天。释云"不动天"。

帝总监鬼神

正音，摄灵真天帝，摄魔内音，总监鬼神。四字秘天之力福宫，主校学人功过。

太释玉隆腾胜天

异号大不动天。色青，次胃。天人结习顿忘，神观转妙，升此天。释云"大不动天"。

帝眇眇行元

正音，空微道明帝君，隐号眇眇行元。四字秘天之日盖宫，主召集仙圣。

龙变梵度天

异号上妙天。色赤，次娄。天人清净无染，证不空果，升此天。释云"上妙天"。

帝运上玄玄

正音，掷灵妙光天土，内文运上玉真，总音玄玄。四字秘大之灵宝宫，进仙成圣。

太极平育贾奕天

异号最上妙。色苍，次奎。天人洞入道妙，证无上玄觉，升此天。释云"最上妙天"。

帝大择法门

正音，永玄久生天王，总文大择法门。四字秘天之天宝宫，普度学人。

三十二天，三十二帝。诸天隐讳，诸天隐名。天中空洞，自然灵章。诸天隐韵，天中之音。天中之尊，天中之神。天中大魔，天中之灵。九和十合，变化上清。无量之奥，深不可详。敷落神真，普度天人。

上阳子曰：天帝内文、隐名、色服、根尘，皆天尊矜悯下愚，命天真皇人注释，下教于未闻者。见《洞神经》、《内音经》、《龙蹻经》、《本际经》、《天公经》等。

黄曾至七曜六天，为欲界，即下界也。初出凡，欲未除，天中之人，触物染著。初上二天，身交为欲。其次二天，接手为欲。又次五天，以口为欲。又次六天，眼视为欲。以色欲故，交接阴阳，故云欲界。因其欲乐，衰相易见，寿命终尽，复沦诸趣。若渐修习，欲乐顿除，升入色界，名小乘道。如大劫交，火从昆仑根起，焚烧世界，焰冲和阳天，元气溃散，天乃沦坏。

越衡至昙誓天，为色界，即中界也。此天之人，有六色十八尘。一尘净，升一天；十八尘净，升无色界天。若稍贪著，复堕欲界，名中乘道。如大劫交，水自东井起，洪泉鼓波，漂至极风天。元气溃散，天乃沦坏。

皓庭至秀乐四天，为无色界，即上界也。尘染俱净，乃升此天。《太真科》曰：“无色界中，至真无情，不交阴阳。人若化生，但啖真气，无复形质。”修至一天，唯存心识。若心识除，次第而升。气观道成，洞入自然，升种民天。释云菩提萨埵天，大乘道也。如大劫交，水火不到，唯风浩荡。孝芒至霄度六天，为风所坏。元洞至秀乐，元气散而复合，更无劫数。常融至平育四种民天，洞入真道，乃升此天，为最上乘。如大劫交，三界坏尽，此天复生圣人，以为民种，故号种民。若丹成道备，经功满就，则升上清天也。夫天帝魔神，灵章之秘，皆空洞之气结成，一切神灵，凭之变化，犹还丹资元始祖气，九和十合之功，以成金胎，胎婴变化而身入上清矣。

无量之奥，此丹最为神化之奥，深隐而不可详述。敷落者，神真敷散也。落者，布也。乃散真文，布置诸天，令其执持，普度天人，皆成妙道。此道用、世法之通释也。

颂曰：三十二总天是尘，色心都寂现全身。

　　　九和十合经功满，金阙宫中侍玉宸。

今日欣庆受度，历关诸天。请灭三恶，斩绝地根。飞度五户，名列太玄。魔王保举，无拘天门。东斗主算，西斗记名。北斗落死，南斗上生。中斗大魁，总监众灵。青帝护魂，白帝侍魄。赤帝养气，黑帝通血。黄帝中主，万神无越。青天魔王，巴元丑伯。赤天魔王，负天担石。白天魔王，反山六目。黑天魔王，监丑朗馥。黄天魔王，横天担力。五帝大魔，万神之宗。飞行鼓从，总领鬼兵。麾幢鼓节，游观太空。自号赫奕，诸天齐功。上天度人，严摄北酆。神公受命，普扫不祥。八威吐毒，猛马四张。天丁前驱，大帅仗幡。掷火万里，流铃八冲。敢有干试，拒遏上真。金钺前戮，巨天后刑。屠割鬼爽，风火无停。千千截首，万万剪形。魔无干犯，鬼无妖精。三官北酆，明检鬼营。不得容隐，金马驿程。普告无穷，万神咸听。三界五帝，列言上清。

上阳子曰：前言今日校录者，是学人炼己以积功。此言今日欣庆受度者，乃炼气以还丹。大修行人，最不易得者，今日也；铅遇癸生，今日也；黄芽生处，今日也；既得今日，是得其时。又有其财，而有其人，此为欣庆受度也。历关诸天，若欲天人交感，必先言语通诚，请灭三恶，先杜妄缘，斩绝地根，坚刚真性，采炼元始之梵气，飞度五户以还元，而名列于太玄。天门者，命门也。当入室时，魔王监真举事，使无拘滞天门。青阳初回，东斗主算。金华吐绽，西斗记名。取坎中阳，北斗落死。补离中缺，南斗上生。气归黄庭，中斗总监众灵也。青帝姓常，讳精明，护魂，治肝。白帝姓混，讳蓐收，侍魄，治肺。赤帝姓炎，讳洞丹，养气，治心。黑帝姓玄，讳明萌，通血，治肾。黄帝姓麻，讳忠慎，中主黄堂，制御万神。《大洞玉帝箓》云："五帝与天地同存，阴阳始判，化生五行。"大修行人，五帝降神，而炼金液，降气以结胎婴。青天魔王，姓斌，讳齿成。赤天魔王，姓佛，名由肃。白天魔王，姓赤，名张市。黑天魔王，姓徐，名直事。黄天魔王，姓天门，名波狂。皆主贪欲，耗摇神气，故呼魔王。五帝大魔，即天王也，亦即人身五官也。发施生育之功，主持金丹妙道，承天尊勅摄之命，各现帝相，故称五帝。若居欲界，以色、声、香、味、触，魔试学人，故云大魔。万神之宗，为一身之主宰。天尊昔降此五魔，有《御魔总真灵文》，令五帝符吏分卫五方。青帝符吏名启华，赤帝符吏名明真，白帝符吏名茂成，黑帝符吏名守元，黄帝符吏名升冥，各安其方，守卫灵文，以御魔试。道用，则四帝大魔属彼，涵元始梵气，亦称诸天，亦号金公，亦曰太乙，亦名白虎。唯东方青帝大魔属此，握生杀之柄，亦称本命元神，亦号无位真人，亦名金刚神王。飞行鼓从者，彼四帝大魔，飞行三界，鼓集部从，总领欲界鬼兵，以示淫欲之道。魔试学人，魔憧鼓节者，此青帝大魔，魔起幡幢，鼓动旌节，虽居色界，不为欲乱，禀受元始梵气真命，察恶劝善，故曰"游观太空"。自号威雄赫奕之独尊，与彼四帝诸天，齐其生育之功。上天度人者，四帝诸天，其中最善者，曰上天。其施度人妙化，必先严行。摄起北都罗酆，检举爱根，以炼还丹。庶令神公受命。神公，即我元神，号马龙氏，讳廓奕。其禀受元始梵气，真命一切，扫去贪淫不祥之鬼。八威吐毒者，八威乃眼、耳、鼻、舌、身、意六识，并含藏、传送，为八识，号曰八威。吐去色、声、香、味、触法之毒害，不令扰乱，然后金刚神王驾猛马以四张，遣天丁前驱，勇猛而谨饬，大帅仗幡，坚固而领行，掷火万里，则光烁烁；流铃八冲，则圆陀陀。彼四帝诸天，若稍有干试，拒上天度人之道，遏元始一气之真，使不能还元，则金刚神王以金钺而前戮，巨天力士伏巨戈而后刑，屠割五浊之淫鬼，急如风火以无停。盖半时之功，要疾速之意。千千截首者，千妖屏迹。万万剪形者，万怪逃形。彼无干试违犯。三官者，三元也。北酆者，真性也。则三元专制，真性洞明，检按鬼妖营窟，不得容隐，元始梵气。金马者，黄道也。驿程者，急递也。使此气驰逐黄道，而归神室，普告无穷。一气所临，万神听令。三界，即三田；五帝，即五官，皆列言奏功于上清也。以世法，则如经所言，不释亦明。

颂曰：赫奕威雄正令行，魔无干犯鬼无精。

　　　　一些祖气还丹就，三界列言奏上清。

元洞玉历，龙汉延康。眇眇亿劫，混沌之中，上无复色，下无复渊。风泽洞虚，金刚乘天。天上天下，无幽无冥。无形无景，无极无穷。溟涬大梵，寥廓无光。赤明开图，运度自然。元始安镇，敷落五篇。赤书玉字，八威龙文，保制劫运，使天长存。梵气弥罗，万范开张。元纲流演，三十二天。轮转无色，周回十方。旋斗历箕，回度五常。三十五分，总气上元。八景冥合，气入玄玄。

上阳子曰：二章为经之脉，为丹之髓。何也？本章是炼金液还丹事，故示赤文为采药之具。十方浮空而来，齐到帝前，乃聚精会神，至今日欣庆受度，方乃合丹。既得一气还元，则身中五斗五帝效职驱邪，逐去阴魔鬼气，故示万万剪形之功。《老子》曰："下德为之，而有以为"者，即本章之谓也。此章是炼玉液大丹事，故示玉历为纪元之始。所以无幽无冥，无形无影者，盖气初回而未帖，得元始梵气安镇，则万范开张，以至万气齐仙也。《九品经》曰："昔混元溟涬，诸天未分，元始肇形，五劫初化，乃命梵元祖晨道君肇录天元，运乘五劫。"故元洞者，以成祖炁。玉历者，以纪天元。自一气化分，三因成九，若龙若蜒，蟠曲九道，漠漠无极，总九阳祖气之元，太上乃运梵合炁，开始青天元祖炁。故东方得九气以分天境，劫号龙汉。南方得三气以分天境，劫号赤明。中央得十二气以分天境，劫号上皇。西方得七气以分天境，劫号延康。北方得五气以分天境，劫号开皇。五劫既周，昊天成象；一气混道，八景流光。八帝示形，九霄分化，结元洞五阳之气，为玉历。乃命天真皇人，以玉历纪元洞之初，劫运流复之本，天真天民学仙功绩，升退之道。青元真人曰：天地生成，始于龙汉，终于延康。几成几坏，莫可臆度，故云"眇眇"。每劫运坏，天地荡散，山海消融，物象一空，无复形质。唯元洞之气，混然不分，沌然始构，是云混沌。当此之时，暗包真一之水，而五行未胚，故上无色象可见，下无渊极能窥；上风下泽，空洞虚无，金刚之气，乘载天根。幽冥者，言隐显。形影者，言物象。穷极者，言分际。溟涬者，言旷荡。当其混沌之中，天上天下，隐显旷荡莫分，物象分际未别。唯大梵之气，寥廓未有光影。及后，金风气摩而生火，四象化合而生土，博载天地，长养万物，此谓三境高真，过度灾劫。而比众生，沉滞生死，轮转无穷，亦如是也。喻金丹返本，如经劫运之难。今幸梵气还元，尚无形象。赤明开图，赤明元年，玉历定纪。天地、日月、山川、物象，分判生长，亦犹还丹之有位也。四序推迁，各得其所，故曰运度自然，亦犹还丹之无为也。元始安镇，敷落五篇者，元始观梵气结形，刻玉成云篆天章，载妙元神真道五者，故云五篇。悟其妙者入其妙，悟其元者入其元，悟其神者入其神，悟其真者入其真，悟其道者入其道。故尽妙合元，尽元合神，尽神合真，尽真合道。字经火炼，故云赤书。八威龙文，文列苍龙、巨虬、金师、麒麟、白虎、玄豹、丹蛇、巨獬之状，是云八威。其文保制劫运，使天长存也。梵气弥罗，元气所化曰梵气。先天地立，为大道根，元始资之而御运，天地赖之以生成，弥覆三界，罗络诸天。两仪既张，物象咸布，故云万范开张。梵气为元化之纲，流演于三十二天，如轮运转，从无色界周回十方，自斗至箕，回度五常，以日月五星合二十八宿，故云三十五分。总受高上天元之气，八景冥然，交合以成玄功，故云"气入玄玄"，皆喻还丹将结胎婴也。

颂曰：无形无影却寻踪，一气周回显圣功。

最是金丹灵妙处，开张万范广神通。

玄中太皇，上帝高真。泛景太霞，啸咏洞章。金真朗郁，流响云营。玉音摄气，灵风聚烟。紫虚郁秀，辅翼万仙。千和万合，自然成真。真中有神，长生大君。无英公子，白元尊神。太乙司命，桃康合延。执符把箓，保命生根。上游上清，出入华房。八冥之内，细微之中。下镇人身，泥丸绛宫。中理五气，混合百神。十转回灵，万气齐仙。仙道贵生，无量度人。上开八门，飞天法轮。罪福禁戒，宿命因缘。普受开度，死魂生身。身得受生，上闻诸天。诸天之上，各有生门。

上阳子曰：此明金丹道用。玄中者，天心也，即人身正中之心。太皇者，元始也，即祖气，曰道宝。上帝者，道君也，即金母，曰经宝。高真者，老君也，即丹体，曰法宝。是为一体三宝。释云："清净法身是性，圆满报身是智，千百亿化身是行。"性与命合，阴惨阳舒，泛景太霞，啸咏洞章者，梵气始生，泛然涵泳于元和之中。金公乍还，快畅啸咏于洞章之句。金真朗郁者，金气周行。流响云营者，气营鄄鄂。玉音摄气者，玉液煎铅。灵风聚烟者，铅为汞制。紫虚郁秀者，汞结紫花。辅翼万仙者，功行外备。千和万合者，炼成一块。自然成真者，胎婴已成。真中有神者，胎已凝神。长生主心，无英主肝，白元主肺，太乙主头，司命主神，桃康主脾，合延主肾。执符把箓者，炼气合神。上游上清者，梵气上行，出入华房，自顶至踵，头有三华之庭，体有曲密之房。八冥之内，皆气通行；细微之中，无所不至。下镇人身，升泥丸，下绛宫；中理五气，住黄庭，合百神，十转而百灵回我，十月而万气齐仙，身外有身，真人出现。仙道贵乎长生，太上无量度人。八门有长生之门，法轮乃运转之道。凡世有罪福宿命，仙家唯禁戒功缘，形神普受开度，死魂悉得生身。此身得受长生，姓名上闻诸天，诸天校录功行，随品定其生门。功高则金阙侍宸，行满则上仙品级。

上阳子南岳侍赵老师，闻人诵《度人经》，问曰："何云金刚乘天？"师曰："要莫糊涂，你且从头说来。我先问你，混洞赤文是何物？"就起揖，回师曰："我闻这四字，便一身冷汗。"言下即悟，把此经一串透过。师曰："你知金刚乘天了也？"曰："通身是汗。"师曰："参须实参，悟须实悟，更向上说句来。"曰："如今超无色界了。"师鸣指一下，曰："如是，如是。这般话头，道是机锋，不怕罪福禁戒，忒恁泄露经旨，所恃将来过平育天，魔王却肯保举也。"此经尊妙，不可称量，故为三洞上品，《道藏》之首。然体元始之意，大概唯欲存道，说经以明道，使人知敬此道；出经以泄道，欲人知行此道，是道为经之体，经为道之用。因经显道，因道寻经。世之凡夫，闻经则敬，闻道则笑。遇经则朗朗而念诵，闻道则成群而毁谤。只如道为母，经为子，世未有爱其子而詈其母也。道之所以开天地、揭日月、施风雨、役雷霆。今人闻雷霆则掩耳，闻道则诽笑，太上虽慈悲而不加谴，然人之自取沉坠者，为当何如？何谓道，何谓经？全阴阳造化者，谓之道；全性命体用者，谓之经。有阴而无阳，不可以为道；有体而无用，不可以为经。是道为阴阳之根，经乃性命之用。以真性合元命，是配阴阳；以外形合内神，是全体用。夫唯元始还丹之道，与人受胎本同。人受凡父母精血之初，亦溟滓混沌而无形。精血既安，一月为胞，二月成胎，三月生魂，四月定魄，五月分五脏，六月开六腑，七月明七窍，八月具八景，九月相足，十月气全，脱胎而生。还丹之道，正类是也。其受灵父、圣母妙气之初，必九和十合，而金气始来，亦溟滓混沌、洞虚寥廓，无色无渊之可倚，无形无影之可依。元气安镇，五行敷落，弥罗周回，冥然凝合，泛啸朗营，复元归空，摄聚郁辅，含孕怀真。生五脏、理五气、合百神、结胎婴，号曰阳神。出入神化。但人受凡父母精血而生，其质不灵；金丹是灵父、圣母之气而毓，能变化飞行，是谓性命双修，形神俱妙。

颂曰：混合百神赖此经，此经尊妙甚分明。

天中梵气胎婴就，万气齐仙步玉京。

中有空洞，谣歌之章，魔王灵篇，辞参高真。

第一欲界，飞空之音：

人道眇眇，仙道莽莽。鬼道乐兮，当人生门。仙道贵生，鬼道贵终。仙道常自吉，鬼道常自凶。高上清灵爽，悲歌朗太空。惟愿仙道成，不欲人道穷。北都泉曲府，中有万鬼群。但欲遏人算，断绝人命门。阿人歌洞章，以摄北罗酆。束送妖魔精，斩馘六鬼锋。诸天气荡荡，我道日兴隆。

上阳子曰：《灵宝经法》所云：洞章乃龟山丹黄飞玄紫文，非魔王所为。昔尹真人侍老君西游龟台，入七宝园，观其文，修之有法，布此三章于世，令人开悟，超出三界。昔天尊降魔，魔王悉皆稽首受事，乃敕魔王郁默统治欲界，敕魔王摩罗统治色界，敕魔王无明治无色界。各歌谣章，变化飞空，警戒天人，屏绝欲鬼，令人闻此飞空之音，转色欲苦，归清净门，自黄曾至摩夷为欲界，六欲俱净，则升色界。人道眇眇者，微而阳失；仙道莽莽者，高远难明。生门者，生人、生物之门，成仙、作佛之门。钟离真人曰："生我之门死我户"，即此门也。为人不悟则欲，当此之门为乐。天道好生为贵，而人苦趣鬼道。高上清灵爽者，高上之人，心清性灵，其辞爽慨，悲悯愚惑，谣歌朗彻太空。葛仙翁《流珠歌》曰："流珠流珠，役我区区。忙忙汲汲，忘寝失哺。吾今六十，忧赴三涂。真人度我，要大丈夫。"谛观斯语，岂非悲歌朗太空者乎？太上留经之意，愿世人修证仙道，不欲人趋邪道而终穷也。北都泉曲府者，世之欲海。中有万鬼群者，总皆色类。若人耽迷，则遏算而绝命根。学人为阿人，或居色界，时歌洞章，以摄北罗酆。盖北都罗酆，乃人之欲根也。欲根才动，罗酆起漫漫之黑云，六鬼交锋，妖精趋淋淋之苦雨。学人到此，要降伏之，变欲界而为长乐；以炼还丹，化鬼妖而为诸天；以施灵药，则金光之气荡荡，而我丹道日兴隆矣。

颂曰：伶俐惺惺日夜忙，谁分地狱与天堂。

　　　好将冷眼看浮世，唤醒阿人歌洞章。

第二色界，魔王之章：

落落高张，明气四骞。梵行诸天，周回十方。无量大神，皆由我身。我有洞章，万遍成仙。仙道贵度，鬼道相连。天地渺莽，秽气氛氲。三界乐兮，过之长存。身度我界，体入自然。此时乐兮，薄由我恩。龙汉荡荡，何能别真。我界难度，故作洞文。变化飞空，以试尔身。成败懈退，度者几人。笑尔不度，故为歌音。

自越衡天，至昙誓天，共一十八天，为色界。此天之人，有形无欲，分粗细轻，一十八尘。如尘染俱净，升无色界。落落高张者，色天远大。明气四骞者，梵气朗明。无量大神者，我身魔试，洞章万遍，结习皆忘。仙道贵度，出于色界。鬼道欲人，相连色界。丹阳真人，东州富室也。日唯耽乐，重阳祖师，特往度之。一见即曰："我来扶醉人。"丹阳瞋曰："如何是道？"答曰："五行不到处。"丹阳大悟，从学登仙。此岂非"仙道贵度"者乎？天地渺莽也，色境何穷？故《南华经》云：物来无穷，我心有际。秽气氛氲者，结而不散。三界乐兮，过之长存者，过此色界，超三界天，升上清境，可以长存。身度我界，体入自然者，色超色类，不为所迷。得大自在，薄由我恩者，因经悟道。龙汉荡荡者，真伪莫分。我界难度者，色相未除，岂能度脱魔境？故作洞章之文以相勉。又变化飞空，以魔试其间，成者少，败懈退者多。笑尔不能出此色境，故为歌谣此文也。

颂曰：色界天中十八尘，此心未净即非真。

要知我界何难度，度者如今有几人。

第三无色界，魔王歌曰：

三界之上，眇眇大罗。上无色根，云层峨峨。唯有元始，浩劫之家，部制我界，统乘玄都。有过我界，身入玉虚。我位上王，匡御众魔。空中万变，秽气氛蒀。保真者少，迷惑者多。仙道难固，鬼道易邪。人道者心，谅不由他。仙道贵实，人道贵华。尔不乐仙道，三界那得过。其欲转五道，我当复奈何。

自皓庭至秀乐四天，为无色界。《太真科》曰：无色界中，至真无情，色欲俱空，无复形质之患。修至一天，唯存心识，以入气观，气观道成，上升一天。又能去除心识，以至无为，复升一天。若万法在心，若有若无，又升一天。若气观转妙，结习都忘，洞入自然，即升种民天也。《本际经》曰：烦恼为结，学业为习；结习已尽，超种民位。洞入道境，随气升降，灾所不及也。青元真人曰：无色界中，虽能离染忘色，然未能遣忘，尤以心识为患，故有秽气氛蒀，则鬼道易为邪入，偶失制御，即坠色界。直须忘心自遗，观空入妙。《老君清净经》曰："所空既无，无无亦无。湛然常寂，方是真静。"昔浪子刘长生真人，洛阳三年，日唯观空遣妄，爱根才动，便乃诵曰："北都泉曲府，中有万鬼郡；但欲过人算，断绝人命门。"诵此谣章，爱根斩然，岂非"阿人歌洞章，以摄北罗酆"者乎？此为真实工夫，所谓"仙道贵实"也。世皆耽迷，不乐仙道，转轮五苦，须欲提技，复奈之何！

　　颂曰：无色天中甚磨无，这回心地莫糊涂。

　　　　　他家不是闲花草，要把真身入玉虚。

　　此三界之上，飞空之中，魔王歌音，音参洞章。诵之百遍，名度南宫。诵之千遍，魔王保迎。万遍道备，飞升太空。过度三界，位登仙公。有闻灵音，魔王敬形，敕制地祇，侍卫送迎。拔出地户，五苦八难，七祖升迁，永离鬼官，魂度朱陵，受炼更生，是谓无量，普度无穷。有秘上天文，诸天共所崇。泄慢堕地狱，祸及七祖翁。

　　三界之上，无非魔王之所居。飞空之中，遍歌谣章，以魔试能裨妙道，故音参洞章。夫天尊说诵经，晓世人以行道，诵之百遍，犹梵气之初回，是云"名度南宫"。诵之千遍，犹胎婴之已结，故云"魔王保迎"。万遍道备，脱胎神化，故云"飞升太空"。此谓道备。若不修道，只诵万遍，以望飞升者，是亦难矣。经功圆成，过度三界，还丹行满，位登仙公。有闻灵音者，万劫一遇。魔王敬形者，道高德重。勑制地祇者，敕乃梵气，地即戊土，流戊就己，返本还元。拔出地户者，阴消阳长。五苦八难者，超五行数，除八识根。永离鬼官者，阴绝坤户。魂度朱陵者，阳聚离宫。有秘上天文者，凡学道之人，睹经则宝爱而珍藏，还丹则潜修而密炼，是谓之秘。诸天共所崇者，丹道与经皆圆，诸天共所崇仰。何谓泄慢？若轻易妄为，有闻而不行，或行而不秘，皆受泄慢之祸，恐堕地狱之中。至于祸及祖翁，即是丧尽元气，却怨丹经妄语，又谓太上空言，宁不回思自己妄为泄慢之过也。

　　颂曰：何故谣章参洞章，只缘地狱与天堂。

　　　　　尽知地狱惟心造，好向天堂做一场。

　　道言：此二章，并是诸天上帝，及至灵魔王隐秘之音，皆是大梵之言，非世上常辞。言无韵丽，曲无华宛，故谓玄奥，难可寻详。上天所宝，秘于

玄都紫微上宫，依玄科四万劫一传。若有至人，赍金宝质心，依旧格告盟十天，然后而付焉。

上阳子曰：此经冠于诸经者，首尾相应，前后相随故也。如上卷，乃天真皇人笔录，玉晨道君叙述元始天尊之说，而万世之下，得此经诵之者，犹如当时亲睹其事，斯为妙也。本章、玉历二章，为正经。三界魔王歌章，接于二章之后，不属正经。以其大魔，试学人之功为多，故参于元洞之末，是云"音参洞章"也。此下，则天真皇人又述道君之言耳。此二章，即《混洞赤文》、《元洞玉历》二章。《混洞赤文》，明先天元始玄一之还丹；《元洞玉历》，明后天无为至真之妙道。言此二章，独掌不鸣，并是诸天上帝，无非一阴一阳。至灵魔王者，全资神用，隐秘之音，玄关一窍。大梵之言者，铅银砂汞，在经则为诸天帝魔之隐秘，在丹则为玄牝、刀圭之梵言，非世上常辞。世上愚人，开口谈道，且不知道为何物，亦不知物为何用，此谓非世上常辞也。言无韵丽，信言不美。曲无华宛，华则不实。故谓玄奥者，颜闵虽慧莫猜。难可寻详者，黄老无师难悟。上天所宝者，首经而已。秘于天宫者，非世常用。四万劫一传者，非人不可授。至人者，乃至圣之人也。金宝质心者，以财易法。夫金与宝，世之所重。愚人以金宝为命，文人以功名为命，义士以名节为命，至人以道德为命。故至人炼金液九还神丹，乃假金宝以为法财。盖有法无财，事鲜克济；有财无法，即同愚人。经法流通，法财两用，依格告盟，方可付之；强为妄作，事难全。此道用之说也。若论世法，则未见以金宝为质信，而请经一卷，则更四万劫，亦莫之有。何以故？彼安知是经，有长生久视之道焉？若言道用，或犹有之，何以故？彼上根法器之士，宿命因缘，于丹经内默有所得，尚未能深达玄阶，忽闻此经妙谛，必赍金宝信受不疑。夫七返九还之方，必外药而合内药。若非金宝为质，则安能得此经之妙，又安能降龙以伏虎，又安能得先天之气自虚无中来也？凡今世之愚夫浊子，一闻法财，必为大笑，便谓修行者，要彻骨贫、一丝不挂，只从事顽坐，流于空寂济荡。此辈直赚到老，安知斋金宝以求妙经，是法财两用之旨？希夷真人《入室诗》曰："入室何独异，金花日日开。灵苗从地出，香蕊向天来。"又云："欲慕天中宝，应须动世财。蓬莱瑶洞裏，酝就九还杯。"王鼎真人曰："凡俗欲求天上事，寻时须用世间财。"盖天中宝、天上事，是仙家密密运用之机，却非傍门采取之谬。伐瑳迷伽承师教已，问云："何为报？"师曰："若办五百羯利沙钵那者，足表深心。"尔时，迷伽遍地寻觅，既具集已，即呈偈曰："饶财多宝珍，眷属具成就。必定于菩提，常安住于法。"夫伐瑳迷伽，为天人师，留此一偈，与后来人，为证道作佛之眼目，非同外道邪魔之行。谛观斯语，则此经必金宝质心而后付，方得其妙。

颂曰：一些财利不关心，金宝何为度得人。

我是青城亲付嘱，还丹只要虎龙亲。

《元始无量度人上品妙经解注》卷中

《太上洞玄灵宝元始无量度人上品妙经注解》卷下

上阳子陈观吾　注

道言：夫天地运度，亦有否终。日月五星，亦有亏盈。至圣神人，亦有休否。末学之夫，亦有疾伤。凡有此灾，同气皆当齐心修斋，六时行香，十遍转经，福德立降，消诸不祥。无量之文，普度无穷。

上阳子曰：天地运度，以道用言，则人之身得天地正中之气。头像天，足像地，故曰人身一小天地。夫天地之造化，生人生物；而人身之造化，生佛生仙。《灵宝毕法》曰："道生万物，天地乃物中之大者，人为物中之灵者。别求于道，人同天地。以[1]心比天，以肾比地，肝为阳位[2]，肺为阴位，一上一下，仰观俯察，可以赜其机；一始一终，度数筹算，可以得其理。"《易》曰："天尊地卑，乾坤定矣。"《老子》曰："有物混成，先天地生，吾不知其名，强名之曰道。"张真人曰："甘露降时天地合，黄芽生处坎离交。先把乾坤为鼎器，次抟乌兔药来烹。"故金丹以天地为鼎器也。世法，则以天地为运度。古人以一大为天。经云："域中有四大，道大，天大，地大，王亦大。"《浑天论》云[3]："天如鸡子，地如中黄，大地在天体之内。天之南北两极，如门枢轮轴。天旋一昼夜，而周两极，不离原所。"其谓天如鸡子者，鸡子形不正圆，古人知天形相肖，故以比之。但喻地在天内，天包地外而已。缘督子曰："天如绣毬，内盛半毬水，水上浮一板，板比大地。板上置诸物，比

---

① 以，《道藏》与《道藏辑要》本缺，据《灵宝毕法·匹配阴阳第一》补，下句同。
② 位，《道藏》与《道藏辑要》本缺，据《灵宝毕法·匹配阴阳第一》补，下句同。
③ 云，《道藏》与《道藏辑要》本无，校者补。

人品万类。毯常旋转，板上诸物，未尝觉知。天乃日夜旋转，地居其中，人物在于地上，安然不动。"此毯浮板之喻，切几之矣。《浑天论》云："地在天体之内者，天非可见其体，因众星出没东西，管辖于两极，有常度，无停机，遂即星所附丽，拟为天之体耳。"《革象》云："天体圆如弹丸，圆体中心，六合之的也。周围上下，相矩正等，名曰天中。天中直上，至于天顶，古者测景于阳城，得天顶正中之景。仰观北极，出地入地，并三十六度，是为天中而非地中。若论地维，四方之中，当以四海之至而求。黄河之源为昆仑，是大地最高处。西番指为闷母黎山，水分四向而流，其山距东海不满二万里，距西海三万余里。阳城距东海近，而距昆仑远，天下之地多西，昆仑尚在东土。要知大地之中，乃在昆仑之西也。"《浑天》比"天如鸡子"者，中黄为地，是地上天少，地下天多。《革象》乃云："地上天多，地下天少。"亦为有理。若论天之高下，《玉书》云："天地之间，上下相去八万四千里，气质不能相交。天以乾索于坤，而还于地中，其阳负阴而升；地以坤索于乾，而还于天中，其阴抱阳而降。升降而运于道。"《三五历纪》曰："天地开辟，阳清为天，阴浊为地。盘古生于中，神于天、圣于地；天极高，地极深，盘古极长。后有三皇，数起乎一，立于三，成于五，盛于七，处于九，故天去地九万里。"两说相同，则知地上至天九万里，地下亦九万里，是天之体中高十八万里。古以三百六十步为一里，如前本章化生诸天所注几百几十万里者，非实有其数。比上根之士，能绝欲乐，即同圣贤，与彼下界之人，相隔远甚也如此。又如地之宽阔，自东海滨之西，至西海滨之东，五万余里。海之阔，又三万里，海之外，二万里，则极东至极西，通十五万里径，与十八万里之高，则《浑天》谓"形如鸡子"者是矣。天道左运，周天三百六十五度余四之一，每昼夜一周遭，无有穷已。刘宋祖冲之善观天文，见极星去不动处一度余。盖历家测北极，而知度数长短。《郭守敬行状》："至元十六年，守敬奏，唐一行开元间，令南宫说天下测景。今疆宇比唐尤大，若不远方测验日月交食，分数时刻不同，昼夜长短不同，日月星辰，去天高下不同，即目测验人少，可先南北立表，取直测景。"世祖皇帝可其奏，遂设监候官十四员，分道而出。先测得南海北极，出地一十五度，夏至，景在表南，长一尺一寸六分，昼五十四刻，夜四十六刻。衡岳北极，出地二十五度，夏至，日在表端，无景，昼五十六刻，夜四十四刻。岳台北极，出地三十五度，夏至，景在表北，长一尺四寸八分，昼六十刻，夜四十刻。和林北极，出地四十五度，夏至，景长三尺二寸四分，昼六十四刻，夜三十六刻。铁勒北极，出地五十五度，夏至，景长五尺一分，昼七十刻，夜三十刻。北极，出地六十五度，夏至，景长六尺七寸八分，昼八十二刻，夜十八刻。《革象》谓：朔方最远之地，煮羊胛未熟而天晓又远去，则日之出没，只在须臾，是为天地运度也，亦有否终。有成数者，必有否；有定象者，必有终。《金诰》曰："大道之中，天地有高下之仪，阴阳有始终之数。"唯金丹，乃元始一气变化，无形无象，超五行之外，出象数之限，立乎造化之表也。日月五星，以道用言，备于一身。经云："人有七孔，天有七星。"则七窍者，日月五星也。世法，祖冲之① 始悟日有岁差之数，刘洪② 始悟月行有迟疾，张子信③ 始悟五星行度。缘督子曰："日行不由黄赤道，出入黄道内外。昼长，在赤道北；日短，在赤道南。北有紫微垣，帝座居之，故北曰内，南曰外。"又，月有九行者，只是一道，月亦不由黄赤道。其黄道与赤道，如两环相交，而相距二十四度。日月由中而行，只距黄道六度。日为阳之精，月受日光而明。《革象》："以黑漆毯于檐下，映日，其毯受日之光，远射暗壁。月之圆体，比黑漆毯，有日映处则有光；日映不到，则无光，故常一边

---

① 祖冲之（429—500），南北朝时齐国人，字文远，祖籍范阳郡遒县（今河北涞水），我国杰出的数学家、天文学家、文学家、地质学家、地理学家和科学家。在世界数学史上第一次将圆周率（π）值计算到小数点后第7位。将数学成果集为《缀术》，唐朝曾定此书为数学课本。编制历法《大明历》，著有《释论语》、《释孝经》、《易义》、《老子义》、《庄子义》及小说《述异记》等，已失传。

② 刘洪（约129—210），字元卓，东汉泰山郡蒙阴（今山东蒙阴县）人，我国古代杰出的天文学家和数学家，被后世尊为"算圣"。著有《乾象历》、《七曜术》和《九章算术》等。

③ 张子信，清河（今河北清河）人。生卒年不详。天文学家。《隋书·天文志中》：清河张子信，学艺博通，尤精历数。因避葛荣乱，隐于海岛中，积三十许年，专以浑仪测候日月五星差变之数，以算步之，始悟日月交道，有表里迟速，五星见伏，有感召向背。言日行在春分后则迟，秋分后则速。合朔月在日道里则日食，若在日道外，虽交不亏。月望值交则亏，不问表里。又月行遇木、火、土、金四星，向之则速，背之则迟。五星行四方列宿，各有所好恶。所居遇其好者，则留多行迟，见早。遇其恶者，则留少行速，见迟。与常数并差，少者差至五度，多者差至三十许度。其辰星之行，见伏尤异。晨应见在雨水后立夏前，夕应见在处暑后霜降前者，并不见。启蛰、立夏、立秋、霜降四气之内，晨夕去日前后三十六度内，十八度外，有木、火、土、金一星者见，无者不见。后张胄玄、刘孝孙、刘焯等，依此差度，为定入交食分及五星定见定行，与天密会，皆古人所未得也。

光，一边暗。遇望，日月相对，月在天，日在地下，所映之光，全向人间一边，暗处却全向天，人所不见。晦朔，日月同经，月在日之下，月受日映，一边光处全向天，一边暗处全向地。晦朔同经，离二十五度，所映之光，渐向一边，人间乃见月吐微光。日与月逐渐远，光渐多，月离日九十余度，则人见光一半，故谓之弦望。后离日二十五度，而月光渐亏，逐渐远，光渐少，而至于晦。是以月体本无圆缺，每受日光，只是半轮，以其旋转，人不尽见，故言其亏盈也。"而愚者谓，日月对望，为地所隔，岂能得日之映，彼岂知阴阳之气，隔碍潜通之理？其月不全莹而似瑕者，其映水之处则莹，照地之处则瑕。古云：月中有山河树影是也。日之圆体大，月之圆体小。日距天虽远，月距天又远。月道在日道内，亦似小环在大环之中。月与人相近，日与人较远，月因近视而比日体之大也。太阳行一度，曰一日，而月一日行十三度有奇。凡言度者，日之圆径数也。如日之径八百四十五里阔，则一度亦八百四十五里阔。故太阳三百六十五度余，计三十三万里。而天高远于日，故其度又阔于日之度。以天三百六十五度余，计五十五万余里，是天每度有一千三百九十里。而月之度，却窄于日之径，月一度止得六百七十里，周三百六十五度余，止计二十四万里，是月近于人，天最远于人。唯日得其中道，故凡历测，皆以日为主而作准则也。日行之道，定二十八宿之名。唐虞之际，冬至日躔虚宿。何以知其然？在《尧典》曰："日短星昴，以正仲冬。"且冬至日短，日入申末，昴星见西。初时而在南方，午上太阳，却在酉方，虚属天盘子。以天盘子加临地盘酉，子加酉，则酉必加午。昴属天盘酉，而冬至见地盘午。故冬至太阳躔虚，夏至躔星，春分在昴，秋分在房。古者唯以夜半中星考其日度，是以容成造历，车区占星是也。汉作《太初历》，"仲冬日在丑躔牵牛"。初尧至汉，差一宫。晋虞喜谓："五十年差一度。"何承天谓："百年差一度。"隋刘焯，以"七十五年差一度"；唐一行，"八十三年差一度"。《大衍历》："日在斗十三度。"宋乃以焯七十五年为准。至元十四年，丁丑，冬至，日躔箕十度。至元三年，丁丑，日躔箕八度。则尧时日在子，汉时日在丑。金宋之间，日在寅。自尧至今，三千七百年，日已差三宫。则尧之后，九千余年，日反躔午；一万八千余年，日复躔子。是帝尧之前，亦必如此。故李淳风以古历章蔀纪元，分度不齐，始为总法。一行以朔有四大三小，定九服交食之异。徐昂以日食有气，刻时三差。

姚舜辅知食甚泛，余差数。《革象》谓：上古岁差少，后世岁差多。以唐宋到今验之，果符其说也。古人以三百六十时有余，均作二气六候，为一月。然每月朔，止得三百五十六个时令三刻有奇，而一气则十五日有余，故月大曰气盈，月小曰亏，名为朔虚。此谓日月五星，亦有亏盈，非但指日月晦食为亏盈也。又如五星，亦因日而有迟留伏逆，近日则疾，远日则迟。迟甚而留，留久而退，初迟退，渐疾退，退最疾而复迟退。如初退止而留，留久而顺行，最疾则与太阳同躔。岁星最疾四日行一度，荧惑最疾七日行五度，镇星最疾七日行一度。此三星比太阳行度较少，故伏合以后，太阳在前，岁星距日十三度而晨见，荧惑距日十九度而晨见，镇星距日十八度半而晨见。大约近一远二而留，周天相半而退。岁星初留，约距日一百九度。初退，距日一百三十一度。荧惑初留，距日一百三十四度；初退，亦然。镇星初留，距日九十四度；初退，距日一百二十八度。凡退行，最疾之时，必与太阳对冲，退止而留，留久而顺行。太白最疾，约四日行五度；辰星最疾，一日行二度。太白距日远，不出四十度；辰星距日远，不出二十四度。距日远则行迟，距日近则行疾。金木形体大，故伏见与日近；水火土形体小，故伏见与日远。此五星之常数也。至圣神人，亦有休否？夫舜有井廪之虑，文王有羑里之囚，周公居东二年，孔子厄于陈蔡，老君化胡而为所难，如来割肉以与贼徒，岂非至圣神人亦有休否者乎？末学之夫，亦有疾伤，士之学道，而不勤行，是为末学之夫不勤，则道不成，道不成，则疾患至矣。凡有此灾，同气皆当齐心修斋，六时行香，十遍转经。同气，即同类也。既同其类，必能齐心，其心若齐，方能办事。世人知看经，而不知转经。看经者求福，转经者求丹。经圆福至，丹成德重。故云"福德立降"。此经多言无量之文，普度无穷者，意在经而主乎丹也。夫元始梵气，还丹之道，上根至士，下及至愚小人，但能信受而行，皆跻圣位，故云"普度无穷"。

　　颂曰：有形有数有终穷，直到无形体太空。

　　　　若问无形何所似，全身放在黍珠中。

　　道言：夫末学道浅，或仙品未充，运应灭度，身经太阴，临过之时，同学至人，为其行香，诵经十过，以度尸形如法，魂神径上南宫，随其学功，计日而得更生，转轮不灭，便得神仙。

上阳子曰：此为下士晚闻道者言也。夫末学道浅，仙品未充，修学之人，不能勇猛勤行，而复年当迟暮，精气已衰，不觉腊月三十夜到来，无可奈何，遂行夺舍投胎之法。盖夺舍与投胎，乃是两事。此法虽属傍门，然得之者，亦可以度其尸形，使真性不落于轮回也。若五祖之投周氏胎，松精亦投金公室是也。故云"以度尸形如法"。然必得同学至人，为其护卫，则魂神径上南宫。如四祖之题五祖，洞宾之度松精，此为同学至人也。随其学功者，盖修学之士，其功有深有浅，故随其功之深浅，计日之远近而更生。虽经转轮，而真性不灭，待其金液大丹之道成，是云"便得神仙"也。

颂曰：计日更生随学功，功圆八百显金容。

大罗天上风流好，信道元来色即空。

道言：夫天地运终，亦当修斋，行香诵经。星宿错度，日月失昏，亦当修斋，行香诵经。四时失度，阴阳不调，亦当修斋，行香诵经。国主有灾，兵革四兴，亦当修斋，行香诵经。疫毒流行，兆民死伤，亦当修斋，行香诵经。师友命过，亦当修斋，行香诵经。夫斋戒诵经，功德甚重，上消天灾，保镇帝王，下禳毒害，以度兆民。生死受赖，其福难胜。故曰无量，普度天人。

上阳子曰：天地运终。以道用释，大修行人，以天地而比一身。还丹若成，功行未积，不能白日飞身，乃厌尘世，或欲示疾而去，或欲蜕形而行，或止得脱壳尸解之道，皆谓之运终。若直谓天地果然运终，则民生其有几何？孰得而修斋行香，又孰得而诵经乎？星宿错度，日月失昏，此乃身中神气耗散，耳目眩瞆。盖日月五星，比人身之七窍也。《三光经》云："耳若乱听，声色败人；眼若视恶，真光不明；鼻若闻臭，玉真不清；口若杂味，身多病生。是故病从口入，福从色败；子若戒之，命同天在。"四时失度，夫真气乖理，则阴阳不调。彭真人曰："阳火过刻，水旱不调，凝冬变为大暑也。阴符失节，寒暖相侵，盛夏反为浓霜也。金宫既砂汞之不萌，一鼎则虫螟之互起。大则山崩地圯，金虎与木龙沸腾；小则雨暴风飘，坎男共离女奔逸。"《内义》曰："太上所谓修斋行香诵经者，即虚心炼气，顺神养真。"如上，皆道用之谓。

若论世法，天地运终，则欲界六天大劫一交，为火所焚。色界一十八天，大劫一交，为水所漂。无色界四天，大劫一交，为风所坏。此三界坏尽，上帝乃于种民天，选一人，下世为民种，故曰种民天。以此观之，则天地其有运终之时也。星宿错度，日月失昏，古人仰观天象，见众星昏晓出没，渐渐不同，乃比天体如圆瓜，以瓜有十二瓣，周天三百六十五度余四之一，均作十二分，则一瓣计三十度四十三分七十五秒，度度皆辐辏于南北极，犹其度敛尖于两端。最广处，在瓜之腰围。瓜腰一围，名曰赤道。其度在赤道者，正得一度之广，去赤道远者，渐远渐窄，虽有一度之名，实无腰围一度之广。各度皆以二十八宿之距星纪数，谓之经度。东西分经，南北分纬，经纬皆以二极远近为数。两极相距一百八十二度六十二分五十秒。赤道横分，与两极相远，各九十一度三十一分二十五秒。天顶名嵩高，北极偏于嵩高，而北者五十五度有奇。南极偏于地中之下而南者，亦五十五度有奇。赤道则斜倚在嵩高之南三十六度，两傍乃正卯酉之位。日月星宿，不著于天，乃假大化之气，悬空而行，亦犹鱼之不著于地，乃假水之道而行于江河也。北齐张子信仰观岁久，知五纬有盈缩之变，遂加常数以求其逐日之躔。盖五纬不由黄道，亦不由月之九道，乃出入于黄道之内外。五纬各自有道，视太阳远近而迟疾者，如足力之有勤倦。又有变数之加减者，如路里之有曲直。岁星加灭最多，处七度有余。荧惑二十五度余，土星八度余，太白四度余，辰星六度余。罗计气孛所行无迟疾。罗计从月，交黄道而求月交之终始。罗计于其间，各逆行一度四十六分三十秒。月孛从月之盈缩而求。紫气起于闰法，二十八年十闰，紫气周十二宫。紫气，即景星也。史注："景星状如半月，凡见则人君有德，明圣之庆。"星之留段，是一日绕地一周，与天同过一度。行疾者反是迟，行迟者反是疾，退者反是疾之，甚不及天行之数，即所行度，日月相会同经度。夫日食于朔者，日月同经不同纬，只合朔而不食。若日月既同经，而月从八道穿度日之黄道而出入。其时，日亦在彼，即同经而又同纬，则合朔而有食。说者谓十曜之星，皆能食日者，非也。日本无食，但一时为月之黑体所蔽障，世以为食，然日体未尝有损。其所障有多少者，盖日道与月道相交有二，若正会于交，则月体全障日体，人间暗甚，谓之食既。若同经而在交之前后者，亦见其食，但正交则食分多，交远则食分少。日月之行，迟速不同，须臾参差，离交而光生矣。夫月食于望者，日月对躔为望，平分黄道之半。黄道有二交，若不当二交，前后而望，则不食。若望在二交前后者，月必食。其食分多少，当以距交远近而推。是时月在天，日在地之下，又非十曜之星所能食。而月何以无光？盖缘月虽映日而明，若在二交限内，对经而又对纬，至甚的切，所受日光伤于大盛，以致月反无而黑，为其阳极反亢故也。是为月蚀。今授时历，望在交之前后，距交十三度，余则不食。若在此限之内，则有蚀矣。故古人以日体对充之处，名曰闇虚。似乎日之像影，月体因之失明，故云闇日，非有像影也。强立其名，故云虚，言其非实有也。若日月交朔于夜，对望于昼者，皆有食，但已入地而人间所不见，此谓日月失昏也。亦当修斋，行香诵经。夫日阳月阴，阳主德，阴主刑。而有国有家者，日食则惧德之不修，月食则惧刑之有失。故日食修德，月食修刑，亦当修斋诵经，以禳救之。所谓救者，观乎天文，以察时变，预为之儆戒耳。四时失度，阴阳不调。以世法释，自古以分至，为春、夏、秋、冬四时之中，而四时以冬至为首者，阳道也。古历立元纪蔀（步口切）章，年月日时，各有其事。时者，太阳所历地盘十二方位；日者，太阳出没一周；月者，太阴盈亏始终；年者，寒暑荣枯一变；章者，至朔合于一时；蔀者，至朔合于子时；纪者，至朔合于甲子日子时；元者，至朔合于甲子岁甲子日甲子时也。百芒为毫，百毫为秒，百秒为分，分即刻也。二十五刻为三时，十二时为日，三十日为月，十二月为年，十九年为一章，四章为一蔀，二十蔀为一纪，三纪为一元，则一元是四千五百六十年。一元之首，冬至太阳在子；一元满，则冬至太阳在卯；二元满，则冬至太阳反躔午；三元满，冬至太阳在酉；四元满，冬至太阳复躔子，则四元乃一万八千二百四十年。太阳还元，而积六千七百二十闰者，盖一章有七闰也。四时失度，阴阳不调者，春则国有恐，民多疫；夏则禾不熟，女有灾；秋则民虐，而致觑（渠牛切）嚏（丁计切）；冬则多疠，而来痼疾；皆阴阳不调之所致，亦当修斋诵经，以召天地之和气也。国主有灾，兵革四兴。夫天下太平，国阜民安，是一人有庆，兆民赖之也。若国家多事，兵役叠起，为臣子者，当尽忠效力以报上也。师之与友，恩不可忘。夫斋戒诵经，功德甚重。斋者，清心；戒者，绝境。若有经而无戒，犹有鱼而无荃。昔老君五戒授尹真人，一百八十戒授于真人；天师七十二戒，太清二十四戒，修真十戒，九真妙戒，灵宝九戒，正一五戒。其他载经忏者多，然皆以戒欲为首。故老君曰："若能全戒于内，和光于外，庶几灵摽之崖矣。"

欲心尽净，方可成功，则生死受赖，其福难胜也。

颂曰：度人功大果无边，句句分明好结缘。

元始劫来师与友，如今都会大罗天。

道言：凡有是经，能为天地帝主兆民行是功德，有灾之日，发心修斋，烧香诵经十过，皆诸天记名，万神侍卫，右别至人，克得为圣君金阙之臣。诸天记人功过，毫分无失。天中魔王，亦保举尔身，得道者，乃当洞明至言也。

上阳子曰：凡有是经。盖经者，道也。凡有道之士，与天地合德，与日月合明，与造化同体。若为国为家、为人为己，行此经中之功德，诸天皆与记名，万神为之侍卫。右别至人。至人，乃有功勤者，为圣君金阙之臣。如天师旌阳、浮丘真君之道备德隆，而皆为金阙之臣也。修学之士，见善勇为，有过即改，改过则神明阴卫，积善则功德尊高。诸天记人功过，并无遗失。傥①功高德重，天中魔王，亦行保举。得道者，闻道之人。须当洞明经旨，有成仙之至言也。

颂曰：凡有是经便炼丹，丹成克得步玄关。

三千功行浑余事，金阙宫中礼玉颜。

诸天中大梵，隐语无量音。

《天公经》云："大罗天宫，有《灵书上篇》，广生高映是也。又有《龙章凤篆正文》，观觉郁褴是也。又有《灵书中篇》，亶娄阿荟是也。"经谓虽有诸天，犹拘劫运，于是玉宸道君撰《元始灵书》三篇，凝云作篆，每字方广一丈，八角垂芒，以镇三十二天。即如上三篇，皆道君所述，天真皇人所书也。后天真皇人美此隐音，重述《灵书下篇》，森角储云是也。如此乃有四篇。今人止诵《中篇》，而不诵《上》《下》篇者，岂上天秘惜，而下世罕闻之乎？《内音经》云：元始天尊于赤明世界柏陵说法，众真侍座，云雾郁勃，三日三夜，玄阴不解。五老上帝白天尊言："天尊演教，所未曾见，今白日昼阴，不审何故？"天尊曰："乃诸天发瑞，灵应自然，玉字焕烂，障蔽天光。"咸令四座，瞑目伏听。俄顷，天气顿启，冥暗豁消。忽有灵书，字方一丈，

---

① 傥，《道藏辑要》本作"倘"。

见于空玄之上。天尊普告四座："夫此灵书八会，其趣宛奥，难可寻详。"当命天真皇人，训释其音，以教诸天应得道成真有仙名者。天真皇人，奉天尊明命，初启《灵书上篇》，但见广生高映，文彩灿烂，莫可窥睹。次启《龙篆正文》，又见观觉郁襜，字皆八角垂芒，精光夺目。复启《灵书中篇》，始见亶娄阿荟，字方一丈，金光洞映。尔时，天真皇人，大兴悲叹，不敢议问。良久，言曰："《灵书上篇》、《龙篆正文》，天宫所秘，劫运未周，大道之奥，未当闻于下世。伏惟《灵书中篇》，仰感天尊大慈，三五应期，真道宜行。"乃释灵音，下教于未闻也。是以《上篇》及于《龙篆》，未敢轻泄玄秘。唯《中篇》略仿天真皇人之训，旁加增灭，使万世之下，得闻经之隐奥也。他本以《灵书上篇》及《龙篆正文》置《下篇》之后者，非是，今正之。

元始灵书上篇

道君　撰

东方八天

广生高映，觉元洞虚。应玄九真，化交肇图。
交灵运构，宗范玄都。感变总括，威昭自成。
缘岑迁景，皇道含明。天琳耀权，气晶育魂。
融罗负立，圆英隐旻。期巨神包，洪纲告宁。

南方八天

章炎通泛，坚敷澄宗。虚象玄华，龙阳儛穷。
微生霄艳，渊大凝冲。元关三纽，大梵飞空。
隐觉隆益，天伦庆呈。神户缠络，真元散精。
净握冥照，回合升迁。导骞宴云，灵应腾天。

西方八天

刚泽微控，阴峻孤仪。贯气明素，宸洞开微。
周化幽应，澄虚帝台。平遐揖虚，恢茂童池。
结飙临育，丽无散开。阳通百六，沉芒隐阶。

幽廓冥默，真峰会灵。坚丕顺道，告命骞林。

北方八天

龙安洞变，纯阳隐玄。方本还气，象伏高员。
神变惠化，解炼灵根。赤精纯道，成号威尊。
利云友常，亿劫中丘。郁城琼垒，谣音庆流。
受位玉室，大宪通幽。玄章焕落，纲轮乃周。

龙章凤篆正文

道君　撰

东方八天

观觉郁褴，大明紫灵。九神度魂，开辟玉真。
阿奕炜烨，飞天流音。轮景帝常，都灵颐臻。
豁落大有，庆云启灵。七耀辉魔，恬愉敷荣。
虚无上首，天启弥宸。四吁员象，濯曜腾精。

南方八天

焕赫洞阳，浮景玉光。七灵谣歌，世元紫堂。
罗英散景，曜明玉房。八景总兽，韶玉摄精。
九都骞郁，飞生上灵。密罗净境，馥育空轮。
灌沃黄华，霭运玄明。神宫开廓，延宛丹庭。

西方八天

大猷浮景，真定化元。蜓宛素眇，玉梁澄烟。
萧峙结嵋，景罗七缠。秀盘三府，流辉九玄。
寂然虚邈，飞华拂軿。晨滥绿籍，太漠由延。
阿丘九度，六龙俦辕。蓊蔼浮罗，紫精馥渊。

北方八天

溟滓太有，九机化乾。覆形厚德，元河沦精。

育英明陀，景辰眇云。大隗总监，秀乐禁天。

紫虚陀丘，劫量交前。碧霞韵梵，眇眇游元。

六变运量，黢绝恶愆。恢寂玄漠，万度成仙。

如上玉字一篇，乃《龙章凤篆正文》，皆诸天内名隐讳，以玉简金书，秘于天之三十二宫，以镇三十二天。诵念若勤，即获应感。

元始灵书中篇

道君　撰

东方八天

亶娄阿荟，无和观音。须延明首，法揽菩昙。

稼那阿奕，忽诃流吟。华都曲丽，鲜菩育臻。

答落大梵，散烟庆云。飞洒玉都，明魔上门。

无行上首，回蹴流玄。阿陀龙罗，四象吁员。

"亶娄阿荟，无和观音"，元始以梵气，结此八字，而成云篆，以镇皇曾天。玉京有亶楼，上承玄都宫，掌楼之监名阿那，天中游冶台名荟。无，乃虚无之境。和，乃日月之户。观，天帝讳。音，即歌音。谓每朝会，阿那先登亶楼，鸣大法鼓，集诸天真，朝元始于虚无之境，开日月之户。元始命天帝观觉主长生箓，领众真登荟台，歌洞章之音，开度天人。

上阳子曰：灵书玉字，乃金丹异名，故云《中篇》。训释言辞，明还丹之妙用，故云"隐语"。学人到此，先具智慧眼，必有领悟处。

"须延明首，法揽菩昙"八字，云篆镇玉完天。此天阙，名须延，都候号曰明首，四真人名法揽菩昙。凡当大劫交，元始命须延开玉府，纳诸仙圣，明首导诸天，主持梵气。于是法轮引籍，揽觉度魂，菩提转轮，昙颐扬幡。自然九地开光，学人皆得受度。

"稼那阿奕，忽诃流吟"八字，云篆镇何童天。稼那，掌籍真人。阿奕，七宝琼林。忽，飞天神王内名。诃，释呼元始为摩诃。流，布也；吟，歌也。元始嘘呵元梵之气，充满阿奕七宝之林，自成灵音，流布万天。稼那举籍，以定生死，飞天大圣，度脱天人。

"华都曲丽，鲜菩育臻"八字，云篆镇平育天。华都，东极青华之都，一名太乙青华之门。曲，洞章之歌。丽，乃玉女名。鲜，是庆云。菩，楼名。育，帝讳。臻，至也。元始居太乙华都，命仙圣领诸玉女，登菩楼歌洞章，庆云四集，育帝始至，开度长夜，召魔举仙。

"答落大梵，散烟庆云"八字，云篆镇文举天。答落，宫庭名。大梵，曲赦恩。散烟庆云，天中梵气，元始游答落之庭，开大梵之赦，放宥罪魂，收摄元气，故得梵气还元，结成祥烟庆云，而归金胎神室。

"飞洒玉都，明魔上门"八字，云篆镇摩夷天。飞，飞天；洒，神速；玉，玉真；都，酆都。明，命也；魔，魔王；上门，上帝金门。元始与飞天众圣，演说妙道，自龙汉至延康，洒然神速，一会即了。当此之时，玉真开长夜之府，酆都度八难之魂，敕命魔王保举，身朝上帝金门。

"无行上首，回蹑流玄"八字，云篆镇越衡天。元始以虚无妙道，流行梵气，纲维八极，上以弥罗诸天，首环北帝之宫。若大劫交，运应数周。上帝回施流晨之光华，蹑履玄空以布化。

"阿陀龙罗，四象吁员"八字，云篆镇蒙翳天。天中山名阿，山中楼名陀，空峰山名龙，日月光曰罗。故天真呼日为濯罗。四，四极。象，象车。吁，南昌帝讳。员，日中童名。阿山，龙山，势相交，通气与玉清相属，九折而上，连接陀楼，日月之光普照，四极真人俱乘象车，下度学人，引谒南丹吁帝，以求真阳之火，炼度生身。吁帝，即命日中员童，以九阳金精之华，灌炼其体。

如上所释，化凡证圣。天尊慈悲，悯怜愚昧，降此灵书玉字隐语，使上士行灵书之道而顿悟，中士闻玉字之玄而渐修，下士诵隐语之经而求福，此之谓灵宝大梵之妙也。

颂曰：妙哉《灵宝度人经》，云篆天章阆玉清。

阿奕华都行梵气，幽冥闻此获更生。

南方八天

南阊洞浮，玉眸诜诜。梵形落空，九灵推前。

泽洛菩台，绿罗大千。眇莽九丑，韶谣缘遭。

云上九都，飞生自謇。那育郁馥，摩罗法轮。

霝池无镜，揽姿运容。馥朗廓奕，神缨自宫。

"南阊洞浮，玉眸诜诜"八字，云篆镇和阳天。南方丹天世界，有流火之庭，飞阊焕乎八方，中有洞阳宫，火气炎浮，玉眸火之膏质，诜诜大盛，光明交映，炼度学人。

"梵形落空，九灵推前"八字，云篆镇恭华天。元始自龙汉暨延康，从劫至劫，化生人物，皆凝大梵之气以成形。一神变现，不受胎育，从空而生。玉都九灵真人，散金花于推前之台，啸咏洞章，开度天人。

"泽洛菩台，绿罗大千"八字，云篆镇宗飘天。泽，天中山名。洛，道君内讳。菩，飞天内音。台，泽山之阳有玉台。绿罗，月宫玉妃名绿罗。广寒玉嫔名罗英，日宫仙童名濯罗，扶桑灵童名员。大千，南阊浮提为大千世界。凡一千世界为小千，一千小千为中千，一千中千为大千。以三次言千，而曰三千。泽山，众龙所伏，中有黄房，洛君所居。从劫至劫，不灭不生，时领飞天大圣，登玉台，歌洞章，以度天人。绿罗玉妃，光照大千世界，其形如玉，美艾不艳，乘大梵之气，理大阴度数，以应天元，无有差忒。若大劫交，日月俱会，玉台含光潜耀，以俟劫运再开，复元运化。金液炼形之士，于此寻下手处。

"眇莽九丑，韶谣缘遭"八字，云篆镇皇笽天。眇莽，混沌之状。九丑，大力鬼兽。韶，魔王名。谣，即谣歌。缘，南斗内讳。遭，北斗隐名。天地未分，其状眇莽，九兽之鬼，齐天而生，考人善恶。魔王复谣歌以恼试学人，若居欲境，虽艳色冶容，而心愈坚固，转色界为神仙境界，变欲心为清净道心，则北斗除其黑籍，南斗与注仙名，保举之司引入此天，金华山求太乙合同符契，以游宴诸天也。

"云上九都，飞生自謇"八字，云篆镇堂耀天。云上，神王讳；九都，玄台名。飞生，更生大神名；自謇，从入謇林也。飞天神王云上，焚百和香，散五云花。太真玉郎，执十绝幡，一日三回。回幡一周，则诸天帝齐集九都台下，绕台三匝，诵咏洞章，开度学人。若识此歌音，则更生大神开不死之门，流长生之气，炼其形魂，从而保举入骞林，游玄台。又二十四年，行圆功满，得上朝玄都。

"那育郁馥，摩罗法轮"八字，云篆镇端靖天。那，天中侍郎；育，天阙空轮。郁馥，斗中仙童；摩罗，天中魔王；法轮，天宫法轮。侍郎那，主四时之气，运天阙空轮，正天分度。若大劫交，法轮十转，万神俱至，郁馥唱礼，一唱则万神齐礼。魔王歌洞章之曲，受度学人。

"霝池无镜，搅姿运容"八字，云篆镇恭庆天。霝，神龙之渊；池，龙渊都监。无镜，神王名；搅姿，天门名；运容，玄和玉女名。九龙伏于深渊，都监常含金罂，运东井黄华天元真一之水，灌炼天人；无镜开长夜之府，度其九祖，升超天门。然后运容玉女，开导学人，炼之以朱灵之气，濯之以玄和之津，变炼其体，灌注其形。

"馥朗廓奕，神缨自宫"八字，云篆镇极瑶天。馥朗，玄台山名；廓奕，神公内号。神缨，紫微灵童名；自宫，升紫微宫。谓神公郭奕与元始同生，为玄气之祖，常歌洞章于馥朗之台，神缨灵童引导学人，升紫微宫，上朝元始。大修行人，炼己纯净，凝玉眸流火之膏，乘绿罗大梵之气，居欲境而九丑不能考过，入金华而太乙即与合同；霝池开冶炼之场，运容灌玄和之液，朱灵炼质，黄华荡形，飞生更生，神缨导引，升入紫微宫也。

颂曰：妙哉《灵宝度人经》，玉简金书藏上清。

郁馥敬躬申唱礼，神公廓奕保仙名。

西方八天

刀利禅猷，婆泥呇通。宛薮涤色，太眇之堂。
流罗梵萌，景蔚萧峒。易邈无寂，宛首少都。
阿蓝郁竺，华漠延由。九开自辩，阿那品首。
无量扶盖，浮罗合神。玉诞长桑，栢空度仙。

"刀利禅猷，婆泥呇通"八字，云篆镇孔升天。刀利，南方世界。禅，黎国名。猷，好生君名。婆泥，洞阳宫灵童名。呇通，魔王内讳。元始于刀利世界、禅黎国洞阳宫，火炼真文，洞焕万天，化此世界，为大福堂。一切罪魂，咸令升入，学人道成，则猷君度命，婆泥炼魂，魔王呇通，敬受所事，不敢遏绝生门。

"宛薮涤色。太眇之堂"八字，云篆镇皇崖天。宛薮，天帝内号。涤，涤荡。色，色界。太眇之堂，即天中大福堂，乃天之秘府，中隐大洞自然之文。皇崖天帝，主开大漠之经，理治天气，每领诸仙游行色界。诸天出入上清之府，荡涤秽气，开度学人。行业高者，得乘景云之车，上生太眇之堂。

"流罗梵萌，景蔚萧峿"八字，云篆镇极风天。流，天王讳。罗，月后名。梵，飞天真人内音。萌，元始天王内名。景，皇四极上真；蔚，秀景霄仙人；萧峿，劫仞之宫，即西方白素元君奥室。流君正九霄之气，月后主游宴之仪，飞天开九霄之关，萌君为梵气之祖，景皇蔚秀，开治萧峿之宫。学人解悟此音，方可驭丹龙之辔，以升九皇之台。

"易邈无寂，宛首少都"八字，云篆镇孝芒天。易邈，始皇帝讳。无寂，天中庭名。宛首，道君内音。少都，日中童名。始皇天帝，自龙汉至赤明劫，居虚无寂寂之庭，奉道君而演奥，明妙法以度人。灵童少都，流以飞霞之彩，灌以日华之精。

"阿禤郁竺，华漠延由"八字，云篆镇浮容天。阿禤，天帝隐讳。郁，默魔王内名。竺，欲界。华，色界。漠，渺漠。延，束鬼之庭。由，禁鬼之房。郁魔隐现，或居欲界，或居色界，恼乱天人，渺漠难制。帝君阿禤登九层之楼，歌洞章以摄之。于是众魔应响而束身，群鬼诣由而伏形。

"九开自辩，阿那品首"八字，云篆镇江由天。天地未判，三气混沌，九度初开，阴阳男女，自然明辩。帝君阿丘，常登龙山九玄之都，勑诸飞天那邪游空，开度善根之人，品度其魂，入飞仙之上首。

"无量扶盖，浮罗合神"八字，云篆镇阮乐天。无量，天中大圣。扶，更生君名。盖，此天宫名。浮，幽魂之呼。罗，大罗。合，合庆。神，神公。无量大圣，总统飞天，皆受品量而升进之。更生君居盖宫，主长夜之箓，定善恶之根，度诸幽魂升大罗天，与神公合庆也。

"玉诞长桑，栢空度仙"八字，云篆镇昙誓天。玉诞，玉都。长桑，扶桑骞林。栢，栢陵。空，空洞。度仙，度人成仙。玉都有骞木扶桑之林，荫覆诸天，叶皆紫字金书。每神风吹返魂之草，则桑林鼓百籁之音，一如天尊昔栢陵说法时，林木自成空洞之歌。有灵鸡栖于上，一鸣则天下鸡皆鸣。于是青霞扶摇，太阳乃升，诸飞天真，听鸡初鸣，上登玉台，采五方之云牙，吸咽三晨之光，以度学仙之人。上根之士，一志清净，虽居竺华之境，郁魔不能恼乱，乃得少都灌真，流罗主宴，桑林鼓籁，太阳流晖，以成还丹也。

颂曰：妙哉《灵宝度人经》，八角垂芒晃太清。

太眇之堂无色界，长桑林下咽华精。

北方八天

獕无自育，九日导乾。坤母东覆，形摄上玄。
陁罗育邈，眇气合云。飞天大丑，总监上天。
沙陁劫量，龙汉瑛鲜。碧落浮黎，空歌保珍。
恶奕无品，洞妙自真。元梵恢漠，幽寂度人。

"獕无自育，九日导乾"八字，云篆镇霄度天。飞天獕无，自龙汉溟滓之间，乘运而出，时与育帝乘凤车游九玄之乡，转九机之度，以应劫运之数。大劫交，则日华童子停光运化，回度天常之乾道，开导和气也。

"坤母东覆，形摄上玄"八字，云篆镇元洞天。坤母，大阴九灵仙母。东覆，东海理水神名。形，地机。摄，召也。上，上告。玄，玄都。九灵仙母主治东极扶桑旸谷之渊，总持地机，旋转元气。天关地机，转动一周，则溢水三千三百度，度极则天地气交，九海混一，众水弥天。东覆大神，主治昆仑之顶，填涸巨海，过东井之源，使地机不沦。如劫交则坤母出东井，召鸟母于龙门，制会河源，上诣帝前，申告劫会，乃以凤车乘载学人，升于昆仑，以朝玄都。

上阳子曰：妙经者，上妙之首经也。《道藏》万八千篇，妙在《度人》一卷；《度人》一经，妙在《灵书》一篇。《灵书》之中，显此八字，奚谓元始秘隐，玄妙至此，忒杀泄尽天机。天尊广大慈悲，世人尽自疑信。噫！经为至人说也。至人则能用此经也。故清河老人颂之曰："獕无乘运应乾元，旋转九运保天根。劫终鸟母会龙门，学人乘凤升昆仑。羽林受符拜新恩，云衣缥缈朝帝轩。"金液还丹之妙，至人于此具眼。

"陁罗育邈，眇气合云"八字，云篆镇妙成天。陁，飞天名。罗，月之光。育，妙成天王讳。邈，羽林监神名。谓陁与育俱生云阿之岭，抱月之光，治羽林军。羽林军在北，云阿岭在南，时敕邈监游行三界，保度学仙之人，诣羽林军，受符信，乘眇然梵气，与诸天合景，结云气以为衣，炼月光而实腹。

"飞天大丑，总监上天"八字，云篆镇禁上天。飞天，神王。大丑，都录之司宗伯。总监，飞天神王麾下二神名。上天，升天也。飞天神王，总上天劫会之运，管三界都录之司，时勅总监二神，总录长夜之府，升幽魂于天界，使与道以合真。

"沙陁劫量，龙汉瑛鲜"八字，云篆镇常融天。此天有沙兰宫。陁，丘山。劫量，随劫铨量。龙汉，初劫名；瑛，神王讳；鲜，日童名。吉沙兰宫陁丘山，系玉清紫微别馆，新得受度而功未圆者，常巨万人，停散其中。皆龙汉时人，随劫运交，诠量其功而诣上宫。学人若明此音，则瑛君察功行而度品，鲜童灌日精以炼形也。

"碧落浮黎，空歌保珍"八字，云篆镇腾胜天。碧落，天霞也。浮黎，天王讳。空，天中侍宸名。歌，大洞之音。天王步虚碧霞开，而乘飞云之辇；侍宸一啸灵风扇，而成大洞之歌。引导诸仙，上朝七宝，保持下学，珍爱灵书。

"恶奕无品，洞妙自真"八字，云篆镇梵度天。恶奕，天帝内音。无，太无真人。天帝恶奕，自元始祖劫修行，超出三界，位入玉虚，时敕太无真人，大开长夜之府，品度罪魂，使其洞明宿命，净尽恶根，上升妙化之福堂，自乐至真之妙道也。

"元梵恢漠，幽寂度人"八字，云篆镇贾奕天。元始大梵之气，恢漠广大难穷，高而空浮，悬而不落。虽幽而莫见，乃能变化；虽寂然不动，感而遂通。其中有真，真中有精。其精甚真，妙不可名。颠之倒之，逆施五行，度无量人以成还丹之道也。大修行人，真心坚固，信受奉行，即得性命混融，形神俱妙，超凡入圣，积行累功，以证高仙上圣之位也。

颂曰：天尊说法度天人，大梵灵书显至真。

好是真经灵验处，大罗天上总安身。

道言：此诸天中，大梵隐语，无量之音，旧文字皆广长一丈。天真皇人，昔书其文，以为正音。有知其音，能斋而诵之者，诸天皆遣飞天神王下观其身，书其功勤，上奏诸天，万神朝礼，地祇侍门，大勋魔王，保举上仙。道备克得，游行三界，升入金门。此音无所不辟，无所不禳，无所不

· 397 ·

度，无所不成，天真自然之音也。故诵之致，飞天下观，上帝遥唱，万神朝礼，三界侍轩，群妖束首，鬼精自亡。琳琅振响，十方肃清，河海静默，山岳吞烟，万灵振伏，招集群仙。天无氛秽，地无妖尘，冥慧洞清，大量玄玄也。

上阳子曰：此经结处，乃太极真人所述。旧文字皆广长一丈，谓龙汉之初，元始以梵气结成文。一丈，乃天地之成数。太极真人述云："天真皇人，昔书其文，以为正音。"此灵书，乃大道之根，还丹之主。有知其音，盖此隐语，非中下士所能颖悟。若至圣大根、神仙种子，得师点破，即解其音。一闻百悟，欣庆无量，更不迟疑，内斋外戒，信受奉行。故太上曰："上士闻道，勤而行之。"夫行道之人，神明护门，魔鬼潜迹。人能斋诵此经，则飞天神王下观其身果清净否，又书其功果勤行否。若其身果然清净，欲不能干，魔不能试；又其功果然勇猛坚固，精进勤行不怠，则万神自然朝礼，地祇为之侍门，魔王亦行保举。俟其道备丹成，修行至经，功满德就，身外有身，高超三界，升入金门。此音随人所行，行之勤者，得道成仙；诵之勤者，所求如愿。是以辟禳度拔，无所不成也。故诵之致，飞天下观，夫诵经者，必斋心戒欲，扫地更衣，焚香端坐，收视存神，方可诵经。诚心精致，浑无杂想，故能感召飞天下观，书其功勤。上帝遥唱，感其精专。今人手执素珠，其心妄想，何所不至。而口喃喃以为诵经，岂得"万神朝礼，三界侍轩"？又且反招殃谴而不可逭。此音，世法之谓。自保举上仙至地无妖尘，乃玉晨道君，前叙已详。太极真人，于此结经，重为宣扬，以成灵宝度人功德。若以道用，则飞天下观，乃神返身中；上帝遥唱，是脱胎神化。万神朝礼，一气朝元；三界侍轩，三元内守。群妖束首，魔鬼伏降，鬼精自亡，尸怪殄灭。琳琅振响，和气斯应。十方肃清，内外贞白。河海静默，性寂情冥。山岳吞烟，脉住气停。万灵振伏，阳神出现。招集群仙，功成道备。天无氛秽，广大遍周。地无妖尘，光明清静。冥慧洞清，慧一作惠，四字乃证，结经之义。幽冥溥烛，慧照无边。惠及一切，洞焕太空。升清虚渺渺之天，更无拘滞；广大量玄玄之妙，莫尽赞扬也。

颂曰：一卷真经字五千，重重密密总敷宣。

　　　　要知妙道功圆好，结习都忘证上仙。

元始灵书下篇

天真皇人　撰

东方八天

森角储云，九魂炼精。枳默窥玦，浮枚臼蹲。
鹿几扬房，碧提鄹回。池滇党负，蚑谊谒携。
澡章变瑜，兰泮碧瓖。亢傍野生，极中昆清。
曜展洞涠，寂无眇凝。素倚虚罗，皇达元灵。

南方八天

炎度绰堂，大霄瑶隅。历遐荐漪，周扃加图。
披峣蹊朦，瓯亶浑都。戟芸荼炫，井欺持蒲。
掌维迨仪，奕光琅璀。扁缕益但，幽微毕雷。
涓湟寔东，赤曜丛稽。玉玄演候，栢璅至规。

西方八天

镐正左适，婆泥杀灵。悲招均疆，洎南躔魁。
静夷损光，混元觉缘。道守岑遥，绵征知宣。
太灵湮漠，炳和卢随。哲京常华，墟咸坚沙。
栗铎黜株，会衍球裴。卓云青府，业睹般基。

北方八天

洼孩蒙甘，翠宇九阑。萧钧涟兴，龙汾神关。
沟沦沉魔，豁蛮祈通。玄寥亢息，无知肆明。
蟒修吉夕，馥坛时畎。汤长敷昌，匪庸谨济。
朝康圣宽，秘法侈宜。广帝理生，卫肇宏人。

　　天真皇人，梵气玄辽，天宝自然，八合之音，主治世会，地垒洪泽，变灾厄难。诵咏之者，禳辟妖祥，清净道气，无不宁也。地官奉书，百灵畏敬，神朱写文，服佩明验，施之于至学，不宣于下俗也。

太极真人颂

神灵焕层虚，梵罗屯碧霄。元始九龙驾，皇人按青轺。

灵光叶万真，珠影开阳寥。出示灵宝篇，福德由是招。

洞玄隐高严，玉音泛云璈。无量匪得思，道海生波涛。

法义同涓流，滋植成嘉苗。用以振穷饥，教兴卫中朝。

帝尊寿亿年，太平灭兵刀。稽首望玉宸，灵华散金毫。

太极真人曰：太上玉宸大道君，居紫霞之上，七映之天，纪录玄文。玉妃捧经，金童散香，太乙执巾，玉郎侍筵。龙吟虎噪，庆云蒙霭。十方天真大神、上圣高真、妙行真人、无极飞天神王、三界大魔、九天丈人，无鞅数众，吟咏玉经，皈依太上灵宝妙法，昌运流行，亿劫长存。

诵经毕，咒曰：

上皇太真，使我升灵。清斋澡炼，诵咏金经。

七玄披散，上朝太虚。延年长存，克名录书。

闭目，咽液三过，叩齿三通，复炉咒曰：

臣诵经已讫，向来所出臣身中，三五功曹、左右官使者、侍香金童、传言玉女、五帝直符、直日香官，各三十二人。各还金房玉室，在左还左，在右还右。毋令差互，后召复到，一如故事。

再叩齿三通，念：

向来听经，卫经圣众。解坛散席，各复所司。

神风静默，山海肃清。千邪伏匿，百灵护形。

心拜，咽液，叩齿，收经。

上阳子曰：天尊说经，以度迷人。世人若不沉迷，天尊奚肯漏露？夫人之生，禀父精母血，成其躯壳。及乎年壮，与嗜欲俱，却将所受之精，流于爱河欲海。丧之早者，不满下寿；丧之迟者，不满中寿；丧之晚者，不满上寿。若欲身安寿永，唯当绝欲宝精。人之寿命，主乎精气。犹灯之有油，如鱼之有水。油枯灯灭，水涸鱼亡。奈何愚人以苦为乐，见色弃生，岂知精竭，命亦随逝？天尊慈悯，说出此经，可以炼丹，使人知回其气、知还其元、知宝其身、知永其寿。然愚者不及，智者过之。何以故？智者曰："生必死，死则已，又何地狱之信哉！"是云过之。愚者曰："不修善，不作恶，饥则饭，困则眠，此即天堂，更有何道？"是云不及。虽然，经与至人授也，道与上士说也。上士至人，诵经行道，积行累功，功高则身超大罗，行满则臣事三境也。

颂曰：此经秘在大罗天，玉女持花侍法筵。

经足丹成功行满，鸾翔凤舞驾云輧。

《元始无量度人上品妙经注解》卷下

第五编

仙佛同源

缘督子赵友钦　撰

《仙佛同源》序

《道德》五千余言，高仙之祖书；《大藏》五千四十八卷，诸佛之慧炬。后之成仙者，由此祖书，而丹经万卷；证佛者，由此慧炬，而灯灯相续。今视丹经则曰"金丹"，视《大藏》则曰"上乘"，然上乘则金丹，非金丹之外别有一上乘，但各门而同事，异派而同源，所谓"天下无二道"也。我师缘督子赵真人，得钟、吕、王、马①之的传授，黄房、太虚之密旨。自中条山修行来，欲共众生同证仙佛，遂作《金丹难问》六章，而以旨意幽深，学人难入，乃述《仙佛同源》八十一卷，又以其文颇繁，手删之为十卷，使人易于览悟。首卷《苦求师传》者，切说此道，非师口诀不可强猜；次以《知音道侣》者，大要云朋良友，每相规检；三足《法财》；四非《坐禅》；五非《心神》；六言《有物》；七云《有事》；八论《有为》；九须《混俗》；十示《长生》。次第直吐，各有深意。广大慈悲之心，亦溥矣。而其处世孤心，乃金丹之首事；明心见性，实上乘之入门。受言藏之，未敢轻泄。后遇老师示"沙里淘金"之训，自尔传者百有余人，无非炼己修心之说，或进以明心见性之机，至于金丹上乘可示者，百无二三。乙亥冬，来九江，挹初阳子王冰田于任所，睹其勇敢不倦，诚专气裕，首以炼己修心告之，明年授以明心见

---

① 钟、吕、王、马，指钟离权、吕洞宾、王重阳、马丹阳。

性之旨，察其信受超乎凡俗，复以金丹上乘之道晓之，并出《仙佛同源》之书示之。即慨然寿梓，以广其传，使一切人知仙与佛各派而同源，殊途而同归也。噫！彼谈性者，岂知甘露掣电之机，为得牟尼之珠哉！彼论命者，又安知铅汞作用之妙，而成金液大还哉！修命不修性，此固无所成，况修性而不修命乎？是书犹暗室之惠灯，为升仙之捷径，使世知有仙佛之道，而人皆见同源之书者，初阳子之力也。求仙学佛者，熟读研究，信受奉行，积德施功，实精伏气，为释子已上事，作大罗天上人心矣。谨叙于首，会有知音弟子。

庐陵上阳子陈观吾致虚序

车兰谷序

释老之学，儒则指为异端；缁黄之流，不揣其本，往往相自排鄙。噫！教之不行，道之不传也，亦宜矣。古之圣人，成仙作佛者，莫不由斯道而入，惜人昧而不自知尔。我宗师缘督子，剖破藩篱，大开众妙，明阴阳之升降，体日月之循环，颠倒坎离，周旋符候，乃撰述前圣成就公案，名曰《仙佛同源》，标为十卷。概谓长生之道，先当苦求师传，必得知音道侣，足法财，则有事，非心神，则有物，非坐禅，则有为。是欲体认一家，以驱众惑。度师上阳子，面授口诀，遂作《金丹大要》等书，开导世人。高弟中曰初阳子者，初心缏汲，惟恐人之不仙，锓梓以广其传。昔吾山牟朴复笃志于斯，值沧海扬尘，力不逮志，有《明一归金策》行于世。予虽念诵而未尽其妙，今蒙师授真要，方知秘在口传。原夫三教圣贤，殊途而共辙也。凡我同志，得闻此道，获睹是书，期以勤行，勿惑怠忽，他日行满功成，岂特到如来地步，直超三境必矣。

至元丁丑中秋月，嗣派徒孙碧阳子车书可讳兰谷书

缘督子序

海蟾刘真人歌曰："真个佛法便是道，一个孩儿两个抱。"又云："若会佛法一句言，便知铅汞是金丹。"紫阳真人《悟真篇》叙云："此后若有根性猛

利之人，见闻此篇，则知某得达磨六祖最上一乘之妙旨，可因一言而悟万法也。"傅大士偈云："道冠儒履释袈裟，和会三教作一家。"以此论之，仙佛超凡入圣之道，未始有异，特执空之人，不能深悟其旨尔。仆宿生庆幸，遭际真师垂训，洞明九还七返之真机，备得教外别传之的意，乃知天下无二道，圣人无两心，暇日采撷仙佛妙语，言意之相同者，集为八十一章，名曰《仙佛同源》，发明祖意，与今之学道坐顽空、参口头禅者大不同也。《法华经》云："若说是事，一切世间，诸天及人，皆当警疑。"今仆此篇，无非天人警疑之事，所赖佛无妄语，道不虚传，仆盖述而不作也。观者幸勿见，诮然八十一章，文长义广，难便遍览，今节录其要者一十章，以求同志之士参同焉。

元江左散人今四明入室金阳缘督子赵友钦序

仙佛同源论

缘督子赵友钦　撰

紫霞山人涵蟾子　编辑

苦求师传第一

缘督子曰：世人之学道者，多曰在人自悟，非师可传，故臣不得献之于君父，不得传之于子。道本无言，何所传哉？今云苦求师传，岂不动世人之疑心哉？

[道言]《黄庭经》云："黄庭内景玉书畅，授者曰师受者盟。云锦凤罗金纽缠，以代割发肌肤全。携手登山歃液丹，金书玉简乃可宣。传得可授告三官，勿令七祖受其愆。"

《太上玄科》云："遇人不传失天道，妄传非人泄天宝。传得其人身有功，妄传七祖受其考。"

《内观经》云："老君曰：吾非圣人，学而得之，故我求道，无不受持，千经万术，惟在心志也。"

刘海蟾云："纵遇人参受，须凭口诀传。"又云："果是上仙垂洞鉴，誓盟方始指华池。"

吴先生《证道歌》云："若无师指人皆悟，天上神仙无着处。"

洞宾云："辨水源清浊，木金间隔。不因师指，此事难知。"

［佛语］《华严经》云："菩萨如是，勤求佛法，所有珍财，皆无吝惜，不见有物，难得可重，但于能说佛法之人，生难遭想，是故，菩萨与内外财，为求佛法，悉能舍施，无有恭敬而不能行，无有承事而不能作，无有勤苦而不能受。"

达磨《胎息论》云："吾今不隐施于学者，后有得吾此法之人，皆累劫积集善根。非其人者，无有指教。浅识难信，自贻殃咎。"

《楞严经》云："佛告大慧，前圣所知，转相传授。"

六祖《坛经》云："善知识，有大因缘，可谓化导，令得见性。一切善法，因善知识，能起发故，三世诸佛，十二部经，在人性中，本自具有，不能自悟，须求善知识，示导方见。"

庆善震禅师临示灭，集众云："我佛世尊，示化将终，有正法眼藏，涅槃妙心，付摩诃迦叶。自兹祖祖相传，分枝列派，至于今日。吾今世缘将谢，听吾偈曰：诸佛本无心，皆从信心起。千圣密相传，展转无终始。"言毕，趺坐而化。

宗镜禅师云："譬如暗中宝，无灯不可见。佛法无人说，虽智不能了。"

《圆悟语录》曰："自祖以来，惟务单传，直指以言，显言以机，集机以毒攻毒，以用破用，所以流传七百余年，枝分派别，各擅家风，所谓百川异流，同归于海。要须是个向上大根器，具高见远，诚有绍降佛祖志气，然后能深入间奥，始可印证，堪为种草，舍此切宜宝秘，慎勿作容易放行也。"

无业禅师见马祖，领悟后礼谢云："某日请得诸部经论，将谓无人能过。若不遇师，虚度一生耳。"

佛照《奏对录》，淳熙召到京师，奏云："闻陛下，于心随万境转，处实能幽，随流认得性，无喜亦无忧，更得个入头，但不曾遇人。"旨云："真个如此。"师奏云："如人学射，久久自然中的。"所以五祖演禅师云："悟了须是遇人悟，悟若不遇人，十个有五双杜撰，子然须遇人。"

怀安云顶敷禅师颂云："不遇祖师亲的旨，临机开口实难陈。"

太阳延禅师云："得法者，潜参十年，方可阐扬。"后得投子青付之，续同上宗风。

[缘督子曰]古之学者，必有师。师者，所以传道、授业、解惑也。士、农、工、商，小伎小术，尚资于师，况超凡入圣，生死大事耶？是以圣人竭力尽心，勤苦事师，以求斯道，信受奉行，遂成仙佛。既已成道，则前我而仙者，是我祖父，后我而仙者，皆我儿孙，传此道脉，则本师为我慈父矣，安敢不尽其孝哉？至如吴君反事许君，古灵赞反师弟子，此盖论道不论迹，不耻下问，莫甚于斯，尤为奇特，盖所重者道也。按《传灯录》，自第一祖迦叶，传至二十八祖，以及东土六祖，自兹以往，枝分派别，灯灯相续，祖祖相传，未有无师而自悟者，未有无师而获度世者。故智通云："妙旨因师晓。"吕公云："不因师旨，此事难知。"是无师不能自悟明矣。世尊不立文字，教外别传。既曰"教外别传"，焉得无师耶？吾观祖师之从师问道者，甚不容易。若抱朴子云："负笈求师，试以危困。"灌叔本朝夕拜师，二祖断臂，三祖执侍二载，四祖服勤九载，慈明千辛万苦，往依昭阳经二年，未许入室，清素执侍慈明一十三载，雪峰三登投子，九上洞仙。船子和尚在乐山三十年，方明得此事。何祖师之作难于诸弟子也如此？盖大道佛法，秘密不敢轻泄，且欲观弟子诚信笃行，真心无怨，有高见远识，有绍隆佛祖志气，堪为种草，始乃付焉。真实法要，非仓卒可得。且兜率禅师离佛大早，不能尽其妙。今人在讲座下，片时之间，一言半句，欲求大悟，与佛齐肩，万无此理。当知世尊密语，不敢妄形纸笔，故曰"不立文字"。凡公案之言大悟者，盖入室密旨，不可特书，但指当时一语契，或委曲借喻而言尔。此亦黄叶止儿啼之饥。世人参不透，返执"性由自悟，命假师传"之说，却云坐禅观静，以图见性成佛，虚度岁月，不能成功。宜乎马祖"磨砖作镜"之消，是皆不得师旨，而去道远矣。夫欲觉悟此道者，当遵六祖之诲，速求善知识，示导见性可也。然师之切于度人，甚于弟子求师之切。盖欲灯灯相续，不敢遏截此道，虽然轻泄漏慢，非细谴也。惟得大根灵器之人，方能信受微言奥旨。太上云："上士闻道，勤而行之。下士闻道，大笑之。"《永嘉证道歌》云："上士一切了，中下多闻多不信，所以灵山会上，五千避席。"盖下士见识毕微，继有所闻，不特不信，而大笑之，反生谤辱，增益已过。如此之流，安可与之共语？故《法华经》云："世尊如此之事，世所难信。"《悟

真篇》云："要须洞晓阴阳，深达造化之理，方能追二炁于黄道，会三性于元宫。"牟先生《归金策》云："入道之初，必具卓然之见独存。"以上祖师，皆切当之言也。缘学者性根有利钝，信向有浅深，观平叔三传非人，而三遭谴祸，安得不秘慎于传授可否之间哉！苟非其人，或心之不专，求之不切，虽金玉堆里，又焉敢轻于传授焉？有志于斯道者，慎之！勉之！或者不得明师正传，但以心所猜量，意所卜度者，求证古典，愈求愈远，愈得愈失。"饶君聪慧过颜闵，不遇真师莫强猜。"噫！识平叔于未仙之时，拜此道于缰锁之际，杏林之后，今复有其人乎？

知音道侣第二

缘督子曰：世之学道者，皆云"自性自悟"，此事别人替我用力不得。今言求觅知音，结交道侣，世人岂免疑心哉？

［道言］钟离真人云："若能洁志求师友，孰谓无缘上太罗。"

朱真人唤胡二郎歌云："二郎，二郎，听我语，尘中难得修真侣。言句分明岂在忙，休慕荣华老寒暑。"

海蟾云"个事非常事，寻人未得人。"

陈虎丘《朝元篇》云："朝朝惟切寻同志，走遍东吴不见人。"

薛紫贤《复命篇》云："我今收得长生诀，年年海上觅知音。不知谁是知音者，试把狂言着意寻。"

又云："几年湖海觅仙俦，不做神仙不肯休。缘合自然成大道，岂教凡辈觅踪由。"

又云："达士方为侣，真仙正合宜。几年云水上，怀抱有谁知。"

又云："三人同志要防危，进火工夫仔细推。"

陈泥丸云："若无同志相规觉，时恐炉中火候非。"

无名子注《悟真篇》云："仙翁游成都，遇青城丈人，得金液还丹之妙，警嗟成药之难，故作是诗，以结丹友。"

其末章曰："试问堆金等山岳，无常买得不来无。辞意迫切如此。虽有拱璧，以先驷马，不如坐进此道。仙翁远矣，高山流水，落落知音。"

牟朴复《明一归金策》云："我欲复归于朴，力微事大难谋，知音未遇欲营求，不识有知音否。"

[佛语]《华严经》云："得同志行人共居，得清净眷属，和睦为乐。"

李长者《华严经合论》云："观音菩萨，文殊普贤菩萨，此三法是古今三世一切诸佛之所共行，十方共同文殊主法身惠妙之理，普贤明智身之根成万行之门，观世音明大慈悲处生死，三人之法，成一人之德，号毗卢遮那。一切众生，纵知此三法，号之为佛，少一不成人。"

《华严经》云："不乐家宅，不着欲乐，不恋父母亲戚知识，但乐追求菩萨伴侣。"六祖将抵韶州，路逢高行士刘志略，遂结为交友。

天台智者大师《止观经》云："近善知识，一者外护善知识，经营供养，善能将护行人，不相恼乱；二者同行善知识，共修一道，互相勤勉，不相扰乱；三者教授善知识，以内外方便禅定法门示教利善。"①

鼓山琰云："十年湖海觅冤仇，不得冤仇不肯休。芍药花开菩萨面，棕榈叶散夜叉头。"②

大惠答鼓山逮书云："昔沩山自谓仰山曰：建法幢立宗旨，于一方五种缘备，始得成就。五种缘，谓外缘、檀越缘、衲子缘、土地缘、道缘。今闻霜台赵公，是汝请主。致政司业郑公，送汝入院。二公天下士，以此观之，汝于五种缘稍备。"③

《佛法大明录》载《传灯录》云：裴休守新安日，入黄檗山烧香，因观画壁，乃问："是何圆相？"主事对曰："高僧真仪。"公曰："真仪可观，高僧何在？"众皆无对，乃推希运禅师。公请至，即举前问，师朗声曰："裴休。"公应诺。师曰："在什么处？"公知旨大悦。公曰："吾师真善知识人也。示人克的若是，何故汩没于此乎？"乃延入府，躬执弟子礼。④

圭堂居士曰：佛法天下之公也。当以嘱付王臣矣，资王臣以为外护，则有道之士赖之而益愿，故黄檗大师混于众中，天下之所不知也。自高僧真仪之问，而裴相国尊礼之，黄檗之下临济一宗，至今弥胜或者观流沂源，一归裴相国之功，信有是也。然祖师知遇，若此者众，若韩昌黎之礼大颠，则大

---

① 见隋智者《童蒙止观（小止观）·具缘第一》。
② 见《禅林类聚·卷第五》。
③ 见宋蕴闻编《大慧普觉禅师语录·大慧普觉禅师书卷第三十·答鼓山逮长老》。
④ 参见《五灯会元》卷第四。

颠之道振于广；李刺史之礼乐山，则乐山之道振于荆；范文正公之礼古塔主，则塔主之道振于江东；李文和之礼石门，则石门之道振于江南；杨翰林之礼广惠琏，则广惠琏之道振于西京；张无书之礼雪峰悦，则雪峰悦之道振于湖海；又如于相国之见紫玉，陆大夫之见投子，陈尚书之见睦州，皆以王公大人折节于山林闲散之士。是以佛法弥延而不绝，天下益知有大乘圆觉之道，是书净行之卷，而推崇圭堂居士，其将以为表里之相应者哉！①

[缘督子曰]"知音道侣"之说，其义不二，惟高明之士，默识心通可也。其中惟清净眷属，同志一心，最为难得。乃知古之仙佛，俱有赖于道侣，方能成道，是以二十六祖辞国王云："愿王于最上乘，无忘外护。"鼓山与薛紫贤，俱有"十年湖海"之句。仆擎节至此，未尝不为之三叹。但三人之说，举世道人，莫能知此；古今仙佛，少有明说者。禅家公案，皆借喻立名，或寓意于三身，或三头六臂等类。自非得祖师的旨之人，不能晓悟。圭堂居士，深得教外别传之秘，能识破已上祖师，俱有资于王公大人外护之功，其将以为表里相应，其中藏不尽意。信知闻此道者，代有其人，未尝泯传，但不多见于世耳，非明眼人莫能识之。仆于圭堂居士有见焉。至于三身佛之说，人多错会此意，谓过去佛乃我前生之身，见在佛乃我今生之身，未来佛乃我来生之身，良可叹也。是皆不得祖师的旨，宜其如此错会。夫佛即仙也，一得永得，身外有身，与天为徒，永无轮回。若使我前世作佛，则不今生躯壳中矣；若今生果得成佛道，则后世再不复出世矣；若今生不能证佛道，则未来世万劫轮回未可疑也。焉止于三世而已耶？既堕轮回，已入鬼趣，安得名佛？殊不知所谓三世身者，深有密意，孰敢饶舌？

具足法财第三

缘督子曰：世之学道者，俱欲弃财守贫。今言用财成道，焉得不起世人之警疑哉？

[道言] 吕公云："要贪天上宝，须假世间珍。"

---

① 按：此段全引宋圭堂居士撰《佛法大明录》卷九。但"而推崇圭堂居士"一句，《大明录》无"圭堂"二字，《大明录》之意乃指裴休居士而言。

王鼎真人《百章集》云："凡俗欲求天上事，寻时须用世间财。若他少行多悭吝，千万神仙不肯来。"

抱朴子云："按董仲舒撰《李少君实录》云：少君有不死之方，而家贫，故出仕于汉，以假途求其财，道成而去。"

《悟真篇》后叙云："后欲解名籍，而患此道人所不信，遂撰其《悟真篇》，叙丹药本末。"既成，而求学者骤然而来，观其志勤，心不忍吝，乃释而授之。然所授者，皆非有钜势强力，能持危挽弱、慷慨特达、能仁明道之士。

无名子注《悟真篇》云："难莫难于遇人，易莫易于成道。今也现宰官长者之身，结同志有道之友，炼一黍珠于一霎之中，立地成道。然纡紫怀金门深似海，沉名溺利，视道为迂。有道之士，望望然而去之，此遇人之难，成道之易也。"

又云："易莫易于遇人，难莫难于成道。今也百钱挂杖，四海一身，夙植灵根，亲传至道，然龙虎之鞲易解，刀圭之锁难开，得药忘年，炼铅无计，此遇人之易，成道之难也。安得二事俱全，密扣玄关，千载一时，十洲三岛者耶！仙翁游成都，遇青城丈人，得金液还丹之道，警嗟成药之难也，作是诗以结丹友，其末章曰：'试问堆金等山岳，无常买得不来无。'辞意迫切如此。虽有拱璧以先驷马，不如坐进此道。"

又云："金丹之秘要，或遇其宿有仙骨，祖宗阴德厚，巨有财力，丹友三件，方能成就，此理在达者知之。"

又云："王冲熙遇刘海蟾，得金丹术，无财下功，遂入洛阳，谒富郑[①]公，赖其力，成道而去。苟遇此，又有力，而不修炼，实愚痴矣。"

《仙传》云："邓郁之与徐灵期结方外友，遇至人得金鼎火符之术，徐既上升，郁之所患丹财无力可致。于天监初，台司奏少微星现南楚长沙分野，武帝勅监军采访之，诏问所修，答曰：'贫道修炼金液，而缺丹财。'帝赐金帛子女，许于南岳选其幽胜，立上中下三宫，以修内外丹。后于天监末十二月三十日，就石坛升天。"

《薛真人事迹记》云："适遇杏林驿道人石得之，稽首皈依，请因受业，

---

① 郑，《悟真篇注疏》作"韩"。

卒学大丹，及复得受口诀真要，且戒令往通邑大都，依有力者可即图之。"

陆思诚于《悟真篇记》云："王冲熙于举世道人无能达此者，独张平叔知之，成丹之难，非有力者不能也。"

思诚又云："其说则予得之，愿力不足，因以记自悲之意。"

牟朴复《归金策》云："方期药母点凡躯，忽值厉魔，更世运，刀兵粗免，衣钵已空，既无力以修持，宁固穷而韬晦，知音罕遇，暮景堪悲。"

又叙云："此罹庚申讧侮，荡然一空，不得为之，徒有长叹。"

又云："明智烛以照昏，聚法财而忘忧。"

［佛语］达磨太师震但缘埶①，行化时，至西天竺见王，即具大舟，实以众宝，躬率臣僚，送至海壖。师泛重溟，凡三周寒暑，达于南海。

香严太师颂曰："惟此人，善安置，足法财，具惭愧，不虚施，用处谛。"

佛鉴勤颂云："龙吞千载月，脑有夜明珠。僧无十年学，不获圣法财。"

双林傅大士本义，为人十六娶刘氏女，生二子，躬耕而居，日常傭作，夜则行道，谓人曰："我得首楞严，定当舍田宅，设无遮大会。"赞唱卖妻子，获钱五万，以营法会。

《宝积经》云："菩萨摩诃，以财谷库藏施故，获圆成诸法宝藏，无不具足。"

又云："舍利子，如是菩萨摩诃萨，行陀罗波罗蜜多时，其性聪睿，智惠甚深，无量方便，行于布施。以世间财，而求无上正等菩提众圣王财；以生死财，而求甘露不死仙财；以虚伪财，而求坚实贤圣之财。由如是故，广行布施。舍利子，是菩萨摩诃萨，为求无上菩提及涅槃故，以世间财物修行，施时一切世间财宝、乐具无不尽舍。"

又云："所言施者，是有二种，一者财施，二者法施。"

又云："言利行者谓，以衣服饮食、床敷医药，及余随用什物众具，于求法者，及说法者，但有匮乏，即便给施。"

又云："舍利子，是婆②罗门，有一儒童近住弟子，名曰迷迦，受学珍宝，备通玄旨，艺术经论，普皆明达，智与师齐，堪为道者。时彼罗迷迦白③其

---

① 达磨太师震但缘埶，似当作"达磨大师震旦缘熟"。

② 婆，底本作"波"，校者据《宝积经》改。

③ 白，底本作"曰"，据《宝积经》改。

师曰：'大师当知，所学经论，皆已通达。我今当返自所生地，云何奉^①酬大师恩德。'时师告曰：'伐瑳迷迦，夫为弟子，欲报师恩，当以财宝方陈厚意。所谓何等？若办伍佰羯利沙钵那者，足表深心，舍利子。'尔时迷迦儒童，奉师教已，致敬右绕，辞退而行，遍游村城亭馆、国邑王都，处处寻觅，谢师财宝。既具集已，将陈酬报。"呈偈云："饶财具宝珍，眷属多成就。必定于菩提，常安住于法。

《大乘涅槃经》佛云："善男子，我昔一时，在舍卫国阿那檀精舍，有比丘来至我所，作如是言：'世尊，我尝修道，而不得须陀洹果，至阿罗汉果。'我时即告阿难言：'汝今当为如是，比丘具诸所须。'尔时阿难，将是比丘，至抵陀林，与好房舍。是时，比丘与阿难言：'大德帷愿，为我庄严房舍，漱净修治，七宝严厉，悬缯幡盖。'阿难言：'世间贫言，乃是沙门。'我当云：'何能办是事？'是比丘言：'大德若能为我作者，善哉善哉。若不能者，我当还往至世尊所。'尔时阿难，即往佛所，作如是言：'世尊，向者比丘，从我求索种种庄严，七宝幡盖，不审是事，当云何耶？'我于尔时，复告阿难：'汝今还去，随比丘意，所须之物，为办具之。'尔时阿难，即还房中，为是比丘，事事具足，比丘得已，系念行道。不久，即得须陀洹果，至阿罗汉果。善男子，无量众生，应入涅槃，以所乏故，防乱其心，是故不得。"

［缘督子曰］财之为说，其意有二：大抵圣财，皆因法财中来，乃成道梯筏。道之未成，必资于财；道成之后，财乃无用。世人不知祖意、教意之玄，财施、法施之奥，往往错会。"学道须教彻骨贫"之说，凡此等公案，皆成懵儸而已。殊不知彻骨贫者，乃教中贼不打贫家之义。故《华严经》云："又应于自身生贫穷想欲，使心地不着一物，以成妙用。"不敢着境着物，惟恐失贼故也。当使方寸虚空，如贫家之无一物，此谓"彻骨贫"耳。又世传，庞居士用船载家珍数万，溺于湘江，自是生涯，惟一弃耳。此与松江船子和尚，同一机关也。世人乌足以窥其涯涘哉？夫财以济人利物，故居士有偈云："世上乏钱财，空守无贷赂。"又云："有财将布施，身即不贫穷。"财之为物，苟不自用，亦足利人，又何必弃于湘江，而资口给于笊篱耶？彼所谓溺于湘江，正为汲尽西江水设也。亦寓意而言耳，非真有所弃也。且如观

---

① 奉，底本作"当"，据《宝积经》改。

音以璎珞奉多宝佛塔，文殊以法财赐涅槃城，六祖藉神会禅师之给付，优婆夷望望同往之供给，是皆有深旨，非得教外别传之的，莫能知此。香岩之足法财，施用处谛，即王真人"欲求天上事，须用世间财"也。文殊知其力未充，即王冲熙之"有非巨力者不能"也。故二十七祖因得香至国王之财二施，等无差别也。何谓法财二施？盖彼施我财，我施彼法，我得彼财以成事，彼得我法以成道，是谓二俱得道，是谓"弟子施财，和尚施法"。此因缘时节之来，非宿有仙骨者不能际会，岂偶然哉？昔达磨来舟，不实众宝，谒梁既已不契，度魏安能成佛？此紫贤真人所以"依有力"，双林大士之所以唱卖妻子，税阇黎孤贫，所以有望于曹山之极济也。又详经云："舍卫国祇树，给孤独园。"又有给孤独长者，是见学道者之孤独给以眷属，则不孤矣，故名给孤独。又《宝积经》八十三卷载，舍卫国祇陀林中，给孤贫精舍，有孤贫长者，是见学道者之孤独给以资财，则不贫矣，故名给孤贫。岂浪名哉？使孤贫如税阇黎遇之，则遂志矣。此一段事，所有大力量、大福德可以承当。如上真、释迦、达磨，皆帝王之子，成此甚易，是以古之大臣多成此事。事苟已成，财为无用矣。其山林寒贱之士，必依有德有力之家图之。此财法二施，相资而成。至于道成之日，凡法财所置丹房、器皿，并无所损伤，一切遗下，委之而去。如平叔所谓："筏子上天梯"，到彼悉皆遗弃者是也。或谓达磨了道，方自西来，意未之思耳。是至人者，昼升兜率，夜降阎浮，朝到西天，暮归唐土。昔有异僧，自天竺腾空而来，犹未终日。仰山讶其大迟。若达磨果已成佛而来，何假巨舟，实以众宝？又何待三周寒暑方至，又在少林面壁九年？吾闻仙佛，兵无所容其刃，虎无所措其爪，缘何被打落当门齿耶？细详达磨谓二祖云："吾本离南印，来此东土，见赤县神州，有大乘气象，际会未谐，如愚如讷。"是来东土神州赤县，成此大乘之道必矣。谓此可见达磨，始则得法东来，终则成道西归。即今真洲长芦，见有达磨道家具尚在，但世人莫识何者为神州赤县之大乘，其长芦修真之遗像哉！所以今之学者，不知达磨长芦下来用工处，但见其功成之后，于少林面壁九年，俱学无为打坐，以图成佛，如何有成？故南岳让禅师有"磨砖作镜"之机，六祖有"生来坐不卧，死去卧不坐。元是臭骨头，何用立功课"[1]之诮。

---

[1]　参见《坛经·顿渐品第八》。

此平叔所以云："始因有作无人见，及至无为众所知。但见无为为要妙，岂知有作是根基。"盖为此也。以上公案，俱锓板于仙佛书中，今仆申而明之，非仆饶说。仆实得圣师秘旨，即教外别传之秘，故能贯穿仙佛之书，参同《周易》之妙，千经万论，横说竖说，皆不出此一言半句之玄。六祖所谓："说则须万般，合理还归一"者也。奈何世之学仙佛者，不得正传，闻之莫不大笑。惟信一丝不挂，万虑皆空，只从事坐禅，流于空寂断灭而已。岂知真心中造化，自然妙用，名为不空。要成身外有身之道，非依有德有力者，不能成事。临济义玄禅师云："自古先辈到处人不信，被递出始知是贵。若到处人尽肯信之，又堪作甚么，便见一文不直也。"闻道之人，所为与俗无异，所知与众不同，彼须参透仙佛之心，难以悟人，人莫知识。凡言法财一项，莫不唾骂之，孰从而信哉？《法华经》所谓："若说是事，皆当惊疑"者此也。复有无行之弊子，浅学之邪徒，执此说为窥利之柄，赖是语以为资身之图，穿凿引援，欺骗财贿，而终不知法财所用之的。或曰烧炼金石草木，或曰天癸圭丹，三峰采战，混元胎丹，天庭至宝，有形有质，并诸邪说秽行等类，诳惑迷人，不可不鉴。殊不知，此乃自然之道，先天真一之炁，自虚无中来，佛祖所谓"中有一宝，秘在形山"。本无形质，感而成象，是名玄珠，岂邪伪之辈所能知此？凡有传授，切须取证于仙佛之典，发明"无质生身"、"见之不可用"等语，以辨其所学之真伪可也。呜呼！世有积金盈匮，聚钱如山，而不信有长生之道，甘为泉下之鬼，千金送葬，果何益哉？虽然苟富贵之家，不忠不孝、不仁不义，吾知有道之士，闻风而退，不敢迹其门也。此无名子所以有"金玉堆里之不与闻"之戒，是皆被谴故也。噫！仆虽洞明此理，每怀抱朴子二十余年，资无担头无以为之叹。重说偈言，亦不免取讥于中下之流。倘有宿缘契合，一语相投，得遇有德有力，能仁特达之士，使法财二施，一举两得，所谓"二俱得道，齐扣玄关"，岂不备欤？或大根灵器之人，与善行勤修之士，一见而悟，免堕迷途，尤所愿望。

即非坐禅第四

缘督子曰：世之学道者，昔尚凝神聚气，打坐成道。今言坐禅非道，岂不起世人之惊疑哉？

［道言］钟离真人云："无心兀兀坐多年，将谓神仙已有缘。不解龙吟并虎啸，谓之枯坐又徒然。"

又云："唾涕津精气血液，七件元来尽属阴。若将此物为丹质，怎得飞神贯玉京。"

吕真人《窑头坯》歌曰："又不见三衢赵枢密，参禅作鬼终不识。"

王鼎真人云："阴宗不识阳门户，只管人前作坐忘。"

曹真人《灵源大道歌》云："只道行禅坐亦禅，圣可如斯凡不然。"

吴真人《证道歌》云："若将打坐作修行，谩似禅和空到老。"

《悟真篇》云："其中唯闭息一法，如能忘机绝虑，即与二乘坐禅颇同，若勤而行之，可以入定出神。奈何精神属阴，宅舍难固，不免常用迁途之法。"

翠虚真人《紫庭经》云："惟此乾坤真运用，不必兀兀徒无言。无心无念神已昏，安得凝聚成胎仙。"

又《丹基归一论》云："能以一之一字订诸群经，参诸往哲；勿以神气为自然归复，勿以禅定为自然交合。能以一之一字订诸群经，参诸往哲，勿以神气为自然归复，勿以禅定为自然交合，审能如是，或恐暗合孙吴，而终非促百脉以归源，穷九关而彻底，三火所聚，八水同归者也。至于以神入气为胎，以火炼药成丹，岂容易耶。有曰神御气者，有曰神凝则气聚者，有曰神气自然归复者，皓首茫然，反起虚无之叹。夫岂知丹基之真一为妙哉？"

马丹阳词云："举动处先言性命，炼丹处不晓半分。圜中若坐数春，无丹怎朝玉京？又几曾见坐出婴儿。暗喝道错了天机，只管得身躯长是病。"

紫清白真人云："正中须有邪，真里须辨假。若得清虚冷淡，人身外无物，赤洒洒。都来聚气与凝神，要炼金丹赚几人。引贼入家开宝藏，不知身外更藏身。"

［佛语］阿逸不得断烦恼，不修禅定，佛记此人成佛无疑。六祖《坛经》云："迷人看法相，直[1]言坐下动，妄不起，心即是。作此解者，即同无情，却是障道因缘。"又云："有人教坐禅，看心观[2]净，不动不起，以此置功，是谓大错。""故此法门，元不看心，亦不看净，亦不是动。"

---

① 直，底本作"真"，据《坛经·定慧品第四》改。
② 观，底本作"看"，据《坛经·定慧品第四》改。

薛尚书谓六祖："闻京城禅德皆云：'欲得会道，必须坐禅入定而解脱，未知有也。'未审大师所说法若何？"祖云："道不因禅定而解脱，道由心悟，岂在坐乎？"①

神秀大师常令其徒，"住心观静，长夜不卧"，有僧举似六祖，祖云："住心观净是病，长坐拘身，于圣何益？听吾偈曰：'生来坐不卧，死去卧不坐。元是臭骨头，何必立功课。'"②

石霜诸禅师住山，堂盈千众，长坐不卧，屹然如杭，天下呼为"众木橛多"。③

三藏因游五台，见一僧结庵而坐，藏问曰："汝孤坐奚为？"云："观静。"藏云："观者何人，静者何物？"其僧作礼，问云："此理如何？"藏云："汝出谁门耶？"云："神秀大师。"藏云："我西域异道，最下根者，不堕此见。兀然空坐，于道何益？"僧问和尚："所师何人？"藏云："曹溪六祖，汝何不速往，决其真要。"其僧舍俺即往。④

南岳让禅师，因马祖往传法，祖常日坐禅，师乃问："汝学坐禅，为学坐佛。若学坐禅，禅非坐卧。若学坐佛，佛无定相。于无住法，不应取舍。汝若坐佛，即是杀佛。若执坐相，非达其理。"祖闻示诲，如饮醍醐。⑤

又载，让禅师居南岳时，马祖在彼住庵，日惟坐禅，师往问云："在此何为？"祖云："坐禅。"师云："坐禅何所图？"祖云："图作佛。"师一日将砖一片于庵前磨，祖云："磨此何为？"师云："要作镜。"祖云："磨砖岂得成镜？"师云："坐禅岂能成佛？"祖云："如何即是？"师云："如人驾车，车若不行，打车则是？打牛则是？"祖于是悟旨于言下。⑥

白杨顺禅师因法眼问："真佛住在何处？"师云："住在不定住。"眼云："既是真佛，为甚么不定？"师云："若非真佛，法眼乃领之。"

《传灯录》云："智隍禅师，结俺长坐，积二十载，不见堕容。后参六祖，

---

① 参见《坛经·护法品第九》。
② 参见《坛经·顿渐品第八》。
③ 庆诸禅师（807-888年），俗姓陈，庐陵新淦县玉笥乡人。《宋高僧传》卷第十二："师居石霜山二十年间，学众有长坐不卧，屹若株杌，天下谓之枯木众也。"
④ 参阅《五灯会元》卷二、《宋高僧传》卷十、《景德传灯录》卷五等。
⑤ 参阅《景德传灯录》卷第五
⑥ 参阅《景德传灯录》、《五灯会元》、《宗镜录》等。

言下豁悟，前二十年所得心都无影响。"①

《大慧语录》云：今时有一种杜撰汉，自己脚跟下不实，只管教人摄心静坐，坐教绝气息，此辈名为真可怜悯，此心无有实体，如何硬收摄得住，拟收摄向甚处安着。"

峻极和尚因僧问"如何是大修行底人？"曰："担枷带锁。"又云："如何是大作业底人？"曰："修禅入定。"

［缘督子曰］坐禅公案，非无其事，但此事在玄珠已成，圣胎已结之后。如农事，春耕夏耘，秋收冬藏，各有次序，缺一不可。世之坐禅者，如无耕耘之功，图收藏之利，可乎？所以达磨自梁涉魏于长芦成事之后，方至少林面壁九年。钟离公曰："三载九年人事尽，纵横天地不由亲"，即此谓也。故为之炼形化气，炼气归神，是谓"形成出胎，亲为佛子"以上事。曹真人云："只道行禅坐亦禅，圣可如斯凡不然。"于此可以证坐禅工夫，在圣胎已成之后明矣。若学道之人，未得摩尼之珠，便学坐禅，空其五蕴，净尽六根，议论谈讼，不着于物，此乃顽空，何益于事，终流于断空寂灭而已。故上项公案，祖师不取。学者不知，要孤坐奚为？须得祖师的传下工，方得成就。妄意猜度，决不敢许，况教有东西禅、南北禅、如来禅、祖师禅、老婆禅、新妇子禅、天龙一指头禅、蚌壳禅、口鼓子禅，何禅名之多耶？不知世人所学何禅，若能解悟的上项禅，名分晓使，是已达西来的意。人始知禅中有大机大用在其间，岂专于空坐而已哉？又兼祖师公案之言，多明机双扣，一语两意，谓之格外谈玄。世人听法，如小儿啼，不识真金，安辨黄叶？因见古人"即心是佛"之说，及"一切有为法，如梦幻泡影"之语，错会祖意，不明言外之旨，俱学无为收心摄念，坐禅观净，以图成佛，竟至老死，略无寸功，所以有"磨砖作镜"之讥。今道家亦多不得正传，妄学坐圜者，及出圜者与不坐时一般，略无有异于惜，反致尪羸何也？是皆不知"佛无定相"。若有定相，即非真佛之玄，又岂知佛有甘露之门，掣电之机，如露如电之旨。能作如是观之者，可以参西来祖意，不致于孤坐矣。

---

① 参阅《五灯会元·卷第二·河北智隍禅师者》。

即非心神第五

缘督子曰：世之学道者，皆认此心性神即佛也，即历劫不坏之身也，故从事于怡神静坐，养性存心。今言非神非性非心，岂不起世人之警疑哉？

［道言］吕公云："出神入定虚华语，徒费工夫万万年。"

崔公云："是性命，非神气。"

钟离公云："四大一身皆属阴，不知何物是阳精。有缘遭遇明师旨，得道神仙只在今。"

又云："有无交入为丹本，隐显相扶是水金。莫执此身云是道，独修一物是孤阴。"

《悟真篇》叙云："其中惟闭息一法，如能忘机绝念，即与二乘坐禅颇同。若勤而行之，可以入定出神。奈何精神属阴，宅舍难固，不免长用迁徙之法，即非金汞返还之道，又岂能回阳换骨，白日而升天哉？"

又云："今之学者，有取铅汞为二气，指脏腑为五行，分心肾为坎离，以肝肺为龙虎，用神气为子母，执津液为铅汞，不识浮沉，宁分宾主，何异认他财为己物，呼别姓为亲儿？又岂知金木相克之幽微，阴阳互用之奥妙，是皆日月失道，铅汞异炉，欲望结成还丹，不亦远乎？"

又诗云："莫把孤阴作有阳，独修一物转赢尪。劳形按引皆非道，服气餐霞总是狂。"

又云："炼形闭气思神法，初出艰难后坦途。倏忽纵能游万国，奈何屋旧却移居。"

又云："饶君了悟真如性，未免抛身却入身。若解更兼修大药，顿超无漏作真人。"

又云："投胎夺舍又移居，旧居名为四果徒。若会降龙并伏虎，真金起屋几时枯。"

石杏林云："炼气徒劳力，存神杜费功。岂知丹诀妙，镇日玩真空。"

无名子注《悟真篇》云："含日月之精华，光生五脏，运双关于夹脊，补脑还精，以至投胎尸解，出神入定，千门万法，不过独修阳里阴精之一物而已。孤阴无阳，如牝雉自卵，欲抱成雏，岂可得乎？钟离翁曰：'唾涕精津气血液，七般物色总皆阴。若将此物为丹质，怎得飞神贯玉京。'一身之中，非惟真精一物属阴，五脏六腑，俱阴非阳，执此等以修行，胡为乎氤氲，胡为乎化生？"

又注《西江月》云："人之一身，禀天地之秀气而生，托阴阳陶铸而成形。故一身中以精气为本，神生于气，气生于精。然此三者，皆后天地所生之一炁，至阴之物也。修真之士，若执己身而修之，无过养炼精气神三物而已。奈何三物一致，俱后天地生，纯阴而无阳，安能化形于纯阳，而出于天地之外耶？"

陈泥丸云："别有些儿奇又奇，心肾元来非坎离。肝心脾肺肾肠胆，只是空屋旧藩篱。唾涕精津气血液，只可接助为阶梯。精神魂魄心意气，观之似是而实非。"

白真人云："若是清虚冷淡人，身外无物赤洒洒。都来聚气与凝神，要炼金丹赚几人。引贼入家开宝藏，不知身外更藏身。"

又歌云："一身只有三般物，精神与气常保全。其精不是交感精，乃是玉皇口中涎。其气即非呼吸气，乃知却是大素烟。其神即非思虑神，可与元始相比肩。"

［佛语］《圆觉经》云："一切众生，妄语四大，为自己身相；六尘缘影，为自己心相。"

南泉示众云："心不是佛，智不是道。"

玄妙宗一太师《语录》曰："有一般坐绳床汉，便说昭昭灵灵壹智性，能见能闻，向五蕴身田作主宰，大赚人，汝若认此为真宝，为甚睡时又不成昭昭灵灵，这个是生死根本，妄想缘气，只因前尘色声香味触法而有分别。若无前尘，汝此昭昭灵灵同于鬼毛兔脚。汝今欲出五蕴身田主宰，但识取秘密金刚体，圆成正道，遍周沙界。"

长沙景岭禅师召竺尚书，书应诺，师云："不是尚书本命。"对曰："不可离，即今只对，别有第二主人。"师曰："唤尚书作至尊得么？"书曰："任么总不只对时，莫是弟子主人否？"师云："非但只对与不只对，无始劫来，是个生死根本。"有偈曰："学道之人不识真，只为从前认识神。无始劫来生死本，痴人唤作本来身。"

石头禅师问大颠："那个是汝心？"颠云："言语者是。"头便唱出。马祖因僧问："和尚为甚么说即心是佛？"师云："止小儿啼。"云："啼止后如何？"师云："非心非佛。"云："除此后如何指示？"师云："向伊道不是物。"

湖南如会禅师，自大寂去世，常患门徒以"即心即佛"之谈，诵忆不已，且谓佛于何住，而曰："即心，心如画。"师而曰："即佛。"遂示众曰："心不是佛，智不是道。剑去久矣，尔方刻舟。"

樊山曰："若言即心即佛"。忠云："是甚么语话？"良久又问："此话外有何言教？"师云："非心非佛，或云不是心，不是佛，不是物。"忠云："犹较些子。"

南泉普庵禅师云："马祖说即心即佛王，老佛不恁么道不是心，不是佛，不是物，恁么道，还有过么？"

招提朗禅师问石头："如何是佛？"头云："汝无佛性。"师云："蠢动含灵却有。"师云："某中为甚么却无？"头云："为汝不肯承当。"师于言下悟入。后凡有学者叩问，皆云"汝无佛性"。

无业禅师状貌俊伟，见马祖，祖曰："巍巍佛堂，其中无佛。"

僧问兴善觉禅师云："狗子还有佛性，我非众生。"云："既非众生，莫是佛否？"师云："不是。"云："究竟是何物？"师云："亦不是物。"云："还可思见否？"师云："思之不及，议之不得，故云不可思议。"

[缘督子曰] 一点阳精，秘在形山，不在心肾，而在乎玄关一窍。为学者不识阴阳，不知时候，不能返还，止于自身内摸索，而认彼昭昭灵灵之识神以为真实，转转差驰。如钟离云："莫执此身云是道。"即忠国禅师云："莫认自己作清净法身"也。崔公云："是性命，非神气。"即景岭禅师谓："学道之人不识真，只为从前认识神。"又无名子云："尸解投胎，出神入定，千门万法，不过独修阳里阴精之一物而已。"即晖禅师谓："早拟移住处。"圆泽云："三生石上旧精魂也。"且如五祖能投周氏胎，可谓不昧，而犹未可传四祖法何也？首座能脱立亡，可谓至妙矣，而犹未会先师意何也？是皆不得正法，偏于性宗，于命基不曾着处，不能生死轮回故耳。《悟真篇》所以云："奈何精神属阴，宅舍难固，不免长用迁徒之法。"李长者之论《华严》谓："仙是至阳之德。"是以钟离翁曰："四大一身皆属阴。"朗禅师云："汝无佛性。"专为学者未能复此阳精之气而言也。凡学仙佛者，必须知内外作用之机，天人合发之妙，非止一身而已。故曰："莫执此身云是道。"又曰："独修

一物是孤阴。"今之学者，偏于己见，但认昭昭灵灵者以为真，实不信有外用之机。寄特之事，惟信顽空静坐、凝神聚气而已，否则泥于金石草木，烧炼炉火，邪僻采战，所见如此，坚不可移。若曰"即心即佛"，则是人人能晓，其奈止儿啼何；若曰"非心非佛"，举世不知，却是发踪指示准的。盖心性神，同出而异名，似是而非也，即永嘉所谓"心意诚"是也。其虚灵知觉，明澈变通，伏藏万境，呼吸千里，可以逆料吉凶，可以推测造化，事来能明，物来能应，建功立业，治国齐家，万物之灵，无出于此，故举世之人，俱认此为真实。惜乎！此灵寓于四大假合之身，既不能返老还童，遂不得留行住世，及其疾病临身，平生所学都用不着，且待气竭人亡，身已败坏，此灵失所依附，未免逼合鬼流，生死无有了期，此圆泽"三生石上旧精魂"是也。故投胎夺舍，坐脱立亡，入定出神，四果之徒，皆为阴鬼，尚在轮回中走，而非纯阳之金仙，是以圣人不取。当知仙佛妙有一机，返本还源，铅汞交合，两者相遇而生元神，遂得此灵，寓于金刚不坏之身，名为阳神，聚则成形，散则成气，入水火，透金石，乘空御云，隐显莫测。如释迦已入涅槃而复起，为母说法；达磨已葬而只履西归，普化振铎，入棺而杳无踪迹。此形神俱妙，与道合真，即《楞严》所谓："形成出胎，亲为佛子。"以上事也，如此则天地同其长久，即平叔云："真金起屋几时枯"之谓也。阳神变化，岂投胎夺舍、坐脱立亡、四果之徒，所可希望哉？是以圣人教外别传，令人修道以脱生死根基玄牝，证妙菩提一颗玄珠圣胎成就。节候既周，脱胎神化，曰仙曰佛，曰心曰性，曰至真仙子者此也。然而此道，上天秘惜，不敢轻泄。历代圣人，借喻立言，以显此机，双扣一语两意，禅家谓之"格外谈玄"。奈何世人根器浅小，莫测玄旨，各随所见而成差别，致所无为之人，不信有为之法，执空之辈，不知不空之妙，岂明生杀之理？不悟宾主之机，又安识元精、元神、元炁之玄？便认识此昭昭灵灵之识神，为心为性，为本来面目，为父母未生已前身者，良可叹也。若果是识神言语机巧，则人人已具，何用更修？殊不知此，乃游魂为变。万劫轮回者，安足以言圆陀陀、光烁烁之宝珠，金刚不坏之圣身也哉！世之学者，往往皆有此失。若曰"舍此昭昭灵灵别求"，所谓"真心真性"，则天下之学道学佛者，到此茫然不知所指。噫！敷禅师云："不遇祖师亲的旨，临机下口卒难陈。"故仆此篇直指仙佛奥妙之道，与众所知所见迥别，举世罕能达此，亦未免起人骇疑之心。即《法华经》所谓："若说是事，一切世间诸天及人，皆当警疑者也。"倘有根器不凡之士，见此而能默悟已上祖师妙语，速求真师，以脱生死，实所愿望也。

有物第六

缘督子曰：世之学道者，莫不曰"本来无一物"。今言有物，岂不动世人之警疑哉？

[道言]《道德经》云："有物混成，先天地生。寂兮寥兮，独立而不改，周行而不殆，可以为天下母。吾不知其名，字之曰道。"

又云："恍兮惚兮，其中有真。杳兮冥兮，其中有精。其精甚真，其中有信。"

抱朴子云："金玉在于九窍，则死人为之不朽。盐薰沾于肥腻，则脯腊为之不烂。况以永身益命之物，纳之于己，何怪其令人长生乎！"

吕纯阳云："天生一物变三才，交感阴阳结圣胎。"

又云："采恍恍，收惚惚，杳冥之内取真物。"

《悟真篇》云："咽津纳气是人行，有物方能造化生。鼎内若无真种子，犹将水火煮空铛。"

曹真人《灵源大道歌》云："此物何曾有定位，随时变化因心意。在体感热则为汗，在鼻感风即为涕。在肾感合即为精，在眼感悲即为泪。纵横流转润一身，到头不出于神水。"

石杏林云："有物非无物，无为合有为。"

又云："无中生有物，神气自相亲。"

《复命篇》云："人有最灵物，依稀在北辰。"

又云："悟来惟一物，昧处隔千山。"

又云："有物含灵体，无名本自然。"

[佛语]六祖示众，云："吾有一物，无头无尾、无名无字、无背无面，诸人还识么？"傅大士云："有物先天地，无名本寂寥，能为万象主，不逐四时凋。"

雪峰真觉禅师曰："有物密救人，争奈人不知。"

《圆悟语录》云："何物高于天？生天者是。何物厚于地？育地者是。何物宽于虚空？包虚空者是。何物超越佛祖？植佛祖者是。"所以化育之生，本物我同途，祖师之源，古今不易。故个事如壶公瓢中自有天地日月，所以雪峰和尚道："尽大地摄来，如粟米粒大。"

天衣禅师云："百骸俱会散，一物镇长灵。百骸俱散皆归土，一物长灵甚处安。"

南堂静颂云："一物长灵甚处安，长空云散碧天宽。莲空佛刹花无数，泛起眉毛仔细看。"

寒山子云："可贵天然物，独一无伴侣。觅他不可见，出入无门户。促之在方寸，延之一切处。你若不信受，相逢不相遇。"

［缘督子曰］祖师如开户造车，出门合辙，语言先后旨意不同。昧者不得正传，竟不知为何物。在内即非心神、魂魄、精、意、气、涕、唾、津、精、泪、血液，在外即非金石、草木、硫砒、铅汞，此乃先天真一之炁，自虚无杳冥中来。因龙虎之形交感，而结成一物，生于天地之先，是为性命之祖，顺则成人，逆则成丹。故老子云："可以为天下母。"即是玄珠。释氏谓之"菩提种子"，灵山会上龙女所献此物也。非洞晓阴阳，深达造化者，不能知此。若有此物，方名不空，又名真空。世之谈禅说道者，不流于断灭空寂，则滞于烧炼炉火，或有形有质等物。未有能知此物为万象之主，天下之母者也。乌足以语至道？始此辈见此，又未免讥吾，以为殆有着实矣，可付一叹！

有事第七

缘督子曰：世之学道者，莫不委心空寂，扫除万事。今言有事，焉得不起世人之警疑也？

［道言］《黄庭经》云："物有自然事不烦，垂拱无为心自安。"

钟离真人云："此道分明事不多，奈缘福薄执迷何。"

王鼎真人云："会取天地交泰事，自然会得坎离和。"

又云："思量岂是人间事，天上传来是古今。"

又云："翻来覆去乾坤事，二气交精合艮金。"

刘海蟾云："个事非常事，寻人未见人。"

伏龟山李衡真人云："莫言此事无人得，我见人间无处无。"

张紫阳真人云："此个事，世间稀，不是等闲人得知。夙世若无仙骨分，容易如何得遇之。"

石杏林云："某自从得师诀以来，知此身不可死，知此丹必可成，今既大事入手，以此诏诸未来学仙者耳。"

张真人云："修行之事，功勤不少，须识五行逆顺颠倒。"

［佛语］《阿弥陀经》云："我于五浊恶世行此难事，得阿耨多罗三藐三菩提，为一切世间说此难信之法，是为甚难。"

《法华经》云："尔时佛告舍利佛，止不须复说，若说是事，一切世间诸天及人，皆当惊疑。"

又云："世尊，如此之事，世所难信。"

又云："诸佛世尊，唯以一大事因缘，故出现于世。"

又云："唯此一事实，余二则非真。"

又云："我今为汝保任，此事终不虚也。汝当勤心精进，行此三昧，又于七日中思，惟如是事，我宁不说疾入于涅槃。"

又云："惟了此事，更无余事。"

又云："如来一切甚深之事，皆于此经宣示显说。"

又云："若坐若经行，常思惟是事。"

《华严合论》①云："事中轨，则不可不分。以其体用，不可一向全别。以全同作全别，以全别作全同，不可全别无全同，不可全同无全别。如迷此同别二门，即智不自在法眼。"

益禅师颂云："华严六相义，同中还有异，异若异于同。全非诸佛意，诸佛有总别。何尝有同异，男子身中入定时，女子身中不留意，万象明明无理事。"②

又《华严合论》云："经中喻云，犹如一国纯秽，一国纯净，于此二国

---

① 《华严经合论》，唐李通玄造论，志宁厘经合，120卷。

② 《五灯会元·卷第十》金陵清凉院文益禅师："华严六相义，同中还有异，异若异于同。全非诸佛意，诸佛意总别。何曾有同异，男子身中入定时，女子身中不留意。不留意，绝名字，万象明明无理事。"

事，难可了知。"

又经颂云："此事甚奇特，世间所稀有。"

又论云："善能知根同事，处俗不迷，同尘不污。"

又经云："得一切智施作佛，作佛事成就菩提，自在神通。"

又云："所作一切佛事，总是佛神力。"

睦州示众云："大事未明，如丧考妣；大事既明，如得考妣。"

兴阳禅师卧疾次，太阳延问："是身如泡幻，泡幻中成办。若无个泡幻，大事无由办。若要大事办，识取个泡幻，当作么生？"师云："犹如这边事。"延云："那边事作么生？。"师云："匝地红轮秀，海底不开①花。"延笑云："乃尔惶惶耶。"师云："将谓我忘却。"

双峰禅师云："进一步则迷理，退一步则失事，饶你一向兀然去，又同无情时。"有僧问："如何得不同情去？"师云："动静城郭完全。""如何得不迷理失事？"师云："进一步，退一步。"僧礼拜。②

圆悟勤云："鹰拿燕雀，鹞打寒鸦。细中之细，妙中之妙。"进一步则不迷理，退一步则不失事。所谓"恁么中，不恁么；不恁么中，却恁么。"就中未后一着，光前绝后。

云居道鹰禅师云："地狱未苦，向袈裟下不明大事最苦。汝若大办，且须履浅玄途。"

大隐赞云："人人具足，不肯承当。流浪生死，何时了日？非惟袈裟下不明最苦，但裙衩之下不明又苦。"

夹山禅师云："我二十年住此山，未会举着宗门事。"

洞山传禅师云："须知有佛向上事。"时有僧出问："如何是佛向上事？"师云："非佛。"

云门赞云："名不得，状不得，所以言非佛。"

法眼云："方便呼为佛。"

龙济修山主偈云："风动心摇树，云生性起尘。若明今日事，暗却本来人。"

---

① 开，《五灯会元·卷第十四·郢州兴阳清剖禅师》作"栽"。

② 参阅《五灯会元·卷第十五》韶州双峰竟钦禅师。

庞居士云：“有人有所知，有事有是非。”

［缘督子曰］佛教中，有权法，有实法。权法无为无事，二乘之空法也。不能贯穿诸经，人皆可以意会而知之。实法有为有事，最上乘之圆法也。非得师传，莫能晓悟。知此一句，三藏之书俱通矣。

有为第八

缘督子曰：世之学道者，皆曰学本无为。今言有为，岂不动世人之警疑哉？

［道言］《道德经》云：“上德无为，而无不为；下德为之，而有以为。”

魏伯阳云：“下德为之，其用不休。”

抱朴子云：“道成之后，略无所为。未成之间，无不为也。”

吕纯阳云：“乐乐乐，勤勤用，勤勤作，长琼楼，生凤阁。”

又云：“亦无得失亦无言，动则施功静则眠。”

宝素得云：“有为功就入无为。”

王鼎真人云：“五行四象坎和离，诗诀分明说与伊。只有下手功夫处，几人会得几人知。”

曹真人云：“君将何事立磁基，到无为处不无为。”

吴真人《证道歌》云：“到无为处不无为，方知吾道是希夷。”

《悟真篇》云：“始因有作无人见，及至无为众始知。但见无为为要妙，岂知有作是根基。”

无名子注云：“筌蹄方入手，莫我知也。夫到岸不须船，十目俄瞠视。凡圣杂朝市，鱼龙混通衢。懊恨世间人，对面不相识。世有学释氏修性之道，执一切有为皆是妄语，却低老氏修命之道。此乃知其一，不知其二，窥其门墙，而未升入其堂室者也。焉知修命之道，炼外药而化形，始则有为，炼内丹以成氖；终则无为自在，谓之抱一。空其心以见性，故自有作至于无作，有为至于无为，斯道至于尽矣，不复加矣。非中下所能及矣，故仙翁所以作此以勉后学矣。人但见无为之妙，而不知有为有作，实无为无作之根基。”

石杏林云：“谁能知此窍，且莫任无为。”

又云：“有物非无物，无为合有为。”

陈泥丸云：“我闻前代诸圣师，无为之中无不为。”

［佛语］《宝积经》云：“一切诸法，悉如幻化，是中却有一法，和合聚集，决定成就。”

《金刚经》云：“一切贤圣，皆以无为法而有差别。”

《华严经》云：“是世间法，是有为法，是无为法。”

又经云：“迥向有为，而不着故。”

又经颂云：“汝观牟尼尊，所作甚奇特。”

又经云：“于有为法界，示无为法，而不灭坏。有为之相，于无为法界，示有为法，而不分别无为之相。”

又论云：“一以无作法迥，向有作法。二以有作法迥，向无作法。”

又经云：“善修治所作故。”

又云：“佛子菩萨住此欢喜地，能成就如是入勇猛，如是大誓愿，如是大作用。”

又经颂云：“大士修行解脱门，转益大悲求佛法，知诸有为和合作，志乐决定勤行道。”

又经云：“所谓二乘，堕于无为广大深坑。”

又经云：“不断菩萨取诸用，不息菩萨巧方便，不绝菩萨所作事，不厌菩萨生成用。”

又经云：“能令增长有为乐。”

故古山云：“有为难为，弃之则功行不成；无为虽真，趋之则圣果难证。”

僧问茱萸禅师：“如何是沙门行？”萸云：“行则不无，入觉即乖。”僧进语云：“未审是甚么行？”师云：“佛行，佛行。”

安国求禅师因僧问云：“云从何山起，风从何洞生？”师云：“尽力施为，不离中塔。”

《天台止观》云：“若菩萨为一切众生，成就一切僧法，不应取着无为，而自寂灭。”

经山果云：“用尽自己心，笑破他人口。”

佛僧珣云：“奋大用，发大机，明来暗，合平坦险巇。彼既杀活拄杖，我即绵裹秤锤。纵使诸方眼目，难断个是个非，毕竟如何？堪笑一枝无孔笛，主宾颠倒两头吹。”

　　［缘督子曰］释家一大藏教，多说有为之道，特着空之人，莫之识耳。如老子之无为而无不为，与莲经之诸有所作常为一事，有以异乎？奋大用，发大机，及释迦能为甚深希有之事，此非有为有事乎？况世尊，唯以一大事因缘出现于世。香严云："我祖师古来诸有为之事。"《法华经》云："从昔以来，未曾显说，皆秘而不言，世不得闻。苟有所闻，信根浅薄，若非毁谤，则必警疑。故灵山会上，五千退席。所谓不立文字，教外别传者也。"《悟真篇》云："无为之道，以济物为先，虽显宣秘要，终无过咎。"所以祖师备言之，而世人备闻矣。有为之道，则祖师罕言之，而世人罕闻矣。是以世人，止知有这边道理，不知有那边境界；止知有此国之事，不知有彼岸之玄；止知心之悟空，不知性之不空；止知心中有物，不知身中有物；止知无事，而不知希有之事；止知无为，而不知有为之法；止知梦幻泡影，而不知甘露掣电。故教中有掠虚顽空、落空、着空、莽荡豁达空之讥。殊不知《宝积经》云："和合聚集，决定成就。"即《仙经》云："和合四象，攒簇五行。"举世道人，无有能达之者。盖不究仙佛妙用，名曰不空，例以有为之法，作梦幻泡影者。岂知佛之有为法，不以万法为侣，而以凡人有为不同。圣人恐泄天机，道家以妙有为宗，多借喻曰朱砂、水银、红铅、黑汞、婴儿、姹女、丁公、黄婆、黄芽、白雪等类，近于着实，致使世人妄乱猜度。学人将似是而非者，执以为有，谓金丹是圆外药，遂滞于有形滓质，采战秽行，而终莫悟真空之妙。释氏以妙空为宗，多借喻曰胡孙、狗子、露柱、刹杆、黄花、翠竹、棒佛、花草、灯笼、佛殿等类。近于无意义，使人不可解悟。学者思之不及，议之不得，因此执以为无，遂流于顽空、静坐、入定、出神，而终莫悟不空之妙。故察禅师颂云："祖意如空不是空，灵机争堕有为功。"又敷禅师云："非干世事成无事，祖教心魔是佛么。"自古及今不得正传者，莫知此意，释流迷于三乘十二分教中而不自觉，用力虽多，穷年卒岁无有寸功，乃委之曰："仙佛宿骨所致，非凡流可学。"岂悟祖师谓"人人有分，个个圆成"之语耶？是皆不知根基有为之法，便学无为之道，扫万法于梦幻，委一切于虚无，既无所修，又无所习，又无所行，焉得谓之修行？又焉得谓之修习？梵行未免认昭昭灵灵之识神，为旷劫以前不坏之性，为父母未生以前本来面目，如此则如何断得轮回，如何脱得生老病死苦？既是所学，难免生死轮回，又何必辛苦参求修仙学佛乎？是为断灭，又名落空。所以《悟真篇》

云："鼎内若无真种子，犹将水火煮空铛"也。世之学佛者，莫不鄙有为有事之说，以为着实着相，便从事于坐禅，犹适千里之路，而不肯始步于足下者，从经千秋终不能到。故古德云："有为虽伪，弃之则功行不成；无为虽真，趋之则圣果难证。"至哉言也！虽然仙佛妙用，亦必使身心不动，性也湛然，为无为无事之人，方能成有为有事之用。此石杏林云："无为合有为"之旨也。苟不得祖师的传，妄有所为，尤不敢许。噫！此虽仙佛妙旨，或莽荡空掠虚汉见之，则必曰："本无许多事。"反有所讥。今故书此，以俟高见远识者。

混俗第九

缘督子曰：世之学道者，皆以离尘脱俗，出妻屏子，山居幽处，以成斯事。今言混俗同尘，方能得道，岂不动世人之警疑哉！

［道言］《道德经》云："和其光，同其尘。"

抱朴子云："要道不烦，所为鲜矣。但患志之不立，信之不笃，何忧人理之废乎？长才者兼而修之，何难之有？内宝养生之道，外则和光于世，治身而身长久，治国而国太平。以六经训俗士，以方术授知音，欲少留则且止而佐时，欲升腾则凌霄而轻举者，上士也。自持才力，不能并成，则弃置人间，专修道德者，亦其次也。昔黄帝荷四海之任，不妨鼎湖之举；彭祖为大夫八百许年，然后西适流沙；伯阳为柱史，宁封为陶正，方回为闾士，吕望为太师，仇生仕于殷，马丹宦于晋，范公霸越而浮海，琴高执笏于宋康，常生降志于执鞭，庄公藏器于小吏。古人多得道而住世，修之朝隐，盖有余力故也。何须尽废生民之事，然后乃成道乎？"[①]

太一真人《破迷歌》曰："行气不是道，呼吸乱营卫。咽津不是道，津液非神水。存想不是道，画饼岂能饵。采阴不是道，精竭命随逝。断盐不是道，饮食无滋味。辟谷不是道，饥饿伤肠胃。休妻不是道，阴阳失宗位。如何却是道，太乙含真炁。"

吕纯阳云："守道且藏愚，忘机要混迹。"

① 参阅《抱朴子内篇》卷八《释滞》。

《悟真篇》云："休妻谩遣阴阳隔，绝粒徒教肠胃空。"

又云："修行混俗且和光，圆即圆兮方即方。晦显逆从皆莫测，教人争得见行藏。"

陈虎丘云："一遇高仙了要津，便随饮啄更同尘。"

《复命篇》云："访道复寻真，优游四海滨。外多含忍辱，内抱任遭迍。"

又《悟真篇注》事迹云："某姓薛名式，尝为僧，适遇杏林驿道人石得之，稽首皈依，请因受业，卒学大丹，乃复授口诀真要，且戒令往通邑大都，依有力者可即图之。某遂来京师，弃僧迦黎，幅巾缝掖，和光混俗，以了此事。"

[佛语]《华严合论》曰，经云："知佛法即世间法，世间法即佛法，不于世情中分别世情。"

又云："一切世法纯是佛法，何曾离世法外别有佛法。"

又云："此菩萨得三昧智力，以大方便，虽示生死，而恒住涅槃，虽眷属围绕，而常乐远离，虽以愿力三界众生，而不为世法所染。"

又云："虽得佛境界，而示魔境界。虽超魔道，而现行魔法。虽示同外道行，而不舍佛法。虽随顺世间，而常行世间法。"

又云："佛子，菩萨摩诃萨，在家宅中，与妻子俱，未曾暂舍菩萨之心。正念思惟菩萨苦境，自度度彼，令得究竟，以善方便，化己眷属。令入菩萨智，令成熟解脱。虽与同止，心无所着。以大悲为本，处于居家，以慈心故，随顺世间，而常行出世间法。"

又云："一切佛法，无所增益，佛法不异世间法，世间法不异佛法，无有杂乱，示无差别。"

又云："佛子，菩萨摩诃萨，不离欲界，入色界，无色界，无禅定解脱，及诸三昧。"

又云：与一切众生受诸欲乐，共相娱乐，乃至未曾于一念间，舍离菩萨平等三昧。"

又云："菩萨属于众生，若无众生，一切菩萨终不能成无上正觉。"

又《合论》云："以出世间，及世间，并世间，菩萨用入世间，同一切凡夫事业，成大慈悲行，使普贤行得圆满。故虽同俗，染以智，无染性，处世无着，故如莲花处水，常生水中不湿。"

又云："如下九个天神，一个瞿波，并是俗流无出家之类，明以前出世间，如回向法，长养大悲，以女表之。"

又云："以出家法，以化初心志未具者，若以志满便为俗士，现同外道，一切巧术，智增悲妙，便入诸天地龙神位中，主持世法，护佑众生。"

又云："此一段以上经文，及颂大意，使令修习处俗大悲，不立出家之相，以毗卢遮那佛为所依主。"

又云："此但以俗士表之，毗卢遮那佛亦是俗身，以华严冠璎珞钏庄严非出家相。"

又《决疑论》云："如离世间行，亦无菩萨行，为众生烦恼多，菩萨行亦多，众生无烦恼，菩萨行亦无故。"

又云："夫俗间之境，畏而离之，是二乘法，染而爱之，是凡夫法，故菩萨不同二。"

又云："常常于一切众生前，对现色随应教化，现同凡事，而诸众生无疑怪心，此乃十方人天，世间常尔，是普贤常道也。"

《莲经》云："诸佛出于五浊恶世，所谓劫浊、烦恼浊、众生浊、见浊、命浊。"

六祖《坛经》云："欲拟化他人，自须有方便，勿令彼有疑，即是自性现。佛法在世间，不离世间觅，世间觅菩萨，恰如求兔角。"

又云："若不识众生，万劫觅佛难逢。"

《摩诘经》云："有长者名维摩诘，久于佛道，心已纯熟，决定大乘，诸有所作，能善思量，虽为白衣，奉持沙门，清净律行，虽处居家，不着三界，亦有妻子，常修梵行，现有眷属，常乐远离，虽服宝饰，而以好相严身，虽服饮食，而以禅悦为味。"

又云："虽明世典，常乐佛法，一切见敬为供养中最，执持正法，摄诸长幼，一切治生谐偶，虽复裕利，不以喜悦游诸四衢，饶益众生。入治政法，救护一切；入请论处，导以大乘；入诸学堂，诱开童蒙；入诸淫舍，示欲之道；入诸酒肆，能立其志。"

圭堂居士曰："大哉，佛法之无所不入也。世尊为出家之教，维摩为在家之教，所以维摩与世尊相望对峙，同证同修，实无优劣。故自大乘东播云后，在家菩萨发明祖师心髓，而见于文章翰墨、塔铭碑记诗章之中者，何啻千百数言？世以其和光覆俗，故有法言密行，坐去事迹，皆略而不传，世无正眼，谁能识之？净行之卷，特以维摩为先。盖谓安于人道之常，而知最上乘之妙。初无间于僧俗，如是则佛之道愈大，而朝市山林皆得之矣。人伦不废于外，而佛法高明于内，孰若维摩之道为大中正者哉！"

又云："诸佛以利生济物为行，谋国利民，所济大矣。一政可以仁天下，一令可以泽四海，涖一境则一境之民受其赐，典一职则一职之下沐其惠，较之隐居山林，而未免就匹夫之事，区区饲一鹊、活一鳞，仁者闻矣？夫佛法未尝遗世，维摩之入治政，救护一切，并入治政，则不足以大其救护也。故善财参大梵光王，见其施仁化，以美其俗，参利生无厌足，王见其罚不善，以安其善，皆普贤大行之一，所以为未来佛子之式者也。"

夫岂必曰"遁世为佛事哉？"所以大惠曰："不须求出家，作名教罪人。"

又圭堂云："潇洒在中，清明外发。"则虽在家，而有馀尘嚣，扑襟荆棘盈凡，则虽出家，而不足，且士、农、工、商，皆古之良民。古圣人以是而定天下之良业，使人有常守，而得以安其生于天地间也。今而曰士、农、工、贾不可为，则舍是而孰安于此乎？惟觉业之能害人，损业者则亟易之。虽一日不可留其间，苟良业也，则立于天地而无愧，质诸古圣而无歉，安其分业，俯仰无怍，乐莫大焉。

刘元城曰："出来者纷然，非佛教之福。"此至善也。学佛之弊，易于厌世，旦夕将心撮在一处，甚者欲逃入而后已，或至于狂疾者有之，皆不知潇洒在中之妙，则无入而不自得。维摩居上资财无量，摄诸贫民，则未尝不富。帝王大圣中，尊教以正法，则未尝不肖；入治政救护一切，则未尝不为儒。一切治生常护卫利，则未尝不为工贾？博弈戏笑，则未尝绝物。宝饰严身，则未尝离俗。游诸街衢，饶益众生，则未尝遗世。而入深法门，决定大圣，善于智度游戏神通，则又与十方大觉至极世尊同证于无证，于此可以睹居士大中至正之道矣，可以知大慧不必出家之训矣。"

《大慧语录》曰："昔李文和都尉，在富贵丛中，参得禅大彻大悟。杨文公参得禅时，身居翰苑，张无监参得禅时，在江西运使，只这三人老便是个不坏世间相，而谈实相底样子也。又何须要去妻子，休官罢职，咬菜根，苦形劳志，避喧求静，然后入苦禅，鬼窟里作妄想方得道乎？"

又云："在火宅中打得彻了，不须求出家。造妖捏怪，毁形坏服，灭天性，绝祭祀，作名教中罪人，佛不教人如此。"

庞居士偈云："俗物不废，内秘贪心学。"

〔缘督子曰〕今之修道者，不得正传，不悟平叔"未炼还丹莫入山"之语，唯欲避喧求静，避世逃人，出妻屏子，离尘绝俗，深山穷谷，独居孤处，以为自高，如此则厌世间法也。既弃世间法，则离佛法远矣，求菩提难矣。圣师之言曰："此道只在世间，九天之上铅汞已乾，并无药物，九地之下魂魄纯阴，不可成道。惟人也，立乎天地之中，禀阴阳之中气，可成仙佛，而不在乎无人迹处也。"所以薛真人和光混俗而了此事，但百姓日用而不知尔。得旨之人，虽是大彻大悟，尚未遂下手修行，则必和光混俗，其所作所为与众无异，所知所见与众不同，所谓善知识者也。比取鱼兔，而乏筌蹄之时，方图依有德有力、大根大器之家，以成其事。于斯时也，未有凌空御气之迹，返老还童之验，畏饥渴，惧寒暑，而语人曰："我道能乘云气，脱生死"，孰从而信哉？所以到处人不肯信。即《法华》所谓："如此之事，世所难信"者也。缘虽得闻道，未尝绝俗弃财也。要见色不嗔，士农工贾，妻子眷属，与俗无异，名为凡圣同居，鱼龙混杂，潜修默炼，功用在我，又何必厌城市，慕山林，休妻绝粒，孤坐顽空，以为道哉？① 世无正眼，谁能识之？仆自闻道之后，亦尝受馆于方外者数载，人莫不哂于之不打坐，不求静，而汲汲于世利之图，非闻道者之所为，岂知《华严经》所谓"随顺世间法"②。又或者因见"休妻不是道"，及"何须要去休妻孥子"之语，多疑以为邪僻所行三峰采战，绝不知夫妻双修之妙，谓之自利利他。如西山十二真君、萧史、文萧、马丹阳、庞居士辈，夫妻子女皆证仙佛是矣。及其潜修默炼，玄珠已得，圣胎已圆，然后绝俗，始效达磨之面壁，谓之抱一。自古仙

----

① 张紫阳《悟真篇》曰："不识真铅正祖宗，万般作用枉施功。休妻谩遣阴阳隔，绝粒徒教肠胃空。草木阴阳皆滓质，云霞日月属朦胧。更饶吐纳并存想，总与金丹事不同。"其《序》云："今人以道门尚于修命，而不知修命之法，理出两端，有易遇而难成者，有难遇而易成者。如炼五芽之气，服七曜之光，注想按摩，纳清吐浊，念经持咒，喫水叱符，叩齿集神，休妻绝粒，存神闭息，运眉间之思，补脑还精，习房中之术，以致服炼金石草木之类，皆易遇难成者。已上诸法，于修身之道，率皆灭裂，故施功虽多，而求效莫验。若勤心苦志，日夕修持，止可避病，免其非横。一旦不行，则前功渐弃。此乃迁延岁月，必难成功。欲望一得永得，还婴返老，变化飞升，不亦难乎？深可痛伤！盖近世修行之徒，妄有执著，不悟妙法之真，却怨神仙谩语。殊不知成道者，皆因炼金丹而得。恐泄天机，遂托名数事而名。"

② 随顺世间法，语出《大般涅槃经・卷第八・如来性品第四之五》。云《华严经》，则误。

佛到此境界，未有不自和光混俗来也。圭堂深得其说。但凡夫俗眼，不达此理，但见离俗出家，坐禅入定者，便以为道，皆尊向之。殊不知，此乃枯坐待死，不得成事，所以马祖有"磨砖作镜"之讥。凡见和光混俗之人，必轻鄙之，是以仙佛多被毁谤。虽然已上未成道者，混俗如此。若圣身已成，功圆行满之人，亦有混俗和光者，或入仕途，匡时理出，东方朔、费令君之徒是也。或为乞化游戏，佯狂接物度人，以俟天诏，安期生、蓝采和、普化布袋和尚辈是也。然则和光混俗之事，又岂可一途而取哉！

长生不死第十

缘督子曰：世之学道者，多言平日学道，正为临死时末后一着，去得分晓。今言长生不死，岂不动世人之疑惑哉！

［道言］《内观经》曰："道无生死，而形有生死"者，所以言生死属道者也。人能存生守道，则长生而不亡也。

《黄庭经》云："长生至慎房中急，何谓死作令神泣。急守精室勿妄泄，闭而保之可长活。"

又云："子能有之持勿失，即欲不死人金室。独食太和阴阳气，故能不死天相既。"

《仙传》云："无上元君谓老君曰：长生之功由于丹，丹之成由于神，故将修丹必止身心，不复罪过，神明佑之，作丹必成，神丹入口，寿无穷矣。"

天地明察，道归仁人。万兆蠢蠢，名曰行尸。不信长生之道，谓为虚诞。从朝至暮，但作求死之事，天岂能强生之哉？愚心尽欲奄忽，輙使千金送葬，何所益哉？

抱朴子曰："夫神仙丹法，所以与俗人不同者，正以不老不死为贵耳。"

彭真一《注参同契》云："魏公谓世人欲延年命，却死期者，须知得身之始末。"

始末者，元炁也，喻修丹全因元炁而成，是无涯之元炁，续有限之形躯。无涯之元炁，是天地阴阳长生真精圣父、灵母之炁也；有限之形躯，是阴阳短促浊乱凡父、凡母之炁也。故以真父母之炁，变化凡父母之身，为纯阳真精之形，则与天地同寿也。①

钟离翁云："生我之门死我户，几个惺惺几个悟。夜来铁汉细思量，长生不死由人做。"

彭庭真人《气论》云："人之皆因父母交感其气于胎中而成，非血肉渣滓所化。"

人余炁补外，万物皆为客人，以为呼吸之气者非也。人本父母元炁而生，非元气所结之药不可补，人因传气而生药，亦采气而成，以炁补炁，浃于四肢，变肠为筋，长生不死。②

［佛语］《华严经》云："我虽说涅槃，而实不灭度。"

又云："或时为众说，佛寿无量故。"

又云："若人有病，得闻是经，病即消灭，不老不死。"

又云："我实常住不灭，寿命无尽，亦无灭度。"

《光明经》云："一切诸水，可知其滴，无有能数，释尊寿命。一切大地，可知其数，无有能算，释尊寿命。"

《华严经》云："化身无出入息，及寒热饥渴、忧苦病死十种苦事。"

又曰："但为令众生，超出生死，证大智慧，故回向但为成就宠竟，不死法故回向。"

又云："善男子，譬如灯灯，随其大小，而发光明。若益膏油，明终不绝。菩萨摩诃萨，菩提心灯，亦复如是。大愿为灯，光照法界，益大悲油，教化众生，庄严国土，施作佛事，无有休息。"

又云："李长者《决疑论》云：童子名自在者，以童子得不死之命，一切

---

① 《性命圭旨·真空炼形法则》：古仙曰："形以道全，命以术延。"此术是窃无涯之元炁，续有限之形躯。无涯之元炁，是天地阴阳长生真精灵父、圣母之炁也。有限之形躯，是阴阳短促浊乱凡父、凡母之气也。故以真父母之炁，变化凡父母之身，为纯阳真精之形，则与大地同寿也。

② 明钱道华《敲爻歌注》序云：道也者，金液还丹之道也。人禀天地精血而生，初为赤子之时，元精、元气、元神，混一纯全。及至长成，因眼耳鼻舌四门所诱，一灵真性，被色、声、香、味、触法，习染深沉，日复日，岁复岁，元精化为交感之精，元气化为呼吸之气，元神化为思虑之神，元气分泄，难复天真。历代祖师，发慈悲之心，垂言立教，载诸丹经，示后人修补之法。精损则以精补，气损则以气补，神损则以神补，是以人衰人补，树衰土培，故用修补之法，返本还元，以复其命。复者何？以精不漏泄，则精为深根，气全为固蒂，神全为妙合。若能全此三者，实为终身之药物也。

世法不能担坏于生死中，随器现形而自在，故云自在也。"

千岁宝掌禅师，谓其徒慧灵云："吾住世一千七十六年，今将顺世，听吾偈云：本来无生死，今亦示生死，我得去住心，他生复来此。"

明教嵩禅师游方时，宁风有异女子姚精严而住山，时年百余岁而如处子，师造焉，女子留信宿。

永嘉真觉禅师《证道歌》云："自从认得曹溪路，了知生死不相关。"

［缘督子曰］世之不信道者，皆曰"长生若可得，则古之神仙，有谁在世？吾何为不见？"殊不知，得道之仙，可以乘云御气，鞭鸾跨凤，为超世之举。或居洞府，或处蓬莱，岂肯与凡人浊世为伍哉？间有游戏人间，盖欲委曲接物度人耳，又岂肯必如彭祖辈留形住世，而求信于不信者哉？《参同契》云："道成德就，潜伏俟时，太一乃召，移居一州。功成上升，膺箓受图。"如此，则长生之人，安得久住于世乎？是以抱朴子云："英儒伟器，养浩然者，犹不乐见浅薄之人，风尘之徒。况彼神仙，何为汲汲刍狗之伦，知有之何所索乎？"①虽然道家以长生为宗，人亦闻有其间有不死之说者，此必论释氏以寂灭为乐，举世莫知其说。或曰灭度，或曰不生不灭，皆有深旨，世罕得闻。所谓寂灭者，入室下工之时，大用现前，使六根不施，七识不具，身心寂然，万虑灭尽，以成精进，勇猛之大用，此为寂灭，又名灭度。故一时辰，结得玄珠，永为身宝，其乐在此。故经云："我虽说涅槃，是故非真灭。"夫涅槃者，西祖谓雪山，喻大涅槃，故有灭乐堂、灭槃城之称。教中名灭则不生，槃则不灭，是不生不灭之道。或曰："既言不生，即是灭矣；既言不灭，即是生矣。曰不生不灭，语意反复何也？"仆曰：世人短见，安测佛祖玄机。所谓不生者，圣人保精爱气，不肯妄泄，以生男女，是为不生，又名无生。故乐山云："闭阁中物，舍不得，便成渗漏。"《楞严经》云："其心不淫，则不随生死相续。"既不淫矣，精气必全。精气既全，圣胎可就。圣胎一就，即是金仙如来。《楞严经》云："形神出胎，亲为佛子。"既为佛子矣，不堕轮回，永于天地同其长久，岂非不灭乎？惟其不生，所以不灭。既不灭矣，焉得不谓之长生不死耶？不生不灭，应作如是观也。当知达磨长生之说，即道家长生之道；抱朴子"不老不死"之说，即《莲经》"不

① 见《抱朴子内篇·卷之二·论仙》。

老不死"之机。后之学者，不知祖意，错会"寂灭为乐"之说，谓"寂灭是死，涅槃亦死"。若寂灭是死，已堕轮回，何乐之有？原仙佛之道，唯人可为，非死魂魄所能也。故教云："一失人身，万劫难遇。"又云："此身不向今生度，更向何生度此身。"谓入涅槃是死可乎？又岂思世尊涅槃有紫磨金身，令人瞻仰，非死也。世之死者，夫紫磨金身杳无踪迹，非涅槃也。若涅槃是死，则谁不是涅槃之人，果何用修行学死耶？况仙佛之所以教人学道者，贵脱生死，如《莲经》云："我法能离生老病死，究竟涅槃。"达磨之携履西归，普化之振铎而逝，若谓其不死则已入棺，若谓其果死，则揭示不见其形，道家言身外之身，是阳神离体，名曰尸解，以此论之，寂灭是死可乎？仙佛同道，迷人不识，诚可叹也！

附录：

《革象新书》序
明·宋濂

《革象新书》者，赵缘督先生之所著也。先生鄱阳人，隐遁自晦，不知其名若字。或曰名敬，字子恭，或曰友钦其名，弗能详也。故世因其自号，称之为缘督先生。先生宋宗室之子，习天官遁甲钤式诸书，欲以事功自奋。一日坐芝山酒肆中，逢丈夫修眉方瞳，索酒酣饮。先生异，而即之相与谈玄者颇久。且曰："汝来何迟也？"于是出囊中九还七返丹书遗之。临别，先生问其姓名，曰："我扶风石得之也。"得之，盖世传杏林仙人云。先生自是，视世事若漠然。不经意间，往东海上独居十年，注《周易》数万言，时人无有知者，惟傅文懿公立极独畏[1]，敬之以为发前人所未言。先生复即弃去，乘青骡，从以小苍头，往来衢婺山水间。人不见其有所赍，旅中之费未尝有乏绝，竟不知为何术。倦游而休，泊然坐忘，遂葬于衢之龙游鹤鸣山原。

有朱晖德明者，龙游人也。久从先生游，得其星历之学，因获受是书，而晖亦以占天名家。晖既没，其门人同里章浚，深惧泯灭无传，亟正其舛

---

① 畏，疑"谓"字之讹误。

讹，刻于文梓而来征，濂为之序。

濂闻天官之说，历代所步，必微有弗同。盖欲随时考验，以合于天运而已。自唐涉宋，其法寖精，至元为尤密。耶律文正王楚材以金《大明历》后，天乃损节气之分，减周天之秒，去交终之率，治月转之余，以至两曜五行先后出没，皆有以研究之，而正其失。且以西域与中国地里相去之远，立为里差，以增损之，名曰《西征庚午元历》，可谓无遗憾者矣已。而许文正公衡、王文肃公恂、太史令郭公守敬，复与南北日官陈鼎臣、邓元麟等，遍参历代历法，重测日月星辰消息运行之变，酌取中数，以为历本，即所定授时历，历经历议二书，犹存可考证弗诬也。君子谓：当世所推步者，皆二三大儒，会其精神，博其见闻，备其仪像，而后能造其精微。今先生值天书有禁之时，又独处大江之南，且无所谓观天之器，其所著书，往往与诸公吻合而无间者，虽绝伦之识，有以致之，诚以人心之理本同，固皆相符，而无南北之异也。

抑余闻西域，远在万里之外，元既取其国，有扎玛尔丹者，献《万年历》。其测候之法，但用十二宫，而分为三百六十度，至于二十八宿次舍之说，皆若所不闻，及推日月之薄蚀，颇与中国合者，亦以理之同故也。鸣呼！四海内外，圆颅方趾之民，其心皆同，其理皆不殊也。岂特占天之事为独然哉？

先生之《易》已亡于兵烬，所著兵家书暨神仙方技之言，亦不存。其所存者，仅此而已，当与历经并行无疑。濂故特序先生之事于篇首，使读者知先生之学，通乎天人，庶几相与，谨其传焉。

金华宋濂序

——摘自《四库全书》子部《天文算法类》《革象新书》